Andreas Jacke
David Bowie – Station to Station

Andreas Jacke

DAVID BOWIE – STATION TO STATION

BORDERLINE-MOTIVE EINES POPSTARS

Psychosozial-Verlag

Bibliografische Information der Deutschen Nationalbibliothek
Die Deutsche Nationalbibliothek verzeichnet diese Publikation
in der Deutschen Nationalbibliografie; detaillierte bibliografische Daten
sind im Internet über http://dnb.d-nb.de abrufbar.

Originalausgabe
© 2011 Psychosozial-Verlag
Walltorstr. 10, D-35390 Gießen
Fon: 06 41 - 96 99 78 - 18; Fax: 06 41 - 96 99 78 - 19
E-Mail: info@psychosozial-verlag.de
www.psychosozial-verlag.de
Alle Rechte vorbehalten. Kein Teil des Werkes darf
in irgendeiner Form (durch Fotografie, Mikrofilm oder andere Verfahren)
ohne schriftliche Genehmigung des Verlages reproduziert
oder unter Verwendung elektronischer Systeme verarbeitet,
vervielfältigt oder verbreitet werden.
Umschlagabbildung: Bowie, David / Konzert
(Aufnahmedatum: 17.01.1996). © ullstein bild – dpa 2011
Bearbeitung: Hanspeter Ludwig – 2010
Umschlaggestaltung & Satz: Hanspeter Ludwig, Wetzlar
www.imaginary-world.de
Printed in Germany
ISBN 978-3-8379-2078-9

*»Once there were mountains on mountains
And once there where sunbirds to soar with
And once I could never be down
Got to keep searching and searching
And oh what will I be believing and who will
connect me with love?«*

(David Bowie, Station To Station 1976)

Eine Einleitung über den Mythos

»More idols than realities«
(Up The Hill Backwards 1980)

Der Kult, der um David Bowie von einigen seiner Anhänger in den 70er Jahren betrieben wurde, ließ aus ihm zeitweilig ein Mythos werden. Wenn ein Idol zum Mythos wird, steigert sich die Zuneigung zu ihm um ein Vielfaches zu einer Form von »Vergöttlichung«, die sowohl dem Star als auch seinen Rezipienten zuteil wird. In ihr ihr kam in diesem Fall vor allem eine fiktive Überlegenheit des Popstars zur Geltung, die seine realen Möglichkeiten weit überstieg. Bowie hat solche narzisstischen Anschauungen eine ganze Weile unterstützt. Mit *The Rise And Fall Of Ziggy Stardust And The Spiders From Mars (1972)* begann ein steiler Imagekult, den er selbst initiierte (Tremlett 1995, S. 165), aber zugleich auch in vielen Punkten destruierte. Mit Sätzen wie »This ain't Rock'n'Roll – this is Genocide« in Future Legend, dem Introstück auf seinem Album *Diamond Dogs* (1974), verlieh er seiner Musik eine gefährliche, überdimensionale Bedeutung, die sie glücklicherweise gar nicht haben konnte. Er sagte 1989 im Frühstücksfernsehen *Good Morning Britain*, dass er in den 70er Jahren ein Publikum gehabt hätte, das einem Kult nachging. Er sei damals ein »cult artist« gewesen und nun aufgrund seiner kommerziellen Erfolge auch ein »popular artist«.

Ein Indiz für alle kultischen und mythologischen Betrachtungen, denen sich einige Rezipienten von Kunst so gerne hingeben, ist, dass sie sich am Ende kaum sprachlich auflösen lassen; sonst würden sie als Mythos nicht länger bestehen. Es war Hegel, der den Begriff aus seinem mythologischen Schlaf erwachen ließ und ihm ein »dialektisches Schema« gab. Als die bürgerlichen Denker Adorno und Horkheimer beobachten mussten, wie im faschistischen Deutschland vor ihren Augen eine aufgeklärte Welt in die Totalität eines mythischen Weltbildes zurückfiel, schrieben sie später in ihren wertvollen Reflexionen, was die Bedingung dafür war, dass Aufklärung so rasch in Mythologie zurückschlagen konnte (vgl. Adorno 1993, S. 9ff.). Ihrer Ansicht nach war die Aufklärung längst selbst zu einem Mythos geworden, deren totalitärer Ansatz darin bestand, den Anspruch zu haben, die Welt vollständig rational durch Wissenschaft erklären zu können. Daher Adornos Insistieren auf einem inkommensurablen Rest und seine wichtige, depressive Denkfigur von Entfremdungseffekten, die in der modernen Kunst artikuliert worden sind. Der Mangel an Verständnis für schwebende Irrationalität und unaufklärbaren Rest verurteilt die Rationalität tatsächlich zum Scheitern. Die Aufklärung bietet dennoch die einzige gedankliche Matrix, auf der sich wissenschaftliche Reflexion anzusiedeln hat. Das galt insbesondere für die Psychoanalyse, in der Freud den Mythos, sei es den von Narziss oder den von Ödipus, stets nur als Bebilderung seiner Theorie verwendet hat. Seine volle Kraft entfaltet der Mythos demnach erst dann, wenn man versucht, ihn zu verstehen. Gebunden ist dieses Verständnis ans Schriftsymbol, dessen Abstraktion den imaginären, phantastischen Zusammenhang durchtrennt: »Ihr habt nicht die Schrift: so seid ihr auf den Mythos angewiesen«, hieß es für Jaques Derrida sinngemäß schon bei Platon (Derrida 2005, S. 50).

Anstelle eines mythologischen Traums möchte ich dieses wissenschaftliche Schriftstück über David Bowie vorlegen, das die Früchte einer einjährigen, intensiven Forschung aus einer psychoanalytischen Betrachtungsweise vorstellt. Dabei wollte ich über eine bloß biografische Beschreibung hinausgehen. Dieses Buch ergänzt an einigen Punkten meine vergleichbaren Studien über Stanley Kubrick, Roman Polanski und am meisten die über Marilyn Monroe. Alle sind in den vergangenen fünf Jahren im Psychosozial-Verlag erschienen. Monroe litt unter einem sehr ähnlichen psychischen Krankheitsbild wie der englische Popstar. Ihr Charakter wurde in den 80er Jahren posthum als eine »Borderline-

Persönlichkeit« klassifiziert (Summers 1992, S. 19). Bei Polanski hatte die gewaltsame Trennung von seiner Mutter und seiner ersten Ehefrau schwerwiegende traumatische Folgen, und so traten seine Filme über das Okkulte an einigen Stellen in direkte Korrespondenz zu Bowies Motiven. Kubrick schließlich drehte zwei Filme, *2001: A Space Odyssey* (1968) und *A Clockwork Orange* (1971), die Bowie am Anfang seiner Karriere deutlich inspiriert haben.

Ich werde im Folgenden vor allem mit dem Ansatz der Psychoanalytikern Melanie Klein arbeiten, der Begründerin der sogenannten englischen Schule. Darüber hinaus war mir Otto Kernberg mit seinem Standardwerk über das Borderline-Syndrom eine wertvolle Hilfe (Kernberg 1983). Außerdem werde ich auch mithilfe der Theorie des französischen Psychoanalytikers Jaques Lacan einige Bezüge herstellen. Es sei aber auch bemerkt, dass ich kein Psychoanalytiker bin und diese Interpretation in dieser Hinsicht schon deshalb etwas theoretisch bleiben musste.

Weil Lacan zu Recht umstritten ist und in Deutschland fast nur innerhalb von Kultur- und Filmtheorien, aber sehr wenig in der Praxis auftaucht, möchte ich die Probleme mit seiner Haltung kurz skizzieren. Schon Melanie Klein hat festgestellt, dass er sehr kompliziert geschrieben hat (Roudinesco 1996, S. 301). Vor allem ist es nicht von der Hand zu weisen, dass Lacan seine Konzession als Lehranalytiker aufgrund seiner unorthodoxen Handhabung bei der Länge der Sitzungen von der IPA entzogen worden ist. Ferner basiert sein Einfluss auf einem fragwürdigen Typus von charismatischer Herrschaft (Langlitz 2005, S. 118ff.). Dass Lacan sich nach seiner Ausschließung selbst zu einer Art Spinoza stilisierte, der exkommuniziert worden sei (Lacan 1996, S. 10), entsprach dem Habitus, sich selbst zu mythologisieren. Am Ende, als er oft nicht mehr Sprechen konnte, wurde dies aufgrund seiner Selbstmystifizierung von vielen seiner Schüler gar nicht wirklich erkannt (vgl. Roudinesco 1996, S. 588ff.). Vor allem aber war seine Selbststilisierung zum einzigen legitimen Nachfolger von Freud sehr intolerant und in einer unangemessen Form elitär. Die aktuelle Exegese seiner Texte wird heute häufig von nichtpraktizierenden Analytikern wie Slavoj Zizek betrieben, der zu einer lustigen und zugleich indiskreten Lesart von Lacans ohnehin schon provokativem Weltbild eingeladen hat, die vor allem auf Entsublimierung basiert. Er und Lacan insistieren im Zentrum ihrer Theorie aber gleichermaßen auf einem nahezu programmatischen Misslingen von Begehrensstrukturen und haben darin vielleicht sogar einen heiklen Punkt anvisiert. Der Schwerpunkt meiner eigenen Betrachtungen liegt unterdessen jedoch woanders. Da Melanie Klein einige der wenigen Personen war, die Lacan überhaupt neben sich gelten ließ, habe ich aber einige Elemente seiner Theorie verwendet, meist um den Standpunkt der englischen Psychoanalytikerin zu verdeutlichen.

Alleine hätte ich die folgenden Überlegungen niemals anstellen können. Daher bedanke ich mich bei vielen Freunden, die mir teilweise über Jahre hinweg geholfen haben, Bowie und die Popmusik besser zu verstehen. Allen voran Johannes Adam, der mein Interesse an dem Popstar tatsächlich initiiert hat und dessen Kommentare mir immer noch sehr viel bedeuten. Weiterhin Matthias Raem, Markus Thiée, Andre Mikula, Alexander Sozzi, Harald Häfker, Teresa Schomburg, meinem älteren Bruder Günter Jacke, und meinen jüngeren Brüdern Dirk und Markus Jacke. Auch bedanke ich mich ganz besonders bei Frau Cornelia Leschke und sehr herzlich bei der Lektorin Frau Heidrun Schlippe und dem Psychosozial-Verlag. Mein innigster Dank geht an meine geliebte Freundin Claudia Heimbächer, ohne die vieles niemals so hätte geschrieben werden können, wie es nun hier steht. Dies ist sicher von allen meinen bisherigen Büchern das persönlichste und wird immer einen besonderen Platz unter ihnen einnehmen. Bowies Lyrics hatten für mich den Vorteil, mit ihnen und in ihnen erwachsen werden zu können.

Berlin, 16. November 2010
Dr. Andreas Jacke

Prolog: Eine Frage der Identität und der Sinn der Depression –
Sense Of Doubt (1977)

»*May all your vilest nightmares*
Consume your shrunken head
May the ho-ho-hounds of paranoia
Dance upon your stinking bed«
(Crack City 1989)

Über Bowies drittes Album *The Man Who Sold The World* (1971) schrieb der Biograf Nicholas Pegg, dass es in eine Welt von Paranoia, manischer Depression, religiöser Ekstase, gewaltsamer homoerotischer Fantasien und schizoiden Halluzinationen führen würde (Pegg 2009, S. 279). Diese Themen tauchten immer wieder in seinen Lyrics auf und wurden oft bemerkt. Eine genauere Erklärung über die Zusammenhänge und Ursprünge dieser Motive wurde aber kaum und nur begrenzt gegeben.

Nach seinem vierten Album *Hunky Dory* (1971) lobte ihn ein Kritiker des *New Yorker*, er sei »der intelligenteste Mensch, der jemals Rockmusik als Kommunikationsform gewählt« hätte (Sandford 2003, S. 105). Schon über die Songtexte von seinem dritten Album schrieb ein Journalist in den USA, sie würden endlose Schichten von Bedeutung haben (Pitt 1985, S. 210). In der Tat waren seine Texte oft extrem verdichtet. Bowie erklärte aber dem Schriftsteller William S. Burroughs 1973, er sei kein Intellektueller: »Ich ging auf eine Schule für die Mittelklasse, aber mein Hintergrund ist die Arbeiterklasse. Ich bekam das beste von

9. Prolog: Eine Frage der Identität und der Sinn der Depression

beiden Welten« (Copetas 1974). Eine solche Stellung zwischen zwei verschiedenen Gruppierungen war für ihn typisch. Mit der Zeit sollte der Popstar seine bürgerliche Herkunft jedoch als die originäre Form anerkennen. 1980 sprach er in einem Interview mit Angus MacKinnon von einem lange anhaltenden und immer wiederkehrenden Gefühl der eigenen Unzulänglichkeit. Er glaube von Vielem in seiner Arbeit nicht, dass es überhaupt eine Bedeutung habe. Er sei umstellt von der Mauer seiner Klassenzugehörigkeit, dem Kleinbürgertum. Er versuche den Surrealisten Marcel Duchamps in sich zu entdecken, doch dies würde ihm immer schwerer fallen (Tremlett 1995, S. 285f.).

Als Burroughs 1973 Bowies Song *Eight Line Poem* (1971) mit dem berühmten Gedicht *The Waste Land* (1922) von T.S. Eliot verglich, lehnte der Popstar diesen Zusammenhang ab. Er habe nie etwas von Eliot gelesen (Tremlett 1995, S. 208f.). Die *Times* hatte ihn schon 1972 als ein »T.S. Eliot mit einem Rock-'n'-Roll-Beat« bezeichnet (Sandford 2003, S. 111). Interessant ist dabei, dass Eliots sehr absurde Gedichte, ähnlich wie viele Texte von James Joyce, eine psychotischen Ausdruck haben, denn auch Bowies Lyrics hatten selten eine klare, verständliche Narration, wie beispielsweise die von Lou Reed. Der Popstar wies allerdings häufiger darauf hin, dass der Sinn seiner Texte überschätzt worden sei, weil es sich dabei oft einfach um spontane Einfälle handele. Ein Beispiel für die Verspieltheit, mit der Bowie schrieb, war der Text zu *Little Wonder* (1997), in den er die Namen von allen sieben Zwergen aus dem Disney Zeichentrickfilm *Snow White and the Seven Dwarfs* (1937) einfügen wollte und es auch tat (Pegg 2009, S. 137). Im Oktober 1998 schrieb er einen Wettbewerb im Internet aus: Wer gewinnen wollte, musste den Text zu seinem Song *What's Really Happening* (1999), den er selbst bereits begonnen hatte, zu Ende schreiben. 80.000 Einträge im Netz soll es gegeben haben (Pegg 2009, S. 253). Im Allgemeinen schrieb Bowie zunächst die Melodie und passte dann seine Lyrics hinsichtlich der Stimmung, des Inhalts und der Länge der Wörter daran an (Miles 1980, S. 69). Die Musik hatte den Vorrang, die Sprache wurde auf sie abgestimmt.

In der Dokumentation *Cracked Actor* (Yentob 1975) stellte er die Cut-Up-Methode von Burroughs vor, mit der er vor allem bei dem Album *Diamond Dogs* (1974) teilweise seine Texte hergestellt hatte. Dabei wurden Wörter aufgeschrieben, ausgeschnitten, vermischt und nach dem Prinzip des Zufalls neu zusammengelegt. Diese Technik hatte Ähnlichkeit mit dem mechanischen Schreiben aus dem Surrealismus. Die unbewussten Verknüpfungen, welche die neuen Kombinationen freilegten, ergaben dabei einen unvorhersehbaren, neuen Text. Die Technik wurde für sein Album *1.Outside* (1995) mithilfe eines Apple-Mac-Programms per Computer erneut angewendet (Pegg 2009, S. 362). Im musikalischen Bereich arbeitete der Synthesizer-Spezialist Brian Eno auf Bowies Alben in einer ganz ähnlichen Form mit Varianten des Zufalls. Bowie erklärte 1995, dass im Zufallsprinzip etwas wahrgenommen wird, das als Realität gilt (ebd.). Die Kohärenz des Inhalts seiner Texte wurde durch die Montagetechnik aufgelöst, wodurch sich meistens eine viel offenere Beziehung zwischen den Wörtern herstellte. So wurden mehrere und durchaus gegensätzliche Interpretationen denkbar – einen bestimmten Schwebezustand hatte Burroughs mit seiner Cut-Up-Methode auch beabsichtigt (Burroughs 1978, S 574f.). Bowies Ziel war es oft, durch seine Lyrics eine Traumebene zu erreichen (Sandford 2003, S. 407). Im Traum verschwimmen die harten Konturen von Eindeutigkeit zugunsten einer extrem verdichteten Vieldeutigkeit. Außerdem fallen wie im Unbewussten Gegensätze zusammen. Und eine Person kann sich problemlos in mehrere aufspalten, wie in der Paranoia (Freud 2000, Bd. II, S. 112). Träume funktionieren aufgrund ihrer halluzinatorischen Wunscherfüllung wie kleine Psychosen (ebd., S. 540f.). Bowies Lyrics sollten die Hörer auf einer unbewussten Ebene ansprechen. Die wenigsten seiner Songs erzählten Geschichten oder berichteten von konkreten Situationen oder Ereignissen, sondern sie vermittelten diffuse, vieldeutige emotionale Zustände. Diese wurden mit einer großen Radikalität so ausgedrückt, dass der Hörer in sie hineingezogen wurde.

Alle Biografien beschreiben die von Bowie selbst kultivierte Eigenschaft eines fein ausgebildeten Sinns für paradoxe Strukturen. In seinen Songs koexistieren oft widersprüchliche Aussagen unmittelbar nebeneinander. Ein doppeltes Verhältnis zur Realität ließ zwei Bezugssysteme gleichzeitig zu, von denen eines das andere in geschickter Weise negieren konnte, ohne dass es zu einem offenen Widerspruch kam. Für seine Texte ist oft die Antinomie kennzeichnend. 1993 sagte er dazu, das Problem des Lebens würde darin bestehen, dass es *mehr* als zwei

9. Prolog: Eine Frage der Identität und der Sinn der Depression

Seiten hat (Sandford 2003, S. 345). »Er schrieb kaum einen Text, ohne das pathologische Bedürfnis zu verspüren, ihn zu dekonstruieren« (ebd., S. 364). Diese charakteristische Dopplung wurde bei den Interviews in dem Film *Black Tie, White Noise* (1993) in einer ganz einfachen Form visualisiert, nämlich indem der Hintergrund ständig von Schwarz auf Weiß und wieder zurück sprang.

Der Popstar fühlte sich auf der Bühne lange Zeit in zwei Personen zerrissen: eine, die für das Publikum spielte, und eine andere, die ihr dabei angespannt zusah (Sandford 2003, S. 52). Distanzierte Kontrolle und Verschmelzungen bildeten bei Bowie einen enormen Widerspruch. Er changierte in seinen Auftritten ab Mitte der 70er Jahre zwischen intensiver Nähe und kalter Distanz. Im Juni 1973 sagte er über sich selbst: »At times I feel that I may be a very cold and unemotional person. And at times I wish that I wasn't so mentally vulnerable (Miles 1980, S. 63). Ihm wurde oft Gefühlskälte nachgesagt. Gegenüber Marc Bolan soll er gesagt haben: »Liebe? Ich weiß gar nicht, was dieses Wort bedeutet« (Sandford 2003, S. 78). Oftmals wurde berichtet, dass Bowie bei Niederlagen anfing zu weinen. Doch schon dem Reporter Tremlett fiel auf, dass auf einen plötzlichen Tränenausbruch auch eine völlig kalte unbeteiligte Haltung folgen konnte (Tremlett 1995, S. 305). Er zeigte starke emotionale Schwankungen, die auch zu seinen dramatischen Bühnenauftritten gehörten.

Beim Glamrock, sagte Bowie später, sei es ihm und Roxy Music um eine Einstellung gegenüber dem Rock'n'Roll gegangen, die eine neue Kunstform bilden konnte. Er wollte die Musik repräsentieren und sich gleichzeitig davon distanzieren (Sandford 2003, S. 410). Generell erklärte er in den 90ern, dass er ein Perfektionist im Herstellen von Gegensätzen sei: »Was ich wirklich verlässlich beherrsche, ist das Überlagern widersprüchlicher Informationen« (ebd., S. 380). Es wird im Folgenden noch zu zeigen sein, mit welchen unterschiedlichen Inhalten seine Widersprüche verknüpft waren. Aber durch sie wurde seine Identität mehrdeutig und pluralistisch. Schon in *Space Oddity* (1969) nahm er zwei Position ein, die von der Bodenstation (»ground control«) und die des Astronauten. Sprachlich konnte er eine bestimmte Feststellung machen und im nächsten Satz das Gegenteil sagen. In *Underground* (1986) hieß es beispielsweise: »It's only forever / It's not long at all.« In *Dead Against It* (1993) sang

Sense Of Doubt (1977)

er: »Telling me she's dead again / Telling me she's dead against it«. In *Reality* (2003) folgte hintereinander einfach: »I've been right and I've been wrong«. Und in *Fashion* (1980) sang er: »Listen to me – don't listen to me / Talk to me – don't talk to me / Dance with me – don't dance with me / No Beep-Beep – Beep-Beep«. Dieser Song, der sich offensichtlich gegen Modetrends richtete, wurde dann sehr gern bei Modeschauen verwendet (Tremlett 1995, S. 283).

Das erinnert mich an die Theorie von Jaques Derrida, den Bowie 2002 tatsächlich zu seinem philosophischen Favoriten erklärte (Pegg 2009, S. 383). In dem Text von *Beat Of Your Drum* (1987) sprach Bowie vom Supplement, von der Veränderung durch die Zeit und der bleibenden Spur eines Zeichens: »Supplement queen, your colours may fade / Seasons may change, weather blows, but you still leave a mark on me«. In dem Booklet zu der Compilation-CD *iSelect* (2008) erklärte er die rätselhaften Lyrics von *The Bewlay Brothers* (1971) zu einem Palimpsest[1]. Auf dem Rückencover von *Heathen* (2002) war paradoxerweise eine Spur von Buchstaben und der Versuch ihrer gleichzeitigen Auslöschung zu finden, weil der gesamte Text darauf durchgestrichen war. Derartige Denkfiguren hat Derrida ebenfalls in seiner berühmten Dekonstruktion vorgestellt und häufig genug mit jenen unauflösbaren Widersprüchen gearbeitet, die bei ihm dazu führten, dass zwei widersprüchliche Argumente parallel verwendet werden konnten, ohne sich gegenseitig auszuschließen. Die Koexistenz von zwei alternierend gültigen Feststellungen verraten etwas von der »Mehrdeutigkeit der Zeichen«, die in seinem Stil nicht wegzudenken ist (Sloterdijk 2007, S. 10). Damit geht eine eindeutige Positionierung verloren und der Autor wird zum Zeuge einer vieldeutigen Bewegung. In seinem Buch *Glas* (Derrida 2006) hat der französische Philosoph den Widerspruch in zwei gleichberechtigte, nebeneinanderstehende Kolumnen über den Metaphysiker Hegel und den Schriftsteller des Bösen, Jean Genet, gebracht, die miteinander unvereinbar sind und dennoch ständig korrespondieren.

Schon dass Bowie auf seinem Album den Titel *»Heroes«* in Anführungsstriche setzte und so das Wort in Frage stellte, hätte von Derrida stammen können. In diesem Album wurden bei den Lyrics teilweise die

---

1 Ein Palimpsest ist ein altes, ausradiertes und neu beschriebenes Stück Pergament.

9. Prolog: Eine Frage der Identität und der Sinn der Depression

Regeln der Groß- und Kleinschreibung bewusst vertauscht. Und auch der Berliner Stadtteil Neukölln, nach dem Bowie seinen Song *Neuköln* betitelte, war absichtlich falsch geschrieben. Der Titel des Song enthielt eine Anspielung auf die deutsche Band Neu!, von deren zweitem Album (*Neu! 2* 1973) er fasziniert war. Bowie hatte zudem Michael Rother, den Gitarristen dieser Band, gefragt, ob er auf seinem Album mitspielen würde. Es kam aber aufgrund von Managementproblemen nicht dazu. Der Bezug zu dem Stadtteil Neukölln basierte weiterhin darauf, dass dort vorwiegend türkische Einwohner lebten. Das interessierte den Popstar besonders, weil ihn der Kontrast zwischen der islamischen Kultur und der deutschen Kultur reizte. Die topografische Einbettung der türkischen Kultur in die deutsche und die sich daraus ergebenden Differenzen fand er besonders spannend. Bowie sah sich selbst stets als Teil einer Minderheit. Sein Interesse am Orient hing mit der Religion ebenso zusammen wie mit der Tatsache, dass es sich um eine völlig andere, zweite Kultur handelte, die – ähnlich wie die der Inder in England – in einem Land existierte, dessen eigene Kultur völlig anders bestimmt ist. Sein multikulturelles Konzept bestand in der Vermischung und Gegenüberstellung der Gegensätze, aber nicht in ihrer Aufhebung oder Nivellierung durch Gleichmacherei. Für den Popstar bestand Integration nicht in der Forderung nach völliger Assimilation, obwohl gerade er selbst diese Fähigkeit in einer sehr ausgeprägten Weise besaß.

Er lebte oft in anderen Ländern, weil er darin den Widerspruch zu sich selbst suchte. Er definierte sich in Deutschland als Engländer, so wie er es später auch in New York tat. Antonia Maaß musste den Text für die deutsche Version von »*Heroes*« etwas freier übersetzen, weil Bowie Schwierigkeiten damit hatte, die Wörter richtig auszusprechen (Rüther 2008, S. 173). In Derridas Philosophie verbergen sich ähnliche Hintergründe. Er lebte mit einer jüdischen Religion in dem arabischen Algerien und war deshalb vom Besuch der weiterführenden Schule ausgeschlossen worden (Dreisholtkamp 1999, S. 177). Bei Bowie waren es jedoch vor allem psychische, innere Widersprüche, die er versuchte, in kulturellen abzubilden. In *Lodger* (1979) wurde dieser Zusammenhang sehr expressiv für das Konzept des Albums verwendet. Bei dem Song *Yassassin* (1979) erklärte er: »An interesting thing about this track was putting two ethnic sounds together. We used the Turkish thing and put them against the Jamaican backbeat« (Pegg 2009, S. 261). Das Stück enthielt türkische und orientalische Klänge, vermischt mit Reggae. Nicht zufällig arbeitet er auch mit Musikern aus den verschiedensten Kulturkreisen zusammen. So war beispielsweise sein Bassist Erdal Kizilcay türkischer Herkunft und seine zweite Ehefrau kam aus dem islamischen Glauben. Er baute häufiger musikalische Elemente in seine Songs ein, die einen bestimmten kulturellen Background hervorhoben, und vermischte sie mit anderen Elementen. Spanische Einflüsse waren in den Pianopart am Anfang von *Lady Grinning Soul* (1973) oder in dem Gitarren-Intro zu *Pablo Picasso* (2003) zu hören. Ein sehr gelungenes Orient-Riff von Nils Rodgers gab es in *China Girl* (1983), und arabischen Sound vermischt mit Discomusik in *The Secret Life Of Arabia* (1977). Für sein Album *Black Tie, White Noise* (1993) nahm Bowie später »Middle Eastern melodies, European disco, New York club sounds and freestyle jazz« (Pegg 2009, S. 355) und baute daraus einen neuen Sound. Über *Red Sails* (1979) sagte er: »Here we took new Germany music feel [Neu!] and put it against the idea of contemporary English mercenary-cum swashbuckling Errol Flynn, and put him in China Sea« (Pegg 2009, S. 185).

Ähnlich schillernd wie seine Musik und seine Texte war das Spektrum, in dem er als Person auftrat. Bowie wurde oft als ein Chamäleon bezeichnet, weil er anscheinend in der Lage war, sich perfekt seiner Umgebung anzupassen. Der Schein trog aber, weil seine Begabung zur Assimilation immer vieldeutig war. Der Einfluss von außen stand auch nicht selten im Widerspruch mit der Haltung im Inneren. Er sagte dazu 2003: »I'm terribly influenced by geography and where I am« (Pegg 2009, S. 387). Er erklärte weiter, dass er in allen westlichen Hauptstädten Lieder geschrieben habe und dabei immer an einen Punkt gekommen sei, an dem es keine Reibung mehr gab. »Die Sache wurde nostalgisch, vage, dekadent und ich brach zur nächsten Stadt auf« (Rüther 2008, S. 100). Die Motivation für seine Arbeitsphase in Deutschland beschrieb er so: »Such dir ein paar Leute, die du nicht verstehst, und einen Ort, an dem du nicht sein möchtest!« (Tremlett 1995, S. 239) Das Ergebnis war eine sehr avantgardistische Musik, die einen hohen Grad an Abstraktion hatte. Auch die verschiedenen Aufnahmestudios, so betonte er häufiger in seinen Interviews, hatten einen erheblichen Einfluss auf die Komposition und Arrangments seiner Musik. Sein bisher vorletztes Album *Heathen* (2002) beispielsweise wurde in den Allair Studios, zwei Autostunden von New York City entfernt, in einer ländlichen Umgebung aufgenommen. Das Studio war ganz mit Holz ausgestattet und bot einen wundervollen Blick auf die Berge. Diese Atmosphäre war wichtig für den traurigen Charakter des Albums (Pegg 2009, S. 378).

Wenn er sich perfekt an seine Umgebung angepasst hatte, verließ er sie im Allgemeinen. Bowie suchte den Kontrast, der der dramatische Inhalt seiner Songs war, nicht die Konformität. Zugleich wurde seine Neigung zur Assimilation aber zu seinem Markenzeichen. Und für diese Eigenschaft wurde er in den Medien verehrt.

Innerhalb der postmodernen Debatte, in der die Identität beispielsweise bei Michel Foucault zu einer bloßen Fassade oder Maskerade wurde, konnte diese Fähigkeit sogar als ein authentischeres Konzept von Identität gefeiert werden, weil sie das Ego anscheinend zur bloßen Maske werden ließ. Schon Friedrich Nietzsche hatte in seiner theatralen Philosophie auf die Notwendigkeit einer Maskierung insistiert: »Jeder tiefe Geist braucht eine Maske: mehr noch, um jeden tiefen Geist wächst fortwährend eine Maske, Dank der beständig falschen, nämlich *flachen* Auslegung jedes Wortes, jedes Schrittes, jedes Lebens-Zeichens, das er giebt« (Nietzsche 1988, Bd. 5, S. 58). Foucault lehnte es ab, als Autor zu gelten, und sah sich nur als Teil eines unendlich größeren Diskurssystems. Tobias Rüther schrieb beispielsweise über den Popstar: »Niemals geht es bei Bowie um Identität, immer um Rollen« (Rüther 2008, S. 28). So wurde die eigentliche Leistung des Popstars in postmodernen Interpretationen nur zu gerne in seinen vielen Maskeraden gesehen, mit denen er in einer mehr oder weniger perfekten Performance die Zeichen und Trends seiner Zeit verwendete, anscheinend ohne darin selbst als Person überhaupt noch vorzukommen.

Seine ständige Mimikry, die durchaus oft ambivalent war und uneindeutige Kopien zog, war aber viel problematischer und basierte auf einem sehr viel persönlicheren Hintergrund. Denn er war nicht immer der Herr seiner wechselnden Masken gewesen, als der er gefeiert wurde. Am Anfang seiner Karriere hatte sich dieser schüchterne Mann fiktive Charaktere ausgedacht, um überhaupt auftreten zu können (Sandford 2003, S. 410). Gleichzeitig bestand ein weiteres grundlegendes Paradox

Sense Of Doubt (1977)

darin, dass die Fassade extrem wechselte, die Inhalte seiner Songs aber immer sehr ähnlich blieben. 1993 sagte er dazu: »For me a chameleon is something that disguises itself to look as much its environment as possible. I always thought I did exactly the opposite of that« (zitiert aus dem Booklet zu dem Compilation-Album *The Deram Anthology* 1997). Dynamische Assimilation und statische Beherrschung, perfekte Aneignung und persönliche Umarbeitung fanden gleichzeitig statt.

Bowie hat in einem Interview 1983 (auf dem VHS-Video von dem »Serious Moonlight«-Konzert, Part I) auf die Frage, was sich in den letzten Jahren geändert habe, prompt und ironisch geantwortet, der »hair style«, um deutlich zu machen, dass seine Inhalte im Grunde dieselben geblieben sind. In *After Today* (1974), einem Outtake von *Young Americans* (1975), sang er: »Always in trouble / Never to blame / Must be a double / You are the same«. Neben den vielen Wechseln lässt sich eine sehr spezifische Konsistenz in seinem Werk ohne Weiteres ausmachen. Bowie wechselte aber, anders als die Beatles, nicht nur einmal die Frisur, sondern viel öfter. Das begann schon, als er aus seiner 60er Jahre Pagenfrisur im Dylan Stil mittels Dauerwelle einen Lockenkopf im Stil der Hippies machen ließ. Am auffallendsten wurde sein Outfit als Ziggy Stardust, für das er von langen, blonden Haaren zu einer kurzen Stachelfrisur mit schließlich rot gefärbten Haaren überging. Er blieb ein Meister darin, sich selbst immer wieder in einem neuen modischen Gewand zu verkaufen. Und das galt nicht nur für seine Kleidung, sondern auch für seine Musik. Bowie recycelte häufig längst veraltete Songs für seine Konzerte so, dass sie einen neuen Reiz erhielten. Es gibt von vielen seiner Songs die unterschiedlichsten musikalischen Liveversionen. Nur wenige andere Musiker konnten in so innovativer Weise die eigenen Songs vor dem zeitlichen Verfall retten und erneut mit ihnen überzeugen.

Bowie musste seine eigene Vergangenheit immer wieder destruieren, um noch »länger ein gefragter Artikel zu bleiben« (Sandford 2003, S. 20). Er kritisierte in Interviews gerne seine vergangenen Projekte, um damit die Aufmerksamkeit auf die aktuelle Produktion zu lenken.

Vor allem in den 70er Jahren hingen seine Metamorphosen noch mit einer echten Suche nach der eigenen Identität zusammen. Der Song *Changes* (1971), der bis heute als Manifest für seine Rollenspiele angesehen wird (Pegg 2009, S. 50), wies auf eine seltsame Unbeständigkeit

9. Prolog: Eine Frage der Identität und der Sinn der Depression

hin, die zum Konzept erhoben wurde: »But never leave the stream / Of warm impermanence«, sang er darin. Bowie betrieb damals nach eigenen Angaben einen ausgiebigen Eklektizismus, der über den Mangel einer konsistenten, eigenen Identität hinwegtäuschen sollte (Tremlett 1995, S. 278). Er nahm alles, was ihm gefiel, und machte es zu einem Teil seiner eigenen Show und seines Selbstverständnisses. 1976 sagte er darüber: »When I saw a quality in someone that I liked, I took it« (Miles 1980, S. 26). Zugleich fühlte er sich aber völlig fremdbestimmt: »Ich habe mich immer gefühlt wie ein Vehikel für etwas anderes, aber leider habe ich nie herausgefunden, was das gewesen sein könnte« (Sandford 2003, S. 381). Und er war für lange Zeit kaum festgelegt: »I change my mind all the time« sagte er im November 1973 (Copetas 1974).

Die Musik allein reichte keineswegs aus, es waren seine Rollenspiele, die ihn damals berühmt machen sollten. Angefangen bei Major Tom und Ziggy Stardust, der sich in Aladin Sane fortsetzte und dann zum amerikanischen Halloween Jack wurde – bis zum Thin White Duke begleiteten erfundene Figuren ihn durch seine Alben. Ab 1977 legte Bowie Wert darauf, als er selbst aufzutreten. Dennoch betrieb er weiterhin eine strenge und häufig wechselnde Stilisierung seines Outfits. So war er auf dem Cover zu seinem Album *Scary Monsters* (1980) und auch in dem Video zu *Ashes To Ashes* (1980) als weißer Clown zu sehen, oder er verkörperte acht verschiedene Personen in seinem Album *1. Outside* (1995) und reflektierte diese Aufspaltung seiner Persönlichkeit in Interviews.

Sein Spiel mit Identitäten zeigte von Anfang an eine leicht schizoide Motivation, wenn er davon sprach, dass die von ihm erfundenen Figuren seine Identität *gegen* seinen Willen beherrschen würden. Durch dieses existenzielle Rollenverständnis erlangte er zwar eine starke Überzeugungskraft, unterlag aber zugleich dem seltsamen Zwang, gegen den eigenen Willen jemand anders zu werden. Dieses Motiv wurde von ihm schon programmatisch in der pantomimischen Performance *The Mask* in dem TV-Film *Love you Till Tuesday* (1969) dargestellt. Darin zeigte er, wie eine aufgesetzte Maske mit ihrem Protagonisten verschmelzen konnte. Er setzte in einer pantomimischen Darstellung eine Maske auf, die ein fröhliches Lächeln zeigte, mit dem er alle Menschen für sich einnehmen konnte. Die Pointe bestand darin, dass er diese Maske, nachdem er sie einige Male aufgesetzt hatte, nicht mehr abnehmen konnte. Sie wurde zu seiner Identität und ihr Lächeln damit zu einer erstarrten Fratze, die an den Joker in *Batman* erinnerte. Diese ungewöhnliche Performance zeigte bereits die Verschmelzung zwischen der theatralen Repräsentation und ihrem Darsteller.

Viel ernster wurde dieses Motiv nur wenige Jahre später in seinem Verhältnis zu Ziggy Stardust. Er sagte über diese Kunstfigur im Nachhinein: »That fucker would not leave me alone for years. [...] My whole personality was affected« (zit. n. Seabrook 2008, S. 24). Schon Lou Reed fiel auf, dass Bowie, wenn er betrunken war, die Überzeugung hatte, Ziggy Stardust zu sein (Pegg 2009, S. 401). Durch Drogen und seine Erfolge kam der Popstar an einen Punkt, an dem er sich für die von ihm erfundene Figur hielt. Nicht mehr er bestimmte sein Verhalten, sondern die Rolle bestimmte ihn, wie er in der Dokumentation *Cracked Actor* (Yentob 1975) zugab. Dieser Report begann damit, dass von seinem Gesicht eine Maske angefertigt wurde, die er für seine Show verwendete. Auf ihr wurde der rote Blitz, das markanteste Zeichen von Ziggy Stardust, eingezeichnet und Bowie trug dieses Gesicht jetzt tatsächlich nur noch als eine abnehmbare Maske. Aber hinter ihm erschien schon die neue Fassade seiner nächsten Kunstfigur, die er Halloween Jack nannte.

Diese schizoide Struktur führte zu Identitätsstörungen und 1975, verstärkt durch Drogeneinfluss, zu einer psychotischen Krise. Bowies Rettungsversuch bestand damals darin, eine neue Identität nachzuahmen, die er durch seine Filmrolle in *The Man Who Fall To Earth* (1976) kennengelernt hatte (Pegg 2009, S. 576). Den Thin White Duke verkörperte er als der kontrollierte Mr. Newton aus diesem Film, den er in seinem Verhalten schließlich während der »Station To Station«-Tour (1976) imitierte. In *D.J.* (1979) sang er ganz einfach, was ihm von einem gewöhnlichen Sänger unterschied: »I am a D.J. / I am what I play«. Seine Rollenspiele und Maskeraden waren ein Teil seiner Identität, weil er oftmals wesentliche Teile von sich selbst in sie hineinlegte.

Das er 1999 die Musik für das Computerspiel *Omikron: The Nomad Soul* schrieb, die auf seinem Album 'hours... (1999) veröffentlicht wurde, war kein Zufall. Denn in dem Spiel musste der Teilnehmer mehrere Körper durchlaufen und stellte damit verschiedene Menschen dar, blieb aber in sich immer dieselbe Person. Bowie schrieb für dieses Spiel alle Songs zusammen mit seinem Gitarristen Reeves Gabrels, der schließlich

9. Prolog: Eine Frage der Identität und der Sinn der Depression

von einer Umkehr der Rollen zwischen ihnen sprach und sich deshalb nach über zehn Jahren Zusammenarbeit von dem Popstar trennte: »Over time, I started thinking of David as a singer in my band – how twisted is that?« (Pegg 2009, S. 520). Schon 1991, als Bowie in der Arsionio Hall Show mit Tin Machine auftrat, um ihr zweites Album vorzustellen, hatte er sich aus Spaß als Reeves Gabrels vorgestellt, während Gabrels sich in Bowies Tonfall mit »I am David Bowie« vorstellte.

Dieses Motiv der Identitätsstörung zeigt schon, dass Bowies Persönlichkeit und sein künstlerischer Ausdruck mit Motiven durchsetzt sind, die auf der Grenze zur Psychose liegen und sich wohl als Borderline-Erkrankung begreifen lassen. Die in England praktizierende Psychoanalytikern Melanie Klein hat den Vorgang, sich eine Pseudoidentität zuzulegen, anhand des Romans *Si j'étais vous* (1947; *»Wenn ich Du wäre«*) von Julien Green aus ihrer Sicht genauer erläutert. Als Begriff für einen solchen Vorgang verwendete sie den einer projektiven Identifizierung: »Projektive Identifizierung beruht auf der Spaltung des Ich und der Projektion von Selbstanteilen in andere Personen, zuallererst in die Mutter oder in ihre Brust« (Klein 2000, S. 479). Dabei wird die Mutter nicht als ein getrenntes Subjekt wahrgenommen, sondern als ein Aspekt des Selbst empfunden. Für Kernberg bilden Spaltungsmechanismen, die verschiedene Ichzustände hervorrufen, die Grundlage für die »Identitätsdiffusion« nach Erikson bei Borderlinern (Kernberg 1983, S. 46). Die Ichgrenzen sind aber lediglich in den Bereichen labil, »wo eine projektive Identifizierung oder eine Verschmelzung mit idealisierten Objekten besteht« (ebd., S. 56). In der Geschichte von Green kriecht ein Bewusstsein wie bei buddhistischen Vorstellungen der Wiedergeburt in einen Körper hinein und bekommt so immer wieder neue, andere Identitäten: »Eine Identifizierung durch Projektion bedeutet, daß Teile des Selbst abgespalten und auf (oder besser: in) eine andere Person projiziert werden. Diese Prozesse haben zahlreiche Weiterungen und üben einen fundamentalen Einfluß auf die Objektbeziehungen aus« (ebd., S. 234). Sie finden – was sich durch die Spaltung zeigt – innerhalb der frühen paranoid-schizoiden Position statt. Die Vorstellung, im Körper einer anderen Person zu sein, kann eine Befreiung, aber auch ein Gefängnis darstellen (ebd., S. 242). Beide Richtungen lassen sich bei Bowie in Bezug auf seine Verschmelzung mit Ziggy Stardust finden. Fabien, der Held in Greens Roman, verwandelt sich mithilfe des Teufels in viele andere Personen. Vor einer wichtigen Erfahrung, die für Bowie wesentlich war, schreckt er aber zurück. Er verwandelt sich nicht in eine Frau, obwohl dies die Verwirklichung eines tief verdrängten Wunsches gegenüber seinem Vater gewesen wäre (ebd., S. 270). Und es gibt auch keinerlei Bemerkungen in dem Roman darüber, dass Fabian wie sein Autor Green homosexuell sein könnte. Klein schrieb dazu: »Sich in die Rolle einer Frau zu versetzen, die vom Vater geliebt wird, würde bedeuten, die Mutter zu vertreiben oder zu zerstören, und dies würde starke Schuldgefühle in ihm wecken« (ebd., S. 263). Bowie nahm diese Schuldgefühle auf sich.

Nach seiner durch Kokain induzierten Psychose in Amerika sollte sich der sehr angeschlagene Popstar schließlich nach Berlin flüchten. Er durchlief dabei eine sehr lange depressive Phase. In der Mauerstadt nahm er sein Album »Heroes« (1977) auf, dessen Titelsong zu seiner Hymne werden sollte. Und dieses Album enthielt auch ein Instrumentalstück, das *Sense Of Doubt* heißt. Der Sinn dieses Zweifels könnte mit der Theorie von Melanie Klein als eine Ungewissheit darüber gedeutet werden, ob sich das geliebte Objekt wiederherstellen und retten ließe. Nach Kleins Ansicht taucht ein starker Zweifel darüber in der depressiven Position erstmals auf. Die Versuche des Subjekts, das gute Objekt für sich zu retten, sind mit Verzweiflung verbunden. Genauer handelt es sich um einen Zweifel darüber, ob sich das durch den eigenen Sadismus zerstörte Objekt überhaupt vom Ich wiederherstellen lässt. Das Ich zweifelt dabei an seiner eigenen Liebesfähigkeit und daran, dass es diese Aufgabe bewältigen kann (Klein 1984, S. 67f.).

Kleins Unterscheidung zwischen den zwei Positionen, der paranoid-schizoiden und der darauffolgenden depressiven, hängen mit der Fähigkeit zum Zweifel zusammen. Denn in der paranoid-schizoiden Position besteht kein Zweifel, wenn es um die Erhaltung des Objekts geht. Galten die Ängste in dieser Position noch der Erhaltung des Ichs, so handelt die Depression von der Erhaltung eines guten, verinnerlichten, ganzen Objekts (Klein 1984, S. 66). Nach Lacan weisen die psychotischen Zustände bei Erwachsenen zwar nicht genau dieselbe Struktur auf wie bei Kleinkindern (Lacan 1980, S. 134f.), aber dennoch gibt es strukturelle Äquivalenzen, weshalb die Theorie von Klein das Fundament für Kernbergs Theorie über die Borderline-Störung geliefert hat. Klein selbst wies

9. Prolog: Eine Frage der Identität und der Sinn der Depression

in diesem Punkt darauf hin, dass ein psychotischer erwachsener Mensch, anders als ein Säugling, im Allgemeinen keine Mittel entwickeln kann, seine depressiven Gefühle zu modifizieren (Klein 2000, S. 136). Was für den Säugling eine Etappe seiner weiteren gewöhnlichen Entwicklung darstellt, ist beim kranken, erwachsenen Menschen eine Fixierung, durch die von selbst keine Veränderung mehr zugelassen werden kann.

Der entscheidende Schritt in der depressiven Position gegenüber der vorherigen ist, dass es nun zu einer Identifizierung mit einem ganzen Objekt kommt. Schon Karl Abraham, dessen Ansatz bei manisch-depressiven Patienten Klein fortsetzte (ebd., S. 284), sah den Unterschied zwischen der Paranoia und der Depression vereinfacht in der Anwendung eines anderen Mechanismus. Die Paranoia basiert auf der Projektion, die Depression auf Introjektion (Abraham 1969, S. 135). Obwohl nach Klein auch in der paranoid-schizoiden Position die Introjektion eines ganzen Objekts stattfand, misslang hier die Identifikation mit ihm (Klein 1984, S. 68). Die Mutter wird im Verlauf der depressiven Phase nicht nur als ein ganzes Objekt, sondern auch als eine unverwechselbare Person wahrgenommen (Klein 2000, S. 121). Die Introjektion und Identifizierung eines geliebten, verlorenen Objekts wurde schon von Freud in seinem Aufsatz Trauer und Melancholie als ein Kriterium für die Depression verwendet (Freud 2000, Bd. III, S. 203f.). Das erste Objekt des Säuglings ist die weibliche Brust. Sie geht endgültig verloren zu der Zeit, wo »die Gesamtvorstellung« von der Mutter gebildet wird (Freud 2000, Bd. V, S. 125f.).

Der Wechsel von der paranoid-schizoiden Position zur depressiven beinhaltet in der frühkindlichen Entwicklung einen wichtigen Abbau der narzisstischen Haltung. Galt die Angst zuvor den abgespaltenen Verfolgern und wurde damit letztendlich von den eigenen, projizierten Aggressionen gegen die Außenwelt getragen, so gilt sie nun einem verinnerlichten Objekt, das tatsächlich in der Außenwelt existiert. In der paranoid-schizoiden Position wurden die guten Gefühle introjiziert und die schlechten nach außen projiziert (Klein 2000, S. 86). Die depressiven Gefühle resultieren aus den Schuldgefühlen gegenüber dem ganzen, verinnerlichten Objekt. Um die Schuldgefühle abzumildern, kommt es zum Wunsch nach einer Wiedergutmachung, den es innerhalb der paranoid-schizoiden Position nicht gegeben hat. Die Wiedergutmachung ist der bekannteste Begriff aus Kleins Vokabular, weil sie eine neue Fähigkeit des

Subjekts, einen zentralen Wendepunkt markiert. Der Wunsch zur Wiedergutmachung zeigt die Schuldgefühle an, die das Subjekt nur ertragen kann, wenn es einen Teil seiner Schuld versucht zu tilgen, indem es eine Art Zurückerstattung leistet. Sie ist somit ein Vorläufer aller späteren Sublimationen. Die Voraussetzung dafür ist, ein gutes Verhältnis zum Objekt einzurichten und zu bewahren (Klein 2000, S. 139f.). Nach Lacan handelt es sich dabei ursprünglich im Wesentlichen um »einen Versuch der symbolischen Wiedergutmachung für die dem fundamentalen Bild des mütterlichen Körpers zugefügten imaginären Beschädigungen« (Lacan 1996, S. 132).

Und erst wenn ein ganzes Objekt *ex-sistiert* kann ihm gegenüber eine viel geringere Form von Ambivalenz, keine Idealisierung oder Diskriminierung mehr empfunden werden. Vor allem durch die stabile Identifizierung mit einem ganzen Objekt ist die depressive Position der vorherigen weit überlegen. Beim Kleinkind wird hier die Mutter zum ersten Mal als ein ganzer Mensch erfasst. Das Kind sieht gefühlsmäßig ein, dass das geliebte und das gehasste Objekt ein und dasselbe sind (Klein 1984, S. 88f). Innerhalb der paranoid-schizoiden Position wurde das Objekt immer wieder in ein gutes und böses Objekt gespalten und es kam deshalb keine fortdauernde Identifizierung zustande. Erst nachdem das Objekt als Ganzes geliebt wurde, kann auch sein Verlust als Ganzer gefühlt werden (Klein 1984, S. 59). Überträgt man dieses Schema auf Erwachsene, so kann der Paranoiker deshalb nicht zu einer echten Liebesfähigkeit gelangen, weil er nur die Unterscheidung innerhalb seiner Spaltung zwischen Verfolger und Nichtverfolger kennt (Klein 1984, S. 69). Durch paranoide Ängste und schizoide Mechanismen können Liebesgefühle nicht lebendig erhalten werden (Klein 2000, S. 363). Die Sorge vor dem Verlust des verinnerlichten Objekts hingegen wird in der depressiven Position immer wieder erlebt, weil es bedroht ist durch die eigenen sadistischen Interessen. Diese Angst handelt davon, ob das Ich es schafft, seinen sadistischen Es-Interessen zu widerstehen. Das Schuldgefühl und der daraus resultierende Wunsch einer Wiedergutmachung in der depressiven Position bilden das eigentliche Serum gegen die vorherigen paranoiden Angstzustände, die auf der Spaltung und Projektion der bösen Verfolger basiert. Die Schuldgefühle verschaffen der Angst Linderung (Lacan 2006, S. 49). Und sie vermitteln ein Gefühl

9. Prolog: Eine Frage der Identität und der Sinn der Depression

der Erleichterung und Hoffnung aufgrund des unbewussten Wissens, dass das Objekt doch nicht so böse war, wie es zuvor durch die Abspaltung erschienen ist (Klein 2000, S. 311). Erst wenn die Schuldgefühle ertragen werden und eine Tendenz zur Wiedergutmachung vorhanden ist, verwandeln sie sich nicht mehr in Verfolgungsängste (ebd., S. 308f.). Wird die depressive Position jedoch nicht bewältigt, tritt der Zweifel auf, ob die Zerstörung des Objekts überhaupt reparabel ist, womit auch die Hoffnung auf Wiedergutmachung in Frage gestellt ist (ebd., S. 140).

Bowies Beschäftigung mit der Depresson bildete von Anfang an eine Grundlage seiner Songs. »Ich habe einige meiner besten Songs geschrieben, als ich am Boden war«, sagte er dazu in einem Interview mit Karin Mecklenburg (*Musik Express*, März 1982, S. 12). In dem frühen Song *Quicksand* (1971) sang er über seine Niedergeschlagenheit: »I'm thinking in the quicksand of my thought / And I ain't got the power anymore«. Seiner ersten Ehefrau fiel die depressive Lebensphilosophie ihres Mannes auf (Bowie 1993, S. 40). Die meisten seiner besten Songs haben melancholische Züge und bedeuten deshalb vielen Menschen so viel, weil darin ein Weltbezug hergestellt wird, der genau ihre eigene Gemütsverfassung trifft und diese sehr gut ausdrückt.

Bowie sah als Ziggy Stardust schon so dürr aus, als würde er die Aufnahme von Nahrung ablehnen. Er hatte vor allem während der »Ziggy Stardust«-Tour arg abgenommen. Er verlor mit jedem Konzert an Gewicht. In Japan wog er anstatt siebzig nur noch sechzig Kilo (Tremlett 1995, S. 188 u. 190). Seine extreme Schlankheit war aber nicht bloß ein Effekt seines zunehmenden Drogenkonsums, sondern hing durchaus mit seinen Depressionen zusammen. Die erste narzisstische Objektwahl, die die Vorstufe zur eigentlichen ist, beruht auf Identifizierung und wird als ein Akt der Einverleibung des Objekts in der oralen Phase vorgenommen. Abraham wies Freud darauf hin, dass bei schweren Fällen von Melancholie die Verweigerung der Nahrungsaufnahme auf diesen Zusammenhang zurück zuführen sei (ebd., S. 203). »Die Unlust zur Nahrungsaufnahme schließt ein Spielen mit dem eigenen Tod in sich« (Abraham 1969, S. 129). Bei Freud führt der Verlust eines Objekts zur Melancholie, die den Versuch darstellt, dieses Objekt im Inneren zu bewahren, anstatt es aufzugeben (Freud 2000, Bd. III, S. 198). Melanie Klein folgte diesen Überlegungen und erklärte, dass bei schweren

Sense Of Doubt (1977)

Depressionen die Vorstellungen um die Einverleibung des geliebten Objekts kreisen. Sie stellte fest, dass der Melancholiker dabei nicht bloß seine bösen Objekte, sondern auch sein Es mit großer Intensität *hasst*. Sein Über-Ich nimmt eine übertrieben strenge und rücksichtslose Haltung ein und zugleich hat er Angst, vom Es überwältigt zu werden und so das geliebte Objekt zu zerstören (Klein 1984, S. 64 u. 68). Die psychische Einverleibung des geliebten Objekts – und nichts anderes ist die Introjektion – kann dazu führen, die reale Einverleibung als einen Vorgang des Es abzulehnen. In der Depression ist das Ich lustfeindlich, wenn es verzweifelt versucht, den Einfluss des Es abzuwehren, um das Objekt nicht zu vernichten. Bowies Album *Diamond Dogs* (1974) begann mit der Beschreibung einer düsteren, postapokalyptischen Stadt, die er »Hunger City« nannte. Und die darauffolgende erfundene Figur hieß nicht zufällig Thin White Duke.

Auf dem Album *Station To Station* (1976) fuhr ein Zug los, der ihn zurück nach Europa brachte und zu seinen drei depressivsten Alben führte, die er später als »Berliner Triptychon« bezeichnete. *Low* (1977), *»Heroes«* (1977) und *Lodger* (1979) bildeten demnach ein dreiteiliges Altarbild. Die Form des Triptychons wurde aber auch in der modernen Malerei von Künstlern wie Picasso oder Beckmann übernommen. Dargestellt ist darauf fast immer menschliches Leiden. Häufig sind Himmel und Hölle darauf abgebildet, wie z. B. bei Bosch. Bowie trank während seiner Zeit in Berlin sehr viel Alkohol und erklärte die Idee seines Triptychons später, indem er das Kokain idealisierte und den Alkohol verteufelte: »Trinken ist die deprimierendste Suchtform, die man sich vorstellen kann, weil man vom Himmel in die Gosse stürzt« (Tremlett 1995, S. 306). Es gelang ihm aber damals in Deutschland, wieder psychisch stabiler zu werden.

Nach Steiner lässt sich die Borderline-Position genau zwischen der paranoid-schizoiden und der depressiven Position von Klein verorten (vgl. Weiß 2009, S. 34). Und in dem Grenzbereich, dem Changieren zwischen diesen beiden Positionen, lässt sich auch Bowies Charakter am Besten verstehen. Genau diese Zwischenposition besang er in *Fantastic Voyage* (1979): »We learning to live with somebody's depression / And I don't want to live with somebody's depression«. Er fasst darin seine eigene Depression als die einer anderen Person auf, die er angenommen hat, um sie im nächsten Satz gleich wieder abzulehnen.

9. Prolog: Eine Frage der Identität und der Sinn der Depression

In den 80ern gab es noch eine weitere Variante, die durch eine lange, sehr erfolgreiche, aber zugleich auch etwas oberflächliche Phase gekennzeichnet war, die weit mehr von manischen Zügen geprägt war. Seine Musik hatte nun regelrechte Züge von »Ekstase«, d. h., sie beschrieb einen euphorischen Zustand, in dem es darum ging, »außer sich zu sein« und dabei völlig mit einem guten Objekt zu verschmelzen. So überging er den Ernst, der in den oft viel komplexeren und schwierigen Inhalten seiner Texte bestand. Den Höhepunkt lieferte er gleich am Anfang mit dem eingängigsten und kommerziell erfolgreichsten Album *Let's Dance* (1983). In dem Refrain des Welthits *Let's Dance* sang er: »If you should fall / Into my arms / And tremble like a flower«, und zu diesem Bild einer harmonischen Umarmung steigerte sich die Musik enthusiastisch immer mehr. Noch deutlicher wurde die Überhöhung im Refrain von *Blue Jean* (1984), wo sich seine Gefühle zur Dimension der gesamten menschlichen Rasse steigerten, als er für ein Mädchen mit lateinamerikanischem Ursprung jazzte: »Sometimes I feel like / (Oh, the whole human race) / Jazzin' for Blue Jean«.

Schon Freud sah einen engen Zusammenhang zwischen der Manie und der Depression und dass es viele Fälle gibt, in denen die beiden Zustände sich zyklisch abwechseln. Während in der Depression das Subjekt sich schuldig fühlt, weil es vor seinem Über-Ich nicht bestehen kann und dann Wiedergutmachung leistet, um dieses Gefühl abzumildern, fallen in der Manie die Ansprüche des Über-Ichs mit dem Ich zusammen. »Es kommt immer zu einer Empfindung von Triumph, wenn etwas im Ich mit seinem Ichideal zusammenfällt« (Freud 2000, Bd. IX, S. 122). Beim Manischen fallen nun Ich-Ideal und Ich völlig zusammen, sodass keinerlei Selbstkritik mehr übrig bleibt und alle Hemmungen des Ichs wegfallen. Es kommt zu einem überwältigenden Triumphgefühl, das ähnlich funktioniert wie ein Drogen- oder Alkoholrausch. Nach Lacan haben die Forderungen des Ich-Ideals ihren Platz in den Gesamtforderungen des Gesetzes (Lacan 1978, S. 173). Das Ich-Ideal ist das, was das Über-Ich fordert. Es ist die Zielvorstellung des Über-Ichs, das, was das Subjekt als Vorbild idealerweise sein sollte, aber niemals ist. Das Ich-Ideal lässt sich als Vorläufer des Über-Ichs begreifen und es handelt sich um eine Instanz, die von außen Anforderungen an das Subjekt stellt, deren Erfüllung seinen Erfolg bedeutet. Dieser Erfolg wird scheinbar restlos in der Manie erreicht. Der Triumph in der Manie ähnelt dem Triumph, den Lacan bei der ersten Identifikation im Spiegelstadium erkannt hat (Lacan 1994, S. 58). In der Identität fällt die konstitutive Differenz zwischen dem Ideal-Ich und dem Ich in sich zusammen und damit erhält das symbolische Ich-Ideal eine regressive Form und ähnelt nun wieder dem imaginären Ideal-Ich, an dem sich ursprünglich die narzisstische Verhaftung eingestellt hatte (Lacan 1978, S. 183).

Abraham beschrieb das Resultat dieses Vorgangs als einen »förmlichen Freiheitsrausch« (Abraham 1969, S. 157). Umgekehrt treten in der Depression das Ich und sein gebotenes Ideal völlig auseinander. Das Ich wird von seinem Ideal erniedrigt und kann ihm dann in keiner Weise mehr genügen (Freud 2000, Bd. IX, S. 123). Die manisch-depressive Krankheit lässt sich so auf einen Konflikt zwischen Ich und Über-Ich zurückführen (Ruhs 2001, S. 75), wobei in der Manie dieser Konflikt einfach überwunden zu sein scheint und so eine rauschhafte, unendliche, aber oft extrem schnelle Form einer harmonischen Verschmelzung auftaucht. Umgekehrt ist die Depression der »Schmerz der Existenz im Reinzustand«, das, was laut Lacan wiederkehrt. Gemeint ist hier »der Schmerz zu ex-sistieren und außerhalb der symbolischen Ordnung zu sein« (Ruhs 2001, S. 89), also außerhalb des Gesetzes zu stehen. Dabei kann das Ich dem Über-Ich in keiner Form mehr genügen.

Im Gegensatz zur Depression ist beim Umschlagen in die Manie der Verlust des Objekts anscheinend völlig überwunden. Der Manische demonstriert einen Heißhunger auf neue Objektbesetzungen (Freud 2000, Bd. III, S. 207f.). Dieser Objekthunger, wie Melanie Klein ihn nennt, zeigt aber, dass die depressive Position in der Manie beibehalten wird. Allerdings werden hier bei der Introjektion der guten Objekte die damit verbundenen Ängste einfach verleugnet (Klein 1984, S. 79). Nach ihrer Ansicht drückt sich die Manie vor allem in einem Allmachtsgefühl aus, welches durch Verleugnung zustande kommt. Der Auslöser der Phasen gehobener Stimmung besteht darin, dass das Subjekt glaubt, ein perfektes, geliebtes (idealisiertes) Objekt innerlich zu besitzen (Klein 1984, S. 110). Die Verleugnung des Verlustes drückt sich schließlich als Überaktivität aus, die vor allem darin besteht, alle Objekte zu meistern und zu beherrschen. »Der Maniker glaubt, daß er seine Objekte, wenn er sie beherrscht, daran hindert, ihn zu beschädigen wie auch sich gegenseitig zu gefährden« (Klein 1984, S. 78). Dabei werden sowohl die Gefahren verleugnet, welche von den bösen Objekten und dem Es drohen, wie auch die Bedeutung des guten Objekts abgewertet. Die vorherige Sorge um die Sicherheit des guten Objekts in der depressiven Position gibt es nun nicht mehr. Der Maniker hält dieses Objekt sowohl für austauschbar als auch für beherrschbar. Damit leistet er eine *Loslösung* von seinen Objekten, welche der Depressive nicht zustande bringt. Zugleich handelt es sich aber um eine Sackgasse, denn die *Sehnsucht* nach dem geliebten Objekt, welche die depressive Position auszeichnet, wird dabei schließlich nur abgewehrt. Die omnipotenten Fantasien können nun die gefährlichen Objekte kontrollieren, um die geliebten Objekte zu retten oder sogar wiederherzustellen (Klein 1984, S. 101). Das Chaos im Inneren (depressive Position) scheint damit bewältigt zu sein. Demnach ist die manische Position zwar eine Weiterentwicklung gegenüber der paranoid-schizoiden und der depressiven Position, sie ist aber zugleich sehr zweifelhaft, weil sie dem depressiven Leiden entflieht.

Idealisierung ist eine wichtige Form der Verleugnung, die den Manischen bei seinem Enthusiasmus künstlich leitet (Klein 1984, S. 102). Vor allem aber versucht er das Objekt zu überwinden, zu erniedrigen, zu besiegen und erreicht so das starke Gefühl eines völligen Triumphes, wenn es durch die omnipotenten Fantasien besiegt und damit völlig beherrschbar erscheint. Diese sadistische Befriedigung in der Manie ist Ausdruck der Macht des Subjekts (Klein 1984, S. 104f.). Es sieht so aus, als lasse sich das Objekt per Willensakt beherrschen.

Während seiner sehr erfolgreichen »Serious Moonlight«-Tour (1983), die um die ganze Welt ging, lagen in vielen Gesten von Bowie Momente eines manischen Triumphs. Der zu diesem Zeitpunkt fast überall populäre Popstar ließ sich in der ganzen Welt feiern. Er schien mehr als sonst mit seinen Bewegungen die Bühne zu beherrschen. Der aufwendige Konzertmitschnitt der »Serious Moonlight«-Tournee in Vancouver zeigt, wie alle ernsthaften depressiven Gefühle unter einer extrem kontrollierten, künstlich manierierten und völlig inszenierten Show beherrschbar geworden sind. Mit blondierter Dauerwelle und perfekten Maßanzügen posierte der Popstar in wie hingemeißelten Posen und nicht selten reichte eine Handbewegung von ihm, um das Licht auf der Bühne an- und ausgehen zu lassen oder die Musik beginnen oder stoppen zu lassen. Bowies Bewegungen schienen den

Raum um ihn herum komplett zu dirigieren. Freunde erinnerten sich an seinen Drang andere zu beherrschen schon in den 70ern und daran, »daß er gereizt reagierte, wenn man ihn davon abhielt« (Sandford 2003, S. 242). Ein Höhepunkt seiner Show bestand nun darin, dass er eine riesige Weltkugel wie der griechische Gott Atlas auf seinen Schultern trug, um sie ins Publikum zu werfen. Es waren dann zwar vor allem seine Zuschauer, die mit dieser Weltkugel spielten, aber die Szene erinnerte doch deutlich an Charles Chaplins Parodie auf Hitler in *The Great Dictator* (1940).

Der Erfolgskurs in den 80er Jahren wurde von Bowie später hart kritisiert, wenn er sagte, ab *Let's Dance* »Korruption mittels Popmusik« betrieben zu haben (Sandford 2003, S. 274). Während der erfolgreiche Discomusikproduzent Nils Rogers sein Album aufnahm, soll der Popstar auch nur auf dem Sofa danebengesessen haben. Er überließ es Rogers, große, zeitgemäße Welthits aus seinen Songs zu schmieden. Es war deshalb musikalisch mehr das Album des Produzenten und füllte vor allem Bowies Kassen (Pegg 2009, S. 339). Die Endergebnisse wichen zwar von den ursprünglichen Demoversionen sehr ab, aber so entschieden unbeteiligt wie Bowies es später darstellte, war er selbst daran vermutlich nicht. Als er ab 2000 zumindest den Anfang von *Let's Dance* viel balladenartiger vortrug und erklärte, dass der Song ursprünglich ein einfacher Folksong gewesen sei (Pegg 2009, S. 130), wurde aber deutlich, was er eigentlich im Sinn gehabt hatte. 2003 sang er schließlich eine völlig andere, akustische Version von *Loving The Alien* (1984), einem der vielen Songs aus dieser Phase, der dennoch zu seinen besten gehört. Es war weniger Bowies Musik als vielmehr seine omnipotente Performance und sein Image in dieser Zeit, das korrupte und verlogene Züge besaß.

Auf dem Cover von *Let's Dance* trat er in der herausfordernden Kämpferpose eines Boxers auf. Und bei den Konzerten der »Serious Moonlight«-Tour (1983), wie die Aufzeichnung in Vancouver zeigt, war er oft in aggressiven männlichen Posen von Herrschaft und Kontrolle zu sehen. Er boxte beispielsweise während er *Let's Dance* sang in die Luft und wiederholte so die Pose vom Cover. Bei *Fame* sang das Publikum so laut zurück, dass er lächelnd innehielt und leicht zurückschreckte, als ob die Reaktion der Zuschauer auf seine Provokationen eine Drohung wäre. Dieses seltsame Wechselspiel gehörte zur Manie. Der Triumphierende geht davon aus, dass auch das Objekt über ihn triumphieren möchte. Das führt zu Misstrauen und Verfolgungsgefühlen, die wieder an die längst überwundene paranoid-schizoide Position anknüpfen. »So hemmt der Triumph das Werk der frühen Trauer« (Klein 1984, S. 106). Bowies Sprung vom sarkastischen *Boys Keep Swinging* (1979), wo er nur ironisch tanzte und Männerposen zynisch kommentierte, zu den enthusiastischen Tanzbewegungen von *Let's Dance*, wo er vor allem den »Traummann« einer jeden Frau repräsentieren wollte, ist kaum größer vorstellbar. Vor allem wenn man bedenkt, dass zwischen diesen beiden Auftritten nur vier Jahre lagen.

Corinne Schwab wurde ab Ende 1973 zu seiner engsten Mitarbeiterin. Sie hatte zunächst für Bowies Manager bei Main Man in London gearbeitet, wurde dann seine persönliche Assistentin und blieb es bis heute (Pegg 2009, S. 306). Ihr widmete er 1987 den Song *Never Let Me Down*. Er fing an mit der Zeile: »When I believed in nothing / I called her name«, und im Refrain hieß es: »She never let me down«. Schwab war eine Amerikanerin, die in Frankreich aufgewachsen war. Ihre Mutter war eine Psychiaterin, ihr Vater Fotograf (Bowie 1993, S. 297). Schwabs Mutter trieb in der Mitte der 70er Jahre in der Schweiz einen Therapeuten auf, von dem sich Bowie schon ab 1977 während seiner Zeit in Berlin behandeln ließ (Bowie 1993, S. 309). 1976 hatte er noch gesagt, dass er im Gegensatz zu seinen Eltern, Geschwistern und anderen Verwandten noch nie bei einem Analytiker gewesen sei. »I thought I'd write my problems out« (zit. n. Pegg 2009, S. 167). 1980, in der Zeit als er sich von seiner ersten Ehefrau Angela scheiden ließ, war er immer noch in einer Therapie (Bowie 1993, S. 46). Und nachdem er im Herbst 1990 seine zweite Ehefrau, die Somalierin Iman Abul Majid, kennen gelernt hatte, begab er sich auch erneut in psychotherapeutische Behandlung (Sandford 2003, S. 328).

Diese zweite therapeutische Intervention hing vermutlich mit seinen Plänen für eine Eheschließung zusammen. Am 14. Oktober 1991, also genau ein Jahr nachdem er seine neue Frau kennen gelernt hatte, machte er ihr einen Heiratsantrag (ebd.). Vier Jahre später erklärte Bowie 1995 einem Freund nachts in London etwas betrunken und unter Tränen seinen emotionalen Grundzustand: »Depression, immer Depression ... Ohne Iman hätte ich inzwischen längst meinen Kopf in den Gasherd gelegt« (Sandford 2003, S. 362). Es gab damals kaum noch Gasherde, weshalb diese Bemerkung wohl eine Anspielung auf die depressive Dichterin Sylvia Plath war, die sich genau in dieser Form 1963 in London das Le-

Sense Of Doubt (1977)

ben genommen hatte. Aber in seiner Depression war Bowie der Realität immer etwas näher als in seinen manischen Phasen (vgl. Segal 1990, S. 73), die in den 70ern durch Betäubungsmittel und in den 80ern durch den Rausch eines enormen kommerziellen Erfolges hergestellt wurden. Erst in den 90er Jahren kam es zu einer weitgehenden Aufarbeitung seiner psychischen Probleme und dabei verschwanden zumindest am Ende seine Omnipotenzfantasien. Diese Fantasien sind nach Klein beim Kleinkind eine Abwehr vor der Furcht davor, das *eine* unersetzliche Objekt, die Mutter, verlieren zu können. Diese Fantasie verliert an Bedeutung, wenn der Glaube und das Vertrauen des Kindes in seine Liebesfähigkeit, seine Wiederherstellungskraft und die Integration und Sicherheit seiner guten inneren Welt wachsen (Klein 1984, S. 107). Eine stabile Ehe ist natürlich wie kaum etwas anderes dazu geeignet, diese Furcht zu überwinden.

Bowies Werk war in seiner vorletzten Etappe ab der Mitte der 90er Jahre sehr stark von sadistischen Fantasien geprägt. In dieser Zeit trug er einen Kinnbart und nahm die beiden von der Gegenwartsmusik des britischen Jungle beeinflussten Alben *1.Outside* (1995) und *Earthling* (1997) auf. Bei dem zweiten, zugänglicheren Versuch mit seinem schnellen Rhythmus hatte er damit sogar beim Publikum Erfolg. Diese Phase wurde musikalisch vorbereitet durch das Experiment, als Teil einer Band zu fungieren, die unter dem Namen Tin Machine am Ende der 80er Jahre begann und zwei rockige Alben hervorbrachte. Seine Arbeit mit elektronischer Musik setzte dann 1993 mit der Musik für die TV-Serie *The Buddha Of Suburbia* wieder ein. Der Hintergrund des gesamten Unternehmens, dessen Höhepunkt wohl sein düsteres Album *1.Outside* war, wird deutlicher, wenn man das enorme Wirken des Sadismus in frühkindlichen Stadien, wie Klein es erläutert hat, darin zu erkennen vermag. Nach ihrer Ansicht hat der Sadismus seine Blütezeit in der paranoid-schizoiden Position (Klein 2000, S. 153f.). Die durch den eigenen Sadismus verletzte Mutter wird darin vom Säugling schon sehr früh sowohl als internalisiertes als auch als äußeres Objekt wie ein Über-Ich wahrgenommen (ebd., S. 463). Lacan bestätigte die wesentliche Rolle, die die Aggressivität in Kleins Theorie spielt (Lacan 2007, S. 73). Sadismus und eine sehr ausgeprägte männliche Aggressivität sind Motive, die neben Schuldgefühlen bei Bowie schon expressiv bei Ziggy Stardust auftauchten.

1. Das Trauma der Trennung – *Space Oddity* (1969)

»Don't let the milk floats ride your mind«
(Rock'n'Roll Suicide 1972)

1931 erschien in London der Roman *The Waves* (»*Die Wellen*«), in dem die Autorin Virginia Woolf, die unter psychotischen Störungen litt, ihre Erzählperspektive absichtlich in sechs verschiedene Persönlichkeiten aufgespalten hat. Eine naheliegende Erklärung für die Ursache diese narativen Aufsplitterung kam in dem Roman sogar vor: »Wir befinden uns in dem passiven, erschöpften Gemütszustand, in dem wir uns einzig wünschen, uns wieder mit dem Körper unserer Mutter zu vereinigen, von dem wir losgetrennt worden sind. Alles andere ist widerwärtig, erzwungen und ermüdend« (Woolf 1991, S. 230).

1965 nahm David Jones den Künstlernamen David Bowie an. Ein Grund dafür war, dass ein Schauspieler mit dem Namen Davy Jones auftauchte, der später ein Mitglied der Band Monkees werden sollte. *Can't Help Thinking About Me* (1966) war der erste Song, den der Popstar unter seinem neuen Namen herausbrachte. Darin hieß es am Anfang: »Question-time that says I brought dishonour / My heads bowed in shame / It seems that I've blackened the family name«. Die Zeilen spielten offensichtlich auf den Austausch des Namens an, wenn er sang, dass er den Familiennamen getrübt hätte. Der gesenkte Kopf war der Ausdruck eines Schuldgefühls wegen der Schande, die er damit über die Familie gebracht hatte. 1987 tauchte in dem Song *Time Will Crawl* das gleiche Bild wieder auf: »Time will crawl and our heads bowed down«. Der Name Bowie bezog sich demnach nicht nur auf das amerikanischen Bowie-Messer, wie meistens geschrieben worden ist, sondern insgeheim klang darin *bow* (gebeugt), die gesenkte Haltung des Kopfes an. Zwischen der aufgerichteten Waffe (Bowie-Messer) und dem gesenkten Kopf gibt es vielleicht zudem eine Verbindung. Das Messer ist eine Waffe, ein sadistisches Instrument, das eine aggressive Handlung ausdrückt. Das gesenkte Haupt der Ausdruck eines depressiven Schuldgefühls. Die Geste des gesenkten Kopfes tauchte in Bowies Karriere häufiger auf. 1969 zog er sich den Hut über den Kopf und senkte sein Haupt am Ende des Songs *Rubber Band*, in der damals nicht ausgestrahlten TV-Sendung *Love You Till Tuesday* (1969). Am Ende des Spielfilms *The Man Who Fell To Earth* (1976) gab es genau dieselbe Geste als Schlussbild, in dem der betrunkene Mr. Newton den Kopf senkt. Dieser Ausdruck wurde dann sogar als Standbild eingefroren und die Credits des Abspanns liefen darüber hinweg. Dieselbe Pose gab es auf einer Fotografie, die zu den Aufnahmen für das Cover seines Albums *»Heroes«* gehörte. Provokation und Schuld in einem Atemzug gab es in markanten Sätzen wie »Wham Bam Thank You Ma'am!« in *Suffragette City* (1973). Das höfliche, altmodische »Ma'am« stand dabei im Gegensatz zum knalligen und durchaus rebellischen »Wham Bam«, das aus dem Vokabular der Comickultur kommt. Eine ähnliche sprachliche Form von Unverschämtheit und Zuneigung drückte Bowie mit der Zeile »Hugging all the babies, kissing all the ladies« in *Somebody Up There Likes Me* (1975) aus. Gegenüber Burroughs erklärte er, der Name Bowie ginge auf die Idee zurück, die Lüge von der Wahrheit messerscharf trennen zu wollen: »Der Name Bowie gefiel mir einfach, als ich jünger war. Als ich 16 Jahre alt war, steckte ich in einer schwierigen philosophischen Angelegenheit, und so folgte ich einem Gemeinplatz, indem ich zwischen mir und den Lügen und all diesen Dingen einen Schnitt machen wollte« (Copetas 1974).

Sein erstes Album trug den schlichten Namen *David Bowie* (1967) und handelte von der großen Sehnsucht nach der Kinderzeit. In *There is a happy land* beispielsweise lebten in dem »happy land« nur Kinder, unter Ausschluss der Erwachsenen. In *When I'm Five* (1968) sang er: »I saw a photograph of Jesus and I asked him if he'd make me five«. So verband er das christliche Wunder mit dem Wunsch nach einer Rückkehr in eine

Space Oddity (1969)

glücklichere, infantile Vergangenheit. In *Uncle Arthur* (1967) verhielt sich ein Erwachsener wie ein Kind: »Uncle Arthur like his mommy / Uncle Arthur still reads comics / Uncle Arthur follows Batman«. Bowie zeigte immer ein großes Interesse an der kindlichen Welt und ihren Ausdrücken. Zugleich lässt sich aber schon in dieser Periode keineswegs davon sprechen, dass alle seine Songs die Sehnsucht nach einer infantilen Verspieltheit zum Ausdruck gebracht hätten. Beispielsweise handelte *The London Boys* (1966) von Problemen einer Gruppe Jugendlicher, die in Englands Hauptstadt lebten. Bowie setzte diese Art von Erzählungen mit *Join The Gang* (1967) und schließlich mit *All The Young Dudes* (1969) später fort. Er beschrieb die Gefahren, in die sich pubertäre Jugendliche begaben, und schien demgegenüber die kindliche Welt vorzuziehen. *The Laughing Gnome* (1967) berichtete davon, wie er von einem seltsamen, kindlichen Kobold verfolgt wurde, der ganz offensichtlich ein infantiler Teil seiner eigenen Persönlichkeit war. Er sagte 1973 zu William Burroughs: »I haven't changed my views much since I was about 12 really. I've got a 12-year-old-mentality« (Copetas 1974).

Als er 2000 einige seiner alten Songs aus den 60er Jahren neu aufnahm, lautete der Arbeitstitel des Albums, auf dem sie erscheinen sollten, *Toy* und verwies so auf ihren kindlichen Charakter. Viele Songs auf *David Bowie* hatten 1967 bereits seltsam, etwas altmodisch und vor allem skurril geklungen. Seine Art sie vorzutragen wurde damals von dem älteren, englischen Sänger Anthony Newley geprägt: »I was Anthony Newley for a year« sagte er 1972 (Miles 1980, S. 79). Newley war die erste öffentliche Identifikationsfigur, hinter der sich Bowie versteckte. Mit dem Namen Bewlay aus seinem Song *The Bewlay Brothers* (1971) war später nicht nur eine Bewlay-Pfeife gemeint, sondern dies war zugleich eine Vermischung aus den Namen Bowie und Newley (Tremlett 1995, S. 150). Newley hatte eine sehr theatralische Vortragsart (Sandford 2003, S. 37f.) und er war wie Frank Sinatra oder Bing Crosby ein Entertainer der vorhergehenden Generation. Vor allem das Musical *Stop The World, I Want To Get Off* (1961), das Newley mit Leslie Bricusse zusammen geschrieben hatte, fand Bowie als Junge sehr beeindruckend. Er hatte Newleys Lieder vor allem 1960/1961 als Dreizehnjähriger gehört und sie nun wieder ausgegraben (Tremlett 1995, S. 71). Daher stammt vielleicht die seltsame und traurige Nostalgie, die die Songs auf seinem ersten Album hatten. Ihnen lag eine Idealisierung der Vergangenheit zugrunde, an der Bowie in gewisser Hinsicht festhalten sollte. Die deutlichen Bezüge zur englischen Music Hall oder dem amerikanischen Vaudeville blieben ebenfalls ein Grundbaustein seiner Karriere. Vor allem die verspielten Klavierattitüden Mike Garsons sollten später seinen Stil in dieser Hinsicht sehr unterstützen. Das Album war mit einigen Songs von den Beatles vergleichbar, wie zum Beispiel mit *Yellow Submarine* (1966), einem Titel, der 1968 auch zu seinem Reportoire gehört hatte (Pegg 2009, S. 262). Auch Bowies Einstellung zu einer traurigen Romantik hatte es bei der englischen Band im Ansatz bereits gegeben, seine eigentümliche und sehr professionelle Verwendung von Mitteln des Theaters jedoch in der Form noch nicht. Die Beatles traten in ihren Filmen mehr in der Traditon der einfachen Slapstick-Komödie auf.

1965 spielten Bowie und seine Band *The Lower Third* aus dem Disney Musical *Mary Poppins* (1964) den Song *Chim Chim Cheree* (Pegg 2009, S. 52). 1969 imitierte er sehr überzeugend einen Fünfjährigen in einer TV-Aufzeichnung seines Songs *When I'm Five* und 2003 ahmte er in Interviews häufiger seine damals dreijährige Tochter Alexandria nach, so als hätten sie gemeinsame Bedürfnisse. Er sagte 1996, ein Jahr vor seinem 50. Geburtstag, über sich selbst: »Ich bin der kindlichste Mensch, den ich kenne« (Sandford 2003, S. 376). Bowies Interesse an einem infantilen Ausdruck gab es dann auch in vielen seiner späteren Songs. *Come And Buy my Toys* (1967), *Always Crashing In The Same Car* (1977), *Ashes To Ashes* (1980), *Thursdays Child* (1999) und *A Better Futur* (2002) sind nur einige Beispiele für Songs, die Teile von traditionellen Kinderreimen enthielten. In seiner Familie gab es ebenfalls ein starkes Interesse am Kindlichen. Seine Mutter Margaret Mary Burns, ihr Rufname war Peggy, hatte lange Zeit als Kindermädchen gearbeitet, »sie war sehr gut im Umgang mit Kindern« (Pitt 1985, S. 8), und sein Vater Haywood Stenton Jones, sein Rufname war John, arbeitete als Buchhalter und schließlich als Leiter der Presseabteilung für Dr. Barnardo's Children's Home, einer Wohltätigkeitsorgansitation für Kinderheime in London. Bowie gab im Dezember 1972 ein Konzert im Rainbow Theater, bei dem er das Publikum dazu aufforderte, Spielzeug mitzubringen, das dann Kinderheimen gespendet wurde (Rock 2002, S. 183).

Seine kindliche Verspieltheit war ein Ausdruck der Borderline-Persönlichkeit, die Kernberg als eine infantile Persönlichkeit näher klassifiziert hat. Für sie gilt, dass die oralen Konflikte viel wesentlicher sind als die ödipalen (Kernberg 1983, S. 34). Für Borderliner-Persönlichkeiten stellen Trennungen von geliebten Menschen die schlimmsten traumatischen Erfahrungen im Leben dar. Diese Menschen entwickeln daher sehr starke Trennungsängste (ebd., S. 241). Durch die projektive Identifizierung, bei der Teile des eigenen Erlebens in das Gegenüber hineingelegt werden, wird das Ich geschwächt. Damit einher geht das Leiden unter der Trennung von den Objekten, weil damit zugleich ein Teil des Selbst verloren geht (Weiß 2009, S. 47). Zuvor werden Gefühle von Getrenntheit aufgehoben und das Objekt kann scheinbar, solange es anwesend ist, kontrolliert werden, belastet aber auch stets die eigene von ihm abhängige Existenz. Im Modus der Abwesenheit hingegen entsteht der Eindruck, dass auch Anteile des Selbst verloren gehen. Borderliner können weder Nähe noch Abstand zu ihren geliebten Objekten ertragen, weil sie sich entweder eingeschlossen, gefangen fühlen oder panische Ängste vor dem Verlust und der Verlassenheit zeigen (ebd., S. 30). Die projektive Identifizierung beinhaltet eine Konkretheit der Sprache, durch die Wörter fast zu Handlungen und Dingen werden oder sogar präsymbolische Kommunikationsformen verwendet werden, die einfache emotionale Zustände vermitteln. Sie können »analog einer Melodie« nur noch elementare Gemütszustände ausdrücken (ebd., S. 73). Die Fähigkeit zur Symbolisierung ist dabei erheblich beeinträchtigt. Bowies Songs haben fast alle wichtige lautmalerische Elemente im Refrain, wodurch die Sprache keine Rolle mehr spielt, sondern nur noch Töne zum tragen kommen. Auf der anderen Seite liegt eine besondere Qualität seines Gesangs im speziellen Ausdruck seiner Stimme, mit der er durch genaue Betonungen auch den Sinn der Wörter ausformte.

Nach Hanna Segal werden in der paranoid-schizoiden Position Symbole nicht als solche wahrgenommen, sondern mit den Objekten gleichgesetzt. Die Wörter werden wie konkrete Handlungen oder Gegenstände eingesetzt und sind daher kein bloßes Mittel zur Kommunikation mehr. Diese Nichtunterscheidung zwischen dem tatsächlichen Objekt und seiner Repräsentation kommt durch den Ausfall der Grenze zwischen innen und außen zustande: »Teile des Ichs und innere Objekte werden in ein Objekt projiziert und mit diesem identifiziert« (Segal 1990, S. 208).

1. Das Trauma der Trennung

Diese unzulässige *Gleichsetzung* wird benutzt, um die Abwesenheit des tatsächlichen, idealisierten Objekts zu verleugnen. Das Substitut wird dabei selbst zu dem Objekt. Dadurch wird die Sprache intensiviert, weil sie nicht mehr bloß über einen Zusammenhang berichtet, sondern ihn im Sprechen wiederholt. Die Unterscheidung zwischen Symbol und Symbolisiertem kann bei Borderlinern vor allem dann ausfallen, wenn alltägliche Trennungssituationen verarbeitet werden sollen.

In der depressiven Position werden die unzulässigen Gleichsetzungen aufgegeben und es kommt zu »voll ausgebildeten Symbolen« (ebd., S. 209).

> »In der depressiven Position wird das Objekt aufgegeben und betrauert, das Symbol wird in der inneren Welt etabliert – der Beginn eines inneren Objekts, welches das Objekt repräsentiert, aber nicht mit ihm gleichgesetzt wird. Die symbolische Gleichsetzung wird benutzt, um die Getrenntheit zwischen Subjekt und Objekt zu verleugnen – das Symbol hingegen, um einen Verlust, der akzeptiert wurde, zu bewältigen« (Segal 1999, S. 54).

Die psychische Entwicklung zur Realität ist von der Fähigkeit zum verbalen Denken abhängig. Die Fähigkeit, symbolische Kommunikation zu verstehen, folgt unmittelbar nach dem Erleben depressiver Gefühle (Segal 1990, S. 222). Und damit beginnt die Unterscheidung zwischen innerer und äußerer Welt. Das omnipotente Denken verschwindet und macht einem realistischeren Denken Platz. Die symbiotische Äquivalenz weicht der symbolischen Differenz. Lacan würde sagen, zwischen Reales und Imaginäres tritt das symbolische System in seiner Funktion als Vermittler zwischen Ich und Realität. Die eigentliche Leistung innerhalb der depressiven Position ist aber die Anerkennung und Verarbeitung der eigenen Schuld.

Die Musik gehört zu den Künsten, bei denen die Trennung zwischen innen und außen zuweilen teilweise aufgehoben werden kann. Eines ihrer Ziele besteht darin, die Grenze zwischen diesen beiden Orten zu verwischen. Deshalb sangen schon die Beatles 1968 in *Everybody's Got Something To Hide Except Me And My Monkey:* »Your inside is out and your outside is in / Your outside is in and your inside is out / So come on«. Obwohl für Borderliner diese Grenze durch ihre projektiven Identifizierungen immer wieder verschwimmt (Kernberg 1983, S. 204) und sie auf einer Grenzlinie zwischen innerer und äußerer Realität stehen (Weiß 2009, S. 48), sind sie grundsätzlich dazu fähig, eine Realitätsprüfung durchzuführen (Kernberg 1983, S. 208ff.). Im Gegensatz zu Psychotikern sind sie in der Lage, die inneren und äußeren Wahrnehmungen, Fantasie und Realität voneinander trennen und auseinander halten zu können. Bei größerer zwischenmenschlicher Nähe kommt es aber immer wieder zu einer verzerrten Sichtweise der Außenwelt und zu einer Vertauschung der beiden Ebenen. Die Borderline-Persönlichkeit ist in Bezug auf die sie bedrängende Wahrnehmung zwar einsichtiger als ein Psychotiker, insbesondere ihre Fähigkeit zur Empathie ist aber empfindlich gestört (ebd., S. 59). So haben Borderliner häufig den Eindruck, dass andere Menschen dasselbe empfinden wie sie, obwohl dies überhaupt nicht der Fall ist. Umgekehrt lässt sich eine solche Vermischung der Gefühle durch die Musik auf einer emotionalen Ebene vielleicht am besten herstellen. 1969 sagte die amerikanische Soulsängerin Nina Simone in einem Interview: »Ich versuche ein enges Verhältnis zum Publikum zu etablieren, bei dem wir uns einig sind und sie wissen, dass meine Gefühle ihre sind und ihre Gefühle meine« (zitiert aus dem Booklet zu Nina Simones Compilation-Album *The Essential*, 1993). Im Rausch der Musik kann der Eindruck oder auch die tatsächliche Realität eines starken gemeinsamen Empfindens entstehen. Andere gefährlichere und weit trügerischere Wege sind der Drogenkonsum oder eine narzisstische Verliebtheit. Beide können die Illusion einer zwischenmenschlichen Verschmelzung erzeugen.

In dem Outtake von *Hunky Dory* (1971), *How Lucky You Are*, erklärte Bowie ironisch den Gleichklang einer perfekten Symbiose: »When you speak, you speak to me / When you sleep, you sleep with me / When you wake, you wake to me / When you walk, you follow to steps behind«. Der Song handelt von einer hörigen Frau, die eigentlich seine eigenen Wünsche ausdrückte. Die Rolle seiner primären Abhängigkeit vom anderen Geschlecht wurden hier scheinbar in ihr Gegenteil verkehrt. In seinen Songs wurden Szenarien von Trennung in ihrer authentischen Art hingegen oft als extrem schmerzhaft und traurig beschrieben. Diese Stimmung bildete einen Grundton seiner Musik. Der Song *Rock'n'Roll Suicide* (1972) endete sehr emphatisch mit dem Angebot: »You're not alone / Just turn on with me / You're not alone, gimme your hands«. Am 3. Juli 1973 erklärte er in einer oft zitierten Ansage, dass es sich nicht bloß

1. Das Trauma der Trennung

um das letzte Konzert seiner »Ziggy Stardust«-Tour handele, sondern dass es deshalb so lang sei, weil dies das letzte Konzert sei, das er jemals geben würde. Es war kein Zufall, dass diese Geste einer dramatischen Abschiedssituation zu einer der am meisten diskutierten Momente in seiner gesamten Karriere wurde (Pegg 2009, S. 464). In *Blackout* (1977) beschrieb er die Trennung von einer Frau als ein schlimmes Drama: »If you don't stay tonight / I will take that plane tonight / I've nothing to lose / Nothing to gain«. Ein Jahr zuvor in *Stay* (1976) war es noch eine ambivalente Doppeldeutigkeit von Zuneigung und Abstoßung zugleich gewesen. Dort hieß es: »Stay, that's what I meant to say or do something / But what I never say is stay this time«. In *Be My Wife* (1977) flehte er übertrieben eine weibliche Person an, doch seine Frau zu werden: »Please be mine / Share my life / Stay with me / Be my wife«. In dem damals sicher kaum gezeigten Videoclip zu diesem Song war die Intension genauer zu sehen, denn der Zynismus, mit dem der Song aufgenommen wurde, trat hier viel deutlicher zutage. Bowie, blass und voller Drogen, sah mit seinen gelangweilten und gequälten Posen aus wie jemand, der jede Hoffnung nach Zweisamkeit längst aufgegeben hatte und deshalb zynisch karikierte. Das Wort »stay« drückte dennoch in allen diesen Songs den Wunsch nach einer festen Bindung aus.

In *Move On* (1979) sang er von einer abenteuerlichen Weltreise, die ihn an die schönsten Schauplätze der Erde brachte. Doch schließlich verkehrte sich dieser Song in sein depressives Gegenteil. Durch die psychische Abhängigkeit von einer Frau, die er verloren hatte, wurde die ganze Reise zu einer qualvollen Flucht, die über den Verlust nicht hinwegzutäuschen vermochte: Die Geliebte konnte nicht vergessen werden. Mit »Feeling like a shadow / Drifting leaf / I stumble like a blind man / Can't forget you / Can't forget you« endete *Move On*. 2002 wurde in *Heathen (The Rays)* das Gefühl, dass das Leben von einem geht, als eine personifizierte Verlusterfahrung geschildert: »You say you'll leave me now / And when the sun is low / And the rays high / I can see it now / I can feel it die«. Das bei ihm so häufig auftauchende Motiv des Sterbenmüssens handelte immer von einer sehr dramatischen, weil endgültigen Form von Trennung. Eine coolere Version des Trennungsmotivs gab es in *Modern Love* (1983), wo Bowie sang: »But I never wave bye-bye / But I try, I try«. In den 80ern winkte er dazu häufig wie im Abschiedsgruß mit der Hand und signalisierte damit genau das Gegenteil von dem, was er sang.

Nicht zufällig war der Popstar allein aufgrund seines extremen Wunsches nach Nähe bei Frauen oft um einiges beliebter als bei Männern. Bei seinen frühen Konzerten war der Frauenanteil wesentlich größer, bei einem betrug er vier zu eins (Tremlett 1995, S. 122). Ein Mann, der zudem so viele weibliche Attribute trug, wurde mehr als leidenschaftlicher Partner denn als Verführer wahrgenommen. Bowie war mit seinen ca. 175 cm und seiner schlanken, zierlichen Figur ein graziöser, femininer Mann, der mit seinen Worten zunächst an die seelische Verfassung und erst in zweiter Linie an die Körperlichkeit appellierte. Er gab sein Leben lang seine Interviews besonders gern mit angewinkelten Beinen auf einem Sofa. Eine gemütliche Haltung, die Babys und manche Frauen gerne einnehmen. Die große Sympathie der Frauen kam vielleicht durch seinen engen Bezug zum ersten oralen Objekt zustande, der in seinen Texten einen weitaus höheren Stellenwert hatte als sein Bezug zur genitalen sexuellen Ebene, die in Branche so gern ausgespielt wird.

Nach Lacan sind alle späteren Objekte »wiedergefundene Objekte«, die in einer eigentümlichen Unstimmigkeit zum ersten Objekt stehen. Aufgrund des fortgeschritteneren Stadiums der Reifung der Triebe kann das wiedergefundene Objekt gar nicht mit dem ersten Objekt identisch sein. Das, was eigentlich gesucht wird, ist demnach das orale Objekt, und das, was gefunden wird, das genitale Objekt. Daraus resultiert nach Lacan eine Sehnsucht, die das Subjekt an das verlorene Objekt bindet (Lacan 2007, S. 14). Aus diesem Missverhältnis hat der französische Psychoanalytiker einen Mangel des Objekts erklärt, der eine wesentliche Grundlage seiner Theorie bildet. »Niemals können wir uns in unserer konkreten Ausübung der analytischen Theorie über die Annahme eines Mangels des Objekts als einer zentralen Annahme hinwegsetzen. Das ist kein Negativum, sondern die eigentliche Triebfeder der Beziehung des Subjekts zur Welt« (ebd., S. 40).

Der Mangel wird in der narzisstischen Beziehung entdeckt, in der das Subjekt gerade aufgrund des Jubilierens feststellt, dass ihm etwas fehlen kann (ebd., S. 207). Zudem besteht eine Kluft zwischen dem Realitätsprinzip und dem Lustprinzip. Das orale Objekt untersteht vor allem dem Lustprinzip, welches bestrebt ist, seine Befriedigung mehr oder weniger

1. Das Trauma der Trennung

zu halluzinieren (ebd., S. 15). Die imaginäre Objektbeziehung hat demnach stets einen oralen Charakter (ebd., S. 31). Das Bild des eigenen Körpers ist darin selbst kein Objekt, sondern bildet das Vorratslager, von dem sich aus jede Objektbeziehung, sofern sie imaginär ist, errichten wird (Lacan 2007, S. 45 u. 59). Das viel später organisierte genitale Objekt hingegen ist viel mehr mit der Realität verkoppelt. Darin ist der Mangel in der Form der Kastration eingetragen. Es ist die vorödipale Form der Frustration, die bei Lacan das Wesensmerkmal der ersten Objektbeziehung ausmacht, und zwar an dem Punkt, an dem aus dem imaginären oralen Objekt in der depressiven Position durch die An- und Abwesenheit der Mutter ein reales wird (Lacan 2007, S. 76ff.).

Bowies vielfache Bezüge zur oralen Ebene fanden einen sehr intensiven Ausdruck in seinem Hauptinstrument, der Stimme. Sein exaltierter, lauter Gesang stand anfangs ganz im Gegensatz zu seiner leisen Stimme beim Sprechen (Bowie 1993, S. 43). Auch die große Trauer in seinen Liedern kann laut Karl Abraham in der für die Melancholie typischen Fixierung auf der oralen Stufe gesehen werden (Abraham 1969, S. 114f.). Eine Urform des Gesangs ist der Schrei, der zugleich der privilegierte Ausdruck des Kleinkindes ist. Babys schreien sehr laut, wenn sie Hunger oder andere Schwierigkeiten haben. In dem Song *Scream Like A Baby* (1980) wurde diese Analogie von Bowie zu sich selbst gezogen. Und bei *Magic Dance* (1986), einem Song der von den Zauberkräften eines Babys handelte, erklärte er, dass er selbst ebenso ein Baby sei (Pegg 2009, S. 147). In *Baby Universal* (1991) sang er ganz direkt »I'm the baby now« und in *Thursday's Child* (1999) beschäftigte er sich intensiv mit einem Donnerstag, an dem eine Geburt erwartet wurde.

Eines der wichtigsten Bilder innerhalb seiner Ikonografie wurde die Szene, als er in seiner Rolle als Ziggy Stardust vor seinem Gitarristen Mick Ronson niederkniete und bei jedem Auftritt in seiner Tour 1972 eine Fellatio mit dessen Gitarre simulierte. Dieses Showelement, das sofort zu einer Sensation in der Presse wurde, war freilich eine geschickte Weiterentwicklung von Jimi Hendrix Gitarrenspiel mit den Zähnen. Es stellte den oralen Bezug mit damals skandalöser Deutlichkeit als eine homoerotische Fantasie aus. Freud hat eine ähnliche Sequenz in einer Kindheitsfantasie bei Leonardo da Vinci analysiert. In dieser dringt ein Milan in den Mund des Künstlers und stößt ihm viele Male mit seinem

Schwanz zwischen die Lippen (Freud 2000, Bd. X, S. 109). Klein schreibt in diesem Zusammenhang: »Machtvolle orale Bedürfnisse, die durch die in der Beziehung zur Mutter erlebten Versagungen eine zusätzliche Verstärkung erfahren, werden von der Brust der Mutter auf den Penis des Vaters übertragen« (Klein 2000, S. 133). Kernberg stellt fest, dass eine solche für Borderliner typische Form der Unterwerfung unter den Vater letztlich als Bemühung verstanden werde könne, »doch noch die oralen Befriedigungen zu erlangen, die von der bedrohlichen und frustrierenden Mutter versagt worden waren« (Kernberg 1983, S. 64f.). In dem Song *Cracked Actor* (1973) beschrieb Bowie eine Szene, in der ein »porcupine« (Stachelschwein), eine Anspielung auf Ziggy Stardusts Stachelfrisur, einen fünfzigjährigen Hollywoodschauspieler mit dem Mund sexuell befriedigte: »Smack Baby smack / Is all that you feel / Suck Baby suck / Give me your head«. Und zuvor wurde schon resümiert: »You've made bad connection / 'Cause I just want your sex«. Es handelte sich um einen sogenannten »blow job« für einen Mann, der für Geld getätigt wurde.

Szenen des Saugens gab es in einigen Bowie Songs: In *She Shook Me Cold* (1971) hieß es: »She sucked my dominant will«, und in *Queen Bitch* (1971): »That you laughter is sucked in their brains«. Ein besonders schlimmer Sauger war aber Ziggy Stardust selbst: »Making love with his ego Ziggy sucked up into his mind«. In *I'm Afraid Of Americans* sang Bowie über die amerikanischen Grundbedürfnisse: »Johnny wants to suck on a coke«. Und in dem Video zu *Jump They Say* (1993) war zu sehen, wie er fast in die über ihm hängenden Mikrofone wie in reife Äpfel biss. Alle Werbespots, in denen der Popstar während seiner langen Karriere mitwirkte, warben für Getränke oder orale Genüsse. Seine »konstitutionelle Verstärkung der Munderotik« (Abraham 1969, S. 146) drückte sich allein schon durch seine fast lebenslange Vorliebe für das Inhalieren von Tabakrauch aus. Der letzte Song von seinem Album *Ziggy Stardust* (1972), *Rock'n'Roll Suicide*, begann mit dem Satz: »Time takes a cigarette, put's it in your mouth«. Seine ständige Sucht nach dem Saugen an einer Zigarette zeigte ebenfalls seine Fixierung auf der oralen Ebene. Auch die häufige Betonung von Bowies markanten Eckzähnen und seine Rolle als Vampir in dem von Effekten überladenen Film *The Hunger* (1983; *»Begierde«*) betonten den engen Bezug zur oralen Phase. Abraham sah die Urform des sadistischen Impulses im Beißen (ebd., S. 141).

1. Das Trauma der Trennung

In der optischen Performance gab es bei Bowie immer wieder eine besondere Betonung des Mundes, den er oft auch sehr ausgeprägt bewegte, wenn er gerade nicht redete oder sang. Und wenn er sang, schien er ihn oft inszeniert zu verwenden. Im Videoclip zu »*Heroes*« (1977) beispielsweise wird die gezielte Herausarbeitung der nach unten gehenden Mundbewegungen besonders deutlich. Bowie scheint sich bei seinem lethargischen Ausdruck in diesem Fall ganz auf den Ausdruck seines Mundes konzentriert zu haben. Er betonte in seinen Songtexten einige Male die kannibalistische und sadistische Fantasie vom Verschlingen, die ebenfalls zur oralen Ebene gehört. Frei nach dem Dali-Gemälde *Autumn Cannibalism* (1936) sang er in *Watch That Man* (1973): »But he could eat you with a fork and spoon«. Mit »I'm an alligator« begann *Moonage Daydream* (1972) und in *Time Will Crawl* (1987) sang er: »Time will crawl till our mouth run dry«.

In einem Interview in der Mitte der 70er Jahre, als Bowies Drogenkonsum schon beachtliche Ausmaße angenommen hatte, sprach er davon, dass in seiner Milch eine Fliege schwimmen würde. Er betonte dabei, dass er gern Milch trinke (Dokumentation Yentob 1975). Milch ist das erste Nahrungsmittel, das dem Säugling von seiner Mutter durch ihre Brust oder deren Substitut in der Form einer Flasche dargeboten wird. Die Entwöhnung davon wird oft als ein Trauma erlebt und diese vitale Krise kann später zur oralen Rauschgiftsucht führen (Lacan 1994, S. 48). Klein erklärte, dass zu der Zeit der Entwöhnung die depressive Position ihren Höhepunkt erreicht. Die Niedergeschlagenheit bekommt durch die frustrierende Wirkung der Entwöhnung eine zusätzliche Intensivierung (Klein 2000, S. 177). Schon Abraham schrieb, dass sich die tiefe Sehnsucht des Melancholikers nach dem glücklichen Zustand an der Mutterbrust richtet (Abraham 1969, S. 154). Kernberg sah in frühen übermäßigen Frustrationen, insbesondere den oralen, die Hauptursache für die typische Eigenschaft der Borderliner, zwischen der eigenen Identität und der des Objekts nur mangelhaft unterscheiden zu können. Denn aufgrund dieser Frustrationen neigen sie zur regressiven Wiederverschmelzung von Selbst- und Objektimagines, die eine absolute Befriedigung herstellen soll (Kernberg 1983, S. 47). Der normale Verlauf der Entwöhnung stellt nach Lacan zugleich einen wesentlichen Entwicklungsschritt dar: »Zum ersten Mal scheint sich eine vitale Spannung in einer mentalen Intension zu lösen. Durch diese Intension wird die Entwöhnung angenommen oder verweigert« (Lacan 1994, S. 48). Bei Bowie ist eine Ablehnung der Entwöhnung offensichtlich. So blieb eine sehr enge Bindung an die mütterliche Welt vorhanden, die später ein Grund für eine teilweise vollzogene sexuelle Inversion war. Durch seine Homosexualität konnte Bowie das enge Verhältnis zur Mutterimago aufrechterhalten (ebd., S. 97). Zugleich waren seine heterosexuellen Interessen aber die stärkeren.

Die Nähe zum Todestrieb, die im ungesunden Kettenrauchen lag, dass er fast sein Leben lang praktizierte, wurde auf dem Cover zu dem Livealbum *Ziggy Stardust – The Motion Picture Soundtrack* (1983) gezeigt. Hier war er als Ziggy Stardust mit einer brennenden Zigarette zu sehen, die eine hohe Flamme schlug. Im Innenteil war eine ganze Bilderserie zu sehen, in der dieses Foto nach und nach in Flammen aufging. Burns war der ursprüngliche Familienname seiner Mutter. 1971 zitierte er fast wörtlich eine Schlüsselpassage aus dem Anfang des ersten Kapitels von Jack Kerouacs Roman *On The Road* (1957), um seinen leichtsinnigen Enthusiasmus für Wahnsinnige mit der Metapher des Verbrennens auszudrücken:

> »Die einzigen Leute für mich sind die Verrückten, diejenigen, die verrückt danach sind, zu sprechen, verrückt danach sind, gerettet werden zu wollen, und die alle Dinge zur gleichen Zeit aufregend finden, diejenigen, die niemals gähnen oder etwas Alltägliches sagen, aber brennen, brennen, brennen wie fabelhafte, gelbe römische Kerzen« (Pegg 2009, S. 20).

Und 1973 tauchte das Feuer im Zusammenhang mit der Liebe auf: »Ich investierte zu viel Zeit und Energie in eine andere Person und sie tat dasselbe für mich, und wir begannen damit, uns gegenseitig auszubrennen. Und das ist es, was Liebe genannt wird« (Copetas 1974). 1983 erklärte er in *Without You* etwas zu einfach und für jedermann verständlich: »There's no smoke without fire / Woman I love you«. In dem merkwürdig ambivalenten Lovesong *You Belong To Rock'n'Roll* (1991) hieß es: »It makes me feel one fire«.

Das Feuer betraf die ekstatische Bindung an Frauen, die mit seiner Mutter begonnen hatte. Obwohl das Feuer zugleich eines der zentralen Bilder für Ekstase in der Hippiebewegung war, bekam es bei Bowie so eine persönlichere Konnotation. Jimi Hendrix hat seine Gitarre auf der

1. Das Trauma der Trennung

Bühne angesteckt. Die Idee von Feuer und Selbstzerstörung durch den euphorischen Rausch taucht schon in einem sehr bekannten Gedicht von Friedrich Nietzsche auf: »Ja! Ich weiss, woher ich stamme! / Ungesättigt gleich der Flamme / Glühe und verzehr' ich mich« (*Ecce homo*, in: Nietzsche 1988, Bd. 3, S. 367).

In Bowies Song *Cat People* (1983) wurde das Feuer als eine brennende Sehnsucht nach einer überhöhten, distanzierten Mutterimago dargestellt. Er löschte darin das in ihm brennende Feuer mit Benzin: »I've been putting out fire with gasoline«, hieß es im Refrain. Der Song handelte wie in der mittelalterliche Minne von einem unerreichbaren, künstlichen Objekt, einem »unmenschlichen Partner« (Lacan 1996a, S. 185). Er schrieb es nicht zufällig in seiner kommerziellsten Phase. Viel später in *Slow Burn*, seinem persönlichen Lieblingssong auf dem Album *Heathen* (2002) (Pegg 2009, S. 206), hing das Bild eines verlöschenden, schwachen Feuers unmittelbar mit dem Tod seiner Mutter zusammen.

»Like a Slow Burn / Leading us on and on and on / Like a Slow Burn / Twirling us round and round / and upside down / There's fear overhead / There's fear overground / Slow Burn«, sang er im Refrain.

Bowie hatte *Slow Burn* im Herbst 2001 aufgenommen. Am 2. April 2001 war seine Mutter Peggy Burns mit 88 Jahren in einem privaten Pflegeheim in Hertfordshire gestorben (ebd., S. 377). Sie wurde als eine zänkische, verschwenderische und exzentrische Person beschrieben, die in seiner Kindheit nicht in der Lage gewesen war, sich den Konventionen der Mittelklasse zu unterwerfen, in der sie lebte. »Ein Kompliment von ihr war schwer zu kriegen«, bemerkte ihr Sohn (Sandford 2003, S. 25). Der persönliche Wert seiner schwierigen Mutter für seine eigentümliche Entwicklung spielte eine wesentliche Rolle in seinem Leben. Die Bindung zu ihr war extrem eng und sehr bedeutsam.

Im September 1967 erklärte er seine Faszination für den Buddhismus, indem er ein Feuerzeug in die Mitte eines Kreises mit Zigaretten legte. Das Feuerzeug bestimmte er als Geist, die Zigaretten als Erfahrungen, die geistig, physisch oder auch emotional sein könnten. Das Ziel sei, alle diese Erfahrungen zu tilgen, damit die Idee, der Geist in der Mitte übrig bleiben würde (Tremlett 1995, S. 81f.). Diese Erklärung lässt sich tiefenpsychologisch so deuten, dass das Feuerzeug seine Mutter symbolisierte,

Space Oddity (1969)

Paris: Concert de David BOWIE Ó l'Olympia, 02.07.2002. © ullstein bild – SIPA 2010

während die Zigaretten den oralen Bezug zur ihr herstellten. Was übrig bleiben sollte, war das Feuer, eine besondere Form von Mutterimago.

Nach Lacan ist in den Komplex der Entwöhnung eine andere, frühere Erfahrung eingelassen, welche weit schmerzlicher und lebenswichtiger war, aber zugleich eine dunklere Imago bildet, die in der Geburt bestanden hat (Lacan 1994, S. 51). Er sah die Angsterfahrung des Geburtstraumas

1. Das Trauma der Trennung

auch nicht als Folge der Trennung des Kindes von seiner Mutter, sondern allein als den Beginn des Einatmens, als den Eintritt in ein zutiefst anderes Milieu (Lacan 2010, S. 413). Das Geburtstrauma in dem umfassenderen Sinne von Freud und Klein hat Bowie in dem Song *Glass Spider* (1987) direkt thematisiert. Darin kamen einige Spinnenbabys zur Welt, die verzweifelt nach ihrer Mutter suchten:

> »Don't you hear this wasted cry, Life is over you
> (Mummy come back 'cause the water's all gone)
> But you've seen who's in heaven. Is there anyone in hell
> (Mummy come back 'cause it's dark now)
> Take care, take care«.

Diese Spinnenbabys hatten blaue Augen (»Oh-The Glass Spiders had blue-eyes almost like-a human's«) und verhielten sich wie Menschen. Der Ruf nach der Mutter drückte das Gefühl des Verlassenseins der Spinnenbabys aus und der Mangel des Wassers deutete erneut den oralen Zusammenhang an.

In dem Film *The Man Who Fell To Earth* von Nicolas Roeg (1976) spielte der Popstar die männliche Hauptrolle, einen Mann, der von einem anderen Planeten gekommen war, um von der Erde Wasser für seinen eigenen Planeten zu holen. Die erste Handlung des Außerirdischen, nachdem er auf der Erde gelandet war, bestand darin, einen kräftigen Schluck Wasser zu sich zu nehmen. Bowie spielte ein Wesen, dass keine menschliche Sexualität besaß. Auf seinem Planeten funktionierte die Fortpflanzung und Zärtlichkeit rein über den Austausch von Körperflüssigkeiten. Diese eigenartige Form von erotischer Verschmelzung der Körper durch das Wasser wurde in *The Man Who Fell To Earth* so gezeigt, als handele es sich um eine Art Geburtsakt. Der Außerirdische war nach irdischen Maßstäben impotent und am Beischlaf mit einer Frau zunächst auch gar nicht interessiert. Bowie spielte diese Rolle sehr überzeugend. Nach Klein zieht eine tiefe Störung der oralen Beziehung, die so eine Fixierung hinterlassen hat, gravierende Schwierigkeiten in der genitalen Haltung gegenüber Frauen nach sich (Klein 2000, S. 318). Bowie blieb dem Motiv des Wassers treu, als er 2003 in einem Werbeclip für das Tischwasser Vittel die Hauptrolle spielte und dazu ironisch am 1. September im Berliner Radio erklärte: »Does remember that kids, tomorrow morning when you wake up throw that cocain away and say: No mother, no more. I'm only got to drink vittel.« Auf seinem Album *Reality* (2003) gab es den Song *Looking For Water*, der die Suche nach Wasser in einem metaphysischen Zusammenhang darstellte: »But I lost God in New York minute / Don't know about you but my heart's not in it«, sang er darin. Durch den Mangel an Wasser ließen sich beide Situationen, Entwöhnung und Geburt, gleichzeitig ausdrücken. Und Bowies Identifikation mit Außeriridischen, die er entweder in sich selbst oder anderen Menschen sah, war auch ein Bestandteil seiner Biografie. Noch im September 1984 nannte er seine Begleitband spontan The Aliens (Pegg 2009, S. 41) und komponierte 1985 *Loving The Alien*.

Schon sein erster Erfolg in den Charts hing eng mit dem Geburtstrauma als Metapher für die erste große Trennung zwischen Mutter und Kind zusammen. Nach sechs Jahren harter Arbeit erreichte er bei seinem zehnten Versuch zu einer Hitsingle mit *Space Oddity* (1969) den Platz fünf der englischen Charts (Sandford 2003, S. 71f.). 1969 stieg *Space Oddity* in den UK-Charts auf, genau in der Zeit, als Apollo elf auf dem Mond landete (Seabrook 2008, S. 22) und war vom BBC als Hintergrundmusik für das Ereignis ausgewählt worden (Tremlett 1995, S. 107). Aus dem amerikanischen Radioprogramm hingegen wurde der Song 1969 herausgenommen, weil er als unamerikanisch galt (Bowie 1993, S. 89). Als er im November 1975 nochmals herausgebracht wurde, landete Bowie damit seinen ersten Nummer-eins-Hit in England. *Space Oddity* wurde zu einer wichtigen Grundlage für seine gesamte weitere Karriere, stand aber zunächst allein dar: »I wrote it too early, because I hadn't anything else substantial at the time«, sagte er 1983 (Pegg 2009, S. 215). Bowie verstand es später, sich immer wieder auf Inhalte aus diesem Song zu beziehen, der bis heute im englischsprachigen Raum auch sein populärster blieb (ebd., S. 212). Er sang etliche Songs, die sich auf Raumfahrt bezogen. Die letzten waren *Looking For Satellites* (1997), seine Version von *Took A Trip On A Gemini Space Ship* (2002) und *All Dog Bombs The Moon* (2003).

Space Oddity passte so gut zu ihm, weil er den Schwebezustand in den Texten seiner Songs und das Gefühl seiner persönlichen Isolation darin in der Musik sehr präzise ausdrückt hatte. Der Song beschrieb im Grunde, wie das Verhältnis zur Wirklichkeit gekappt wurde und ein Raumfahrer

1. Das Trauma der Trennung

dabei in der überhöhten Größendimension des Alls verloren ging. Und sein Abdriften ins All wurde als Tragödie der Vereinsamung fühlbar. Im Oktober 1980 sagte Bowie über Major Tom, seine erste einprägsame Figur, dass sie keine sozialen Kontakte gehabt hätte. Der Raum, in den Tom vordrang, war der eines regressiven Rausches, in dem die Grenze zwischen innen und außen aufgehoben zu sein schien. Wenn der Preis für diese Verschmelzung auch der Abbruch der sozialen Kontakte war, so kam gleichzeitig durch die Verschmelzung ein enormes Glücksgefühl zustande. Der Song erreichte seinen traumatischen Höhepunkt am Ende, als die Bodenstation feststellte, dass der Raumfahrer für immer verloren gehen würde: »Ground Control to Major Tom / Your circuits dead, there is something wrong / Can you hear me Major Tom?« Dieser Augenblick, in dem der Kontakt zusammenbrach, war von Bowie so gut vorbereitet worden, dass er dem Hörer sehr naheging.

Er hat immer betont, dass ihn Stanley Kubricks Film *2001: A Space Odyssey* (1968) zu dem Text von *Space Oddity* inspiriert habe (vgl. Jacke 2009, S. 173). In *2001* wird durch die Langsamkeit, die permanenten Drehungen, die fortschreitende Isolation, die Betonung der Atemgeräusche und die Abhängigkeit der Raumfahrer von ihren Sauerstoffschläuchen, an denen sie hängen wie an Nabelschnuren, der Zusammenhang zwischen Mikro- und Makrokosmos, zwischen All und Uterus sehr stark herausgearbeitet. In der Coda, wenn der einzig übrig gebliebene Astronaut Bowman als ein gigantischer Embryo im Weltraum wiedergeboren wird, hat der Regisseur schließlich seine Vorstellung visuell vollendet. In Bowies Song wurde die völlige Passivität, mit der Major Tom der Sitation ausgeliefert war, mehr genussvoll geschildert. Viele menschliche Details – etwa, dass die Zeitungen wissen wollten, welches Shirt er trug, oder der Gruß an seine Ehefrau, die er sehr liebte – ließen den Song so realistisch wirken. Bowie schilderte die endgültige Trennung vom Heimatplaneten als eine sehr traurige Reise, die mit einem schlimmen Verlust endete.

Zwei Analogien, eine zu einem Drogentrip und eine andere zu einem zeitlosen Schwebezustand vor der Geburt, waren darin enthalten. »Planet Earth is blue / And there is nothing I can do« bezeichnet jenes Blau, dass Bowie immer dann einsetzen sollte, wenn es um das rauschhafte Eintauchen in den mütterlichen Kosmos ging. Dabei wurde das hergestellt, was Freud innerhalb der Religion als ein »ozeanisches Gefühl«

beschrieben hat, in dem die Ichgrenzen verschwinden und das Gefühl der Zusammengehörigkeit mit dem Ganzen der Außenwelt aufkommen kann (Freud 2000, Bd. IX, S. 198). Lacan hat dieses Bild einer universellen Harmonie, des mystischen Abgrunds einer affektiven Verschmelzung als Folge beschrieben, welche die Imago des Mutterschoßes hinterlässt (Lacan 1994, S. 53).

Die rauschhafte Verschmelzung ist der Bodensatz für die projektive Identifizierung, der blaue Horizont das Bild einer fiktiven Verschmelzung mit dem mütterlichen Raum. Die Geburt ist das bewusste Paradigma der ersten fundamentalen Trennung, die Bowie damals mittels Betäubungsmittel aufzuheben versuchte. Der Tod – die andere Grenze, an der die metaphysischen Fantasien sich traditionell eingerichtet haben – stellt analog dazu die letzte Trennung dar.

In *Sound And Vision* (1977) hieß es: »Blue, blue electric blue / That's the colour of my room / Where I will live / Blue, blue«. Bei der »Diamond Dogs«-Tour war Blau eine wesentliche Farbe in seiner Kleidung und auch auf der Bühne. Er sang beispielsweise *Time* (1973) im Innenraum des sogenannten Diamantenmoduls. Es handelt sich um einen Kasten, der aussah wie ein Diamant. Dieser wurde geöffnet und eine blaue, menschengroße Hand, die von Dalis Gemälde *La Main* (1930) hätte sein können, langsam heruntergelassen. Der Kasten war von innen mit blauen Neonleuchten beleuchtet und Bowie kniete darin und wurde violett angestrahlt. In der »Serious Moonlight«-Tour sang er *Ashes To Ashes* (1980) aus einer transparenten Röhre, die die meiste Zeit blau ausgeleuchtet war. Den Unterschied zwischen sich und dem wilderen Iggy Pop beschrieb Bowie später so: »He's red and I'm blue« (aus dem Textheft zu der DVD *Iggy & The Stooges. Escaped Maniacs*, 2007). Blau signalisiert Nähe und Distanz gleichzeitig und ist die Farbe, in dem das Wasser des Ozeans und Dinge, die weit weg sind, erscheinen. In dem vielfach prämierten Videoclip zu *Ashes To Ashes* sah man Bowie als einen Tiefseetaucher wie an einer Nabelschnur hängen und als einen weißen Clown, der drohte im Wasser zu versinken. Im Text gab es einen weitere Zeile über das Blau: »I've never done good things / I've never done bad things / I've never did anything out of the blue«. Auch in *Station To Station* (1976) tauchte der Ozean auf: »Here am I / Flashing no colour fall in the room overlooking the ocean«, und verlassen in seinem Kreis

1. Das Trauma der Trennung

baggerte er das Flussbett des Meeres aus: »Bending sound / Dredging the ocean lost in my circle«. In »*Heroes*« (1977) sang er von dem Wunsch, dass seine Partnerin wie ein Meerestier im Wasser leben könnte: »I wish you could swim / Like dolphins, like dolphins can swim«. Bowie selbst konnte tatsächlich bis 1986 nicht schwimmen (Pegg 2009, S. 95).

Der Song *Ashes To Ashes* (1980) wurde von ihm bewusst elf Jahre später als ein Kommentar zu *Space Oddity* (1969) geschrieben. Darin wurde der Raumfahrer Major Tom aus dem früheren Song nun als ein drogensüchtiger Junkie bezeichnet. Der Song warnte am Ende seine Zuhörer, so zu werden wie dieser Raumfahrer: »My mama said to get things done / You'd better not mess with Major Tom« wiederholte er einige Male am Schluss. Das diese Sätze einen englischen Kinderreim paraphrasierten (Pegg 2009, S. 29), verwies auf ihren infantilen Ursprung. Aber vor allem beendete er durch die enge Rückbindung an eine konkrete, mütterliche Autorität das weitere Abdriften in den vorgeburtlichen Welt-Raum, ein »All«, dass ehedem nur durch Betäubungsmittel simuliert worden war. Es war der Appell der Mutter, besser nicht durch Major Tom die eigene Welt durcheinanderzubringen.

Die Asche stand in Bezug zu »Burns«, dem Familiennamen seiner Mutter. Derrida assoziierte Asche mit dem familiären Herd: »Es gibt Asche nur in Verbindung mit dem Herd, dem Herdfeuer, irgendeiner Brand- oder Heimstätte (Derrida 1988, S. 25). Der Herd ist die privilegierte Stelle der Nahrungszubereitung und steht deswegen mit dem mütterlichen, oralen Prinzip in einer engen Verbindung. »Asche zu Asche« ist die ritualisierte theologische Bemerkung eines Geistlichen bei Beerdigungen. Thematisierte *Space Oddity* (1969) die Rücknahme der Geburt, so widmete sich *Ashes To Ashes* dem Tod. Auch wenn eine Zigarette geraucht wird, bleibt Asche zurück. Der Refrain des Songs ging so: »Ashes to Ashes / funk to funky / We know Major Tom's a junky / Strung out in heavens high / Hitting an all time low«. Das »funk to funky« spielte auf die feurige Musikrichtung des Funk an, aus der dabei das *funky* (»bange«), also die Angst wird. Und in der kollektiven Form des »we« stellte Bowie fest, dass Major Tom ein Drogensüchtiger gewesen sei. Es folgte die entscheidende, paradoxe Bemerkung: Der Raumfahrer hat sich durch die Drogen in die höchsten Höhen des Himmels begeben, aber nur um dort seinen fortwährenden Niedergang zu berühren. Die manisch-rauschhafte Aufwärtsbewegung war immer schon verbunden mit ihrem gleichzeitigen oder nachfolgenden depressiven Niedergang. Und diese beiden Bewegungen wurden durch den Drogenkonsum in ein ungesundes Extrem getrieben.

Bowie hatte die Gefahr der Betäubungsmittel schon lange vorher in dem Song *The London Boys* (1966) beschrieben, der bereits eine Kritik am übermäßigen Drogenkonsum beinhaltete: »You take the pills too much«, hieß es dort. 1968 hatte er »einen dummen, kleinen Flirt mit Heroin« gehabt (Sandford 2003, S. 89), und als er 1970 sein drittes Album aufnahm, nahm er schon regelmäßig Haschisch. Es war für ihn eine traumatische Zeit und einige Stücke wären besser geworden, wenn er sie später aufgenommen hätte (Miles 1980, S. 81). Dass er die Depression in *Ashes To Ashes* als ein »all time low« bezeichnete, zeigt, wie sehr sein Album *Low* (1977) und der darauf ausgedrückte traurige Tiefgang eine essenzielle Haltung seines damaligen Lebens war. Schon in *Queen Bitch* (1971) hatte er gesungen: »My weekend's at an all time low«. In dem Videoclip zu *Ashes To Ashes* kam eine damals für ihn typische, weit von oben ausholende Handbewegung vor, mit der er schließlich den Boden berührte. Dieselbe Geste tauchte zugleich in den Videoclip zu *Fashion* (1980) und auch sonst einige Male auf. Jagger ahmte sie in dem gemeinsamen Videoclip mit Bowie, *Dancing In The Street* (1985), nach. Als Bowie in der Performance zu *Station To Station* (1976) sang: »One magical movement from Kether to Malkuth«, machte er auch häufig eine Handbewegung, die von oben nach unten verlief. Der Text vollzog an dieser Stelle exakt dieselbe Richtung. Normalerweise verläuft der kabbalistische Weg von Malkuth (weltliche Spähre) nach Kether (göttliche Spähre). Doch Bowie drehte diese Bewegung in seinem Song um. Er wollte aus dem magischen, göttlichen Drogenreich wieder auf die Erde zurück. Und dafür fand er noch viele weitere Bilder. Ganze Albumtitel wie *Earthling* (1997) oder *Reality* (2003) spielten mit der Bewegung einer gesunden realistischen Rückkehr zur Bodenständigkeit der Erde. Der Satz »I want an axe to break the ice / I want to come down right now« aus *Ashes to Ashes* beschrieb genau diese Abwärtsbewegung, die sich danach sehnte, die abgehobenen Spähren zu verlassen und auf den Boden der Tatsachen zurückzukehren.

1. Das Trauma der Trennung

In den 80er Jahren besang Bowie sein Bedürfnis nach Verschmelzung oft durch sehr intensive Liebesgefühle, die auf Spiegelungen mit der geliebten Frau basierten. So hieß es in *Let's Dance* (1983): »If you say run, I'll run with you / If you say hide, we'll hide / Because my love for you / Would break my heart in two«. Und in dem Song *Absolute Beginners* (1986) wurde er in dem Wunsch nach einer Identität der gegenseitigen Gefühle durch die Liebe noch genauer: »But if my love is your love / We're certain to succeed«. Schon 1968 hatte er die Effekte der Liebe in der typisch romantischen Tradition eines Zeichensystems gedeutet, das den Weltbezug des Subjekts neu belebte, indem innere Gefühle sehr stark in die Außenwelt projiziert wurden. In der zweiten Version des Songs *Everything Is You* (1968), den er selbst nicht veröffentlichte, hieß es: »You voice is in the wind that blows / I see your name on stony ground / I look around and everything is you«. Der Unterschied zu anderen Künstlern war der, dass diese Sätze nicht bloß poetischen Vorstellungen entsprachen, sondern intensive eigene Wünsche artikulierten. Viele von Bowies fantastischen Verschmelzungsfantasien wurden später ausschließlich auf seine Drogenabhängigkeit bezogen, was meiner Ansicht nicht ganz den Tatsachen entspricht. Die Verschmelzung mit dem Mütterlichen bildete schon lange, bevor der Drogenkonsum diesen Wunsch ein Jahrzehnt lang künstlich stillte, den Ausgangspunkt seiner Musik.

Nach Lacan wird der Komplex der Entwöhnung erst beim Verlassen des Elternhauses in der Pubertät einigermaßen aufgelöst, weil die familiäre Ökonomie weiterhin jenen Schutzraum liefert, der einmal der mütterliche Bauch gewesen ist (Lacan 1994, S. 48). Die wirkliche Ablösung von den Eltern ist für Borderliner viel schwieriger als für Neurotiker, weil sie idealisierte Vorstellungen von ihrer Kindheit haben (Kernberg 1983, S. 205). Bowie hat das Fortgehen aus dem Elternhaus häufiger mit Bildern von einer Reise erzählt, die manchmal an einem Bahnhof beginnt. Schon *Can't Help Thinking About Me* (1966) handelt von einem jungen Mann, der aufgrund eines Vergehens seine Familie verlassen muss. »Now I leave them all in the never never land / The stations seems cold the ticket in my hand«. Eine ähnliche Vorstellung schilderte er in seinem Song *Station To Station* (1976), der im zweiten Abschnitt einen Rückblick auf eine frühere, glücklichere Zeit enthielt. Die Bahnfahrt selbst wurde zu einer schlimmen, ausweglosen Fahrt: »You drive like demon from station to station«, hieß es dort. Der eigentliche Auslöser dafür, dass diese Reise so fatal wurde, war die unverarbeitete Trennung und nicht wirklich vollzogene Ablösung von den Eltern. Und Bowie reagierte darauf, indem er versuchte, sich mithilfe von Drogen zu betäuben und vor allem mit Kokain seine Gefühle auf Eis zu legen. In *Sell Me A Coat* (1967) wurde der warme Sommer und der darauffolgende kühle Winter mit der Beziehung zu einem Mädchen zusammengebracht. Die Wärme stand für die Beziehung, die Kälte für die anschließende Trennung. »And when she smiles, the ice forget to melt away / Not like before, her smile was warming yesterday«. So wurde das Verhältnis zu einer Frau hier mit den Temperaturen des Wetters gleichgesetzt. Diese romantische Vorstellung mündete in der Beschreibung der eigenen Tränen, die wie ein zarter Regen flossen: »See my tears like a gentle rain«. Der Refrain handelte von dem Wunsch, dass ihm seine Freundin noch einen warmen Wintermantel kaufen solle, weil ihm kalt sei. Der Satz »Don't forget to keep your head warm« in *Slip Away* (2002) drückt dasselbe Motiv nur umgekehrt aus – gesungen aus einer mütterlichen Position, die in Sorge um ihr eigenes Kind war. In *Real Cool World* (1992) hieß es: »Feeling like lost children in fabled land / So I listen for each and every friendship / In this real cool world«.

In *Life On Mars?* (1971) wurde die Trennung eines Mädchens von ihrem Freund und ihren Eltern erneut mit dem Weltraum in Zusammenhang gebracht. Das Mädchen fragte sich darin, weil ihr Freund sie verlassen und ihre Eltern sie weggeschickt hatten, ob es ein Leben auf dem Mars geben würde. Hier wurde die Abweisung von allen Seiten zum Motiv für den geträumten Wunsch, fernab von dieser Welt auf einem anderen Planeten weiterzuleben. Das gigantische Outro von *Life On Mars?* erinnerte dabei durch seine Kesselpauken an *Also sprach Zarathustra* und ebenso an Bowies früheren Song *The Supermen* (1971), in dem dasselbe Instrument verwendet wurde. Trevor Bolder beschrieb *Life On Mars?* als eine gelungene Mischung aus Klassik und Rock (Dokumentation Carruthers 2004). Bowie erklärte damit seine Faszination für Nietzsches Philosophie, die vor allem aus einer resignierten Haltung gegenüber dem eigenen sozialen Umfeld resultierte. Er selbst war es, der von seinem früh verstorbenen Vater, seiner Mutter und einer Freundin verlassen worden war.

1. Das Trauma der Trennung

1968 lernte er an der Schule von Lindsay Kemp Hermione Farthingale kennen, die dort Ballettunterricht nahm. Er verliebte sich in sie und schon bald zogen die beiden zusammen in ein winziges Zimmer unter dem Dach, das nicht viel größer war als ihr Bett (Tremlett 1995, S. 75 u. 87). Die zierliche und sehr viktorianische junge Frau war Bowie charakterlich sehr ähnlich. Seine *Verliebtheit* zu ihr richtete sich rauschhaft auf jener imaginären, spiegelbildlichen, narzisstischen Ebene ein, in der sie zu seinem Ideal-Ich wurde (Lacan 2008, S. 203), mit dem er nun in einer »Reziprozitätsbeziehung« verschmelzen konnte (Lacan 2007, S.16). Für Bowie war dieses Beziehung insofern hilfreich, als dass er Gesten von Farthingale übernehmen konnte und sich im Inneren unterstützt fühlte. Er wusste damals jedoch noch nicht, von welcher illusionären Art diese Beziehung eigentlich war. Farthingale verließ ihn schließlich und es dauerte sehr lange, bis er darüber hinweg war (Tremlett 1995, S. 119). *Five Years* (1972), der Opener des *Ziggy Stardust*-Albums, war vielleicht eine letzte Reflexion dieser Erfahrung. Diese Vision, in der die Liebe keinen Bestand hatte und ihr Ende mit dem Weltuntergang und dem Tod zusammenfiel, zeigte, welche tiefgreifende Bedeutung er seinem engen Verhältnis gegenüber Frauen einräumte. Der Drumbeat des Songs war dabei wie ein schlagendes Herz aufgenommen worden (Tremlett 1995, S. 169) und suggerierte so erneut den vorgeburtlichen Zustand. Tatsächlich können Verlusterfahrungen vor allem in jungen Jahren bei Borderlinern sogar eine kurze psychotische Dekompensation auslösen (Weiß 2009, S. 133). Nach Abraham und Freud ist der Objektverlust der Auslöser der Melancholie. Schon Abraham weist darauf hin, dass die Melancholie oft dann ausbricht, wenn es in der Adoleszenz erneut zum Abbruch einer Beziehung kommt und der Objektverlust als ein erneutes Erleben des Traumas in der frühen Kindheit aufgefasst wird (Abraham 1969, S. 145f.).

Wie tief Bowie für Farthingale empfand, beschrieb er in zwei Songs, die nach ihrer Trennung an sie gerichtet waren. In *Letter To Hermione* (1969) sang er von einer gemeinsamen Melancholie: »But something tells me that you hide / When all the world is warm and tired. / You cry al little in the dark, / Well so do I.« Und in *An Occasional Dream* (1969) wurde die Spiegelung ineinander direkt ausgesprochen: »In my madness / I see your face in mine«. Und dieser Zusammenhang wurde mit dem verrückten Feuer einer gemeinsamen Leidenschaft verbunden: »In our madness / We burnt one hundred days«. Es war die glückliche Verschmelzung mit der Mutterimago, welche die wahnhafte Ebene dieser Beziehung begründete. Sie basierte weniger auf einer Objektwahl als vielmehr auf einer projektiven Identifizierung.

Zur selben Zeit fanden die Versuche der endgültigen Ablösung vom Elternhaus statt, die er einige Male in sehr heftigen und aggressiven Formen in seinen Songs beschrieb. In *Let Me Sleep Beside You* (1967) sang er nicht mehr im englischen Stil von Newley, sondern in einem affektierten, amerikanischen Slang (Pegg 2009, S. 110). Es war außerdem der erste Song, den er zusammen mit dem amerikanischen Produzenten Tony Visconti aufnahm. Es ist besonders interessant, dass die meisten seiner Gedanken darin wie schon in *Life On Mars?* vor allem auf Bowie selbst zutrafen und nun in einer projektiven Identifikation als Ratschlag an eine junge Frau gerichtet wurden. Der Inhalt bestand darin, einem jungen Mädchen zu raten, ihre Kindheit hinter sich abzuschließen, den Schlüssel wegzuwerfen und das Leben einer Frau zu führen: »Lock away your childhood and throw away the key«. Die Kindheit wurde nicht länger idealisiert, sondern nun umgekehrt zu einer schlimmen Zeit, die glücklicherweise vorbei war: »Because the years of fretting days are right behind you know«. Und wenn Bowie sang: »Don't return to fields of green were rainbow secrets were told«, dann bestand sein Ratschlag darin, die kindliche Märchenwelt endlich hinter sich zu lassen. Der Regenbogen spielte auf den berühmten Song *Over the Rainbow* an, den Judy Garland in dem Musical *The Wizzard Of Oz* (1939) gesungen hatte. In *Fill Your Heart* (1971) sang er: »Things that happend in the past / Only happend in your mind / Only in your mind – Forget your mind / And you'll be free – yea'«. Diesen Song hatte er zwar nicht selbst geschrieben, er enthielt aber eine ganz ähnliche Erklärung darüber, wie sehr die wirkliche Ablösung hier durch ein mutwilliges Vergessenwollen ersetzt wurde. Viel radikaler kam er auf dieses Motiv in *Cygnet Committee* (1969) zurück, einem über neun Minuten langen Song im Stil von Dylan. Darin sang er: »›Kick out your mother‹ / ›Cut up your friend‹ / ›Screw up your brother or he'll get you in the end‹«. In dem letzten Satz steckte eine deutliche Anspielung auf den Song *The End* (1967) von The Doors. Dort hieß es an der bizarrsten Stelle: »Father, yes son, I want to kill you / Mother

1. Das Trauma der Trennung

... I want to ... fuck you«. Obwohl Bowie diesen sehr populären Song nachahmte, drehte er dabei die ödipale Konstellation, die Jim Morrison, den Sänger der Doors prägte, einfach um. Nicht der ödipale Mord am Vater, sondern die vorödipale Agression gegen die Mutter war für ihn das entscheidende Hindernis bei der Ablösung. In *Sister Midnight* (1976), wo Bowie nur die ersten Verse schrieb und der Rest von Iggy Pop stammte (Pegg 2009, S. 203), tauchte im letzten Drittel des Songs der Traum von einem Inzest mit der eigenen Mutter wieder auf. Und in *White Light/ White Heat* (1967), einem Song, den Bowie von der New Yorker Underground Band Velvet Underground coverte, hieß es im Original: »Sputter, mutter everybody's gonna kill their mother«. Die Zeile wurde von ihm aber ausgelassen, wenn er den Song coverte und live vortrug. Bowie sang nur die anschließende Zeile: »Here she comes«.

1968 sagte er gegenüber der *Times*: »Wir fühlen, dass unsere Elterngeneration die Kontrolle verloren, aufgegeben hat, sie fürchten sich vor der Zukunft« (Pegg 2009, S. 51). Dennoch kann man sagen, dass seine Haltung gegenüber seinem Elternhaus insgesamt mehr konservative als revolutionäre Züge trug. 1971 erklärte er: »The emphasis shouldn't be on revolution, it should be on communication« (ebd., S. 58). Bowies Haltung wurde besonders deutlich in *Oh! You Pretty Things* (1971), einem Song, der im Dezember 1970 geschrieben wurde, zu einem Zeitpunkt, als seine Frau schwanger war. Er sang darin über seine Sicht der damaligen Jugendkultur: »Don't you know you're driving your Mamas and Papas insane«, und sprach damit eine Warnung aus. Zugleich sah er sich aber aufgrund seiner Bisexualität auch als Teil einer Revolte. *Oh! You Pretty Things* handelte von einem enormen Konflikt mit einer bereits internalisierten Elternimago, die, weil sie nicht anerkannt wurde, bleibende Albträume produzierte: »I look out of my window and what do I see / A crack in the sky and hand reaching down to me / All the nightmares came today / And it looks as though they're here to stay«. Der Text mündete in wahnhafte, nietzscheanische Vorstellungen von einem kommenden Übermenschen: »You gotta make way for the Homo Superior«. Die konkreten Elemente dafür entnahm Bowie jedoch mehr der Science-Fiction-Literatur als der Philosophie (Pegg 2009, S. 166f.). In *Under Pressure* (1981) beschrieb er zehn Jahre später den gesellschaftlichen Druck, unter dem der Einzelne aufgrund der fehlenden Liberalität gegenüber der Homosexualität immer zu leiden hatte: »Insanity laughs, under pressure we're cracking / Can't give ourselves one more chance«.

In Bezug auf die Elternimago, die häufiger in seinen Songs auftauchte, wurde er auf *1.Outside* (1995) in dem Song *We Prick You* um einiges deutlicher. Über diesen schrulligen Song im Technostil hieß es, »to be sung by members of the Court of Justice« – eine Metapher für das Über-Ich. Darin sang er:

»Mama can I kiss you daddy can I tell
(we wish you well, we wish you well)
Innocence passed me by
Wanna be screwing when the nightmare comes
(I wish you well, I wish you well)
Wanna come quick than die«,

und dann folgte der Refrain, in dem immer wieder die Forderung gestellt wurde, die Wahrheit zu sagen.

Ganz schlicht hatte Bowie seine enge Bindung an das mütterliche Regelwerk in dem Song *Right On Mother* (1971) dargelegt. Aber auch dieser Song wurde von ihm selbst nicht veröffentlicht. Darin stellte er sich sehr bewusst unter das Recht der Mutter. Aber gleichzeitig handelte *Right On Mother* von dem Glück, eine Freundin gefunden zu haben, die das verstehen würde. Doch diese Beziehung stand in einem seltsamen Widerspruch zur zärtlichen Mutterbindung. Sie führte zu der Betonung, dass er nun in der Wirklichkeit und nicht in der Fantasie mit einem Mädchen zusammenleben würde: »I'm living with my girl and it's real«. Darin wurde der Schwenk von der tief verwurzelten Muttersehnsucht zur Autonomie wiederholt, der zugleich ein affektiver Schritt zur Realität ist (Lacan 1994, S. 88), den Bowie aber nur teilweise vollziehen konnte. Zugleich artikulierte er in dieser trotzigen Feststellung, dass es eine Verhaftung, eine Fixierung in Bezug auf das weniger reale, mütterliche Universum gab.

Eine ähnlichere und noch viel dramatischere Betonung des Realitätsbezugs im Verhältnis zum geliebten anderen gab es in *Wild Eyed Boy From Freecloud* (1969), wo ein verrückter Junge verzweifelt in die Nacht rief: »It's really me. / Really you / And really me. / It's so hard for us to really be / Really you / And really me. / You'll lose me through I'm always really free.« Vor allem der letzte Satz, der das »Freecloud« des

1. Das Trauma der Trennung

Titels erklärte, deutete die wahnsinnige Möglichkeit an, dass der Verlust der Bindung an einen anderen, geliebten Menschen auch die eigentliche Freiheit bedeuten würde. Solche Ideen, das soziale Netz absichtlich zu zerstören, finden sich häufig in Nietzsches Philosophie und auch in Bowies Songs. Sie hingen bei dem Popstar mit seinen projektiven Identifikationen zusammen, die genau das Gegenteil, eine sehr starke psychische Abhängigkeit von anderen Menschen beinhalteten und gerade deshalb so mutwillig und radikal zerstört werden sollten.

Das Verhältnis zu seiner Mutter war nach seiner Pubertät aufgrund der enormen Bedeutung, die sie für ihn hatte, extrem angespannt (Sandford 2003, S. 28). Als er mithilfe seiner ersten eigenen Einnahmen ein eigenes, viktorianisches Haus mit roten Backsteinen namens Haddon Hall anmietete und dort mit seiner Ehefrau und einigen Freunden einzog, verlor er auch zunehmend den Kontakt zu ihr (Tremlett 1995, S. 117f.). Die Beziehung entwickelte sich nach dem Tod seines Vaters im August 1969 langsam zu einer gegenseitigen Feindseligkeit. Bowies pathologischer Impuls, seine Beziehungen ruckartig zu beenden, der von seiner Borderline-Störung kam, hatte hier wohl einen wichtigen realen Ausgangspunkt (Sandford 2003, S. 142 u. 162). Gegenüber Ava Cherry erklärte er, dass er nichts für seine Mutter empfände und er nicht einmal mehr wisse, wann sie Geburtstag habe. 1976 sprach er von seiner Familie als einem »Phantasiegebilde«, welches sein »härteres Ich« nun zurückweise (Sandford 2003, S. 264). Er erklärte außerdem, dass er mit keinem von ihnen seit Jahren gesprochen habe und sie auch nicht verstehe. Seine Mutter nannte ihren Sohn 1976 in einem Interview einen »schrecklichen Heuchler« und erklärte ebenfalls, dass sie ihn nur sehr selten sehe (Tremlett 1995, S. 248). Bowie verbot ihr daraufhin, nochmals ein Interview zu geben, und fing jedoch an, sich etwas mehr um sie zu kümmern. Er besorgte ihr eine bessere Wohnung und unterstützte sie auch wieder finanziell, traf sich aber weiterhin kaum mit ihr.

2. Die projektive Identifikation mit dem älteren Bruder – *All The Madman* (1971)

»*Look into his eyes and see your reflection
Look at the stars and see your eyes
He'll show you tomorrow, he'll you show you the sorrow
Of what you did today*«
(Shadow Man 1971–2002)

Freud, Klein und Lacan verorten die Ursachen der psychotischen Störungen in einem frühen Bereich, sodass der erst später durchlaufene Ödipuskomplex mit seinen spezifischen Anforderungen darin seine Struktur nicht mehr richtig ausspielen kann, obwohl dieser Komplex auch beim erwachsenen, psychotischen Menschen eine bestimmte Funktion hat. Klein hat in einem berühmten Fall den Ödipuskomplex bei einem kleinen Jungen (Dick) sogar initiiert und damit zur psychischen Weiterentwicklung des Kindes beigetragen (Klein 1995, S. 357ff.). Sie hat auch darauf hingewiesen, dass die Fantasie einer Vereinigte-Eltern-Figur, in der die ödipale Differenzierung zwischen Vater und Mutter nicht besteht, zu Zuständen schwerer Verwirrung führen kann (Klein 2000, S. 314). Diese Fantasie bezieht ihre Kraft aus dem Neid, der mit frustrierenden oralen Bedürfnissen verbunden ist (ebd., S. 92). Schon Freud hat die Psychosen auf eine narzisstische Störung zurückgeführt und sie so von den neurotischen Erkrankungen unterschieden, die alle ein wesentlich reiferes Ich und eine genitale, ödipale Problematik aufweisen.

2. Die projektive Identifikation mit dem älteren Bruder

Klein geht nun davon aus, dass die Symptome der Psychose aus einer Etappe stammen, die vor allem in der oralen aber auch in der analen Phase liegen. Die psychotischen Krankheiten bilden sich ihrer Ansicht nach durch Abwehrmechanismen aus, die gegen den in diesen frühen Phasen herrschenden *Sadismus* entwickelt wurden und die weitere normale Entwicklung zum Ödipuskomplex verhindern (Klein 1995, S. 372). Die Abwehrmechanismen Verleugnung, Spaltung und Projektion unterscheiden sich wesentlich von dem erst späteren Vorgang der Verdrängung, für die eine Rücknahme der Spaltung durch Integration erst die Möglichkeit liefert (Klein 2000, S. 362). Nach der depressiven Position werden Spaltungen überwunden und nun zu einem gewissen Grad durch Verdrängungen der Triebregungen ersetzt (ebd., S. 366). Abgespaltene Teile der Persönlichkeit können dann leicht zurückgewonnen werden, die schizoide Fragmentierung der frühen Spaltungsprozesse dominiert nicht mehr die Persönlichkeit (ebd., S. 365). Die Behandlung von psychotischen Strukturen setzt davor an, bei der Integration (ebd., S. 361), aus der die kohärenten Selbstanteile resultieren. Klein beschreibt. dass zunächst eine Art Ausstoßung, die mit Fantasien der Zerstörung des Objekts einhergeht, das Subjekt beherrscht (Klein 1995, S. 352). Schon Abraham sprach von einer Ausstoßung des Liebesobjekts bei manisch-depressiven Zuständen, denen die in Schüben wiederkehrenden Zustände entsprechen würden (Abraham 1969, S. 160).

Der Vater kommt nach der Auffassung von Klein zunächst als ein Ersatzobjekt ins Spiel, wenn der Säugling versucht, seine depressiven Ängste, die um den möglichen Verlust der Mutter kreisen, zu kompensieren (Klein 2000, S. 135). Nach Abraham liegt eine Ursache für eine Fixierung auf der oralen Stufe darin, dass die große Enttäuschung, die die Abwendung der Mutter beispielsweise durch die Entwöhnung bedeutet, nicht von dem Kind verarbeitet worden ist. In diesem Fall wird das narzisstische Stadium, in dem das Kind sich befindet, nicht richtig durchgearbeitet und es kommt zu einer »dauernden assoziativen Verknüpfung des Ödipuskomplexes mit der kannibalischen Stufe der Libidoentwicklung« (Abraham 1969, S. 148). Das heißt, die Mechanismen von Projektion und Introjektion behalten einen hohen Stellenwert und die Trennung zwischen Mutter und Kind wird psychisch nicht richtig vollzogen. Der Säugling bleibt in erster Linie auf die Mutter und den oralen Bezug fixiert. Der Kastrationskomplex wird so bei ihm überwiegend »an die Mutter geheftet, während sonst seine Beziehung zum Vater stärker betont zu sein pflegt« (ebd., S. 149).

Bowie hat in seinen Songs auch nur selten auf den Rang einer mangelhaften Bedeutung der väterlichen Position direkt hingewiesen. In *Fantastic Voyage* (1979) sang er jedoch: »Think of us as fatherless scum / It won't be forgotten«. Der Song handelte von den mütterlichen Depressionen, die aufgrund der projektiven Identifikation zugleich als die eigenen wahrgenommen wurden. In dem Song *Seven* (1999), der an die Hippies erinnern sollte, sang er 20 Jahre später, dass er unterdessen vergessen habe, was sein Vater gesagt hat: »I forget what my father said / I forget what he said«. In den nächsten Zeilen wurde genau dasselbe über seine Mutter und seinen älteren Bruder ausgesagt. Er habe auch deren Worte unterdessen einfach vergessen. Als Nächstes folgte eine seltsame Wendung, die sich vor allem auf das Verhältnis zu seinem älteren Bruder bezog: »I don't regret anything at all / I remember how we wept / On a bridge of violent people / I was small enough to cry«. Es war ihre gemeinsame Trauer und die Gefahr, der sie ausgesetzt waren, die für ihn unvergessen blieb. Bowies Bindung an seinen älteren Bruder war, wie in allen Biografien beschrieben wurde, von einer ganz besonders hohen Intensität. Und mit seinem Vater verstand er sich zwar besser als mit seiner Mutter, aber auch dabei handelt es sich um ein Verhältnis mit einer besonders eigenwilligen ödipalen Struktur.

Vom Typ her war Bowies Vater John Jones ein typischer Engländer, mit Pfeife, konservativ, penibel und etwas knickrig. Er hatte vor der Geburt seines Sohnes von seinem Erbe eine eigene Pianobar im Londoner West End gekauft und geleitet, und war, nachdem sein Club pleite gegangen war, ein Spieler und Alkoholiker geworden. John Jones bekam durch das Trinken schließlich Anfälle von Leberschmerzen, die zunächst mit Morphium behandelt wurden. Schließlich musste er operiert werden und schwor danach dem Alkohol ab. Diese Zeit hatte in seinem Charakter aber sicherlich erhebliche Spuren hinterlassen. Während Bowies Kindheit arbeitete er als Buchhalter und schließlich als Leiter der Presseabteilung für Dr. Barnardo's Children's Home, einer Organisation für Waisenkinder. Er versuchte, die Fehler aus der ersten Hälfte seines Lebens in der zweiten »wiedergutzumachen« (Sandford 2003, S. 25). Jones konnte

2. Die projektive Identifikation mit dem älteren Bruder

jedoch seine Gefühle nicht zeigen. »Ich kann mich nicht erinnern, dass er mich je berührt hätte«, sagte Bowie über ihn. Sein Vater hatte zwar ein starkes Verantwortungsbewusstsein, war aber voller innerer Spannungen (ebd.). Vor allem hatte er hinter dem Rücken seiner Frau eine Reihe unglücklicher Affären, was den Status ihrer Ehe fundamental in Frage stellte. Bowies große Probleme, eine echte Bindung einzugehen, hatten hierin eine wesentliche Ursache.

Sein Vater war für ihn nur begrenzt ein Vorbild, anders als sein erster Manager Kenneth Pitt behauptete (Tremlett 1995, S. 59). Denn die Vorgaben des Vaters hatten keineswegs jene substanzielle Bedeutung, die auf den gewöhnlichen, männlichen Ödipuskomplex zutrifft. Vielmehr identifizierte sich Bowie vor allem mit seiner Mutter und seinem Halbbruder Terry, der mit seinem Vater nicht verwandt war. Sohn und Vater verehrten sich aufgrund ihrer Unterschiede gegenseitig und Bowie folgte seinem Vater darin, jene guten Manieren zu entwickeln, die dieser sich wünschte. Sein Vater achtete darauf, dass sein Sohn nichts Falsches tat (Tremlett 1995, S. 23). Er förderte und unterstützte ihn bei dem Aufbau seiner Karriere als Musiker viel mehr als seine Mutter. Dennoch revoltierte Bowie letztendlich genauso wie seine Mutter gegen die konventionelle, bürgerliche Welt seines Vaters. Der Sohn agierte schließlich gerade in der Welt der Pianobars und der seichten Unterhaltung, mit der John Jones schon Jahre zuvor abgeschlossen hatte. Die gescheiterte Ehe seines Vaters mit einer Nachtclubsängerin sollte Bowie später nachstellen, als er in der Performance zu *Time* (1973) genau in einem solchen verruchten Outfit auftrat und den Song mit einer puristischen Klavierbegleitung ausstattete.

Sehr auffällig war, wie er später häufiger bemerkte, der fehlende Zusammenhalt in seiner Familie. Alle Mitglieder darin bestanden aus Einzelpersonen, die keinerlei Gruppen angehörten. Das war eine Ursache für sein starkes Gefühl von Isolation, das zu seinen ältesten Kindheitserinnerungen gehörte (ebd., S. 229). Nach Cary ist das Gefühl ausgeschlossen zu sein bei gleichzeitig wütender Anspruchlichkeit ebenfalls kennzeichnend für Borderliner (Kernberg 1983, S. 181). Bowie und Iggy Pop schrieben einen Song zusammen, der ursprünglich *Isolation* hieß und dann in *What In The World* (1977) umbenannt wurde (Pegg 2009, S. 252). Darin ging es um eine wahnsinnige Frau, die sich nicht mehr aus ihrer Wohnung traute: »Deep in your room you never leave your room«. Es folgte Bowies typische Vertauschung zwischen sich und ihr: »Something deep inside of me – yearning deep inside of me / Talking thru the gloom«. Und dann kam der Versuch ihrer Rettung: »What in the world can I do? / For your love«. Der Popstar hat die Wut über seine eigene Isolation neben der Trauer oft ausgedrückt, beispielsweise in Songs wie *Looking Back In Anger* (1979). Die Isolation wurde in *Space Oddity* (1969) genauso spürbar wie in *The Loneliest Guy* (2003). Darin sang er: »Well I'm the luckiest guy / Not the loneliest guy / In the world / Not me / Not me«, wobei genau das Gegenteil gemeint war, wie der Titel des Songs bereits verriet. In *Five Years* (1972) hieß es: »I never thought I'd need so many people« – wobei die vielen Menschen über dieses Gefühl der Leere durch das Fehlen engerer Bindungen hinwegtäuschen sollten. Bowies ausgeprägte narzisstische Haltung war ein Resultat der desolaten Familiensituation. Und der Mensch, zu dem er in seiner Jugend eine wirklich engere, emotionale Bindung aufbauen sollte, wurde sein älterer Halbbruder.

Der Konflikt mit seinem Vater wird schon vor dem Hintergrund deutlich, dass John Jones, wie seine erste Ehefrau Hilda sagte, »stark gegen Farbige eingestellt« war, »– sehr stark« (Sandford 2003, S. 25). Das Interesse seines Sohns an Popmusik hatte seine Wurzeln aber im Rock'n'Roll eines Little Richard oder dem Spiel des Jazz-Saxophons von John Coltraine, einem Idol seines Halbbruders. Und seine lebenslange Vorliebe für schwarze Frauen, die schließlich in eine Ehe mit Iman mündete, kann demnach als ein starker Protest gegen die Haltung seines Vaters verstanden werden. Seine Mutter hingegen hörte, nachdem sie ihren Mann wieder einmal angeschrien hatte, an einem Nachmittag in voller Lautstärke eine Platte von Nat King Cole (ebd., S. 25). Schon in *Five Years* sang Bowie über eine schwarze Frau, die ein Kind vor der Gewalt einer weißen Frau rettete. Und die Retterin hatte nicht zufällig dasselbe Alter wie er selbst. Später in dem völlig überladenen, konfusen Musical *Absolute Beginners* (1986), in dem er eine Nebenrolle spielte und den gleichnamigen Titelsong schrieb, waren Rassenunterschiede das zentrale Thema. Die Handlung von *Absolute Beginners* kulminierte in dem Rassenaufruhr von 1958 in Londons Stadtteil Notting Hill. Der Film zeigte sogar eine faschistische Veranstaltung, in der das Plakat

2. Die projektive Identifikation mit dem älteren Bruder

»Keep Britain White« angeschlagen war und Sir Oswald Mosley, eine Galionsfigur der britischen Rechtsradikalen, eine Rede im Stil von Hitler hielt. Bowies Mutter soll in den 30er Jahren ein Interesse an den Ideen von Mosley gehabt haben (ebd., S. 22), die aber sehr oberflächlich durch die Attraktivität der militanten Uniformen zustande gekommen war, die seine Anhänger trugen (Pitt 1985, S. 8). Da sie keine Rassistin war, spielte Politik dabei wohl keine Rolle. Es war mehr ein sehr starkes erotisches Interesse (Sandford 2003, S. 22).

Bezeichnend für das Verhältnis von Bowie zu seinem Vater war die Reaktion des Sohns auf seinen Tod. Jones starb schon am 5. August 1969 unerwartet an einer Lungenentzündung und Bowie zeigte daraufhin zunächst kaum ein Zeichen von Trauer. Er erklärte dies 1972 so:

> »Als mein Vater starb, war ich in einer dieser Stimmungen. Ich habe diese schrecklichen Stimmungen, und wenn ich in einer solchen bin, fühle ich überhaupt nichts in Bezug auf andere Leute. Als mein Vater starb, fühlte ich wochenlang fast nichts und dann plötzlich traf es mich ...« (Miles 1980, S. 17).

Diese zeitweilige Apathie hat eine ihrer Ursachen sicher in seiner Borderline-Persönlichkeit, die hier durch einen manischen Abwehrmechanismus, durch eine Verhärtung der Gefühle die Depression zu bewältigen versuchte (Klein 2000, S. 312). Andererseits war seine emotionale Teilnahmslosigkeit aber auch ein Resultat der Isolation. Eine Folge war, dass Bowie unbewusst letztendlich doch völlig hilflos reagierte. Seine Mutter wurde »extrem depressiv« und auch ihr Sohn war nach den Beschreibungen seiner Ehefrau kaum in der Lage, die Situation angemessen zu bewältigen (Bowie 1993, S. 57). Tatsächlich rasierte er sich nicht mehr und trug tagelang dieselbe Kleidung (Tremlett 1995, S. 119). Sein Song *Unwashed and Somewhat Slightly Dazed* (1969) beschrieb seinen Zustand in den Wochen nach dem Tod seines Vaters (Pegg 2009, S. 244). Als bei ihm kurz, nachdem sein Vater gestorben war, eine Woche lang immer nachmittags zur selben Zeit das Telefon klingelte und sich niemand meldete, soll er davon überzeugt gewesen sein, John Jones würde ihn aus dem Jenseits anrufen (Sandford 2003, S. 78). Hinter dieser unheimlichen Projektion verbarg sich eine paranoide Vorstellung, die zustande kam, weil der junge Mann seine depressiven Gefühle völlig unterdrückte. Vor ein paar Jahren erst gab Bowie zu, den Tod seines Vaters, der die endgültige Trennung von ihm bedeutete, damals gar nicht realisiert zu haben:

> »Als mein Vater 1969 starb, konnte ich nicht wirklich glauben, dass er gegangen war und nicht wieder zurückkommen würde. Meine Art von Gedanken waren die, dass er gerade seinen Regenmantel und seine Mütze angezogen hätte und dass er in ein paar Wochen zurück sein würde oder so. Und so fühlte ich jahrelang « (Pegg 2009, S. 73).

Vor allem *Repetition*, der vorletzte Song auf dem Album *Lodger* (1979), handelte von der traumatischen Wiederholung von Sequenzen, die vermutlich in seiner Familie vorgefallen waren. Die Gewalt gegen Frauen, die darin zum Ausdruck kam und die auch Bowie selbst manchmal ausübte, schien ein Vorbild in dem Handeln seines Vaters gehabt zu haben. Nur nahm Bowie statt John den Namen »Johnny« und keine bürgerliche, sondern eine proletarische Familie. *Repetition* handelte von einem Mann, der seine Frau aufgrund seiner eigenen Frustation regelmäßig schlug, sodass sie langärmelige Kleidung tragen musste, damit man die blauen Flecken auf ihren Armen nicht sah. »But the space in her eyes / Shows through«. Diese Form von männlicher Gewalt war eine, die auch zwischen seinen Eltern, wenngleich auch wohl in einer anderen Form, ziemlich wahrscheinlich vorgefallen war. Sie schien Bowies persönlichen Erfahrungen allein schon deshalb zu entsprechen, weil er versuchte, die Situation möglichst teilnahmslos wiederzugeben. Die Art des Gesangs sollte in dem Song so neutral wie möglich sein: »There's a numbness to the whole rhythm section that I try to duplicate with a deadpan vocal, as though I'm reading a report rather than witnessing the event« (Pegg 2009, S. 185). Diese distanzierte Haltung, die durch die Benommenheit im Rhythmus verdoppelt wurde, hing mit seiner Apathie zusammen, die ein Reaktionsschema auf extrem emotional aufgeladene Situationen, die von außen kamen, war. Er nahm diesen Song erst 1997 im Rahmen seines 50. Geburtstages wieder in sein Reportoire auf und spielte ihn auch bei der *'hours...*-Tour (1999).

Bowies Verhältnis zu seinem Vater lässt sich kaum in dem Koordinatensystem des klassischen, positiven Ödipuskomplexes abbilden. Vielmehr rivalisierten er und seine Mutter innerhalb des negativen Ödipuskom-

2. Die projektive Identifikation mit dem älteren Bruder

plexes um die Gunst des Vaters. Mit anderen Worten, das Verhältnis zwischen Vater und Sohn basierte auf einer passiven, homosexuellen Einstellung des Sohns gegenüber seinem Vater und gleichzeitig auf einer starken projektiven Identifizierung mit der Mutter. Und es war Jones, der Bowie an die englischen Klassiker wie Thackeray, Shaw und auch Oscar Wilde heranführte. Und wenn sein Sohn viele Jahre später Motive aus *The Picture of Dorian Gray* (1891), Wildes berühmten Roman, in dem Videoclip zu *Look Back In Anger* (1979) nachstellte, so bezog sich das vor allem auf seine narzisstische Haltung gegenüber seinem Vater. In Anlehnung an diesen Roman nannte Bowie sein drittes Album *Hunky Dory* (1971). Das »Dorian Gray« wurde zusammengezogen zu »Dor-y«, während das »hunky« wohl von »hunk« (»attraktiver Mann«) abgeleitet war. Der Begriff *Hunky Dory* wurde so einflussreich, dass er in den englischen Wortschatz einging und dort nun soviel heißt wie: Das ist (schon) in Ordnung. Dahinter verbirgt sich vielleicht eine unbewusste Toleranz gegenüber einer femininen Einstellung bei Männern. Bowies Vater stellte seinem Sohn außerdem politische Denker wie Voltaire und Rosseau vor und tat dies meistens sogar im französischen Original (Sandford 2003, S. 35). Das politische Denken seines Sohnes war später oft von Selbstüberschätzung geprägt, und Bowie sollte auch den Einfluss durch die Pantomime und das Theater seines homosexuellen Lehrers Lindsay Kemp als eine sehr französische Angelegenheit beschreiben (Pegg 2009, S. 573). Er sah in Kemp so die Fortsetzung einer Tradition, die er von seinem Vater bereits kannte.

Zudem wurde Homosexualität zu einem seiner Lieblingsthemen. Bowies erster Manager Kenneth Pitt, mit dem der junge Star ein Verhältnis hatte, war homosexuell. Sein Song *John, I'm only dancing* (1972) war nach meiner Ansicht auf John Jones gemünzt. Der Song handelte von einem homosexuellen Freund (John), dem der Sänger mitteilte, dass er gerade sehr begeistert mit einem Mädchen tanzen würde. Für den Videoclip hatte sich Bowie einen kleinen Anker auf die Wange gezeichnet, als Zeichen seiner homosexuellen Affinität, die oft – wie beispielsweise in Jean Genets Roman *Querelle de Brest* (1964) – im Milieu von Seemännern fantasiert wird. In *John, I'm only dancing* gab es aber einen Konflikt zwischen dem Interesse an dem Mädchen und seinen homosexuellen Interessen. Freud schrieb über einem Fall von weiblicher Paranoia: »Die Bindung an das gleiche Geschlecht widersetzt sich den Bemühungen, ein Mitglied des anderen Geschlechts zum Liebesobjekt zu gewinnen« (Freud 2000, Bd. VII, S. 211). Ähnlich wie in *Right On Mother* (1971) war in *John, I'm Only Dancing* eine Fixierung auf die Eltern zu spüren, die das Liebesverhältnis zu einer adäquaten Partnerin verhindern könnte. Der äußert eigenwillige Song wurde, obwohl er schon in seiner ersten Version 1972 kein Hit war, nochmals 1974 unter dem Titel *John, I'm Only Dancing (Again)* in einer siebenminütigen, sehr lasziven Funkversion eingespielt, die Bowie zunächst auch gar nicht veröffentlichte. Er nahm sie zugunsten einiger Stücke, die er später zusammen mit John Lennon aufnahm, von seinem Album *Young Americans* herunter (Tremlett 1995, S. 226 u. 235).

Seine Fixierung an die Mutterimago auf der oralen, vorödipalen Ebene war bei ihm verbunden mit der homosexuellen Ebene zum Vater. Und dabei waren der Ödipuskomplex und die daraus resultierende Geschlechterdifferenz zweitrangig gegenüber dem intensiven Verschmelzen mit der Mutterimago. Nach Klein resultieren »Identifizierungen per definitionem aus Introjektionen« (Klein 2000, S. 88), und damit geht ihnen immer der Impuls einer oralen Einverleibung voraus. Für Freud werden ursprünglich die lustvollen Elemente aus der Außenwelt introjiziert, während die Elemente, die Unlust hervorrufen, abgelehnt und so nach außen projiziert werden. Die Außenwelt zerfällt so für das Ich in einen einverleibten Lustanteil und einen Rest, der ihm fremd bleibt. Außerdem hat es aus dem eigenen Ich »einen Bestandteil ausgesondert, den es in die Außenwelt wirft und als feindlich empfindet« (Freud 2000, Bd. III, S. 98). Gewöhnlich wird diese Grundorientierung durch den Ödipuskomplex nochmals entschieden modifiziert, der vor allem die Vermischung von Lust- und Unlustgefühlen durch eine Ambivalenztoleranz ermöglicht. Der Untergang des Ödipuskomplexes gestattet dem Subjekt eine dynamische Orientierung an Wertesystemen und Personen auf der Grundlage eines verinnerlichten, guten Objekts.

Lacan hat in seiner Beschreibung einer Identifikation mit dem Geschwister, die vor der mit den Eltern stattfindet, in der Eifersucht als »Archetyp der Sozialgefühle« eine interessante Form gesehen (Lacan 1994, S. 54). Denn die Rivalität basiert hier nicht auf einem vitalen Konkurrenzkampf mit dem Rivalen, sondern auf einer Identifikation. Es ist primär der Blick auf den Nebenmenschen, der die Eifersucht auslöst,

2. Die projektive Identifikation mit dem älteren Bruder

wobei sich das Subjekt mit seinem Rivalen identifiziert. Lacan erklärt, dass sich die Eifersucht daher aus libidinösen Ansprüchen organisiert, die in diesem Stadium homosexuell sind (ebd., S. 56). Durch eine »Imago der Ähnlichkeit« kommt die Rivalität zustande (ebd., S. 55). Das bedeutet, dass das andere Kind ein Spiegelbild der eigenen Situation liefert und dass durch ein sadomasochistisches Verhältnis alle Aggressionen, die gegen es ausgeübt werden, auch immer selbst erlitten werden (ebd., S. 57). Wenn es durch die Entwöhnung zum Todeshunger kommt, der seinen Ausdruck später in oralen Formen eines passiven, gewaltlosen Suizids zeigen kann, so wird nun aus diesem gewaltlosen Todeswunsch die gewalttätige Vorstellung eines »Brudermordes« (ebd., S. 53 u. 57). Und dieser Mord basiert nicht auf einem darwinistischen Kampf ums Überleben, sondern kommt aufgrund einer Spiegelung zustande. Das Geschwister wird dabei als ein Doppelgänger und auch als ein Ideal der eigenen Person wahrgenommen (ebd., S. 59). Eine solche Zwillingsfigur repräsentiert »jene unverstandenen und abgespaltenen Teile, die das Individuum in der Hoffnung zurückerhalten möchte, durch sie zu Ganzheit und umfassendem Verständnis zu finden« (Klein 2000, S. 478). Es handelt sich zugleich um ein idealisiertes äußeres und inneres Objekt (ebd.). In dem Film mit Bowie, *Merry Christmas, Mr. Lawrence* (1983), hungerten die japanischen Soldaten mit, als sie ihren englischen Kriegsgefangenen drei Tage lang nichts zu essen gaben. Die Spiegelung der Soldaten aus zwei grundverschiedenen Ländern untereinander war ein wichtiges Motiv in diesem Film, das Bowie sicherlich besonders interessierte.

Lacans Archetyp der Sozialgefühle Neid oder Eifersucht findet sich als ein fester Bestandteil in seiner Sozialisation und formte eine wesentliche Charaktereigenschaft, die aber kaum durch die vollständige Durcharbeitung des Ödipuskomplexes sublimiert worden war. Vielmehr war es sein Halbbruder Terry, mit dem er sich immer stärker identifizierte als mit seinem Vater. Weil aber innerhalb dieser Relation zwischen den Brüdern Identifikation und Liebe leidenschaftlich miteinander verschmolzen waren, basierte dieses Verhältnis auf einem Mechanismus, welcher die Identifikation innerhalb des Ödipuskomplexes teilweise untergrub (Lacan 1994, S. 56). Lacan beschrieb den Unterschied so: »Aus einer mimetischen ist eine sühnende Identifikation geworden; das Objekt der sadomasochistischen Teilhabe trennt sich vom Subjekt und gewinnt Abstand von ihm in der neuen Ambiguität von Furcht und Liebe.« Dieser Fortschritt steht in einer engen Analogie zu der Differenz, die Melanie Klein zwischen der paranoid-schizoiden Position und der manisch-depressiven Position beschrieben hat. Auf der ödipalen Ebene kann sich das Ich zwar immer noch in seinem Vorbild spiegeln und so mit ihm verwechseln, aber zugleich wird ihm der begrenzende Rahmen seiner Identifikation als Ideal entgegengesetzt, sodass es »abwechselnd begeistert und deprimiert« ist (ebd., S. 71). In diesem Entzug der narzisstischen Ebene, in der der Vater als das auftaucht, was das Kind einmal werden kann, aber definitiv nicht ist, liegt nach Lacan das deprimierende Element, welches das Ungenügen, den Mangel des Kindes aufzeigt. Bei Bowie ist aber nun zwischen Mutter und Sohn vor allem ein fast gleichrangiger, aber immerhin zehn Jahre älterer Bruder getreten, der von ihm idealisiert wurde. »David betete Terry an, und hob Terry in den Himmel« wie eine von Bowies Tanten sagte (Sandford 2003, S. 26). Bei Terry konnte der Junge die ersehnte mütterliche Nähe, die er bei seinem Vater vermisste, viel eher wiederfinden. Und zugleich konnte er so das Gefälle zwischen der Autorität seiner Mutter und sich selbst unterlaufen.

Die ödipalen Eltern sind ein Hindernis, die das Subjekt zur Sublimation zwingen. Das heißt, dass es nun von seiner unmittelbaren Triebbefriedigung absehen muss. Wenn diese Vorbilder jedoch eingeholt werden, stellt sich erneut ein Triumph ein. Normalerweise kann das Kind nur hinter den an ihn gestellten Anforderungen zurückbleiben, was als deprimierend empfunden wird. Die imaginäre Ebene der projektiven Identifikation unterläuft jedoch diese Funktion des ödipalen Anspruchs. Und nur durch die ödipale Ebene bekommt das Objekt eine bestimmte affektive Tiefe und das Über-Ich überschreitet seine narzisstische Form (Lacan 1994, S. 67 u. 70). Das Objekt dient nun nicht mehr »als Mittel zur Wunscherfüllung, sondern als Pol für die Schöpfungen der Leidenschaft« (ebd., S. 71f.). Seine Äquivalenzen im Subjekt werden dabei aufgelöst und die Aufrichtung dieser neuen Art von Objekt erzeugt ein Staunen beim Subjekt. Borderliner stehen zwischen diesen beiden Ebenen einer imaginären, dualen Relation von Spiegelungen und der symbolischen Beziehung, die immer eine ternäre Struktur hat (Lacan 1980, S. 324).

Die Fixierung auf die Mutter auf der oralen Ebene, das homoerotische und zugleich distanzierte Verhältnis zu seinem Vater und vor allem die

2. Die projektive Identifikation mit dem älteren Bruder

sehr enge und idealisierte Bindung an den älteren Halbbruder formten eine sonderbare Welt. Während Bowies Bruder für ihn die Funktion eines Vorbilds übernahm, bestand das Problem darin, dass dieses Ideal viel zu narzisstisch war, um die Struktur der Sublimation, die im Ödipuskomplex stattfindet, nicht zu verfälschen (Lacan 1994, S. 83). Sein Bruder konnte die volle Bandbreite der mütterlichen Autorität weder darstellen noch ersetzen. Wesentliche Reste der Äquivalenzen blieben bestehen, die Metamorphose vom Doppelgänger zum Ich-Ideal wurde nicht vollständig erreicht (Lacan 1994, S. 95). Es blieb eine Nähe zur psychotischen Ebene zurück, die Lacan auch als eine Verwerfung der Vatermetapher im Unbewussten definiert hat (Lacan 1997, S. 20f.). Weil die Prägung der ödipalen Ebene mehr durch den Bruder als durch die Eltern erfolgte, blieb die Funktion des symbolischen Vaters in einem unabgeschlossen Schwebezustand zwischen ihrer ernüchternden Etablierung und einer mythologischen, idealen Ebene. Grund für Bowies starkes Interesse an Spiritualität und sein Spektrum an Haltungen in diesem Bereich war sein Bedürfnis, eine stabile übergeordnete Über-Ich-Instanz einzurichten, und zugleich die Suche nach Alternativen. Wirklich problematisch dabei war, dass durch die teilweise projektive Identifikation mit den Eltern und die vollständige mit dem Bruder das Ich und sein Ideal identisch wurden. Wenn es auf der einen Seite zu verzweifelten Anrufungen übergeordneter göttlicher Instanzen kam, wurde auf der anderen das eigene Selbstbild mit Fantasien göttlicher Allmacht ausgeschmückt. Einerseits kniete er am 20. April 1992 bei der Trauerveranstaltung für Freddy Mercury nieder und betete für ihn das *Vater Unser,* andererseits stellte er immer wieder klar, dass er das tradierte, religiöse Bild von einem christlichen Gott keineswegs akzeptabel findet.

Bowies Interesse richtete sich in seiner Pubertät in einer sehr engagierten Form auf politische Kontexte, die mit übertriebenen Machtvorstellungen zusammenhingen. Mit 13 Jahren begann er in seiner Fantasie Gespräche mit ausländischen Politikern zu führen und schrieb damals viele Briefe an General Eisenhower (Sandford 2003, S. 34f.). Dahinter verbargen sich die ernsthaften größenwahnsinnigen Fantasien eines Dreizehnjährigen, der an der Weltpolitik partizipieren wollte. Er schrieb auch einen Brief an die amerikanische Botschaft, weil er in den englischen Läden keine Bücher über Baseball finden konnte und sich für diese

Sportart sehr interessierte (Tremlett 1995, S. 20). Vor allem Amerika wurde zu dem Land, auf das sich seine überhöhten Einschätzungen am meisten ausrichten sollten. Terry stand für den American Way of Life, John Jones für das klassische England. Vater der englischen Nation wollte Bowie in der Mitte der 70er Jahre werden, als er angab, er wäre gern selbst der englische Premierminister (Rüther 2008, S. 109). In den 90er Jahren war er dann auch mit Tony Blair befreundet, der ihn tatsächlich immer geschätzt hatte (Sandford 2003, S. 371).

Bowies ungewöhnliches Verhältnis zu Terry hatte viel mit ihrem unterschiedlichen Status innerhalb der Familie zu tun. Seine Eltern heirateten erst acht Monate nach Bowies Geburt. Ihr Haus im viktorianischen Stil lag in der Stansfield Road Nr. 40 in Brixton, am Rande zu dem Vorort Stockwell im Süden von London. Hier lebten damals noch keine Schwarzen, die erst nach Brixton zogen, als die Familie weggezogen war. Bowie verbrachte seine ersten sechs Lebensjahre dort. Es war die Welt des heruntergekommenen Bürgertums, welche durch den nationalen Bankrott klein gehalten wurde, und die Gegend befand sich 1947 auf einem erbärmlichen Armutsniveau. Er wuchs in einfachen Verhältnissen auf. Seine Eltern gehörten zu den ersten, die sich trotz ihrer Geldknappheit einen Telefonanschluss leisteten (Sandford 2003, S. 23f.). 1953 zog die Familie nach Bromley um, einen Vorort von London. In dieser ländlichen Kleinstadt wohnte er, bis seine Karriere ins Laufen kam. Obwohl die Verhältnisse sehr solide waren, hatte seine Familie kein Badezimmer, nur eine Zinkbadewanne in der Küche und ein sehr kleines Schlafzimmer (Tremlett 1995, S. 11). Bowie war als Kind sehr introvertiert und selbstbezogen. Auch seine erste Ehefrau wird später seine Egomanie kritisieren (Bowie 1993, S. 34). In der Schule und nicht einmal im Schulchor fiel er irgendjemandem besonders auf (Sandford 2003, S. 30ff.).

Sein Halbbruder Terry hatte einen weitaus schwierigeren Stand als er. Bowies Mutter hatte vor dem Krieg eine Affäre mit dem jüdischen Isaac Rosenberg gehabt (Bowie 1993, S. 31), woraus Terry hervorgegangen war. Er wurde am 5. November 1937 geboren und schon sehr bald zu den Großeltern abgeschoben. Dort wuchs er die ersten neun Jahre als Einzelkind auf. Terry lebte also erst ein Jahr bei seinen Eltern, als am 8. Januar 1947 Bowie zur Welt kam. »Little David grew up with a big brother to hero-worship and often at nights he would creep into Terry's room and ask ›Can I come in your bed Terry?‹« (Pitt 1985, S. 11). Diese Anhänglichkeit zeigt, dass Terry sich fürsorglich um seinen jüngeren Bruder kümmerte, und die beiden verband eine starke und enge Freundschaft. In den Jahren 1959 und 1960 zogen die beiden bei zahlreichen Ausflügen nach London durch Cafés und Clubs und Terry führte seinen kleinen Bruder in die Welt des Free-Jazz und der Beat-Happenings ein (Sandford 2003, S. 413). Terry wurde Bowies erstes großes Vorbild, sein persönlicher Held. In Bromley lebten außerdem noch seine elfjährige Cousine Kristine und seine fünfzehnjährige Halbschwester Annette, die von einer der Vorkriegsaffären von John Jones stammte (Sandford 2003, S. 28). Annette verließ England ungefähr, als Bowie sieben Jahre alt war. Wenn sein Vater noch Briefe von ihr bekam, so wurden diese von ihm für sich behalten. Bowie hörte daher bis in die 90er Jahre nichts von ihr (Iman 2001, S. 7). Er hat über sein Verhältnis zu den beiden Mädchen bezeichnenderweise kaum jemals etwas gesagt, ihr Einfluss ist daher schwer einzuschätzen und wurde in allen Biografien weitgehend ausgelassen. Bowie selbst maß in den 70er Jahren seinem Verhältnis zu Terry die höchste Bedeutung innerhalb seiner familiären Beziehungen bei.

Die Großmutter mütterlicherseits war eine enttäuschte Dichterin, der Großvater James Burns ein Fantast, der sich eine frei erfundene Karriere als Kriegsheld zugelegt hatte (Sandford 2003, S. 26); allerdings hatte er auch im Regiment der Kavallerie gedient (Pitt 1985, S. 8). Im Gegensatz zu Bowies Vater, der im zweiten Weltkrieg gegen die Deutschen in Afrika gekämpft hatte (ebd., S. 11), war James Burns aber nie im Einsatz gewesen. Bowie sang ironisch über diesen Unterschied in dem Rummelplatzwalzer *Little Bombardier* (1967): »War made him a soldier« und »Peace left him a loser«, und solidarisierte sich so mit seinem Großvater. In *Little Toy Soldier*, das Bowie zur selben Zeit schrieb, machte er sich bereits über sadistische Fantasien von Soldaten lustig und paraphrasierte zugleich den Song *Venus In Furs* (1967) von Velvet Underground. Vier Jahre später handelte *Running Gun Blues* (1971) viel ernster und zugleich sehr zynisch vom Töten. Es wurde darin ein verrückter Kriegsveteran beschrieben, der seine militärischen Aktivitäten wie Rambo in der Heimat fortsetzte und dort weiter im großen Stil tötete. Der Song erzählt diese Story in der ersten Person Singular, also aus der Perspektive des Soldaten.

All The Madman (1971)

In *The Bewlay Brothers* (1971) beschrieb Bowie Terry als den weicheren Part: »I was stone and he was wax / So he could scream, and still relax, unbelievable«. Das konnte jedoch nur teilweise stimmen, denn als der Ältere war Terry zweifellos auch die meiste Zeit der Stärkere. Bowies Bruder war aber ebenfalls ein schmaler, graziöser Mann. Sein größtes Problem bestand sicher darin, dass er seinen Stiefvater hasste und deshalb schließlich von seiner Mutter vor die Tür gesetzt wurde. Zudem wurde Terry durch den größeren Einfluss der Großeltern und die frühe Trennung von seiner Mutter anders sozialisiert, er war bei den etwas verschrobenen Großeltern aufgewachsen und hatte zugleich wohl unter der Abschiebung durch seine Mutter gelitten. Die Folge war, dass er weitaus größere Schwierigkeiten damit bekam, sich selbst zu verstehen, als sein jüngerer Bruder, der seinen nüchternen Realitätsbezug vermutlich vor allem von seinem Vater hatte. Bowie wäre vermutlich niemals zum Militär gegangen, während Terry genau darin die Lösung sah. Er hatte seine Ausbildung bei der Flugwaffe schon in den 50er Jahren geleistet, schrieb sich aber in den 60ern nochmals für drei Jahre bei der Royal Air Force ein, wo er zuerst nach Malta und dann nach Libyen geschickt wurde (Tremlett 1995, S. 18). Die Entwicklung seiner Psychose wurde enorm vorangetrieben, als er im Dienste der englischen Flugwaffe aus »dem Kriegsgebiet in Aden zurückkehrte und anfing schwer zu trinken« (Bowie 1993, S. 32f.). Bowies zweite Ehefrau Iman kam aus Somalia, dessen Hafenstädte ebenfalls am Golf von Aden liegen, allerdings auf der anderen Seite, wie sie selbst betonte (Iman 2001, S. 12). Die Briten zogen sich im Herbst 1967 aus der Hafenstadt Aden zurück und am 30.11.1967 erklärte der Süd-Jemen seine Unabhängigkeit. Die unglückliche Entwicklung von Terry kam vielleicht schon in Bowies Song *Little Bombardier* vor, der im Dezember 1966 aufgenommen worden war. Dort hieß es über einen armen Soldaten: »Frankie drank his money / The little that he made / Told his woes no man / Friendless, lonely days«. Ein ähnlicher Song, *Bombers* (1971), ein Outtake von *Hunky Dory*, beschrieb den Abwurf einer Atombombe im Stil von Kubricks Satire *Dr. Strangelove or: How I learned to Stop Worrying and Love the Bomb* (1964). Bowie nahm ihn letztendlich, vermutlich aufgrund seines ironischen Humors, von dem Album herunter. Vor allem die Zeile: »But the soldier said »Sir there's a crack in the world« wies auf eine psychotische Ebene hin. *Crack In The*

2. Die projektive Identifikation mit dem älteren Bruder

World (1965; »*Ein Riss in der Welt*«) war zugleich ein amerikanischer Science-Fiction-Film, in dem eine Atomrakete ins Erdinnere geschossen wurde und die Erde daraufhin drohte in zwei Hälften zu bersten. Paranoia und Spaltung, die üblichen überdimensionalen Scifi-Motive, wurden in dem Film lebhaft vorgeführt. In dem Song *D.J.* (1979) – die Initialen im Titel waren zugleich seine eigenen – sang Bowie: »I feel like Dan Dare lies down«. Dan Dare war eine britische Science-Fiction-Comic-Stripreihe (1950–1969) über einen Piloten, der zu anderen Planeten flog, die Bowie in seiner Jugend gelesen hatte. Er und Terry teilten den Faible für Science-Fiction-Geschichten.

Eine viel dramatischere Version über einen Militäreinsatz entwarf Bowie später in dem Song *Battle For Britain (The Letter),* den er erst 1997 veröffentlichte, der aber schon in den späten 60er Jahren geschrieben worden war (Pegg 2009, S. 33). Er enthielt die ziemlich rätselhafte Zeile: »Don't you let my letter get you down, down, down, down«, womit ein Brief, aber auch eine Bombe gemeint gewesen sein könnte. Der Song handelte jedenfalls von einem Piloten bei einem militärischen Einsatz. Bowie kommentierte *Battle For Britain* so, dass sich für ihn in dem Song die Frage seiner englischen Identität stellen würde: »Am I or am I not British?« (ebd.) Terry war der Auslöser gewesen für eine starke Identifizierung mit Amerika. Auf dem Cover des Albums *Earthling* (1997) und bei Konzerten in dieser Zeit trat er gern mit einem Mantel auf, auf dessen Rückseite die teilweise durchlöcherte englische Flagge, der Union Jack, zu sehen war. Er stellte es so dar, dass sein Nationalgefühl mit einer militärischen Einstellung verknüpft sei. In einem Outtake von *Heathen* (2002), dem Song *When The Boys Come Marching Home,* könnte im Titel von Terrys Rückkehr aus Aden die Rede gewesen sein. Der sehr traurige Song enthielt außerdem die Zeile: »Walking through the wars«, so als wären auf einer bestimmten psychischen Ebene alle Kriege gleich und basierten auf denselben Fehlern im männlichen Verhalten.

Da auch sein Stiefvater in Libyen und in Sizilien gekämpft hatte (Tremlett 1995, S. 28), ist es möglich, dass Terry mit seinem zweiten Militärdienst ihm und seiner Mutter etwas beweisen wollte. Aber er erreichte genau das Gegenteil und wurde psychisch sehr krank. In dem Monat, in dem Bowie mit seinem Song *Space Oddity* (1969) erstmals eine größere Öffentlichkeit erreichte, war sein Bruder in eine Klinik eingewiesen worden (Sandford 2003, S. 26). Sie hieß Cane Hill und lag auf einem Berg am Rande von London. Bei Terry Burns wurde eine »paranoide Schizophrenie« diagnostiziert (Bowie 1993, S. 25), von der er nicht wieder genesen sollte. In *The Bewlay Brothers* (1971) wurde sein tragisches Schicksal kommentiert: »Now my brother lays upon the rocks / He could be dead. He could be not / He could be you / He's Camelian, comedian, corinthian and caricature« – »Shooting-up pie-in-the-sky«. Einige dieser skurilen Sätze wirkten mehr wie Selbstbeschreibungen. Bowies weitere Bemerkung in dem Song, »And the solid book we wrote / Cannot be found today«, wies darüber hinaus auf ein Geheimnis der beiden Brüder hin.

In *Scream Like A Baby* (1980) sang er sieben Jahre später über einen Mann, der Sam hieß, und der genauso wie er selbst durch eine enge Bindung an die weibliche Welt charakterisiert wurde. Sam und er wurden darin von eine gegnerischen Gruppe, die sich über Homosexuelle hermachten, misshandelt. Über Sam hieß es darin: »He just sat in the backseat swearing he'd seek revenge / But jumped into the furnace / Singing old songs we loved«. In *Shadow Man,* von dem Bowie 1971 nur eine Demoversion aufnahm und erst 2000 eine richtige Einspielung machte, gab es ebenfalls eine Person namens Sam: »You can call him Joe, you can call him Sam«, und dann folgte: »But the Shadow Man is really you«, und: »He'll show you tomorrow, he'll you show you the sorrow / Of what you did today«. Mit dem Schattenmann könnte ebenfalls Terry, aber auch Bowies verstorbener Vater aus dem Reich des Todes gemeint gewesen sein.

Bowie interessierte sich im Frühjahr 1982 sehr für die Arbeit der Schauspielerin Susan Sarandon in einer Therapieeinrichtung für schizophrene Patienten und unterstützte dieses Projekt auch selbst (Sandford 2003, S. 225). Er spielte mit ihr zusammen in dem Fim *The Hunger* (1983). In den Lyrics zu dem Song *Black Country Rock* (1971), die sehr spontan niedergeschrieben wurden (Pegg 2009, S. 39) und nur einen sehr verschwommenen Sinn erkennen lassen, war die Rede von einem Standpunkt, den manche für verrückt hielten, der aber nach Bowies Ansicht nicht so gesehen werden musste: »Some say the view is crazy / But you may adopt another point of view«. Ganz direkt über den Wahnsinn seines Halbbruders sang er in *All The Madman* (1971), dort bekundete

2. Die projektive Identifikation mit dem älteren Bruder

er seine Solidarität und Freundschaft mit verrückten Menschen: »Day after day / They send my friends away / To the mansions cold and grey / To the far side of town / Where the thin men stalk the streets / While the sane stay underground«. Die erste Zeile war ein Zitat aus dem Anfang des Beatlessongs *The Fool On The Hill* (1967), der von einem Narren handelte, der allein auf einem Berg lebte. Dieser Irre war Terry und zugleich Bowie selbst, denn er sang über die Wahnsinnigen aufgrund einer projektiven Identifikation: »They're all as sane as me«. Im Refrain stellt er sich vor die Wahl zwischen Wahn oder Depression, die hier zugunsten des Ersteren ausfällt: »'Cause I'd rather stay here / With all the madmen / Than perish with the sadmen roaming free«. Tatsächlich sollte ihn aber gerade seine Fähigkeit zur Depression immer wieder von allen paranoid-schizoiden Wahnvorstellungen befreien.

Eines seiner gravierendsten Motive, das der Spaltung, tauchte in diesem Text bereits als ein Problem auf: »My libido split on me / Gimme some good 'ole lobotomy«. Er war sich der mangelnden Eindeutigkeit seiner Interessen bereits bewusst, dachte vermutlich aber noch nicht an eine schizoide Thematik. Später in seinem Song *1984* (1974) wurde nämlich genau in demselben ironischen Tonfall ein ähnlicher Zusammenhang eröffnet und nun direkt der Schädel aufgespalten: »They'll split your pretty cranium / And fill it full of air«, sang er dort. In der Familie von Bowies Mutter gab es mehre Fälle von diagnostizierten Geisteskrankheiten. Una, ihre jünger Schwester, litt an Schizophrenie und Depressionen und landete in einer Anstalt, wo sie mit 30 Jahren starb. Eine andere Schwester, Vivienne, hatte einen schizophrenen Anfall bekommen und bei einer weiteren Schwester wurde eine Lobotomie durchgeführt, um ihre schwachen Nerven zu heilen (Sandford 2003, S. 26). Eine sehr kurze Formel für diesen verrückten familiären Hintergrund von der Seite seiner Mutter Peggy Burns gab Bowie in *Saviour Machine* (1971): »My logic says burn so send me away«. Auch hier tritt erneut die Tatsache von Terrys Internierung, die den jungen Künstler sehr schockiert und erschüttert haben muss, zum Vorschein. Er verlor seinen Vater und seinen Bruder kurz hintereinander und trennte sich dann schon bald danach von seiner Mutter.

Terry kam schließlich nie mehr frei und beging am 16. Januar 1985 mit 47 Jahren Selbstmord. Er legte seinen Kopf auf die Eisenbahnschienen, als ein Zug kam. Dies war nicht sein erster Suizidversuch, sodass von einer Affekthandlung keine Rede sein konnte (Sandford 2003, S. 269f.). Bereits drei Wochen zuvor hatte er versucht, sich das Leben zu nehmen, und davor auch schon einmal, am 2. Juni 1982. Bowie hatte seinen Bruder damals in der Psychiatrie besucht, nachdem Terry Burns versucht hatte, aus dem Fenster der Klinik zu springen (Sandford 2003, S. 242). Als die Zeitungen über den Besuch berichteten und dem Sänger selbst paranoide Schizophrenie unterstellten, flüchtete er jedoch sofort wieder aus London (Tremlett 1995, S. 292). Bowie ging nicht zu Terrys Beerdigung, sandte aber einen Kranz mit einer persönlichen Widmung. In der stand, dass sein Bruder mehr Dinge *gesehen* hat, »als wir uns je vorstellen könnten, doch diese Augenblicke werden verloren sein, wie vom Regen fortgespülte Tränen. Gott segne dich« (Sandford 2003, S. 270). In diesem Satz steckt ein Zitat aus dem Science-Fiction-Film *Blade Runner* (1982) von Ridley Scott. Darin sagt der Anführer der Replikanten Batty (Rutger Hauer) am Ende, bevor er stirbt, zu Deckard (Harrison Ford): »All those moments will be lost in time like tears in the rain«. So bekundete Bowie auch noch am Schluss ihr gemeinsames Interesse an Science Fiction. Er regierte auf den Tod seines Halbbruders aber vor allem bei seinen Konzerten, indem er *All The Madman* 1987 zum ersten und letzten Mal auf die Setliste seiner Tournee setzte. Und er sang den Song *Big Brother* (1974), der zwar nicht direkt Terry, aber seine eigene Idealisierung des älteren Bruders als eine verzerrte Über-Ich-Instanz beschrieb.

1993 schrieb er den Song *Jump They Say* (1993) explizit über Terry und erklärte so dessen Selbstmord zu einer Handlung, die die Gesellschaft gefordert hatte. In dem dazu gedrehten Videoclip trugen die Frauen dieselbe Kleidung wie in dem Film *2001: A Space Odyssey* und beobachteten den Selbstmörder, den nun Bowie selbst darstellte, durch ihre Teleskope. Er spielte einen Manager, der mit wehender Krawatte auf dem Dach eines Hochhauses stand und schließlich heruntersprang. Gleichzeitig wollte er den Song metaphorisch verstanden wissen als Sprung in neue Gefilde, den der Künstler durch seine Andersartigkeit vollziehen muss (Pegg 2009, S. 121). Terry konnte nicht vollziehen, was Bowie vollzogen hatten. Die Umkehrung zwischen Ideal und Anhänger zeigte sich hier ganz deutlich, gleichzeitig rettete Bowies gelungener Sprung in die Musik ihm vielleicht das Leben. Leidenschaftlicher konnte er das

2. Die projektive Identifikation mit dem älteren Bruder

Schicksal seines Halbbruders kaum thematisieren. 1995 stand während der »Outside«-Tournee die letzte Zeile aus dem Text von *All The Madmen* groß geschrieben auf der Bühne. Sie war französisch und hieß: »Ouvre le chien«, was soviel heißt wie: »Öffne den Hund«. Dieser letzten Zeile geht im Text voraus: »Zane, Zane, Zane / Ouvre le chien«. »Zane« meint »sane« (also »gesund«). Das Bild des Hundes bezog sich auf die Triebe. In '87 *And Cry* (1987) tauchte im Refrain eine Zeile mit einem ähnlichen Sinn auf: »It couldn't be done without dogs / It couldn't be done without us«. In dem Song *Buddha Of Suburbia* (1993) wiederholte Bowie später die letzten Zeilen aus *All The Madmen*. In dem Song resümierte er diese Phase in seiner Biografie und der seines Bruders erneut als eine gemeinsame Entwicklung: »Englishmen going insane«.

Terry besuchte Bowie 1971 oft in seinem ersten eigenen Haus »Haddon Hall«. Er wohnte dort eine Weile, bis er endgültig ganz in Cane Hill blieb. Bowie verlor in dieser Zeit den Kontakt zu seiner Mutter (Tremlett 1995, S. 117f.), die er damals sicherlich für den Zustand seines Bruders verantwortlich gemacht hatte. Außerdem hatte er jahrelang Angst, er könne wie Terry den Verstand verlieren. In *The Man Who Sold The World* (1971) wird diese Sorge, selbst die Kontrolle über sich und damit auch den Kontakt zur Welt zu verlieren, sehr nüchtern ausgesprochen. Der Refrain des Stücks geht so: »Oh no, not me / I never lost control / You're face to face / With the Man Who Sold The World«. Der Mann, der die Welt verkauft hatte, war aber nicht nur Terry, sondern auch John Jones. Denn Bowie sang dort: »I thought you died alone, a long long time ago«. Es war die konservative Haltung seines damals schon verstorbenen Vaters – der schließlich ein trockener Alkoholiker gewesen war –, die den Popstar letztendlich enger mit seinem Bruder verband, weil dieser die euphorische Haltung seiner Mutter teilen konnte. Ohne den frühen Tod des Vaters, der für Bowie dennoch eine sehr schmerzhafte Trennung und einen Verlust an Sicherheit bedeutet hatte, wäre dieser Song wohl niemals so geschrieben worden. Bowie legte *The Man Who Sold The World* 1995 sehr eindrucksvoll in einer Trip-Hop-Version erneut vor, nachdem Nirvana ihn 1993 gecovert hatten.

Der Titel des Songs basierte auf dem Roman *The Man who Sold the Moon* (1949) von Robert A. Heinlein. In *The Bewlay Brothers* hatte Bowie sich und Terry als die »Moonboys« bezeichnet. Die erste Zeile aus

The Man Who Sold The World stammte aus dem bekannten englischen Reim *The Psychoed* (1899) von Hughes Mearn. Dieses Gedicht beginnt so: »As I was going up the stair / I met a man who wasn't there« (Pegg 2009, S. 148). Bowie hatte die Zeilen so verdreht, dass nun nicht mehr der Mann, sondern er nicht mehr wirklich anwesend war: »We passed upon the stair, we spoke of was and when / Although I wasn't there, he said I was his friend«. Und während sich im Gedicht der Icherzähler wünscht, dass der Mann für immer weggeht, gab es nun die Erkenntnis, dass dieser Mann schon vor langer Zeit und ganz allein gestorben war. Es war aber dennoch vor allem eine sehr traurige und tiefe Zuneigung zu diesem toten Mann in dem Song zu spüren, der wie ein Gespenst aus dem Jenseits erschien. Ähnlich wie Derrida sein Verhältnis zu Lacan beschrieb, als dieser bereits gestorben war: »Zwischen uns gab es also den Tod, ging es vor allem um den Tod, ich würde sagen, *allein* um den Tod des einen von uns – wie das *mit* oder *bei* allen ist, die sich mögen (Derrida 1998a, S. 32f.).

Der Song zitierte außerdem das Gedicht *Strange Meeting* von Wilfred Owen, in dem es um die Feinde geht, die ein Soldat im Krieg getötet hat und die für ihn nun im Traum wiederkehren (Pegg 2009, S. 148). Terrys Kriegserfahrungen waren vermutlich so traumatisch gewesen, dass sie seine Psychose ausgelöst hatten. Das Schillern des Songtextes, der letztendlich über Terry genauso wie über John Jones handeln könnte, zeigt Bowies eigene Schwankungen. In einem Interview über seinen Part als ein älterer Herr in dem Kinderfilm *Mr. Rice's Secret* (2000) erklärte er, dass er sich für diese Rolle an seinem Vater orientiert hätte. Er stellte dabei deutlich fest: »My father wasn't a Psycho«, und unterschied ihn damit ausdrücklich von seinem älteren Bruder. Er zeigte aber auch hier durch seine Nachahmung des Vaters sein Interesse an einer intensiven Verschmelzung mit ihm. Das Ideal für eine solche Verschmelzungsfantasie blieb aber sein Halbbruder, aufgrund der Ähnlichkeit mit seiner Mutter. Bowie konnte jedoch den Akzent von John Jones, der den typisch entschlossen Tonfall der Leute aus Yorkshire hatte, schon früh nachahmen (Tremlett 1995, S. 25) und sein erster Bodyguard, der Stuey George genannt wurde, kam sicher nicht zufällig ebenfalls aus Yorkshire (Pegg 2009, S. 455).

Bowies Angst, ebenso verrückt zu werden wie Terry, war nicht ganz

2. Die projektive Identifikation mit dem älteren Bruder

unberechtigt. Seine Gefährdung kam durch den massiven Einsatz von Rauschmitteln schließlich auch sehr stark zum Vorschein. Borderliner wissen in ihrer Jugend aufgrund von Erlebnissen, die psychotische Momente enthalten, noch nicht, dass sie eigentlich ein einigermaßen stabiles Verhältnis zur Realität besitzen. Bowie übte in einer übertriebenen Art Kontrolle aus, um sich vor psychischen Zusammenbrüchen zu schützen. Seine »Manie, Wahnvorstellungen und Paranoia« waren nach der Fehleinschätzung seiner ersten Ehefrau nur das Ergebnis von Drogen (Bowie 1993, S. 33f.). Vor allem neigte er aber dazu, mittels der projektiven Identifizierung in einer idealisierten Form immer wieder mit seinem älteren Bruder zu verschmelzen. Es war Terry, der Boxen bei der Armee gelernt hatte (Pitt 1985, S. 13), und sein kleiner Bruder sollte sich immer wieder in der Pose eines Boxers ablichten lassen. Er ahmte so seinen Bruder nach, versuchte sich an dessen Stelle zu setzen und die Hierarchie, die durch ihr unterschiedliches Alter vorgegeben war, dabei zu unterlaufen. Diese Haltung war aber schon auf einem frühen Schwarz-Weiß-Foto aus den 60ern zu sehen, und auch während der »Diamond Dogs«-Tour (1974) hatte er sich bei *Panic In Detroit* große rote Boxhandschuhe angezogen. Noch 2004 soll Bowie tatsächlich regelmäßig in einem Boxring trainiert haben (Pegg 2009, S. 536).

Eine wesentliche Ergänzung zu Lacans Konzept der Eifersucht, die ihre Basis im Spiegelstadium hat, wird hier deutlich. Wie Weiß betonte, wird bei Klein in der projektiven Identifizierung nicht bloß *auf*, sondern *in* die Mutter hineinprojiziert (Weiß 2009, S. 174). Das ist eine andere Auffassung von Projektion als die im Lacan'schen Spiegelstadium, die sich an Freuds Theorie des Narzissmus, also an einem visuellen Konzept orientierte, welches letztendlich von einem Bild ausgeht, das das Subjekt in sich trägt (Lacan 2007, S. 59). Lacans Theorie hat also den Nachteil, diesen psychischen Vorgang sehr unter einem optischen Paradigma zu veranschaulichen, wenngleich sich das Sehen und Gesehenwerden im Beobachtungswahn auch durchaus eng mit paranoiden Vorstellungen verbindet. Der französische Analytiker wollte den Begriff der Projektion für den psychotischen Mechanismus nicht anwenden, sondern ihn durch den der Verwerfung ersetzen (Lacan 1997, S. 58). Eine Verwerfung im Gegensatz zu einer Verdrängung entspricht dem, was Klein als Ausstoßung bezeichnet hat. In ihren Beschreibungen besteht sie besonders darauf, dass die projektive Identifizierung auf der Vorstellung basiert, »in« das Innere eines Mitmenschen, also in seinen Charakter etwas aus dem Selbst hineinzulegen. Und die Grundlage für diese projizierten Auslagerungen von Anteilen des eigenen Ichs in den anderen ist die fehlende Trennung zwischen beiden. Der Borderliner empfindet die Trennung zwar häufig als traumatisch und sehr traurig, aber sie findet in seinem psychischen Haushalt anders als beim Psychotiker grundsätzlich statt. Sie wird von ihm durch seine projektiven Identifizierungen jedoch wieder unterlaufen und rückgängig gemacht. Die Verbindung von Bowie zu seinem Halbbruder lag vor allem in einer sehr überwältigenden projektiven Identifizierung.

In dem Song *Sweet Thing* (1974) beschrieb er den Vorgang der projektiven Identifikation in Zusammenhang mit einem sexuellen Akt so: »It's safe in the city / To love in a doorway / To wrangle some screams from the room / And isn't it me / Putting pain in a stranger?« Die Schreie aus dem Raum kamen von einem Fremden, in den Bowie seine eigenen Schmerzen während des Liebesaktes auf dem Flur projizierte. Der Song endete mit einem ähnlichen Gedanken: »I could not hold up my head / For I put all that I have in another bed / In another floor, in the back of a car«. Freud hatte schon in seiner Studie über Leonardo da Vinci gezeigt, »wie der Künstler einen kindlichen Teil seines Selbst in einen Schüler hineinlegt, während er sich in seiner Liebe zu ihm mit seiner Mutter identifiziert« (Weiß 2009, S. 173).

Erst nach dem Tod seiner Mutter spielte Bowie *The Bewlay Brothers* (1971) am 18. September 2002 zum ersten Mal live. Dieser Song über das enge Verhältnis der beiden Brüder wurde nur noch einige seltene Male bei der »Heathen«-Tour (2002) und auch der »Reality«-Tour (2003–2004) vorgetragen. 2000 sagte er, dass der Song *The Bewlay Brothers* von dem Verhältnis zwischen ihm und seinem Bruder handele, wobei er nie ganz hätte unterscheiden können, ob Terry eine reale Person oder nur ein Teil von ihm selbst gewesen sei (Pegg 2009, S. 36). Er gab auch zu, dass der Schatten seines Bruders auf sehr Vielem von dem lag, was er in dieser Periode aufgenommen hatte (ebd., S. 279). Noch 20 Jahre später bei dem TV-Interview zu *Jump They Say* (1993) wies Bowie einige Male daraufhin, dass er die Probleme seines Bruders lange Zeit für seine eigenen Probleme gehalten hätte. Er bezeichnete Terry als seinen

2. Die projektive Identifikation mit dem älteren Bruder

»Doppelgänger« (ebd., S. 36). Auf der anderen Seite gab er jedoch zu, dass er Terry viel zu wenig so gesehen habe wie dieser in Wirklichkeit gewesen sei, und dadurch unbewusst den Stellenwert seines Bruders für seine eigene Entwicklung völlig überschätzt habe: »I invented this hero-worship to discharge my guilt und failure, and to set myself free from my own hang-ups« (Pegg 2009, S. 120). Die projektive Identifikation mit dem idealisierten Bruder war ein Hilfe, das manische Serum gegen die eigene Depression herzustellen.

Am 20. Oktober 1976 hatte Bowie in einem Radioprogramm über Terry gesagt: »Mein Bruder war einer der wichtigsten Einflüsse in meinem Leben.« Er habe ihm dazu geraten, die Bücher, die es in der Schule gab, nicht zu lesen, sondern sich selbst welche auszusuchen. Außerdem habe er ihm von Autoren erzählt, die er nicht kannte: Jack Kerouac, Ginsberg etc. (Tremlett 1995, S. 268). Die sehr pubertäre männliche Beschreibung von Amerika aus der Sicht eines Aussteigers in Kerouacs Hippie-Kultroman *On The Road* (1957) war es, die Bowies Blick auf die Staaten zunächst sehr prägte, aber im Grunde seinen eigenen Empfindungen widersprach. Es gab jedoch viele anregende Elemente, die er aus diesem Buch herauszog. Darin kam dem Erzähler ein Freund, der Dean mit Vornamen hieß, »wie ein langverlorener Bruder« vor, der ihn zu einem neuen, wilden Lebenstil brachte (Kerouac 1989, S. 13). Bowie hatte den Roman schon mit zwölf Jahren gelesen (Copetas 1974). Es waren jedoch genau solche Hervorhebungen und angebliche Wesensgleichheiten mit einer weit männlicheren und sehr gefährlichen Welt voller Drogen und Rausch, die den Popstar schließlich in erhebliche Schwierigkeiten bringen sollten. Vor allem war sein großes Faible für die USA ein Synonym für eine lange und zunächst sehr verhängnisvolle Fluchtlinie aus England und der europäischen Kultur. Er brauchte lange, seine wirkliche, englische Identität zu erkennen, um sie dann durch den amerikanischen Einfluss zu ergänzen, aber nicht mehr austauschen zu wollen. Bowie sah in Amerika zunächst vor allem eine degenerierte Kultur, zu der er gehören wollte, und es war von Anfang an die amerikanische Musik- und Filmkultur, für die er sich interessierte.

Zu den Idolen seiner Jugend, die er zunächst imitierte, gehörten zwei sehr berühmte amerikanische Männer. Bowie ahmte den Filmschauspieler James Dean schon in seiner Pubertät nach (Sandford 2003, S. 36). In

Shinning Star (1987) sang er: »Dean was seen with a two bag purchase / He was lying dead on his mothers bed«, und in *Baby Universal* (1991): »Like Jimmy Dean he don't talk back to me«. Dass Dean in seinen drei Filmrollen durchgängig sehr depressive und hilflose Jugendliche gespielt hatte, passte genau zu Bowies Selbstverständnis. Die hellrote Jacke und die Frisur, die der Filmschauspieler in dem Film *Rebel Without a Cause* (1955) trug, sollte Bowie später in seinem Auftritt in *Christiane F. – Wir Kinder vom Bahnhof Zoo* (1981) kopieren. Deans Rolle in *Rebel Without a Cause* war die eines typischen älteren Bruders, der seinen jüngeren Freund Plato (Sal Mineo) versuchte, im Finale vor sich selbst und der Polizei zu beschützen. Die projektive Identifikation mit Dean, dem viele homosexuelle Affären nachgesagt werden, in dieser Filmrolle gehörte demnach auch zu Bowies Versuchen, die Rollen zwischen sich und Terry in ihr Gegenteil zu verkehren. Dieser Rollentausch war auch Teil seiner Darstellung als Major Jack Celliers (David Bowie) in *Merry Christmas, Mr. Lawrence* (1983). Celliers hatte seinen kleinen Bruder in der Schule verraten.

Den anderen berühmten Amerikaner, den der zukünftige Popstar sehr gern imitierte, war Elvis Presley. Presley war während seiner Jugend einer der weltweit berühmtesten Sänger – also warum sollte er sich nicht mit ihm identifizieren? Dass Presley am selben Tag wie er geboren worden war, legte hier einen mystischen Grundstein für diese sehr verwirrende Identifikation. Denn die beiden hatten außer einer engen Mutterbindung und ihrem starken Hang zur Musik kaum etwas gemeinsam. Presley war vor allem – anders als Bowie – kein Intellektueller. Eine von Bowies Cousinen tanzte begeistert zu *Hound Dog*, was ihn sehr faszinierte (Sandford 2003, S. 31). Er sagte später, er habe den Song *Golden Years* (1975) ursprünglich für Presley geschrieben, der soll den Song jedoch abgelehnt haben (ebd., S. 166). Bowie kommentierte die Qualität seines Auftritts in dem schlechten Film *Just A Gigolo* (1979; »*Schöner Gigolo, Armer Gigolo*«), für den sogar Marlene Dietrich ein letztes Mal vor die Filmkamera trat, mit den Worten: »My 32 Elvis Presley movies contained in one« (Pegg 2009, S. 578). 2002 spielte er zu Presleys 25. Todestag zwei Coverversionen von seinen Songs (ebd., S. 529). In *Buddha Of Suburbia* (1993) sang er ironisch über seine seltsame Identifikation mit diesem Idol: »Elvis is English and climbs the hills«. Mit dem Berg war

2. Die projektive Identifikation mit dem älteren Bruder

auch die Klinik Cane Hill gemeint, die Psychiatrie auf dem Berg, in der sein Bruder untergebracht war. Ferner tauchten Berge bei Bowie immer als eine Metapher für ein emotionales Hochgefühl auf.

Über seine Identifikation mit einem anderen Idol des Rock'n'Roll, dem schwarzen Sänger Little Richard, sagte Bowie 1991, nachdem er den Musiker persönlich getroffen hatte: »What I'd never realized is that he had an eye just like me«, womit er sein und Richards verletztes Auge meinte (Pegg 2009, S. 508; s. a. Kap. 5). Vince Taylor, ein britischer Sänger, der sich an Gene Vincent und Presley orientiert hatte, wurde später Bowies Vorbild bei der Erfindung des Popstars Ziggy Stardust. Taylor wurde durch Drogen verrückt und hielt sich wohl für den Evangelisten Matthäus. 1967 kam er auf die Bühne und sagte, die ganze Sache mit der Rockmusik sei eine Lüge gewesen und er sei in Wirklichkeit Jesus Christus (Pegg 2009, S. 293). Danach war seine Karriere zu Ende. Diese wahnhafte Identifikation mit einem religiösen Idol faszinierte Bowie, der Ziggy Stardust ganz bewusst mit religiösen Elementen ausstattete, besonders. Von seinen großen Erfolgen in den 80er Jahren, als Bowie mit seinen Konzerten bei der »Serious Moonlight«-Tournee das große Mainstream-Publikum anzog, distanzierte er sich später ganz deutlich, indem er sagte, er habe den Eindruck, dieselben Leute anzuziehen wie Phil Collins von Genesis (Pegg 2009, S. 496). Er fühlte sich durch diese Schnittmenge aber wohl zu Recht keineswegs geschmeichelt, sondern an einen unreflektierten Massengeschmack verkauft. Er wollte nämlich keineswegs ein zweiter Phil Collins sein.

Umgekehrt wurden einige von seinen Vorbildern seine Freunde und er arbeitete eng mit ihnen zusammen. Lou Reed gehörte zu Bowies wegweisenden Musikern und sie wurden gute Freunde. 1973 sagte er: »New York City is Lou Reed«, und stellt so eine Identität zwischen einem Ort und einem Menschen her (Copetas 1974). 1997 stellte er Reed etwas distanzierter nunmehr nur noch als »King of New York« vor. Die Songs dieses Mannes sind tatsächlich von der Stadt nicht zu trennen. Bowie zitierte einige Male in seinen Lyrics Stellen von Reeds Band Velvet Underground. Sein Song *Queen Bitch* (1971) war eine Pastiche und eine Hommage an Velvet Underground, mit seinem ungeschliffenen Stil erinnerte er an die Songs dieser herausragenden Avantgarde-Band (Tremlett 1995, S. 152). Mit *Suffragette City* (1972) setzte Bowie diesen Stil fort (Pip Williams in der Dokumentation Carruthers 2004). Er förderte schließlich Reeds Solokarriere und produzierte seinen einzigen großen Hit in den Charts, *Walk On The Wide Side* (1972). Das Album, auf dem sich dieser Song befand, *Transformer* (1972), wurde von Bowie und seinem Gitarristen Mick Ronson produziert. Bowies Einfluss darauf war so groß, dass Reed nun wie ein Transvestit wirkte. Er wurde so ein Stück weit ein Teil von Ziggy Stardust und sein Double für die Staaten. Bowie sagte damals über ihn und sich: »We're both very mixed-up, paranoid people – absolute walking messes« (Pegg 2009, S. 402). Reed bekam für ihn eine ähnliche Bedeutung wie Terry und in einem Punkt hatten sie auch tatsächlich Ähnlichkeit: Der introvertierte amerikanische Songwriter war als Jugendlicher einer Elektroschocktherapie unterzogen worden, da seine Eltern fürchteten, er sei homosexuell (Tremlett 1995, S. 156).

Der Titel *Transformer* war vermutlich von Bowie, der zugleich in *Star* (1972) von seiner »transformation« zum »rock & roll star« gesungen hatte. Auch ein Satz wie »I thought I was / someone else, someone good« in *Perfect Day* könnte von Bowie stammen, der aber damals vor allem negative Bilder von sich selbst entwarf. Anspielung auf Hollywoodstars wie »Jackie is just speeding away / Thought she was James Dean for a day« in *Walk On The Wide Side* passten ebenfalls zu ihm. Reed sang jedoch auch auf *Transformer* viel klarer, direkter und maskuliner, als Bowie es jemals konnte. Reed sagte, dass er durch klare Statements für die homosexuelle Bewegung, die das Album zur Genüge enthielt, zwar selbst auch für einen Homosexuellen gehalten würde, dies aber durchaus in Ordnung sei; er würde diese Leute schließlich sehr mögen (Pegg 2009, S. 147). Bisexuell war er jedoch nicht. Nach seiner Glamrockphase kam Reed auch nie wieder auf ein androgynes Outfit zurück, sondern legte im Gegenteil den größten Wert auf ein cooles, männliches Aussehen. Er und Bowie fanden erst spät wieder zusammen. Auf Bowies 50. Geburtstag 1997 sangen sie gemeinsam *Queen Bitch* und spielten *White Light/ White Heat* (1967), einen alten Song von Velvet Underground, der seit Jahrzehnten zu Bowies Reportoire bei Konzerten gehörte.

Ein wesentlich direkterer Ersatz für Terry sollte Iggy Pop in der Biografie von Bowie werden. Er verehrte den amerikanischen Vater der Punkbewegung sehr und mochte schon die Stad Detroit, aus der er kam: »Detroit really caught my imagination because it was such a rough city and it almost looked like the kind of place I was writing about ...« (Pegg 2009, S. 300). Bowies Song *Panic In Detroit* (1973), der eine Massenpanik in der amerikanischen Großstadt beschrieb, spielte nicht zufällig in diesem Ort. Er hatte Pop neben Lou Reed und Andy Warhol bei seiner zweiten Reise in die Staaten 1971 persönlich kennengelernt (Tremlett 1995, S. 156f.), nachdem er nach dessen zweitem Album mit den Stooges, *Funhouse* (1970), auf ihn aufmerksam geworden war. Die Parts des Saxophons darin waren inspiriert von Jazzmusikern wie John Coltrane (Dokumentation Charlie Films 2006). Bowie hatte zunächst selbst in einer Jazzband Saxophon gespielt, da Terry ein Jazzfan war, der Coltrane sehr verehrte. Mit dem Saxophon verband Bowie dann vor allem die schwarze, amerikanische Musik, wie sich später auf *Young Americans* (1975) und noch mehr auf *Black Tie, White Noise* (1993) zeigte.

Einige Gesten in Ziggy Stardusts Repertoire und vor allem die Intension eines animalischeren Ausdrucks stammten von Pop und wurden von Bowie übernommen (Pegg 2009, S. 292). Gleichzeitig verfeinerte er sie jedoch sehr. Allein der Name Ziggy Stardust war eine geschickte Imitation des Künstlernamens Iggy Pop. Bowies Affinität für klangvolle Namen beschrieb Mick Rock, dem der Popstar erklärte, dass er seinen Namen klug ausgewählt habe (Rock 2002, S. 9). Bowie nannte Pop in Interviews fast immer bei seinem tatsächlichen Rufnamen Jim oder Jimmy, was an James Dean erinnerte. Der Engländer produzierte für seinen amerikanischen Freund mehrere Alben, Pops legendäres Album *Raw Power* (1973) wurde jedoch ohne Bowie aufgenommen. Er hatte sich nur 1972 darum gekümmert, dass sein Manager DeFries Pop unter Vertrag nahm. Bowies Manager kündigte den Vertrag später, nachdem Pop bei einem Radiointerview die Hosen ausgezogen und gesagt hatte, er onaniere gerade (Tremlett 1995, S. 201). Später arbeitete Bowie mit Pop sehr intensiv an zwei von dessen Alben zusammen: *The Idiot* (1977) und *Lust For Live* (1977). Beide wurden gemeinsam unter dem Pseudonym »Bewlay Bros.«, also nach Bowies Songs *The Bewlay Brothers* (1971) produziert. Einige der Songs, die auf diesen Alben enthalten waren, spielte Bowie vor allem in den 80er Jahren nochmals viel kommerzieller ein, vor allem aus *China Girl* (1983) und *Tonight* (1986) wurden nun Hits gemacht, die die Erstaufnahmen übertrafen. Auf Pops Alben hören sich diese Songs demgegenüber mehr wie mittelmäßige Demoversionen an. Umgekehrt war Bowie an der Komposition des stärksten Songs von Iggy Pop in dieser Periode, *The Passanger* (1977), nicht beteiligt und sang darin nur im Backgroundchor (Pegg 2009, S. 407). Der Song *China Girl* (1977/1983), den die beiden zusammen schrieben, trug zunächst den Arbeitstitel »Borderline« (Pegg 2009, S. 52). Eine berühmte Anweisung des englischen Popstars an Pop war 1976, er solle den Song *Funtime* (1977), den sie zusammen geschrieben hatten, singen wie Mae West (Pegg 2009, S. 83). Bowie brauchte länger, um zu verstehen, dass Pop sich daran wohl niemals halten würde, und profitierte andererseits von seinem unkomplizierten und direkten Umgang mit Musik, der viel einfacher war als der eigene. Pop hingegen bewunderte die feine, feminine Art des Engländers und sein Niveau. Er schrieb seine Texte oftmals unmittelbar beim Einsingen vor dem Mikrofon – eine Technik, die auch Bowie zeitweilig von ihm übernehmen sollte. Der Text zu *Joe The Lion* auf Bowies Album »*Heroes*« (1977), der sich in seinen masochistischen Inhalten sogar auf Pop bezog, wurde in weniger als einer Stunde vor dem Mikrofon hergestellt (Pegg 2009, S. 118).

Die Performance von Pop bestand darin, sich häufiger auf der Bühne selbst zu verletzten, was ebenfalls ein häufiges Motiv bei Borderlinern ist. Seine Auftritte mit nacktem Oberkörper bestanden aus wilden, anarchistischen Gesten, die vor allem den triebhaften Anteil der Rockmusik ausdrückten. Songs wie *I Wanna Be Your Dog* (1969) kamen durch den Wunsch nach unmittelbarer Triebbefriedigung zustande, die aber gleichzeitig eine Entwertung und Erniedrigung der eigenen Person darstellte. Leiden an der Lust und Lust am Leiden waren für Pop umkehrbare Motive. Bowie gab ein Coverversion von *I Wanna Be Your Dog* einige Male während der »Glass Spider«-Tour (1987) als Zugabe.

Pop hatte sich 1975 wegen seines Konsums von Heroin selbst in das psychiatrische Institut in Los Angeles eingewiesen (Pegg 2009, S. 481). Bowie, damals selbst in einer schlimmen Verfassung, besuchte ihn dort und fragte, ob Pop ihn auf seiner »Station To Station«-Tour begleiten würde. Der wilde und zugleich sehr sensible Amerikaner stimmte zu. *Panic In Detroit* wurde bei dieser Tour sicher nicht zufällig durch ein beeindruckendes Schlagzeugsolo auf eine epische Länge ausgedehnt. Bowie war in dieser Phase völlig abhängig von Kokain. Nach der Tour

2. Die projektive Identifikation mit dem älteren Bruder

zogen die beiden deshalb zusammen nach Berlin, um sich gemeinsam von ihren Drogenproblemen zu befreien.

Wie sehr sich Bowie in Pop spiegelte, zeigte sich, als die beiden für ihre Alben *The Idiot* (1977) und »*Heroes*« (1977) auf dem Plattencover in derselben Pose in Schwarz-Weiß-Fotografien auftraten. Beide Fotos stellten das Gemälde *Roquairol* (1917) von Erich Heckel nach, das sie sich häufiger im Brücke-Museum in Berlin angesehen hatten. Beide Popstars wirkten auf diesen Fotos künstlich und hatten etwas von einer mechanischen Puppe oder einem Roboter. Es ging bei der Vorlage von Heckel um einen Ausdruck von katatonischem Schwermut, der nun aufgrund von Bowies Idee gleich zweimal nachgestellt wurde. Der englische Popstar wies die ihm oft zugeteilte Rolle eines »Svengali«, also von jemandem, der die Karriere von Pop unsichtbar steuern oder manipulieren würde, aber vehement zurück (Dokumentation Charlie Films 2006). Der Einfluss war vielmehr wechselseitig und die beiden verband eine tiefe Freundschaft. Bowie spielte bei Pop in seiner Tournee 1977 jeden Abend live auf dem Keyboard. In den 80ern entstand die Hälfte der Songs von seinem Album *Tonight* (1985) unter Beteiligung von Pop und 1986 produzierte Bowie für ihn sein Album *Blah Blah Blah*. Als der englische Popstar am Ende der 80er Jahre die Band Tin Machine gründete, griff er auf Hunt und Tony Sales zurück, die zuvor auf Pops Album *Lust For Life* gespielt hatten und 1977 zu seiner Begleitband gehört hatten. Ihr Vater war der amerikanische Komiker Soapy Sales (Tremlett 1995, S. 309). Der Humor war wie immer bei Bowie sehr wichtig für diese Kooperation.

Sein jahrelanger Produzent Tony Visconti war ein weiterer Vater und Großer-Bruder-Ersatz. »We still have a great affection for each other« sagte Visconti dazu (Pegg 2009, S. 192). Er war drei Jahre älter als Bowie und wurde in New York geboren. Visconti wuchs in Brooklyn in einer italo-amerikanischen Gegend auf. Wie viele andere Amerikaner floh er aus seinem Heimatland, um dem Wehrdienst und einem Einsatz in Vietnam zu entgehen (Tremlett 1995, S. 77 u. 82). Anders als Terry war Bowies Produzent demnach ähnlich wie der Popstar selbst ein überzeugter Pazifist. Mit ihm zusammen nahm Bowie zwei frühe Alben, die gesamte Berliner Trilogie, *Scary Monsters* (1980) und schließlich *Heathen* (2002) und *Reality* (2003) auf. Die beiden Männer trennten sich am Anfang der 80er Jahre, weil Visconti in einem Interview zu viel über Bowies Verhältnis zu seinem Sohn gesagt hatte; diese Indiskretion war für ihn ein Anlass, sich von ihm abzuwenden. Wie wichtig aber gerade Visconti für ihn war, kam zutage, als er ihn für sein Comebackalbum *Heathen* (2002) wieder engagierte und so zu einem musikalischen Minimalismus mit einer starken poetischen Spiritualität zurückkehrte. Die beiden Männer waren 1998 wieder zusammengekommen und hatten Bowies schlechte Coverversion von Lennons Song *Mother* (1970) aufgenommen.

Er und Visconti teilten ein starkes Interesse am Buddhismus. Viscontis Minimalismus, sein Interesse, Bowies Musik auf das Wesentliche zu konzentrieren, das auf *Low* und *Heathen* gleichermaßen zum Tragen kam, hing mit einer gemeinsamen Faszination für die fernöstliche Kultur zusammen.

Denselben Zusammenhang gab es schon bei John Cage, der darüber sagte, dass bei ihm die fernöstliche Philosophie die Funktion der Psychoanalyse übernehmen würde (Kostelanetz 1991, S. 21). Reduktion kann den Grad an Intensität der Musik enorm erhöhen. Nicht zuletzt deshalb war es das Studio von Philip Glass, in dem Bowie und Visconti 2000 erneut zusammen an einem Album namens *Toy* arbeiteten, das am Ende unveröffentlicht blieb (Pegg 2009, S. 375). Im »Looking Glass«-Studio hatte Bowie zuvor schon *Earthling* (1997) und später zusammen mit Visconti auch *Reality* (2003) aufgenommen. An Philip Glass war er schon seit Anfang der 70er Jahre interessiert. Der amerikanische Minimalmusiker arbeitete Bowies Alben *Low* (1993) und *»Heroes«* (1997) in den 90ern zu Symphonien mit einem seriellen, teilweise hektischen Sound in seinem typischen Stil um.

Bowie ging, nachdem er sich von Visconti getrennt hatte, dazu über, genau jene kommerziellen Alben zu machen, die er mit ihm so nicht hätte produzieren können. Sein ehemaliger Produzent und Freund konnte mit seiner Musik auch immer weniger anfangen und sprach 1987 davon, dass sich Bowie unterdessen selbst ausverkauft habe. Er hatte Bowies innovative Phase begleitet, den reinen Kommerz lehnte er ab. Der Popstar sagte über Visconti 2002: »Da ist ein Gefühl von Freiheit bei der Arbeit mit Tony, das ich nur selten mit anderen Produzenten gefunden habe« (Pegg 2009, S. 388). Mit anderen Worten, er hatte zu ihm ein ähnlich enges, persönliches Vertrauensverhältnis wie einst zu seinem Halbbruder.

Bowies Engagement für andere Musiker und Produzenten war sicher-

2. Die projektive Identifikation mit dem älteren Bruder

lich viel begrenzter als der Einfluss, den sie umgekehrt auf sein Werk nahmen. Dieser kann insgesamt kaum hoch genug eingeschätzt werden. Erst diese Leute ermöglichten es dem Popstar, so häufig die Musikrichtung und den Stil zu wechseln. Bowie benötigte immer wieder andere Leute, die seine Kompositionen in dem jeweiligen Stil ausformulieren und umsetzen konnten, und er ließ sich stets von allem anregen, was in der Branche passierte und ihn interessierte. Er sagte darüber zu Beginn der 70er Jahre:

> »Ich kundschafte die Leute immer aus, von denen ich weiß, dass ich über sie Songs schreiben werde. Dann werde ich sie. Das ist der Grund, weshalb ich mich so leer fühle, wenn ich das nicht mache. Ich habe keine eigene Persönlichkeit. Ich eigne mir nur die Persönlichkeiten der anderen Leute an« (Pegg 2009, S. 402).

Sein Gefühl von innerer Leere, das auf der fehlenden Repräsentation eines guten Objekts basiert, also dem Verlust innerer Objekte (Kernberg 1983, S. 245), nötigte ihn zu immer anderen, neuen projektiven Identifikationen mit Menschen, die er bewunderte.

3. DIE PHILOSOPHIE DES GESPALTENEN GOTTESBILDES –
The Width Of A Circle (1971)

»She cries ›Where have all papa's heroes gone?‹«
(Young Americans 1975)

»Daddy, daddy, get me out of here«
(Underground 1986)

»And your prayers they break the sky in two
(Believing the strangest things, loving the alien)«
(Loving The Alien 1985)

Bowie war beim Schreiben seines dritten Albums *Hunky Dory* (1971), das er im Stil der Songwriter verfasste, stark von dem Album *John Lennon/Plastic Ono Band* (1970) beeinflusst worden, das sehr reduziert und einfach aufgenommen worden war (Pegg 2009, S. 81 u. 155). »There's an honesty in the lyrics there«, sagte er 1989 über das erste richtige Soloalbum des Ex-Beatles, das unmittelbar nach der offiziellen Auflösung der berühmten Band veröffentlicht wurde (Pegg 2009, S. 261). Plastic Ono betonte die neue, lose Verbindung und künstlerische Freiheit dieser Band, die in ganz verschiedenen Formationen auftreten konnte (Dokumentation Longfellow 2008). In dem balladenartigen *Life On Mars?* kam Bowie direkt auf Lennon und den Verkauf des Albums zu sprechen: »Now the workers have struck for fame / 'Cause Lennon's on sale again«. Die Zeile bezog sich auch auf *Working*

3. Die Philosophie des gespaltenen Gottesbildes

Class Hero (1970), einen Song von *John Lennon/Plastic Ono Band*, den Bowie 1989 mit Tin Machine sogar coverte. Persönlich arbeitete er bei seiner zweiten Aufnahmesession zu *Young Americans* (1975) mit John Lennon zusammen. Die beiden talentierten Musiker schrieben *Fame* gemeinsam und Bowie coverte damals Lennons Beatlessong *Across The Universe* (1968), der inhaltlich Ähnlichkeit mit *Space Oddity* (1969) hatte. Er sagte später, er könne in *Across The Universe* die philanthropische Haltung von Lennon erkennen (ebd., S. 16). 1998 nahm er sogar eine nicht gerade gelungene Version von *Mother* (1970) als Tribut auf.

Was den Popstar an dem sehr persönlichen Album *John Lennon/Plastic Ono Band* unbewusst interessierte, war die Verarbeitung von Ablösungen, also Trennungssituationen. Sei es nun die Trennung der Beatles (*How you can sleep?*), die Loslösung von seinen Eltern (*Mother*) oder die Verabschiedung von Idolen (*God*) oder seiner proletarischen Herkunft (*Working Class Hero*), auf dem Album versuchte sich der Ex-Beatle von all dem zu befreien, was ihn in der Vergangenheit belastet hatte. Er hatte zuvor eine Urschreitherapie gemacht und sang sich nun gleichsam alle Konflikte in seinen bisherigen Bindungen von der Seele. Der weitreichendste Song auf dem Album hieß *God*. Er begann mit der nüchternen Feststellung: »God is a concept, / By which we can measure / Our pain«. Resignierter kann man die kulturelle Aufgabe der Religionen kaum in einem Satz zusammenfassen. Danach stellte der er fest, dass er weder an Jesus, Elvis, Buddha, Tarot, Magie, die Bibel oder an Hitler glaube. Die Reihe endete sehr schmerzhaft mit: »I don't believe in Beatles«, und es folgte die Bemerkung: »The dream is over«. Die Konsequenz war, dass er fortan nur noch an sich selbst und seine Ehefrau Yoko Ono glauben würde. Damit erteilte er den vielen Überhöhungen von Menschen, Ideologien oder Religionen eine harte und unmissverständliche Absage und reduzierte zugleich seine Idole auf einen sehr provokativen Selbstbezug.

32 Jahre später reagierte Bowie auf diesen Song in den Lyrics von *Afraid* auf seinem Album *Heathen* (2002) mit den Sätzen: »I believe we're not alone / I believe in Beatles / I believe my little soul has grown / And I'm still so afraid / Yes, I'm still so afraid / Yeah, I'm still so afraid on my own / On my own«. Im Gegensatz zu Lennon wurde hier der Selbstbezug als eine Gefahr beschrieben und zugleich wurde eine meta-

The Width Of A Circle (1971)

physische Instanz anerkannt. Bowies Spiritualität bestand immer in der Suche nach einer übergeordneten, stabilen Über-Ich-Instanz, die ihm ein Lebensideal vorgeben sollte. 1999 war dies für eine Weile – nachdem er sein Album *'hours...* (1999) herausgebracht hatte – nochmals der Chef der Beatles selbst. Bowie trat in dieser Phase gern im John-Lennon-Outfit mit kreisrunder Nickelbrille auf und sein Album *'hours...* hatte am meisten Ähnlichkeit mit seinem alten Songwriter-Album *Hunky Dory* (1971). Auf *'hours...* standen Text und Melodie im Vordergrund, nicht ein ausgefeilter, sondern ein authentischer Sound. Es handelte sich um typische, einfache Songwriter-Arrangements. Und ganz ähnlich wie der Ex-Beatle praktizierte Bowie hier eine Verabschiedung von Eltern und Göttern gleichzeitig. In dem Song *Seven* (1999) hieß es nicht nur, dass er vergessen hätte was seine Eltern gesagt haben, sondern auch: »The Gods forget they made me / So I forget them too / I listen to their shadows / I play among their graves«.

Die Beschäftigung mit spirituellen Themen begann in seiner Musik auf dem zweiten Album *Space Oddity* (1969) zu wachsen. Es trug den Zusatz »*Man of Word / Man of Music*«, weil hier die Texte in einer ungewöhnlich komplizierten Form religiöse und philosophische Themen behandelten. Die verspielten, infantilen Themen von seinem ersten Album *David Bowie* (1967) waren nun fast vollständig durch Bezüge zur Gesellschaft und zur Religion ersetzt worden. Bowies Suche nach Substituten für die verlorenen Eltern hatte begonnen. Religion hatte für ihn immer die Bedeutung einer Aufhebung von Isolation und Trennung, und von Anfang an war das unbewusste Motiv von seiner ernsthaften, spirituellen Suche das verlorene, mütterliche Universum – daher die häufige Fusion zu einer Space-Metaphysik, der bruchlose Übergang von philosophisch-spirituellen Themen zu Science-Fiction-Motiven. Religion beinhaltet tatsächlich das Angebot, nicht allein zu sein, und war so ein Mittel gegen die tief empfundene Einsamkeit. Dieses Gefühl resultierte aus der schmerzhaften Trennung von der Mutter, die als unwiderruflicher Verlust empfunden wurde und zu einer mangelhaften Integration des guten Objekts geführt hatte (Klein 2000, S. 488). So kam die innerliche Sehnsucht nach einem unerreichbaren Zustand von Vollkommenheit zustande (ebd., S. 475). Der Text des alten Songs von den Beach Boys, *God Only Knows* (1966), den Bowie 1985 coverte und

3. Die Philosophie des gespaltenen Gottesbildes

mit einer unglaublich tiefen und intensiven Crooner-Gesangsstimme einspielte, bezog die Gottesvorstellung unmittelbar auf den Verlust einer geliebten Frau: »If you would ever leave me / My life would still go on believe me«, und es folgte: »God only knows what I'd be without you«. Er hatte schon 1973 darüber nachgedacht, diesen Song für sein Album *Pin-Ups* (1973) einzuspielen, realisierte diese Idee aber erst zwölf Jahre später (Pegg 2009, S. 86).

Freud zog zwischen der Loslösung unserer Kultur von der christlichen Religion und der notwendigen Ablösung vom Elternhaus eine Parallele (Freud 2000, Bd. IX, S. 182). Er sah in dem tradierten Zusammenhang, das Gewissen sei göttlicher Herkunft, den biografischen Hintergrund, dass das Über-Ich sich ursprünglich aufgrund der elterlichen Autorität gebildet hat (Freud 2000, Bd. I, S. 500). An die Stelle der Eltern treten aber in der weiteren Sozialisation immer unpersönlichere Instanzen. Und mithilfe einer religiösen Märchenwelt lässt sich, wenn das Subjekt diese wirklich ernsthaft glaubt, die moderne Realität keineswegs bewältigen. Die Phase der Aufklärung vollzog jene Ablösung vom Mythos zugunsten eines wissenschaftlichen Weltbildes, das unser Verhältnis zur Realität prägt. Religion hingegen ist ein Versuch, die Sinneswelt, in der wir uns befinden, mittels der Wunschwelt zu bewältigen (ebd., S. 595).

Während Freud in der Religion die kulturelle Vergrößerung einer infantilen Zwangsneurose sah, die die Gesellschaft langsam überwindet (ebd., S. 177), kam Bowies Interesse an Spiritualität durch seinen Wunsch nach einer Verschmelzung zustande. Schon Melanie Klein beschreibt den unseligen Bund, den das kindliche narzisstische Allmachtsgefühl mit einer Gottesvorstellung eingeht, die eine so »überwältigende Autorität« darstellt, dass das Subjekt »den Kampf eines Zweifels« an ihr nicht aufnehmen kann (Klein 1995, S. 47). Sie führt im Folgenden genau wie Freud aus, dass diese Autorität eingesetzt wurde, bevor das Kind richtig zu denken begonnen hat, und eine Denkschwäche herbeiführt, die alle weiteren kognitiven Prozesse einschränkt, wenn sie in der folgenden Entwicklung nicht aufgegeben wird. Eine solche Denkhemmung durch den Glauben kann massive Konsequenzen im Handeln haben (Freud 2000, Bd. IX, S. 180). In *The Width Of A Circle* (1971), wo Bowie einige der klassischen religiösen Vorstellungen ironisch destruierte, als er feststellte, dass Gott so wie er selbst ein junger Mann sei, lautete die Konsequenz:

The Width Of A Circle (1971)

»When God did take my logic for a ride«. Sein Nachdenken über die Religion blieb nicht einfach dem christlichen Glauben verhaftet, sondern führte zu einer spannenden Auseinandersetzung mit religiösen Inhalten, die er mehr wie unbewusste kulturelle Fantasien behandelte.

Sein Interesse an Spiritualität splittete sich aufgrund der mangelnden festen Glaubensüberzeugung schon sehr früh in drei verschiedene Pfade, die, weil sie alle drei zugleich verwendet wurden, insgesamt eine starke Tendenz zur Ablösung von Glaubensinhalten erkennen ließen: Der erste war das Ergebnis seiner Sozialisation und bestand in der tradierten, klassischen christlichen Religion. Seine Familie war protestantisch (Iman 2001, S. 7), was eine Integration aufgeklärter Inhalte viel eher zuließ als eine katholische Erziehung. Der zweite Weg beinhaltete schon eine weitreichende Korrektur und bestand in seiner jugendlichen Affinität zur Lehre des Buddhismus, die zum Inventar der aufkommenden Hippiebewegung gehörte. Diese asiatische Religion hatte für ihn einen übergeordneten Stellenwert. Der dritte Pfad schließlich war der weitreichendste, aber auch gefährlichste und zugleich radikalste. Er bestand in einer Ablehnung des Christentums auf Basis der Philosophie von Friedrich Nietzsche, die Bowie aber nicht nur emphatisch, sondern zugleich auch sehr kritisch las. »Friedrich Nietzsche was at the top of his reading list in early 1970« (Pegg 2009, S. 256). Er ließ noch auf seinem Album *Heathen* (2002) Nietzsches Buch *Die fröhliche Wissenschaft* (1882) neben Freuds *Traumdeutung* (1900) und Einsteins *Relativitätstheorie* auf der Rückseite des CD-Covers spiegelverkehrt abbilden, um so die Bedeutung des deutschen Philosophen für seine eigene Haltung hervorzuheben.

Nietzsches Reflektionen über die Verurteilung des Menschen durch den Priester zur Schuld und seine Kritik an der Einseitigkeit eines Gottes, der nur für das Gute stand, gefielen dem Popstar sehr (Nietzsche 1988, Bd. 6, S. 182 u. 228). Ziggy Stardust wurde eine Figur, die Bowie ganz bewusst mit den messianischen Charakterzügen eines Propheten ausstattete, der zugleich für das Schlechte stand. Er hatte wie Lennon, Elvis Presley und viele andere erkannt, dass eines der wichtigsten Idole der abendländischen Kultur Jesus Christus war, und dass sich ein Popidol dazu in Bezug zu setzen hatte, wenn es populär sein wollte. Unerwartet wurde Bowie damit jedoch selbst zum Mythos und vieles von dem bedenklichen Kult um seine Person in den 70er Jahren kam durch diese

3. Die Philosophie des gespaltenen Gottesbildes

Anleihe zustande und bestand aus Resten religiöser Überzeugungen, die nun von seinen Fans auf ihn projiziert wurden. Damit wurde er für einige seiner Fans selbst zu einem äußerst fragwürdigen Religionsersatz. Schon auf dem Album *Space Oddity* (1969) war der wichtigste Song das 9:31 Minuten lange *Cygnet Committee* (1969), in dem er sich selbst an die Stelle eines geistigen Lehrmeisters setzte, der den anderen Menschen sagen konnte, was der richtige Lebensweg sei: »I opened doors that would have blocked their way«, hieß es dort. Und am Schluss des Songs wurde aus dem christlichen »believe« das nietzscheanische »live«, das Bowies mehrfach wiederholte und damit zeigen wollte, wie sich christliche Religion in nietzscheanische Lebensphilosophie verwandelte. »God is just a word«, hieß es in dem Song, und gleichzeitig gab es die metaphysische Feststellung: »And we know the flag of Love is from above«. Bowie transzendierte damit die Liebe weiterhin im klassischen Sinne und gab so der zentralen Zielvorstellung der Hippiebewegung zwar keinen christlichen, aber doch zumindest einen spirituellen Stellenwert.

Auf der anderen Seite akzeptierte er amüsiert die vorherige Generation, wenn er in dem Song *God Knows I'm Good* (1969) eine alte Dame beschrieb, die beim Ladendiebstahl erwischt worden war und sich nun auf Gott berief. »God may look the other way today«, stellte sie erschreckt fest, und Bowies trauriger Song drückte neben einer gewissen Komik vor allem Mitleid mit ihr aus. In *Quicksand* (1971) heißt es: »I'm not a prophet or a stone age man / Just a mortal with potential of a superman / I'm living on«, und damit wurde noch massiver die Verschiebung von einem religiösen Propheten zu einem Anhänger von Nietzsches fragwürdiger Philosophie dargestellt. In dieser Philosophie besteht die Gefahr darin, sich durch die Zerstörung aller übergeordneten kulturellen Instanzen, wie Religion oder auch die einer demokratischen Regierung, als eine Art Übermensch völlig autonom zu sehen. Und genau dieser irreale, elitäre Zustand wird dann mit einem manischen Triumph gefeiert, in dem das Subjekt zu seinem eigenen Ideal wird. Nietzsches Utopie ist bei aller berechtigten Religionskritik gerade durch sein Konzept der Züchtung eines Übermenschen als nächste Stufe der Menschheitsentwicklung überhaupt nicht einlösbar. Sein depressives Leiden am Menschen führte den tragischen deutschen Philosophen in eine manische Flucht im Traum einer Selbsttranszendenz. Anders gesagt, seine Grundkonzeption, den

The Width Of A Circle (1971)

humanen Moralvorstellungen zu entkommen, basiert auf der Illusion, dass der Einzelne aufgrund selbst zugestandener Privilegien ohne das soziale Gebundensein an die Gemeinschaft von Staat und Gesellschaft allein oder nunmehr in elitären Zirkeln von geistig Auserwählten existieren könnte. Nietzsche wollte das gesellschaftliche Gebot von Mitleid und die Verantwortung der Menschen untereinander kappen, um so der sinnvollen Depression, die durch verinnerlichte gute Objekte zustande kommt, zu entgehen. Seine Philosophie kritisiert nicht nur die Religion, sondern eben auch den Humanismus und die Demokratie. Er wollte in einem manischen Triumph die eigenen Werte selbst über sich setzen. Wertesysteme regeln aber menschliches Zusammenleben und können daher gar nicht den Machtvorstellungen eines Einzelnen unterworfen werden. Es sei denn, die Gesellschaft unterwirft sich einem Tyrannen, und genau darin bestand der veraltete, politische Hintergrund von Nietzsches Philosophie. Im Gegensatz zu dem vom Buddhismus gelehrten Verzicht auf jedes Gottesbild und zu den sinnvollen Sympathien für die Leere und das Nichts gibt es bei ihm die narzisstische Position der eigenen Selbsterhöhung durch die zum Teil wahnhafte Vorstellung einer sehr privilegierten Position. Kurzum, Nietzsches Philosophie trägt deutliche Züge von Selbstvergöttlichung. Bowies Gedanken über ihn wurden direkt in seinem Song *The Supermen* (1971) ausgedrückt. Er sagte zwar damals, dass er zu der Ansicht gekommen sei, »daß das Menschsein eine ziemlich unzulängliche Existenzform« wäre (Tremlett 1995, S. 20), doch *The Supermen* war keineswegs einfach eine glorreiche Hymne auf den Übermenschen, vielmehr drückte der Song Bewunderung und Kritik zugleich aus. Vor allem verlegte Bowie dort Nietzsches Auserwählten-Konzept von einer baldigen Zukunft in die barbarische Anfangszeit der Menschheitsgeschichte. Das Hauptwerk des Philosophen, sein berühmter, poetischer Gegenentwurf zur Bibel, *Also sprach Zarathustra* (1883–85), den Bowie Anfang 1970 gelesen hatte (Pegg 2009, S. 225), skizziert den kommenden Zustand ohnehin nur in vielen sehr bildhaften Andeutungen, von denen sich jedoch sagen lässt, dass sie vor allem eine geistige Reifung meinen, die in der Ablösung von den Religionen ihre Berechtigung hat, aber eben viel zu weit darüber hinaus in die Illusion einer völligen Autonomie des Subjekts ging.

Schon Freud hatte Nietzsches Übermenschen mit dem Vater in der

Urhorde identifiziert (Freud 2000, Bd. IX, S. 115) und so das Szenario in eine archaische Vergangenheit verlegt, die keinesfalls ein vernünftiger Plan für eine mögliche Zukunft sein konnte. Bowie sang: »Life rolls into one of them / So softly a supergod cries«. Aber schließlich wurde diese frühe Gesellschaft, die mystischen Lehren folgte und archaischen Regeln gehorchte, als »Strange, mad celebration« verurteilt. Und zugleich hob Bowie das Gigantische daran hervor. Die unterlegten Kesselpauken bezogen sich direkt auf den berühmten Anfang von *Also sprach Zarathustra* (1896) von Richard Strauss, den Kubrick in seinem Film *2001: A Space Odyssey* (1968) verwendet hatte, um die Übergänge der Menschheit in die jeweils nächste Phase zu unterlegen. Der Popstar hingegen schilderte in *The Supermen* einen tragischen Brudermord, der voller Sadismus in dieser gefühlskalten Urhorde getätigt wurde und Albträume produzierte, weil er nicht verhindert werden konnte: »Nightmare dreams no mortal mind could hold / A man would tear his brother's flesh, a chance to die / To turn to mold«. Er skizzierte so die Folgen von Nietzsches Umwertung der Moral in ein Denken, in dem aus einem Mord eine Chance zu sterben werden sollte. Der Hörer bekam keineswegs den Eindruck, dass diese sadistische Weltbeschreibung von Bowie geteilt wurde, doch war durchaus eine Faszination für die hier entfesselten Kräfte zu spüren, deren primitiver Charakter aber zugleich thematisiert wurde.

Der englische Popstar war in dieser Phase zunächst auch von Kubricks ironischer Beschreibung sadistischer Jugendträume in *A Clockwork Orange* (1971) begeistert. Teilweise verwendete er den Soundtrack des Films provokativ bei seinen eigenen Bühnenshows. Er übernahm auch den Stil der Baumwollanzüge, die die Jugendgang im Film getragen hatte. Später schrieb er jedoch darüber: »Um die Gewaltbilder abzumildern, entschied ich mich für extrem farbige und exotische Materialien anstelle der weißen Droog-Baumwolle« (Rock 2002, S. 17), und versuchte bei aller Faszination die archaischen Gewaltbilder abzumildern. Er blieb diesem Konzept bei seinen eigenen Auftritten stets treu, nur während der Phase seines Albums *1.Outside* (1995) war der Videoclip zu *The Hearth Filthy Lesson* und der Inhalt des gesamten Albums erschreckend sadistisch, aber zugleich auch skurril und traurig. Mit Tin Machine hatte Bowie gegen übermäßige Gewalt in Videos protestiert. In dem niemals live aufgeführten Song *Video Crime* sang er: »Blood on video, video crime /

Video Crime / Needles and pins and Video Crime«. Seine eigene Form von Gewalt drückte der Popstar aber meistens viel subtiler in männlicher Wut und Entschlossenheit aus, die zudem oft mit einem verzweifelten Ausdruck verbunden war.

Am 16. August 1969 trat Bowie auf dem Beckenham Free Festival auf, wo er vor mehr als 5.000 Zuschauern eine Reggae Version von *Space Oddity* vortrug (Bowie 1993, S. 54). In Erinnerung an dieses Festival schrieb er kurz darauf den Song *Memory Of A Free Festival* (1969). Dort sang er, dass sie sich auf Gottes Land befunden hätten und dass dieser Ort »ragged and naiv« gewesen sei. Der Song endet ähnlich wie *Hey, Jude* (1968) von den Beatles (Pitt 1985, S. 209) mit der langen Wiederholung eines Satzes. Er hieß: »The Sun Machine is coming down, and We're gonna have a party«. Kritischer hätte das naive Gefühl der Flower-Power-Bewegung nicht nachgezeichnet werden können. Denn die Naturromantik wurde hier dadurch empfindlich gestört, dass ihre Transzendenz sich als eine Maschine (»Sun Machine«) darstellte, die nun vom Himmel auf die Erde herunter kam wie ein Ufo. Diese Maschine kehrte wieder in dem Song *Saviour Machine* (1971; Saviour = »Heiland«, »Retter«) aus demselben Jahr. Die *Saviour Machine* vollzog die Realisierung der christlichen Utopie auf Erden. Sie konnte Kriege stoppen und damit der gesamten Menschheit Essen bringen, damit brachte sie den auch von den Hippies ersehnten Weltfrieden. Doch Bowies Science-Fiktion-Vision ging weiter, die Rettung der Menschheit wurde schon bald langweilig und die Maschine wurde gefährlich und wollte nun Krankheiten, Krieg und den Tod bringen: »Life is too easy, a plague seems quite feasible now, or maybe a war, or I may kill you all«. Seine Ansicht, dass kein Lebensentwurf auf einer rein positiven Imago basieren konnte, wurde hier sehr deutlich. Deshalb endete der Song mit »You can't stake your lives on a Saviour Machine«. Bowies negative Weltsicht und sein eigenes destruktives Potenzial konnten in der christlichen Heilslehre nur eine unwirkliche Überdeckung der eigentlichen menschlichen Eigenschaften sehen. Und diese kritische Haltung teilte er, wenngleich auch in einer glücklicherweise viel gemäßigteren Form mit Friedrich Nietzsche.

Zu einer wesentlichen Milderung des Konflikts zwischen positivem Christentum und der sadistischen Haltung in Nietzsches Philosophie kam es durch sein Interesse am Buddhismus. Durch Kerouac, der ihm

3. Die Philosophie des gespaltenen Gottesbildes

von Terry vorgestellt worden war, begann Bowie, sich für Meditation und Yoga und die fernöstliche Religion zu interessieren (Sandford 2003, S. 35). Sein Song *The Man Who Sold The World* (1971) enthielt Ideen, die aus der buddhistischen Meditation stammten. Er führte diesen Zusammenhang gern in den 90er Jahren vor, wenn er den Song in der typischen Haltung bei der buddhisitschen Meditation, dem Lotussitz, sang und sich dabei von einem Sitar[2] begleiten ließ. 1997 wies er darauf hin, dass *The Man Who Sold The World* von der Suche eines jungen Menschen handelte, der sich selbst noch nicht gefunden hatte und demnach nicht wusste, wer er war (Pegg 2009, S. 148). Die Zeile »I searched for form and land, for years and years I roamed« wies in dem Song auf eine solche Suche hin. Er und Tony Visconti besuchten im September 1967 das Hauptquartier der Tibet Society in Hampstead. Bowie wäre daraufhin schließlich fast ein buddhistischer Mönch geworden. Es soll Lindsay Kemp gewesen sein, der ihn davon abgehalten hat, indem er ihm erklärte, dass Menschen wichtiger seien als Ideen (Tremlett 1995, S. 84). Schon in dem Song *Silly Boy Blue* (1966) hatte er den Angriff der Chinesen auf Tibet beschrieben. Es war dieses Stück gewesen, zu dem er am 3. Juni 1968 zum ersten Mal eine eigenständige Pantomime aufführte (ebd., S. 91). Diese Performance über einen tibetanischen Jungen zeigte er 1969 im Vorprogramm bei einer Konzerttour von T-Rex (ebd., S. 261). In dem späteren Song *Seven Years In Tibet* (1997) bezog er sich nochmals auf das politische Verbrechen in Tibet. Dass ein totalitärer Staat die friedliche buddhistische Kultur zerstört hatte, war sicherlich auch eine innere Figur in seiner Psyche. Im Refrain von *Seven Years In Tibet* sang er: »I praise to you / Nothing ever goes away«. Sein persönlicher Konflikt, zwischen verschiedenen religiösen Auffassungen zu schwanken, blieb demnach über Jahrzehnte hinweg auf einem ähnlichen Niveau. Im Juli 1997 landete er mit einer Version von *Seven Years In Tibet* auf Mandarin-Chinesisch als erster nichtasiatischer Künstler einen Nummer-Eins-Hit in Hongkong. Der Song lebte musikalisch von einem starken Kontrast zwischen einer sehr zärtlichen, melodiösen Musik während der Strophen und sehr aggressivem Rock während des Refrains – ein Stil, der damals sehr typisch für die Grunge-Band Nirvana war.

---

2 Ein Sitar ist ein indisches Zupfinstrument.

The Width Of A Circle (1971)

Bowie bezog sich in seiner Karriere immer wieder auf Asien, wie es viele andere Künstler – unter ihnen Robert Wilson, Philipp Glass, John Cage, George Harrison – auch getan haben. Lindsay Kemp verwendete in seinen Theaterinszenierungen viele Elemente aus der japanischen Tradition, von denen Bowie einige in seine Shows für Ziggy Stardust aufnahm. Der Titel von Lindsay Kemps Theaterstück *Pierrot in Turquoise* stammte von Bowie und das Türkis darin war eine Anspielung auf eine buddhistische Symbolfarbe, die Ewigkeit bedeutet (Sandford 2003, S. 54). In *Blackout* sang er 1977: »I'm under Japanese influence any my honour's at stake«. In dem Song *It's No Game (Part 1)* (1980) sprach eine japanische Schauspielerin den von ihm gesungenen Text in ihrer Sprache, »in a macho Samurai voice« (Pegg 2009, S. 113). Bowie sollte in der zwölfstündigen Uraufführung des Theaterstücks *The CIVIL WarS* (1984) von Robert Wilson bei den Olympischen Spielen in Los Angeles die berühmte Rede von Gettysburg (1863) als Abraham Lincoln auf Japanisch halten (Dokumentation Bernstein 2007). Sein Interesse am Ausdruck fernöstlicher Kulturen kam durch den graziösen und femininen Akzent zustande, der hier sehr betont und kultiviert wurde. Schon die alten japanischen Tänze übten eine unglaubliche Form subtiler Bewegungsabläufe ein, die damals den europäischen Formen überlegen waren. Hinzu kam die buddhistische Auffassung von der Leere. In *Quicksand* (1971) wiederholte Bowie die buddhistische Weisheit, dass über das Jenseits keinerlei Aussagen gemacht werden können: »Knowledge comes with death release«. Für alle Lebenden kann es in Bezug auf die Frage eines Lebens nach dem Tod keine Antwort geben, alle Antworten sind Mutmaßungen und deshalb immer auch Anmaßungen. Der Buddhismus, den Nietzsche zu Recht als die fortgeschrittenste Form der Religionen bezeichnete, hat zumindest den Vorteil, keinerlei konkrete Beschreibungen über das Jenseits vorzugeben, dass als Nirwana vor allem als Auslöschung begriffen wird. Die Leere, die damit verbunden ist, ähnelt der Leere, die die Borderliner-Persönlichkeit im Leben oft empfindet und ertragen muss (Kernberg 1983, S. 245ff.).

Das auf Europäer besonders absurd wirkende Element ist die buddhistische Vorstellung von der Wiedergeburt, durch die das Leben eine viel zyklischere Form bekommt als in den abendländischen Lehren. Hier allein zeigt sich schon eine matriarchale Vorstellung, die durch die Leere des Nirwanas und in der Meditation noch unterstützt wird. Damit grenzt sie sich stark von der jüdisch- christlichen Struktur ab, die zwar auch feminine Züge hat, der aber ein patriarchales Gerüst zugrunde liegt. Die Bevorzugung der buddhistischen gegenüber der christlichen Religion trat bei Bowie schon in der Jugendzeit hervor. Die wirkliche Überlegenheit des Buddhismus zeichnete sich für ihn aber in dem integrativeren Charakter dieser Religion ab, welche die Aufspaltung in Gut und Böse, einen wesentlichen Grundzug des Christentums, gar nicht kennt. Bowies persönlicher Ansatz bestand darin, durch diese übergeordnete, mütterliche Religion die männliche Trennung von Körper und Geist, die bei Paulus mit der Spaltung in Gut und Böse verbunden war, zu überwinden. Im Abendland ist seit der platonischen Ideenlehre das verderbliche Sinnliche vom ewig Intelligiblen getrennt, ist alles Materielle, Körperliche nur noch ein blasser Schatten der ewigen Idee (Derrida 2005, S. 15). Nietzsche kritisierte diese Verurteilung des Körpers zu Recht: »Das Christenthum gab dem Eros Gift zu trinken: – er starb zwar nicht daran, aber entartete zum Laster«, schrieb der deutsche Philosoph (Nietzsche 1988, Bd. 5, S. 102). Bowie paraphrasierte den von Platon und Paulus entwickelten Gegensatz zwischen Leib und Seele ironisch in *I Can't Read* (1989) in Bezug auf den Kapitalismus: »Money goes to money heaven / Bodies go to body hell«. Eine von Bowies künstlerischen Stärken sollte immer ein ganzheitlicher Ansatz im Ausdruck von Körper und Geist sein. Diese Verbindung, dem Sinn durch den Gesang oder durch pantomimische Gesten, Tanzen, eine ausgefallene Mimik oder einfach durch besondere Kleidung einen besonders auffälligen körperlichen Ausdruck zu geben, gehört zu seinen wichtigsten Anliegen. Am eigenwilligsten waren vielleicht seine Sprünge wie ein russischer Kosar aus der Hocke nach vorne bei der Performance von *Ziggy Stardust*, an denen man sehr gut sehen konnte, um was für einen ausgefeilten, körperlichen Ausdruck es ihm ging.

Weil der Buddhismus erst spät nach Tibet kam, nahm seine Entwicklung hier eine besondere Wendung. Die vorherigen Traditionen standen den erotischen Interessen viel abweisender gegenüber. Richtig eingesetzt, kann die sexuelle Energie in der tibetischen Auffassung die spirituelle Entwicklung sogar beschleunigen (Keown 2001, S. 101). Und so resümierte Bowie sein eigenes Verständnis in diesem Punkt sehr nüchtern und lakonisch gegen Paulus in *Sex And The Church* (1993): »I

The Width Of A Circle (1971)

think there is a union / between the flesh and the spirit«. Es folgte: »All religion's mother / Give me you're freedom of spirit / And the joy's of the flesh«. Doch auch er sah, dass die Schnittmenge zwischen Spiritualität und Körper nicht allzu groß war. In *You've Been Around* (1993) hieß es: »Where the flesh meets the spirit world / Where the traffic is thin / I slip from a vacant view«.

In seiner Psyche bezog sich der altruistische Buddhismus mit seiner integrativen Kraft auf Kleins depressive Position, während das Christentum aufgrund der Spaltung in Gut und Böse und der Identifikation mit Christus zur paranoid-schizoiden Position gehörte. Vor allem das eigene Leergefühl nicht mehr durch projektive Identifikationen auszufüllen, sondern auszuhalten, gehörte für ihn zu den wesentlichen Inhalten der buddhistischen Lehre. Zugleich ging es dabei um die Hervorhebung des guten Objekts. Ein wichtiges Gebot, das er aus dem Buddhismus nahm, war zu versuchen, aus jedem Augenblick des Lebens den glücklichsten zu machen (Tremlett 1995, S. 83). Seine Manie hingegen hatte bei ihm eine Nähe zu Nietzsches Philosophie, die von einer verantwortungslosen Überwindung nicht nur aller Religiosität, sondern zugleich aller Moral handelte, und die eigene Person zum alleinigen Zentrum der Autorität werden ließ.

Am 22. Januar 1996 gab Bowie ein Interview in der niederländischen Sendung *Lola da musica*, worin er erklärte, dass seine Musik auf einer spirituellen Grundlage basiere und dass er zwar wie fast jeder in Europa aus der jüdisch-christlichen Tradition komme, dabei aber die klassische Form, in der Gott der Vater, das Gesetz oder das moralische Recht sei, als unbequem empfinden würde. Diese Auffassung wäre seiner Ansicht nach »to symbolic, it's to easy«, sie biete keinen Komfort. Er habe schon in seiner Jugend eine kompliziertere Haltung gegenüber der Religion eingenommen. Schließlich erklärte er, dass seine religiösen Überzeugungen auf einem Prinzip basieren würden, das aus der Gnosis käme. Die christliche Strömung der Gnosis vertrat ein duales Gottesbild: Ein gänzlich unbekannter (guter) Gott, transzendiert den anderen bekannten (bösartigen) Schöpfergott. Aufgrund der Aufspaltung des monotheistischen Gottesbildes in zwei wurden die gnostischen Schriften aus dem Kanon der Bibel schließlich entfernt. Hier gibt es eine Analogie zur Aufspaltung zwischen dem guten und dem bösen Objekt in der paranoid-schizoiden

3. Die Philosophie des gespaltenen Gottesbildes

Position. Die Gnosis liefert ein System, das die christliche Religion viel intensiver zum geistigen Schauplatz einer schizoiden Differenz werden lässt als ein streng durchgehaltener Monotheismus. 1997 gab Bowie als Grundmodell für alle seine Songs das ständige Schwanken zwischen Atheismus und einer Sorte von Gnostizismus an (Pegg 2009, S. 368). In dem einstündigen Video zu seinem Album *Black Tie, White Noise* (1993) erklärte der Popstar, dass er und seine Frau Iman zwar spirituell, aber keineswegs religiös seien.

1985 sah man Bowie in dem Videoclip zu *Loving The Alien* wie Jesus über das Wasser gleiten und 1988 spielte er in Martin Scorcese *The Last Temptation of Christ* sehr überzeugend Pontius Pilatus. In dem Gespräch, das Pilatus darin mit Jesus führte, striegelte der römische Statthalter von Judäa nicht nur sein Pferd, als Ausdruck seiner Macht, er ließ Jesus auch spüren, dass er dessen religiösen Ansichten, die von einem jenseitigen Weltreich sprachen, nicht verstand und auch nicht akzeptierte. Schließlich bedauerte Pilatus nur den Fanatismus von Jesus, der eine politische, diplomatische Haltung aufgrund seiner tiefen religiösen Überzeugungen gar nicht einnehmen konnte. Der Religionsstifter ließ damit Pilatus keine andere Wahl, als ihn aufgrund seiner festen Überzeugungen zu verurteilen. Für Pilatus handelte es sich dabei gar nicht um eine Frage religiöser Ansichten, sondern um die der Macht des römischen Imperiums. Für Rom konnte es zu diesem Zeitpunkt keinen anderen Herrscher als es selbst und seine Götter geben. Wie auch schon Nietzsches Philosophie versuchte der Film, die enge Verknüpfung von Religion und Politik zu zeigen, die nicht durch Jesus, aber durch Paulus so vollzogen wurde, dass das Christentum sich rasch verbreiten konnte. Kulturell war die christliche Religion aufgrund ihres Monotheismus der römischen überlegen. Zugleich lenkte sie immer wieder von den irdischen Herrschaftsansprüchen geschickt ab, die sie aber durchaus hatte. Auf dem ersten Album mit seiner Band Tin Machine, *Tin Machine* (1989), trug Bowie eine ähnliche Haltung vor: er kommentierte dort nicht nur in *Pretty Thing* die Pseudoreligiosität einer berühmten Kollegin mit der Zeile: »Tie you down pretend you're Madonna« (vgl. Pegg 2009, S. 62), sondern wurde in *Heaven's In Here* auch sehr deutlich in Bezug auf jenseitige, metaphysische Auffassungen: »Heaven lies between your marbled tights«.

Eine ironische Kritik am Reich einer jenseitigen Metaphysik gab es auch am Ende von seinem Song *Red Sails* (1979), wo er eine solche Vorstellung mit Nietzsches metaphorischem Begriff des Hinterlandes beschrieb: »The hinterland, the hinterland / We're gonna sail to the hinterland / And it's far far far far far far far far away«. In *Little Wonder* (1997) gab es eine ähnliche Beschreibung: »Sending me so far away, so far away / So far away, so far away ...«. Die Sehnsucht nach einer metaphysischen Geborgenheit war demnach zugleich auch sehr groß.

Bowie fiel auch zeitwillig ernsthafter in eine interne christliche Haltung zurück, die mit abergläubischen und magischen Zügen versehen war. Dies fand in der Zeit statt, als sich sein Drogenkonsum extrem erhöht hatte. Zugleich werden aber auch im tibetischen Buddhismus rituelle Magie, magische Kreise, Pentagramme und Armulette verwendet, somit hat auch diese Form einen engen Bezug zu abergläubischen Ritualen (Keown 2001, S. 101).

Innerhalb der christlichen Religion fällt zudem auf, dass Bowie sich von Anfang an mehr für die dunkle, okkulte Schattenseite interessierte als für die helle, offizielle Seite. Schon 1971 sang er in *Holy Holy*: »I don't want to be an angel, just a little bit evil / Feel the devil in me«. Das Böse wurde dabei als ein innerer Anteil der eigenen Person wahrgenommen. 1973 hatte er *Sorrow*, einen alten Hit von The Merseys, gecovert, den er auch 1974 und 1983 live vortrug. Er handelte von einem Mädchen mit langen, blonden Haaren, das ihm nur Gram bereitete. Über sie hieß es in dem Song: »Something tells me / You're a Devils daughter«. In dem Song *A Big Hurt* (1991) von Tin Machine sang er: »You were a saint abroad but a devil at home / Come on here woo woo and kiss it for me«.

In vielen Song tauchte seine Spaltung in Gut und Böse in den verschiedensten Versionen auf. *Pretty Thing* (1989) begann mit einer ganz simplen Profanierung des religiösen Splittings. Nach »Think about the good things / Think about the bad things« kam einfach: »Think about a reason to see you tonight«. In *Everyone Says »Hi«* (2002) sang er: »We can do the old things«, dann: »We can do all the bad things«, und schließlich: »We could do all the good things / We could do it, we could do it, we could do it«. In *Ricochet* (1983) gab es dieselbe Metaphorik, nur in einer verschwommeneren, poetischen Sprache und mit der Erklärung, dass es sich nicht um den Weltuntergang handele: »Sound of thunder, sound of gold / Sound of the devil breaking paroles / Ricochet – it's not the end of the world«. Im Gegensatz zu Nietzsches Gedanken in *Jenseits von Gut und Böse* (1886) – ein Buch, das Bowie ebenfalls Anfang 1970 las (Pegg 2009, S. 225) – handelten seine Songtexte oft von einer extremen Polarisierung, die aber beide Seiten (Gut und Böse) zugleich benannte und fast gleichrangig nebeneinanderstellte. Diese Symmetrie für sich genommen war schon problematisch. In dem Video zu *Day in Day Out* (1987) beobachteten beispielsweise ein schwarzer und ein weißer Engel mit einer Videokamera die Ereignisse. Bowie gelangte zu keiner traditionellen, abendländischen Versöhnung der Gegensätze wie zum Beispiel Hegel, der seine Synthesen letztendlich schon als junger Theologe in der Liebe fusioniert hatte. Es fehlte dem Popstar an einer soliden Überzeugung von einem guten Objekt. Einzig mithilfe der fernöstlichen Spiritualität, die eine Trennung von allem Weltlichen und das damit verbundene Leergefühl thematisierte, konnte der Popstar beide Seiten integrieren.

Die Urspaltung des Objekts basiert nach Klein auf der oralen Ebene, in dem die befriedigende Brust als gut und die versagende als böse angesehen wird. »Diese Spaltung führt zu einer Trennung zwischen Liebe und Hass« (Klein 2000, S. 8). Die destruktiven Impulse, die aus der Versagung resultieren, werden dabei umgehend gegen das Objekt gewendet und finden ihren ersten Ausdruck in fantasierten, oral-sadistischen Angriffen auf die Mutterbrust. Durch die gleichzeitige Projektion dieser Angriffe nach außen wird aber auch umgekehrt die Brust zum sadistischen und bösen Agressor, der das Subjekt attackieren will. »Das versagende und verfolgende Objekt einerseits und das idealisierte spendende Objekt andererseits werden weit auseinander gehalten« (ebd., S. 15). Dieser Dissoziation entspricht in der Bibel die Aufspaltung zwischen Himmel und Hölle. In Idealisierungen und Entwertungen zeigen sich die beiden Pole der Spaltung der Borderline-Persönlichkeit (Kernberg 1983, S. 54f.).

Das Festhalten an einer starken Idealisierung kann den abgespaltenen Hass verdecken wollen (Klein 2000, S. 351), wie es im Christentum manchmal praktiziert wird. In *Absolute Beginners* (1986) sang Bowie in einer Idealisierung, die mit einer triumphalen Geste verbunden war, über die Verschmelzung mit einer geliebten Frau: »As long as we're together / The rest can go to hell«. In *Golden Years* (1976), das er seiner ersten Ehefrau über das Telefon vorsang (Bowie 1993, S. 282), gab es das

The Width Of A Circle (1971)

Wortspiel zwischen ihrem Vornamen Angela und einem *angel* (»Engel«). Über die dunkle Seite hieß es in diesem euphorischen Song: »Run for the shadows in these golden years«. In *The Wedding Song* (1993), seinem Stück zur Eheschließung, bezeichnete er auch seine zweite Ehefrau als einen Engel: »I believe in magic / Angel for life«. Iman besaß selbst ein verspieltes Verhältnis zur Magie und hatte sich als Kind beispielsweise mit Aladin identifiziert, als ihr religiöser Vater ihr die Geschichte von Aladin im Wunderland vorgelesen hatte. »My fathers voice was my magic carpet, and through it I explored the world«, schrieb sie (Iman 2001, S. 17). Sie passte in Bowies Welt und liebte seine Stimme.

Ein Engel ist stets ein Gesandter von Gott und in diesem Auftrag ist er traditionell auch immer gesehen worden (Lacan 2005, S. 94). Sein Gegenteil ist der Dämon, der ebenfalls ein Vermittler zwischen den Menschen und den Göttern in der griechischen Mythologie war. Er gehört aber seit dem Christentum zum Bereich des Bösen. Dämonen sind mit Vorstellungen verbunden, die aus dem Bereich des Animismus stammen (Lacan 2008, S. 49). Im Animismus ist die Welt von einer Unzahl geistiger Wesen bevölkert, die viele Vorgänge bei Tieren und Pflanzen, aber auch bei unbelebten Dingen auslösen können (Freud 2000, Bd. IX, S. 364ff.). Seit dem Christentum, das diese magischen Vorstellungen teilweise beerbt hat, setzten die Dämonen vor allem böse Fantasien und Gedanken in reale Vorgänge um. Der Animismus basiert auf einer Vorstellung der Allmacht der Gedanken. Zur bösartigen Rückseite der engelhaften Idealisierung wird die Dämonisierung, die für Bowie weniger erschreckende Angsterfahrungen als vielmehr ein gehöriges Maß an Identifikation mit einem negativen Objekt enthielt. »Looking through windows for demons«, sagt Algeria Touchshriek, einer der von Bowie erfundenen und gesprochenen Charaktere eines 78 Jahre alten Mannes auf *1. Outside* (1995). Und dass Ramona, ein weiterer Charakter auf dem Album, ein »update demon« war, stellte der Detektiv Professor Nathan Adler, ebenfalls eine erfundene Figur, schließlich fest. In *Station To Station* (1976) sang Bowie seinem Publikum in einer Projektion seiner eigenen Lebenssituation zu: »There are you / You drive like a demon from station to station«.

Seine Identifikation mit einem bösen Objekt konnte seine Angsterfahrungen auch nur begrenzt bannen und das paranoide Auftreten der eigenen destruktiven Strömungen nicht restlos verhindern. Er versuchte

3. Die Philosophie des gespaltenen Gottesbildes

zwar, das Monster selbst darzustellen und damit auf seine eigene Person zurückzuführen. Es trat ihm aber dennoch auch immer wieder in Projektionen gegenüber. Die Angst vor dem Bösen ist zunächst das Resultat »der inneren Aktivität des Todestriebs« (Klein 2000, S. 52), Angst wurzelt in der Furcht vor dem Tod (ebd., S. 51). Die eigene Destruktivität wird zu einer starken Bedrohung. Daher versucht schon der Säugling, diese Impulse auf die äußere Welt abzulenken, also nach außen zu projizieren. »Der erste Projektionsprozess besteht in der Ablenkung des Todestriebs nach außen« (ebd., S. 375). Durch diesen Vorgang verwandelt sich das äußere Objekt in die Gestalt eines bösen und schreckenerregenden Verfolgers. Auch das Geburtstrauma wird als eine Erfahrung wahrgenommen, die eine Trennungsangst auslöst, welche in ein anderes Objekt projiziert wird (ebd., S. 376). Aber eigentlich sind es die eigenen sadistischen Züge, die eigenen Aggressionen, auf die das Subjekt mit Angst reagiert. Beispielsweise die »Furcht, vom Vater verschlungen zu werden, leitet sich aus dem projizierten Impuls des Säuglings selbst her, seine Objekte zu verschlingen« (ebd., S. 53). Nach Klein wird die Angst dabei durch das Fluktuieren zwischen inneren und äußeren Objekten, durch die Wechselwirkung von Introjektion und Projektion gesteigert.

> »Äußere Gefahren werden im Lichte innerer Gefahren erlebt und auf diese Weise intensiviert; und andererseits intensiviert jede äußere Gefahr die ständig drohende innere Gefahrensituation. Diese gegenseitige Beeinflussung bleibt während des gesamten Lebens in mehr oder minder hohem Maß erhalten« (ebd., S. 56).

Die »grausamen und gefährlichen inneren Gestalten werden zu Repräsentanten des Todestriebs« (ebd., S. 54). Auf der anderen Seite repräsentiert ihre positive, nährende, hilfreiche Seite den Lebenstrieb.

Demnach muss der Säugling einen existenziellen, inneren Kampf zwischen Gut und Böse durchstehen. Die widersprüchlichen Strebungen, sich selbst zu zerstören oder zu bewahren, seine Objekte anzugreifen oder sie zu erhalten, basieren auf dem Dualismus zwischen Libido und Destruktion (ebd., S. 373). Erst in der depressiven Position werden die zwei getrennten Aspekte, die ein extrem gutes und böses Objekt hervorbringen, in ein ganzes Objekt integriert. Gegenüber diesem empfindet das Subjekt aufgrund seiner aggressiven Fantasien dann Schuldgefühle und Trauer. Damit einher geht eine Entidealisierung und Aufhebung des Dämonischen in der Depression. Die Spiegelung zwischen innen und außen, zwischen Objekt und Subjekt wird nun sehr reduziert, die Realitätsanpassung ist viel größer als zuvor. Durch die Schuldgefühle werden Wünsche zur Wiedergutmachung in Gang gesetzt (ebd., S. 26), die Ausdrucksweise und die Gedanken bekommen mehr Kohärenz. Auf jede Welle von Depressionen erfolgt eine stärkere Integration, die nach Klein zu »grundlegenden Veränderungen in den Objektbeziehungen« führt (ebd., S. 35). Durch die depressive Position wird eine Beziehung zu einem guten inneren Objekt hergestellt, das die Grundlage für die weitere normale Entwicklung liefert. Daher hat das gute Objekt, der positive Weltbezug, einen völlig anderen und höheren Stellenwert als sein negatives Pendant.

Zudem tauchen später die Triebe ohnehin meistens in Mischverhältnissen auf, sodass die destruktiven und aggressiven Strebungen durch die Libido aufgefangen werden können. »Im Verlaufe des Integrationsprozesses – der von Beginn an sowohl im Ich als auch im Über-Ich erfolgt – wird der Todestrieb in einem gewissen Umfang vom Über-Ich gebunden« (ebd., S. 378). Dieser Vorgang fand bei Bowie in der übergeordneten buddhistischen Religion statt. Sein Interesse an Nietzsches Philosophie, die auf einer Vorrangstellung der menschlichen Destruktivität insistiert, und, mehr noch, seine gnostische Auffassung des Christentums leisteten hingegen nichts für eine solche Integration. Die Gnosis bildet gegenüber dem konventionellen biblischen Kanon eine regressive Desintegration an und hat so eine größere Nähe zum Okkultismus als der strenge Monotheismus. In vielen okkulten Praktiken wird ein extrem böses Objekt in Form des Teufels als Gegenspieler des guten Objekts dargestellt und dabei vor allem sein Wert viel zu hoch eingeschätzt. So wird die Möglichkeit einer libidinösen Integration durch das gute Objekt nivelliert.

Eine sinnvolle Integration führt tatsächlich zu einem monotheistischen Gottesbild mit einem »guten Gott«, der zum Garant dafür wird, dass uns seine Schöpfung nicht täuscht. »Wir haben tatsächlich niemals etwas festgestellt, das uns am Grund der Natur einen täuschenden Dämonen zeigt« (Lacan 1997, S. 79). So enstand eine Spiritualität, die einen Schritt in Richtung der Erfassung der Wirklichkeit als solcher darstellte (Lacan 1996a, S. 219). Auf diesem religiösen Vorläufer basiert das moderne wissenschaftliche Weltbild. Die Wissenschaft geht stillschweigend von der festen Grundannahme aus, dass sich der Mensch zwar irren kann, die Natur ihn jedoch nicht absichtlich in die Irre führt. In diesem positiven Fundament sind alle negativen Projektionen durch den Lebenstrieb bereits integriert. Wenn es zur Aufspaltung in zwei Götter kommt, von denen der eine einen bösartigen, täuschenden Charakter hat, wie in der Gnosis, kann diese Garantie *nicht* länger aufrechterhalten werden. Und im Christentum verbirgt sich schon bei Paulus die Möglichkeit zu einer solchen Aufspaltung, nämlich durch die Trennung der entwerteten, sinnlichen Körperlichkeit von dem gottesfürchtigen Geist. Für Paulus ist nicht nur der Leib, sondern die gesamte weltliche Schöpfung negativ besetzt, als Folge des Sündenfalls. Sie wartet deshalb auf ihre Erlösung (vgl. Römerbrief des Paulus 8, 19–23). Der Gnostiker Marcion, ein Schüler des Paulus, musste nur noch einen Schritt weitergehen und den Schöpfergott für seine Schöpfung verantwortlich machen. So baute er einen Dualismus auf, in dem das Bild der biblischen Dreifaltigkeit Gottes und seiner Integration in eine Einheit aufgehoben war und dafür eine Spaltung zwischen zwei Göttern betont werden konnte. Jesus ist nun nicht mehr der Sohn seines Vaters und damit ein Teil und letztendlich sogar identisch mit dem Gott, der die Welt geschaffen hat. Erlösung und Schöpfung driften in Gegensätze auseinander, und damit wird der gute Messias im Neuen Testament, der das Erbarmen lehrt, zum Gegner des grausamen, zornigen und eifersüchtigen Gottes im Alten Testament (Taubes 1993, S. 79ff.). Die gesamte Außenwelt wird, wie in der ersten Ablenkung des Todestriebs zum eigenen Schutz, negativ, also dämonisch besetzt. Marcion bestimmte die Menschen in seiner Welt ablehnenden Apokalyptik als Fremdlinge, die auf der Erde wandeln und sich dabei auf einen jenseitigen und unbekannten Gott beziehen (ebd., S. 84). Dieser Gott ist vor allem »gegenweltlich«, im Gegensatz zu dem Schöpfergott, der ablesbar ist anhand seiner schlechten Werke (Taubes 1991, S. 39).

Die Definition, ein Fremdling zu sein, basiert hier auf Ansichten, die den Weltbezug des Menschen entwerten. Der Gnosis liegt, psychoanalytisch betrachtet, durch ihre Aufspaltung und Projektion eine psychotische Struktur zugrunde. Bowie hatte mit solchen Vorstellungen unter dem Einfluss von Kokain zeitweilig massiv zu kämpfen. Nach Kernberg können gerade bei Borderlinern unter dem Einfluss von Drogen psychotische

Episoden auftreten (Kernberg 1983, S. 20). Für den Gnostiker treten die libidinösen Interessen nach innen, während die aggressiven, destruktiven nach außen in die Welt hineinprojiziert werden. Der daraus resultierende paranoid-schizoide Entfremdungseffekt ist ziemlich hoch. Die Angst vor der bösartigen Außenwelt hat einen paranoiden Charakter, der eigentliche Schutzmechanismus bei jeder schizoiden Aufspaltung liegt aber in der Sondierung zwischen »total gut« und »total böse« (ebd., S. 50).

Anfang 1975 trennte Bowie sich von seinem bisherigen Manager und erlebte danach das schlimmste Jahr seiner gesamten Karriere. Er zog nach Los Angeles, nahm Drogen, die ihn hyperaktiv machten, und schlief kaum noch. Seine Welt wurde sehr unwirklich. Er sagte später, dass das ganze Jahr in seiner Erinnerung eine einzige Lücke sei (Sandford 2003, S. 159). Er wog kaum mehr als 56 Kilo (Tremlett 1995, S. 239). Eine Frau beobachtete, wie er Hakenkreuze an die beschlagene Fensterscheibe malte, und sowohl Lennon als auch Elton John wussten nicht mehr, wie sie ihm noch helfen konnten (Sandford 2003, S. 160). Es war in dieser Zeit, als er glaubte, dass Jimmy Page von Led Zeppelin mit dem Teufel im Bund stehe und es auf ihn abgesehen habe (Bowie 1993, S. 272). Page interessierte sich damals tatsächlich, wie so viele Hippies, für Okkultismus und hatte sich am Anfang der 70er ein Haus in Schottland gekauft, in dem zuvor der düstere Esoteriker Aleister Crowley gewohnt hatte. Bowie baute sich aber langsam eine Weltsicht auf, die auf einem Verfolgungswahn basierte. In einem Telefongespräch erklärt er seiner Ehefrau Angela Bowie, er sei kurz davor, sich in der Gesellschaft des Teufels zu befinden. Drei Leute seien um ihn, ein Hexenmeister und zwei Hexen (Bowie 1993, S. 283). Als sie ihn daraufhin in Los Angeles aufsuchte, erzählte er ihr, es wäre um sein Sperma gegangen, er sollte damit in einem Ritual eine Hexe schwängern, die dann ein Kind des Satans austragen würde. Bowie glaubte so fest an solche obskuren, okkulten Praktiken, dass es seiner Ehefrau so vorkam, als hätte er sich Polanskis Film *Rosemarys Baby* (1968) zu oft angesehen und daraufhin eine wilde Fantasie entwickelt (ebd., S. 286). Dass er sich dabei mit der weiblichen Hauptrolle (Mia Farrow) identifizierte, war für sie nicht ungewöhnlich. Was ihr jedoch entging, war das ungewöhnlich hohe Potenzial an Frauenfeindlichkeit in Polanskis einzigem ernsthaften Horrorfilm (vgl. Jacke 2010, S. 77), welche sich in Bowies Fantasien durchaus widerspiegelten. Der Film reproduzierte im Grunde genau jene »barbarische Haltung des Christentums gegen Frauen«, die aus der Hexenverfolgung kam (Jones 1970, S. 133), ohne dabei dem Zuschauer die Möglichkeit zur Reflektion anzubieten. Und so blass und abgemagert wie Bowie war, ähnelte er schon rein äußerlich Rosemary. Er hatte sich schon 1967 den Film *Knife In the Water* (1962) von Polanski zusammen mit Visconti angesehen (Pegg 2009, S. 129) und kannte sicherlich auch die anderen Filme des polnischen Regisseurs. Die Mutter seiner Ehefrau war ebenfalls polnischer Herkunft, Angela Bowies Eltern waren sehr katholisch. Auch Bowies Halbruder Terry hatte einige Jahre zuvor eine Gottesvision gehabt, in der Himmel und Hölle zugleich vorkamen (Tremlett 1995, S. 64).

1977 war Bowie fasziniert von der Geschichte *A Grave for A Dolphin* (1956), die von dem italienischen Aristokraten Alberto Denti di Pirajno geschrieben worden ist, sie war eine Inspirationsquelle für seinen Song *Heroes* (1977) (Iman 2001, S. 6ff.). Die Erzählung spielte in Afrika – ein Land, mit dem sich der Popstar indirekt schon damals beschäftigte, infolge seines Interesses am deutschen Expressionismus. Seine regelmäßigen Besuche im Berliner Brücke-Museum in dieser Zeit hingen damit zusammen, dass die Expressionisten die primitiveren, afrikanischen Ausdrucksformen für die Gestaltung ihrer Kunst verwendet hatten. *A Grave for A Dolphin* handelt von Camara, einem jungen italienischen Landvermesser, der nach Somalia aufbricht und sich dort in die attraktive Afrikanerin Shambowa verliebt. Der Italiener war von seiner Mutter gewarnt worden, sich nicht auf junge Damen einzulassen, die »böse Geschöpfe« seien, die es darauf anlegen würden, ihm den Kopf zu verdrehen (Pirajno 1962, S. 99). Shambowas Schönheit überwältigt den jungen Italiener jedoch so sehr, dass er sich nicht mehr zurückhalten kann. Das enge Verhältnis der Afrikanerin zur Natur wirkt auf den Europäer wie eine »Menschheitsdämmerung« (ebd., S. 115). Der Autor beschreibt vor allem die Sinnlichkeit von Shambowa in vielen Details. Schon bei ihrem ersten Auftritt steigt sie nackt in eine Tonne mit Erdöl, welches ihre Haut wie poliertes Ebenholz glänzen lässt. Ihr Leib ist das Herrlichste, was Camara seit seiner Ankunft in Afrika gesehen hat. Sie wird als eine Statue aus Ebenholz, als eine schwarze Göttin beschrieben (ebd., S. 104 u. 117f.). Der erotische Höhepunkt in *A Grave for A Dolphin* besteht darin, dass Shambowa eine Nacht lang unter blauem Mondlicht auf einem Delfin durch durch die Wellen des Meeres reitet. Drei Tage später stirbt sie völlig unerwartet und nun verfällt ihr schöner Körper vor den Augen von Camara in nur wenigen Stunden. Ihr Fleisch schrumpft bis auf die Knochen und die Haut bekommt Runzeln, sodass die attraktive Frau nun »einer alten Hexe« gleicht (ebd., S. 117). Diese drastische Veränderung von vollendeter, sinnlicher Schönheit zu Alter, Tod und Verwesung basiert nicht auf Freuds berühmter Unterscheidung zwischen Dirne und Mutter, sinnlicher und zärtlicher Strömung (Freud 2000, Bd. V, S. 188ff.), sondern auf Kleins Spaltung zwischen dem guten und bösen Objekt. Denn die letzte Pointe der Narration bestand darin, dass ein gläubiger, erfahrener Araber den jungen Italiener darüber aufklärte, dass die von ihm angebetete Afrikanerin in Wirklichkeit eine Seeteufelin gewesen sei und der Delfin ein »Djin«, ein Dämon, der jede Art von Gestalt annehmen könne (ebd., S. 121). Durch diese Feststellung, deren Wahrheitsgehalt in der Erzählung durchaus in der Schwebe bleibt, wurde die stark begehrte und deutlich idealisierte schwarze Frau zu einem höllischen und gefährlichen Objekt. Der Araber warnte den Italiener sogar, in seinem Land wäre die Bestattung des Delfins eine Dämonenverehrung gewesen, die dort niemals geduldet worden wäre. Die Geschichte zeigt, wie faszinierend die völlige Aufspaltung zwischen Eros und Thanatos sein kann. Hanna Segal analysierte in den 50er Jahren eine 16-jährige schizophrene Patientin, die Gott und Teufel halluzinierte und mit beiden Geschlechtsverkehr hatte. Sie deutete diese Halluzinationen als die guten und schlechten Aspekte des Vaters der Patientin (Segal 1990, S. 69). Bei Klein findet sich ein ähnliches Motiv in ihrer Analyse des Romans von Julian Green (Klein 2000, S. 261), den ich im Prolog schon erwähnt hatte.

1975 kreiste eine weitere Sorge von Bowie in einer paranoiden Form darum, dass er glaubte, seine Mitarbeiter würden ihn vergiften wollen (Bowie 1993, S. 287). Die orale Ebene in dieser Vorstellung zeigte deutlich ihren mütterlichen Bezug. Eine andere Fantasie rankte sich um ein Foto, auf dem seine Ehefrau Angela von einer mysteriösen schwarzen Hand an die Taille gefasst wurde, die vermutlich einfach seine eigene Hand war. Seine Ehefrau konsultierte schließlich für ihren Mann in Los Angeles eine weiße Hexe, deren Ratschläge Bowie beruhigten. Ungewöhnliche Zufälle, wie z. B., dass auf der einen Seite seines Hauses ein Sturm tobte, während auf der anderen die Sonne schien, bekamen nun für ihn eine magische Bedeutung (ebd., S. 288f.). Der Zusammenhang dieser für ihn bedrohlichen Wahrnehmung, die vermutlich mit der Trennung von seiner damals für ihn sehr wichtigen Ehefrau zusammenhing, wurde von dem Popstar in dem Text zu *Stay* beschrieben: »I guess there's always some change in the weather / This time I know we could get it together / If I did casually mention tonight / That would be crazy tonight«.

Kurze Zeit darauf soll er nach den Angaben von Angela Bowie der Ansicht gewesen sein, in seinem Swimming Pool wohne der Satan, und er wollte, dass sein Haus exorziert wird. Bei diesem Ritual fing der Pool wohl zufällig tatsächlich an zu blubbern. Das zumindest will seine Frau beobachtet haben, die sich anschließend ebenfalls eine ordentliche Nase Kokain von seinem Billardtisch genehmigte (ebd., S. 293f.). Bowie hatte außerdem Angst, dass seine Exkremente von anderen verwendet würden und bewahrte deshalb seinen Urin im Kühlschrank auf. Zugleich entwickelte er mit der schwarzen Sängerin Winona Williams eine besondere Form von Analerotik und begann, die Welt als mysteriöses Zeichensystem mit einer Zahlensymbolik mystisch zu interpretieren (Sandford 2003, S. 161). Klein hat den Ursprung der schwarzen Magie mit dem Ausstoß der Exkremente beim Säugling in einen Zusammenhang gestellt:

> »In diesen Phantasien werden die eigenen Fäzes in Verfolger seiner Objekte verwandelt; sie werden durch eine Art Magie [die meiner Ansicht nach die Grundlage der schwarzen Magie darstellt] heimlich und verstohlen in den Anus und andere Körperöffnungen der Objekte hineingetrieben und in ihrem Inneren deponiert. Weil er dies getan hat, beginnt er sich vor seinen eigenen Exkrementen als einer Substanz zu fürchten, die seinen Körper zu zerstören droht; und er hat zudem Angst vor den Exkrementen seiner introjizierten Objekte, weil er erwartet, daß sie mit ihren gefährlichen Fäzes entsprechende heimliche Angriffe auf ihn selbst unternehmen« (Klein 1995, S. 382).

Bowie hat später in *Magic Dance*, einem Song, den er als König der Kobolde in dem Film *Labyrinth* (1986) sang, den Zusammenhang zwischen Vorstellungen von magischen Vorgängen, die aus dem infantilen Animismus stammen, sehr verspielt thematisiert. Der Song beginnt so: »You remind me of the baby / What baby? The baby with the power / What power? Power of voodoo / Who do? You do / Do what? / Remind me of the baby«. Das Wortspiel zwischen »voodoo« und »who do« ist es, das dabei besonders interessant ist. Der Song handelt insgesamt sehr fürsorglich davon, mit welchem magischen Spruch man ein Baby beruhigen kann. Die gesamte Welt der Kobolde bildete dabei die fantastische Vorstellungswelt eines jungen Mädchens (Jennifer Connelly) ab. Bowie verglich seinen 15-jährigen Co-Star mit der jungen Elisabeth Taylor (Sandford 2003, S. 287), die er elf Jahre zuvor während seiner Drogenphase in L. A. tatsächlich persönlich kennengelernt hatte.

Die Story des Films besaß deutliche Elemente aus dem Film *Wizzard Of Oz* (1939) und *Alice's Adventures in Wonderland* (1865), einem Klassiker der englischen Kinderliteratur. Der Hit, den er für *Labyrinth* schrieb, war nicht zufällig ein Gospelsong, den Bowie mit einem Backgroundchor von 14 Leuten aufnahm (Pegg 2009, S. 243). Die Musik reihte sich so in den Kontext von magischer Spiritualität und Religion ein. *Labyrinth* kam Weihnachten 1986 in die englischen Kinos und war ein konkurrenzloser Kassenschlager (Sandford 2003, S. 288). Bowies größere Filmrollen sollten noch öfter mit dem Thema Magie zusammenhängen. Er spielte die männliche Hauptrolle in der Komödie *The Linguini Incident* (1992; *Houdini & Company*) und eine Nebenrolle als der mysteriöse Erfinder des Wechselstroms Nicola Tesla, in dem Thriller *The Prestige* (2006; »*Prestige – Die Meister der Magie*«) von Christopher Nolan, beide Filme handelten von der Faszination der Zauberkunst des 19. Jahrhunderts.

Das waren jedoch nur harmlose, unterhaltsame Echos auf das Problem mit den magischen Vorstellungen, das Bowie in den 70er Jahren gehabt hatte. Schon als er 1974 Orwells Roman *1984* (1949) zu einem Musical umarbeiten wollte, war er stark involviert in die Vorstellung, dass die Über-Ich-Instanz zu einem entstellten, totalitären System geworden war. Sein Song *Big Brother* (1974) berichtete von Orwells paranoider Vision eines vollkommenen Kontroll-Über-Ichs, das jeden Menschen im Griff hat. Diese immer ernster werdenden Visionen von Verschwörungstheorien über den Staat hatten ihren Ursprung in der Spaltung des mütterlichen Objekts und der mangelnden Vertiefung der ödipalen Phase, die auf der heterosexuellen Ebene lediglich durch den größeren Bruder, nicht aber durch die Elternimago geprägt worden war. Bowie sollte kurz darauf mit der Figur des Thin White Duke versuchen, sich selbst an den Platz eines totalitären Diktators zu stellen und sich so einmal mehr mit dem unterdessen stark verzerrten, inneren Bild des älteren Bruders zu identifizieren.

Durch die Drogen fiel die sinnliche, integrierende Kraft der buddhistischen Weltanschauung aus, und nun trat die gnostische, christliche Religion mit ihrer extremen Polarisierung als Symptom einer schizoiden Spaltung hervor und verursachte starke, psychotische Eindrücke. Die ohnehin schwankende Etablierung der ödipalen Ebene fiel in sich zusammen. Es kam zu einer extrem verzerrten Wahrnehmung der sozialen Umgebung, vor allem in Bezug auf die Über-Ich-Instanz. Bowie verbündete sich später mit Iggy Pop, einem Substitut für seinen Halbbruder Terry, um seine verzerrten Ansichten auf den Boden der Realität zurückzubringen. In *The Width Of A Circle* (1971) hatte er ja bereits mit Erstaunen festgestellt: »For I realized that God's a young man too«, und bei der Liveaufnahme des letzten »Ziggy Stardust«-Konzertes in London wiederholte er danach einige Male: »Just like you«, und zeigte ins Publikum. Jesus war keine Vaterimago, sondern lediglich die Idealisierung seines älteren Bruders. Mit Gott selbst hingegen kam es schon in diesem Song zu einer homosexuellen Szene, die teuflische Züge trug: »His nebulous body swayed above / His tongue swollen with devils love«.

Bowies philosophische Darstellungen standen in einem oft erwähnten Zusammenhang mit Alester Crowley, dessen ersten Buchtitel *White Stains* (1898) er in dem Song *Station To Station* (1976) erwähnte (Pegg 2009, S. 221). Die Faszination für diesen düsteren, okkulten Esoteriker kam schon in der ersten Zeile von *Quicksand* (1971) vor: »I'm closer to the Golden Dawn / Immersed in Crowley's uniform / Of imagery«. Der Golden Dawn war ein rosenkreuzer und freimaurerer Orden für Magie, in den Crowley 1898 eintrat. Bowie gefiel – wie vielen Hippies – die krude und gefährliche Mischung aus perversen Sexritualen, schwarzer Magie, Bisexualität und Drogen, die Crowley auf einem ziemlich hohen Niveau beschrieb. Zugleich ging er damit einigen Inhalten des Wahns nach, dem sein Halbbruder erlegen war. 1993 erzählte er, dass Terrys Visionen ganz ähnlich gewesen waren wie die in seinem Song *The Width Of A Circle*:

> »Er brach auf dem Boden zusammen und er sagte, der Boden würde sich auftun und da sei Feuer und Zeug, das aus dem Bürgersteig ströme, und ich konnte es um seinetwillen sehen, weil er es so genau erklärt hatte« (Pegg 2009, S. 257).

Wenn Bowie bei der »Ziggy Stardust«-Tour *The Width Of A Circle* sang, gehörte dazu ein langes Gitarrensolo. Danach kam er wieder auf die Bühne und zerteilte eine durchsichtige Wand zwischen sich und dem Publikum. Nachdem er die Wand geöffnet hatte, erhob er seine Arme wie zum Flug eines Vogels. Diese pantomimische Darstellung war eine poetische Nachbildung von Terrys Weg in den Wahn, ein Plädoyer für etwas, das Bowie bewunderte und doch glücklicherweise nicht teilte.

Terrys psychotische Halluzinationen, die sein jüngerer Bruder so gut nachvollziehen konnte, wurden aber schließlich bedrohlich, als das Kokain Bowies innere Spaltung so weit trieb, dass die originäre Spaltung reaktiviert wurde und es zu einer Triebentmischung kam. Damit wurde genau jener psychotische Horizont geöffnet, der eine dualistische Grundlage ähnlich dem mittelalterlichen Weltbild von Himmel und Hölle hatte. Das Objekt wurde darin nicht mehr realistisch, sondern im höchsten Maße ambivalent betrachtet, sodass es sich im Grunde in zwei Objekte aufteilte. Eine sehr starr bleibende Barriere zwischen diesen zwei Sichtweisen auf dasselbe Objekt zeigt an, dass der Todestrieb darin dominiert. Umgekehrt ist es so, dass die Integration, die in der depressiven Position ihren Höhepunkt erreicht, die Vorherrschaft der Lebenstriebe voraussetzt (Klein 1995, S. 384f.). In *We are the Dead* (1974) – ein Song, dessen Titel die reale, höhere Macht des Todestriebs ausdrückte – sang Bowie über die Konkurrenz von Libido und Todestrieb: »Heaven is on the pillow / It's silence competes with hell«.

In *This Is Not America* (1985) wurde im Nachhinein die Spaltung mit seiner Affinität für die USA zusammengebracht. Bowie sang in dem Text, wie er sich von dem Wahn einer Verschmelzung mit dem Land und von einer Frau gleichzeitig löste: »A little piece of you / The little piece in me / Will die / This is not a miracle / For this is not America«. Der Song handelt von der Trauer über das Aufgeben einer projektiven Identifikation, in der ein Teil von ihm lag. Mit diesem Abschied (Tod) ging auch das Ende eines Wunders *(miracle)*, einer magischen, okkulten Vorstellung einher. In *One Shot* (1991) beschrieb er die Folgen eines gewaltsamen, gemeinsamen Endes von einem Liebespaar so: »No bedroom to run to / No miracle jive – no conversation«. In *Miracle Goodnight* (1993) hieß es: »Miracle no more«. Das dazugehörige Video zeigte ihn einige Male doppelt und mit einer Maske mit einer weißen und einer schwarzen Seite, und vor allem eine leicht bekleidete Frau im Cowboy-Dress, die an Madonna erinnerte. In *I'm Afraid Of Americans* (1997) drückte er sein paranoides Verhältnis gegenüber dem großen Bruder Amerika nochmals sehr deutlich aus. Bowie lebte, als er diesen Song schrieb, schon einige Zeit in New York. In dem Videoclip zu *I'm Afraid Of Americans* wurde er von Trent Reznor, dem Sänger von Nine Inch Nails, verfolgt. Am Ende stellte sich die paranoide Angst jedoch als eine unberechtigte Fantasie heraus. Trent Reznor zog als Christus, der ein Kreuz trug, an ihm vorbei. So wurde aus dem bösen amerikanischen Verfolger, der erneut den älteren Bruder darstellte, auf einmal ein guter Messias, der selbst auf dem Weg zur Kreuzigung war. Unterlegt war diese Stelle sehr zynisch mit den abschließenden Zeilen aus dem Song: »God is an American«, womit zugleich die politischen Allmachtsfantasien der USA parodiert wurden. Mit anderen Worten, Bowies Verhältnis zu den USA bildete zum Teil genau jenes stark aufgespaltene Verhältnis zum ursprünglich mütterlichen Objekt ab. Seine Idealisierung und Paranoia wurden von ihm stark auf dieses Land projiziert.

Am 20. Oktober 2001, auf dem Konzert für New York City, das aufgrund der Katastrophe des 11. Septembers gegeben wurde, trat er auf und sang *America* (1968), einen Song von Simon and Garfunkel. Dieser Song drückte für ihn das Gefühl der Unsicherheit, das damals herrschte, gut aus (Pegg 2009, S. 23). Bowie sang es minimalistisch, nur durch einen Computer begleitet, in seinem eigenen Stil, der viel tragischer war als das Original. In der dritten Strophe hieß es: »Kathy, I'm lost, I said, though I knew she was sleeping / I'm empty and arching and I don't now why«. Hier war es wiederum die Leere, das traurige Gefühl, von einer Frau getrennt zu sein, das er besonders betonte. Schon in *Shake It* (1983) gab es eine verspielte Form der Integration seines gespaltenen Weltbildes durch die amerikanische Metropole: »I could take you to heaven / I could spin you to hell / But I'll take you to New York / It's the place that I / know well«. Und 1987 idealisierte er ironisch New York zum Engel, sicherlich im Gegensatz zu Los(t) Angel(e)s, über das er, nachdem er es verlassen hatte, sehr abfällige Bemerkungen machte: »The city grew wings in the back of the night«, hieß es in *New York's In Love*.

Sein Song *Look Back In Anger* (1979) handelt vom Warten auf einen lang ersehnten Todesengel, der den Menschen vom schrecklichen Leben erlösen sollte, um ihn endlich in das friedliche Reich des Todes zu bringen. Bowie schleuderte darin resigniert seine ganze Wut in einem

The Width Of A Circle (1971)

solchen Ausmaß gegen das Leben, das nur Enttäuschungen bereit hielt, dass der Tod nun keine Bedrohung mehr war, sondern umgekehrt zu einer Erlösung vom endlosen Warten wurde: »(Waiting so long, I've been waiting so, / waiting so long) / »Look back In anger, / Driven by the night, / till you come«. Die Vorstellung vom Tod beinhaltet oft die Fantasie von einer endgültigen, ewigen Verschmelzung, die im Leben nicht erreicht werden kann.

Mit dem Song *Word On A Wing* (1976) gab der Popstar er ein sehr merkwürdiges religiöses Bekenntnis ab. Dieser Song kündigte Bowies Rückkehr in den konventionellen christlichen Kanon aus seiner Kinderzeit an. *Word On A Wing* war, wie er 1999 in der Fernsehsendung »VH1 Storyteller« zugab, ein Hilferuf aus den dunkelsten Tagen seines Lebens. Seine Verwirrung durch den Okkultismus war unterdessen so groß geworden, dass er versuchte, in den sicheren, konventionellen Rahmen des christlichen Monotheismus zurückzukehren. *Word On A Wing* handelte tatsächlich von einem Treffen mit Jesus (»Lord«), das aber sehr poetisch und zugleich so speziell beschrieben wurde, dass es sich viel komplexer darstellte, als es auf den ersten Blick aussah. Der Song war jedoch eine sehr ernsthafte Antwort auf seine skurrilen und seltsamen Fantasien in *The Width Of A Circle* (1971). Er begann so: »In this age of grand delusion / You walked into my life out of my dreams / I don't need another change / Still you forced a way into my scheme of things«. Dieser Einbruch in sein Schema, die Dinge zu sehen, wurde als Kraft der Integration empfunden. Und die erlösende Kraft des offiziellen, christlichen Glaubens bestand für ihn zu diesem Zeitpunkt tatsächlich darin, dass er in Jesus durch dessen Gebot der Liebe die Möglichkeit sah, die Spaltungsprozesse mithilfe eines guten Objekts wieder zu beenden. Deshalb hieß es in dem Song: »Don't have to question everything in heaven or hell / Lord I kneel and offer you my word on a wing«.

Die genau gegenteilige Bewegung drückte der Anfang des Titelsongs *Station To Station* (1976) auf demselben Album aus. Er begann mit der Rückkehr eines schlanken weißen Grafen, der Dartpfeile in die Augen der Liebenden warf: »The return of the thin white duke throwing darts in lovers' eyes«. Dieses surreale Bild hefte sich an eine bösartige, tyrannische Gestalt, die Bowie zu dieser Zeit selbst verkörperte. Doch auch in *Word On A Wing* blieb sein Zugeständnis an die offizielle und helle Seite des Christentums durch einen eigentümlichen Anspruch auf Autonomie begrenzt. Vor allem in dem Satz »It's safer than a strange land / But I still care for myself« betonte er, dass er die Verantwortung für sein Handeln auch in Zukunft selbst übernehmen würde. Gleichzeitig verlief diese sehr emotionale Rückbesinnung auf die anerkannte Form des Christentums parallel zu einem anderen Rückbezug, der im letzten Drittel von *Station To Station* artikuliert wurde. Darin sang er: »It's too late to be hateful / The European canon is here«. Mit dem europäischen Kanon war das etablierte Wertesystem des Abendlandes gemeint, dessen Humanismus sich aus dem Christentum entwickelt hatte. Und Bowies Unterwerfung und Einfügung in diesen Kanon beendete seinen Eskapismus und seine Identifizierung mit der vor allem von den Beatniks übernommenen Mentalität der amerikanischen Outlaws, die auch von den Fantasien über Nietzsches Übermensch inspiriert waren. Es handelte sich um eine sehr schmerzhafte Rückkehr zur Akzeptanz einer festen, konventionellen Form innerhalb der abendländischen Tradition. Im Refrain von *Word On A Wing* hieß es schließlich: »And I'm ready to shape the scheme of things«. Das Schema der Dinge war aber nur erkennbar, wenn das gute und böse Objekt unter der Vorherrschaft des guten Objekts wieder zu einer Sache wurden. Ferner wurden seine christlichen Vorstellungen nun mit buddhistischen vermischt. Deshalb verstand er Jesus vor allem als einen Namen, der zudem wie in den buddhistischen Vorstellungen wiedergeboren wurde: »Sweet name you're born once again for me«, sang er über Christus. Mit anderen Worten wurde der offizielle, christliche Gott als das Symbol des anerkannten, positiven Zentrums innerhalb des europäischen Kanons wiedergeboren.

Zur selben Zeit begann Bowie damit, ein silbernes Kreuz um den Hals zu tragen (Tremlett 1995, S. 249). Später erklärte er, dass dieses Kreuz zwar eine religiöse, aber nicht unbedingt eine christliche Bedeutung habe: Die vertikale Linie stehe für den Himmel, die horizontale für die Erde, das Kruzifix führe die beiden zusammen. Das war erneut das Bild einer Differenz und ihrer Zusammenführung. Außerdem sagte er ganz deutlich, dass sein persönlicher Glaube ein spiritueller Glaube sei, der nichts mit dem Glauben zu tun habe, den die kirchlichen Dogmen verlangen (Tremlett 1995, S. 267). In dem Song *Bus Stop* (1989) gab es dann eine ironische, aber entschiedene Absage an christliche Visionäre:

»Now Jesus he came in a vision / And offered you redemption from sin / I'm not sayin' that I don't believe you / But are you sure it really was him«. Die Idee, dass es auch jemand ganz anderes gewesen sein könnte, relativierte diese häufige Art von spirituellen Erfahrungen doch sehr.

1995 gab er anhand einer Analogie, die ihm jemand erzählt habe, einen präziseren Kommentar zum Verhältnis zwischen Religion und Spiritualität: »Religion is for people, who believe in hell; spirituality is for people who've been there. That for me makes a lot of sense, you know« (Pegg 2009, S. 261). In dieser Zeit kam es auch zu einer ernsthaften Auseinandersetzung mit den düsteren, mythologischen Motiven auf seinem am Industrial-Stil orientierten Albtraum-Album *1.Outside* (1995), welches das für ihn ungewöhnliche Thema eines brutalen Mordes an einem jungen Mädchen bizarr nachstellte und zugleich mit einem skurrilen Humor betrachtete. Das Vorspiel dafür fand statt, als er in dem Film *Twin Peaks: Fire Walk With Me* (1992) von David Lynch einen kurzen Cameo-Auftritt[3] als der verschollene Agent Phillip Jeffries hatte. Jeffries kam aus einer Art metaphysischem Raum kurz in das Büro des FBI zurück, nur um danach sofort wieder zu verschwinden. Wäre sein Auftritt nicht mit einer Videokamera festgehalten worden, könnten sich Special Agent Cooper (Kyle MacLachlan) und sein Vorgesetzter Cole (David Lynch) nicht einmal sicher sein, ob er überhaupt stattgefunden hatte. Der Kinofilm und die TV-Serie *Twin Peaks* handelten von einem jungen Mädchen, das kokainsüchtig war und das von ihrem Vater, der sie Jahre lang vergewaltigt hatte, schließlich in einem magischen Ritual ermordet wurde. Lynchs esoterische »Reiseberichte aus der Hölle« inspirierten Bowie sicherlich dazu, etwas Ähnliches auf seinem nächsten Album zu versuchen (Seeßlen 2007, S. 7).

Sein Konzeptalbum *1.Outside* beschrieb, wie der Titel schon sagte, eine Reise, die weit weg von gesellschaftlichen oder vernünftigen Konventionen führen sollte. In *The Hearth Filthy Lesson* (1995), der ersten Single-Auskopplung, sang er: »I think I've lost my way«. Dieser Song fing an mit einer Anspielung auf einen Diamanten, der wie eine Person zu agieren schien: »There's always the Diamond friendly / Sitting in the

---

3 Ein Cameo-Auftritt ist ein zeitlich sehr kurzer und oft überraschender Auftritt einer prominenten Person in einem Film, die weniger darauf aus ist, die Person in einer Rolle zu zeigen, als vielmehr, ihre Bekanntheit für den Film zu nutzen.

3. Die Philosophie des gespaltenen Gottesbildes

laugh Motel / The Hearts Filthy lesson / With her hundred miles to hell«. Der Diamand kam aus der Zeit seiner »Diamond Dogs«-Tour (1974), bei der ein großer Edelstein sogar ein zentrales Bühnenelement gewesen war. In dem Song *The Motel* (1995) auf dem Album wurde dieser Rückbezug in dem Satz »And there is no hell / Like an old hell« noch verstärkt.

1. Outside war meiner Ansicht nach Bowies groß angelegter Versuch, durch einen Akt von »Liminalität« (Grenz- und Übergangserfahrungen) die traumatischen Erfahrungen aus den 70er Jahren zu verarbeiten (vgl. Fischer-Lichte 2010, S. 24). Es ging in diesem Fall darum, die damalige verstörende Grenzerfahrung durch eine Handlung, die sich auf die Gegenwartskunst bezog, zu wiederholen und so für sich erfahrbar machen und endlich verarbeiten zu können. Bowie bezog sich bei seinem Konzept von *1. Outside* vor allem auf die Künstler Hermann Nitsch und Damien Hirst, die beide im Booklet erwähnt wurden. Schon in dem Song *Joe The Lion* (1977) hatte er sich über den amerikanischen Performancekünstler Chris Burden, der sich selbst auf einem VW Käfer festnageln ließ, lustig gemacht, als er sang: »Nail me to my you car / And I'll tell you who you are«. Nitsch vollführt seit den 60er Jahren pseudokultische Rituale, in denen Tiere geschlachtet und ihr Blut für aufwendige Zeremonien verwendet wurden. Seine Aktionen gaben ihren Teilnehmern die Möglichkeit, kulturelle Symbole »wieder an die körperlichen Erfahrungen des einzelnen zurückzubinden« (ebd., S. 29). »An die Stelle der unsichtbaren, nämlich göttlichen oder magischen Kräfte, mit denen in Ritualen, auf die Nitschs Aktionen anspielen, die Verwandlung bewirkt wird, treten hier körperliche Erfahrungen von Akteur und Zuschauer« (ebd., S. 31). Im Zentrum seiner Überschreitungsperformances stand dabei häufig ein geschlachtetes Lamm, ein sehr bekanntes Symbol für die Opferung Christi am Kreuz. Bowie, der immer danach suchte, geistige Inhalte mit einem körperlichen Ausdruck zu versehen, war von dieser körperlichen Rückbindung fasziniert, die ihn enger Korrespondenz zu seinen eigenen spirituellen Problemen lag.

1. Outside war sein letzter und sehr reflektierter Ausflug zur paranoid-schizoiden Position unter der Vorherrschaft eines bösen Objekts. Im Gegensatz zu Lynch enthielt seine Story, die ja ebenfalls von der rituellen Ermordung eines jungen Mädchens handelte, keinerlei direkte erotische Obsessionen. Das Drogenmotiv war darin ebenfalls sehr wichtig, die

Szenerie wurde von dem englischen Popstar jedoch in die Kunstszene verlagert. Das Album war zunächst mit drei Stunden sehr lang und die Story sollte in weiteren Alben fortgesetzt werden. Tatsächlich wurde es dann aber erheblich gekürzt und es fand niemals eine Fortsetzung statt; dennoch blieb es sein längstes Album. Für die endgültige Version wurde außerdem neues Material eingespielt (Pegg 2009, S. 363). Der Song *I'm Deranged* (1995) tauchte am Anfang und am Ende von Lynchs nächstem Film *Lost Highway* (1997) auf. Zu dem Konzept des Albums erklärte der Popstar während der Aufnahme, dass er und Brian Eno sich nicht als Teil dessen fühlten, was da vor sich gehen würde (Sandford 2003, S. 351). Über den Text *The Hearts Filthy Lesson* (1995) sagte er: »Insgesamt wurde es eine ziemlich kaftvolle und verbotene Arbeit, die immer noch beunruhigt. Aber ich weiß wirklich nicht, was sie bedeutet« (Pegg 2009, S. 91).

Er sah in dem damals gerade beginnenden Boom der Piercing- und Tätowierungsszene ein Zeichen für einen spirituellen Stillstand und das Auftauchen einer neuen heidnischen Dekonstruktion religiöser Motive (Pegg 2009, S. 361). Der Kontext war demnach derselbe, dem er in 70er Jahren nachgegangen war. Das Album handelte von einem Kunstmord, der als ein typisches Ritual in der Nähe zum christlichen Martyrium und heidnischen Opfer beschrieben wurde. Innerhalb der sadomasochistischen Perversion dient die Fantasie einer solchen Überschreitung dazu, die Grenze zwischen Leben und Tod zu nivellieren. Der reale Tod soll durch einen sadistischen Kunstakt verleugnet werden. Deshalb führt in den Schriften des Marquis de Sade das schlimmste Leiden des Opfers selten zum Sterben, sondern ähnlich wie bei Jesus in das Phantasma eines Übergangs, eines Transfers in ein ewiges Leben. »Die Analyse zeigt klar, daß das Subjekt ein Double von sich abtrennt und dieses unerreichbar macht für die Vernichtung« (Lacan 1996a, S. 314). Die sadistische Fantasie richtet sich im ewigen Leiden ein mit dem Ziel, dass so das ewige Leben erreicht werden kann. Das zentrale religiöse Bild dieser Ilusion ist die perverse Lesart des Martyriums der Kreuzigung. Bowies Vorgruppe während seiner »Outside«-Tour (1995–1996) war in den USA nicht zufällig eine kalifornische Hardcoreband namens Nine Inch Nails (»Neun Zoll Nägel«), die wie viele Bands dieser Art mit den pervertierten Motiven dieses religiösen Inhalts spielten.

Der Popstar kam mit diesem Album dem erlebten Kontext in den

3. Die Philosophie des gespaltenen Gottesbildes

70ern so nah wie möglich, und vielleicht gelang es ihm, seine eigenen traumatischen Erfahrungen zu rekapitulieren. *1.Outside* hatte zusammen mit *Earthling* (1997) eine kathartische Wirkung auf ihn, da er in seinem Spätwerk sehr viel entspannter auftrat als jemals zuvor. Kommerziell verkaufen konnte er dieses Album hingegen kaum. Vor allem der schräge, sadistische Humor wurde von seinem Publikum nicht verstanden und als abstoßend empfunden. Die folgende »Outside«-Tour wurde von den Zuschauern ebenfalls sehr schlecht aufgenommen und gehört zu einer der größten Niederlagen in seiner gesamten Karriere (Sandford 2003, S. 16f.). Dennoch war Bowie mit diesem Album noch einmal etwas Neues, Unerwartetes und sehr Innovatives gelungen. Es war nach meiner Ansicht und der vieler Kritiker sein wichtigstes Album in den 90er Jahren.

Drei der Songs von *1.Outside* sang er aus der Position des Täters, der sich in einem Kunstritual als ein Minotaurus verkleidet hatte: *The Voyer Of Utter Destruction (As Beauty)*, *Wishful Beginnings* und *I'm Deranged*. Seine Überschreitung bestand in dem Mord an Baby Grace Blue, einem 14-jährigen Mädchen. Bowie stellte das Opfer im Booklet ebenfalls selbst dar und sprach auch ihre Stimme auf dem Album. Baby Grace Blue wurde von dem Minotaurus in in einer Kunstzeremonie, die dem Täter einen spirituellen Kick verschaffte, getötet (Pegg 2009, S. 246). Dann wurden ihre Eingeweide als Kunstwerk öffentlich ausgestellt. Das Monströse daran war, dass es sich im Gegensatz zu den meisten Produkten dieser ehedem oft perversen Kunstform um ein Menschenopfer handelte. Die Szenen eines perversen, sadistischen Rituals bestimmten so den gesamten bedrohlichen Unterton des Albums. Die eigentliche Tat wurde in *The Voyer Of Utter Destruction (As Beauty)* ziemlich abstrakt vorbereitet: »I shake / For the reeking flesh / Is as romantic as hell«. Der Mord selbst wurde am deutlichsten in *Wishful Beginnings* geschildert, einem verstörenden Song, der bei der Tour nicht gespielt wurde und den Bowie bei der zweiten Version des Albums, *1.Outside Version 2*, durch einen Remix von *Hallo Spaceboy* von den Pet Shop Boys ersetzte. In *Wishful Beginnings* sang er: »You're a sorry little girl / Please hide, for the pain must feel like snow«. Mit Schnee war hier wieder Kokain gemeint. Die interessanteste Zeile in diesem Song war: »Shame burns«, womit deutlich wurde, dass die Tat nicht nur eine reale Handlung, sondern auch ungewöhnliche psychische Inhalte hatte. Der dritte Song, *I'm Deranged*, war dann ein Geständnis des Minotaurus über seinen Wahn. Darin hieß es: »And the rain sets in / It's the angel-man / I'm deranged«, wobei der »angel man« eine Anspielung auf einen christlichen Engel war.

Bowie identifizierte sich auf *1. Outside* nicht mehr einfach mit einem bösen Objekt. Da er acht verschiedene Personen einschließlich des Opfers und des Detektivs Professor Nathan Adler sprach, der das Verbrechen aufzuklären versuchte, war seine Position viel mehrdeutiger. Dennoch überwog die grausame Tat, und die Frage, ob es sich um ein Verbrechen oder um ein Kunstwerk handele, die Nathan Adler am Anfang seiner Aufzeichnungen im Booklet stellte, war für sich allein genommen schon pervers.

Das Besondere war die Verkleidung des Täters als Minotaurus. Dieses Wesen, ein Mensch mit einem Stierkopf, kommt schon in den Höhlenzeichnungen der Steinzeit vor. Die Fabelfigur bekam die uns geläufige Bedeutung jedoch erst durch die griechische Sagenwelt, in der sie erstmals als ein Monster darstellt wurde, dem Jungfrauen geopfert werden mussten. Der Minotaurus wurde dann im christlichen Denken ähnlich wie Dionysos vor allem mit dem Diabolischen in Zusammenhang gebracht. Es handelte sich um eine Figur, die vom Christentum zum verdammten körperlich Animalischen gehörte. Ernest Jones schrieb, dass die Vorstellung von solchen zusammengesetzten Figuren eine Metamorphose darstellt und ursprünglich dem Traum und seiner Verdichtungsarbeit entnommen ist (Jones 1970, S. 7 u. 19). Als ein ähnliches Fabelwesen mit einem Körper halb Mensch halb Hund war Bowie auf dem Cover von *Diamond Dogs* (1974) aufgetreten. Der Minotaurus spielt eine wesentliche Rolle in der Kunstgeschichte. Er war ein wichtiges Motiv für Pablo Picasso, der ihn mit dem spanischen Stierkampf assoziierte. Picasso ließ sich sogar selbst mit dem Kopf eines Stieres aus Bast in der Pose eines Minotaurus fotografieren (Schneider 2005, S. 158f.).

Auf dem folgenden Album, *Earthling* (1997), worin Bowie die Musik und Inhalte von *1. Outside* mit populäreren Mitteln fortsetzte, trug seine schwarze Bassgitarristin Gail Ann Dorsey zwei kleine Hörner, und in dem Song *Little Wonder* (1997), der nicht nur eine Persiflage auf den christlichen Wunderglauben enthielt, sah Bowie selbst in dem Videoclip wie ein kleiner Teufel aus. In dieser Periode änderte er zudem nochmals sein Aussehen. Zu dem sadistischen Bärtchen während der *Outside*-Phase

3. Die Philosophie des gespaltenen Gottesbildes

färbte er sich nun die Haare rot und trug wieder Ohringe. Er ähnelte in seinem Aussehen nun zum ersten Mal seit 20 Jahren wieder Ziggy Stardust. Der Song *Outside* wurde nochmals auf der »Earthling«-Tour (1997) gespielt und dabei oft von Bowies Bassistin gesungen (Pegg 2009, S. 169). In dem Videoclip zu *Seven Years In Tibet* (1997) tauchte dann neben dem Dalai Lama der Minotaurus ein letztes Mal auf. Und in dem Song *Dead Man Walking* (1997) löste der Popstar sein Motiv von Himmel und Hölle erstmals in einer angemessenen und aufgeklärten Weise in einem Songtext auf. Darin hieß es: »There's not even a demon in Heaven or Hell / Is it all just human disguise«. Dabei bezog er sich explizit auf einen Riss in seiner Vergangenheit, der vermutlich von 1975 stammte: »And I'm gone through the crack in the past«.

Auf dem Cover seines nächsten Albums, *'hours...* (1999), ließ er sich dann mit einem weißen Cape und langen Haaren in der Position eines Engels abbilden. Er war auf dem Coverfoto zweimal abgebildet und hielt den Kopf eines zweiten David Bowie, der auf dem Boden lag, in seinen Händen. Der Popstar spaltete sich hier selbst in den ehemaligen *Earthling*-Teufel und den *'hours*-Engel, der sein Alter Ego auffing. Das Foto war inspiriert von der berühmten *La Pieta* (1499) des Michelangelo in Rom (Pegg 2009, S. 371). Auf der Rückseite war der Popstar sogar dreimal abgebildet und vor ihm lag eine schwarze Schlange, das berühmte Symbol des Teufels, dem es in dieser Gestalt gelungen war, Adam und Eva aus dem Paradies zu vertreiben. Mit *'hours...* endete seine Beschäftigung mit dem »höllischen«, destruktiven Sadismus als einer der paranoid-schizoiden Auswirkungen, der die zwei vorherigen Alben geprägt hatte und nun nochmals in *The Pretty Things Are Going To Hell* (1999) vorkam. Danach konnte Bowie dann endgültig sein harmonischeres Spätwerk einleiten. Vor allem in dem Song *Something In The Air* auf *'hours...* kündigte sich schon deutlich die neue Richtung an, die hin zu einer großen Traurigkeit führte, die auf *Heathen* (2002) dann so gut entfaltet wurde.

Auf *Heathen* gab es mit *5.15 The Angels Have Gone* einen Abschiedssong von der göttlichen Spähre, der zugleich auch an seine kurz zuvor verstorbene Mutter gerichtet war: »Angels have gone / We never talk anymore / Forever I will adore you«. Das »We never talk anymore« wurde sehr gedehnt gesungen und drückte eine tiefe Trauer über das

The Width Of A Circle (1971)

Ende seiner poetischen Konversation mit metaphysischen Kräften und wohl auch das Ende der Gespräche mit seiner Mutter aus. Erneut betonte Bowie darin das Thema einer endgültigen Trennung, welches das eigentliche traumatische Motiv war, aus dem seine starke Faszination für meatphysische Kontexte entstanden war.

Es gab für 'hours... eine Fotosession, in der er sich brennend auf einem Kreuz fotografieren ließ (ebd.). Eines dieser Fotos wurde, geschickt weiterverarbeitet, im Booklet abgedruckt. Die Beschäftigung mit dem Trauma aus den 70er Jahren mündete demnach in dieselbe christliche Symbolik vom Kreuz wie schon 20 Jahre zuvor. Und Bowie konnte mit dieser Symbolik letztendlich nicht fertig werden, weil dieses Motiv der Selbstopferung von Jesus auf dem ödipalen Vatermord an Moses basierte, wie es Freud in seiner vorletzten Schrift beschrieben hat (Freud 2000, Bd. IX, S. 534). Die populäre christlich-mythologische Narration deckte so wesentliche Motive in der Biografie des Popstars überhaupt nicht ab. Sie konnte nicht so weit gehen, in der passiven und zärtlichen Unterwerfung des Sohnes unter den Vater die homosexuellen Motive wahrzunehmen und anzuerkennen. Unterdessen leidet die katholische Kirche unter der Offenlegung einer solchen unterdrückten homosexuellen Ebene, weil sie im Katholizismus durch einige zölibatäre Priester in Form von Missbrauch wiederkehrte. Aber vor allem fordert die christliche Religion ein Schuldgeständnis, das auf einem unbewussten Vatermord basiert, den der Popstar psychisch in keinster Weise begangen hatte. Die christliche Version der ödipalen Thematik ist zur zärtlichen Vaterbindung nur unter dem Dogma der schuldigen Verpflichtung des Sohnes zur Sühne seiner Schuld gegenüber der Vaterimago in der Lage. Ein solches Schuldgefühl gegenüber der Vaterimago hatte der Popstar aber gar nicht, seine Schuldgefühle traten vielmehr gegenüber der Mutter zutage. Ferner handelt es sich auf *1. Outside* um einen »Kunstmord«, weil dabei die Zerlegung des Opfers und seine Zerstörung die wesentlichen Motive waren, nicht nur der Mord selbst. Bowies Wut richtet sich mehr in einer psychotischen Form auf eine Zerstörung des Weiblichen, als auf den für Neurotiker typischen Mord.

1999 war auch das Jahr, in dem er *Word On A Wing* (1976) erstmals seit den 70er Jahren wieder bei Liveauftritten vortrug. Als Engel war er bereits bei der »Glass Spider«-Tour (1987) aufgetreten und sang *Time*

(1973) von der Kuppel seiner Bühne, die eine 20 Meter hohe Spinne aus Glas darstellte. In den 70er Jahren hatte er denselben Song noch im Kostüm einer frivolen Nachtclubsängerin mit einer Federboa um den Hals gesungen und dabei die Boa Constrictor, die Alice Cooper damals häufiger um den Hals trug, imitiert (Rock 2002, S. 76). Der Engel der Geschichte ist eine Allegorie der Zeit, die Figur aus *Look Back In Anger* (1979), *Time* (1973) und *'hours...* (1999) führt den Menschen vor das traurige Tor seiner eigenen Endlichkeit. Insofern die Zeit immer eine Frist ist, zeigt sie dem Subjekt jene tragische Grenze, von der er trotz aller Metaphysik nicht wissen kann, was jenseits von ihr passieren wird. Der Tod ist eine einzigartige und absolute Grenze. Es ist eine Illusion, zu glauben, »das Leben« gehe danach einfach in einer anderen Form weiter, denn der Tod beendet das Leben. Er ist als ausstehendes Ende vor allem die Möglichkeit einer Unmöglichkeit, weil er jenseits des Vorstellbaren liegt. Es ist daher unmöglich, den Tod zu erleben (Derrida 1998b, S. 118). »Es ist der ursprüngliche und unableitbare Charakter des Todes als Endlichkeit der Zeitlichkeit, in der er wurzelt, der entscheidet und dazu verpflichtet zu entscheiden, an erster Stelle von hier aus aufzubrechen, von diesseits« (ebd., S. 94). Das Ultimatum, welches uns zum Handeln im Diesseits zwingt, wird demnach immer durch den Rhythmus der vergehenden und begrenzten Zeit bestimmt, die immer zu kurz gewesen sein wird. So waltet der Tod durch die Zeit immer schon über unser gesamtes Leben.

4. Das Verdikt der vergehenden Zeit – *Time* (1973)

»Who said ›time is on my side‹?«
(Survive 1999)

Als Bowie sich am 3. Juli 1973 auf der Bühne im Hammersmith Odeon in London offiziell von Ziggy Stardust verabschiedete und sagte, er würde niemals mehr auftreten, schuf er mit diesem vorzeitigen Abgang seine eigene Legende. Es passte genau zu dem Bild eines Idols, welches im Zenit seiner Jugend verbrannte, aber nicht alterte. Ziggy Stardust starb auf der Bühne und konnte so zu einem Mythos werden. David Bowie lebte weiter und musste andere Figuren kreieren. Zudem tötete Bowie seine Glamrockfigur einfach, bevor die Zeit sie überholen und sie nicht mehr dem Trend entsprechen würde. Die Autonomie dieser vermutlich spontanen Handlung war verblüffend und er zwang sich damit selbst dazu, neue Wege zu gehen und zu den bisherigen die Brücken abzubrechen. Das Interesse, den Aspekt der Zeit in Szene zu setzen, durchzog sein gesamtes Werk.

Im November 1991 sagte er in einem Interview gegenüber Tim Grundy: »I was desperately depressed about three days I was born«. Die konkrete Zeitangabe fällt in dieser Äußerung besonders auf. Er erklärte danach, dass seine depressive Grundhaltung möglicherweise auf Probleme mit der Milch von seiner Mutter zurückzuführen sei. Bowie verwendete dieses Motiv zwar eher metaphorisch, doch gleichzeitg drückte er damit auch ganz konkret ein Defizit aus, das seine frühkindlichen, oralen

Bedürfnisse betraf. Er erklärte dann, mit zunehmendem Alter weniger Depressionen zu haben, weil er unterdessen gelernt habe, besser mit ihnen umzugehen. Einer seiner größten Fehler sei es gewesen, immer in Plänen für die Zukunft zu leben und so der Gegenwart auszuweichen. In *Now* (1989), einem Song, den er zunächst mit Tin Machine live spielte und den er später zu dem Titelstück *Outside* (1995) umarbeitete, ging es genau darum, das Leben emphatisch in der Gegenwart zu leben und es nicht in die Zukunft oder Vergangenheit zu verlegen: »It happens today«. In dem Song *Sunday* (2002), der mit Tönen begann, die sich anhörten wie das Einwählen in ein Telefonnetz, besang er eine paradoxe Einstellung zwischen Stagnation und Veränderung in der Zeit: »For truth, it's the beginning of nothing / And nothing has changed / Everything has changed«. Die extreme Polarisierung – alles hat sich geändert, nichts hat sich geändert – fiel dabei sehr auf.

Viele von seinen Songs hatten sehr konkrete zeitliche Angaben. Das Album *1.Outside* (1995) beispielsweise hatte einige gezielte Bezüge auf das kommende Millennium als eine Grenze, die irrationale, apokalyptische Ängste auslöste. In Bowies Karriere gab es drastische Einschnitte, die jeweils mit dem neuen Jahrzehnt zusammenhingen. Seine Position schien mit jedem neuen Jahrzehnt zu wechseln. Viele von seinen Songs enthielten Zeitangaben im Titel: *Love You Till Tuesday* (1967), *Five Years* (1972), *Aladdin Sane (1913–1938–197?)* (1973), *Tonight* (1985), *Day in Day Out* (1987), *'87 And Cry* (1987), *Thursday's Child* (1999), *Sunday* (2002), *5.15 The Angels Have Gone* (2002), und *Days* (2003). Der Song *Leon Takes Us Outside,* der Opener von *1.Outside* (1995), bestand aus einer einzigen Aufzählung von Jahreszahlen und Tagen. Besonders fiel dabei der »Martin Luther King Day« auf, der gleich zweimal darin auftauchte.

Häufig trat in seinen Songs die zeitliche Bestimmung »now« auf, womit immer der ekstatische Bezug der zum Erlebnis drängenden Musik ausgedrückt wurde. Andererseits fühlt er sich aber auch ohnmächtig gegenüber der vergehenden Zeit und hat eine tragische Einstellung zu ihr, die schon früh thematisiert wurde: »Time may change me / But I can't trace time«, sang er in *Changes* (1971). In *Cracked Actor* (1973) beschrieb er aus der Perspektive eines 50-jährigen Hollywoodschauspielers das Leiden an der Zeit und daran, älter und damit unattraktiver zu werden. Bei der

Time (1973)

Bühnenshow zu diesem Song inszenierte er sich 1974 und 1983 in einer klassischen Hamlet-Pose mit einem Totenschädel in der Hand (Pegg 2009, S. 57). Er küsste das Symbol des barocken Vanitas-Motivs, das in der Kunstgeschichte eines der geläufigsten Symbole für Vergänglichkeit ist, und hielt den Schädel 1983 sogar neben sein Gesicht; beide grinsten dann gemeinsam. Dieses dramatische Spiel mit dem Verhängnis, durch die Vergänglichkeit der Zeit zum Tode verurteilt zu sein, enthielt beides: das Trauma der Sterblichkeit und seine scheinbare Bewältigung.

Sein direktester Song über die Zeit war *Time* (1973). Er hat, obwohl Bowie dies gar nicht geplant hatte, deutliche homosexuelle Aspekte, worüber der Sänger selbst angeblich sehr überrascht war (Miles 1980, S. 72). *Time* stand in einer deutlichen Beziehung zu seinem verstorbenen Vater und zu der Bindung an ihn durch den unvollständigen, negativen Ödipuskomplex. »His trick is you and me boy«. Bowie beschrieb hier die Zeit wie eine biegsame Hure *(whore)*, die Tür zu den zeitlosen Träumen von Idealen wurde geschlossen: »The door to dreams was closed / Your park was real greenless / Perhaps you're smiling now / Smiling through this darkness / But all I have to give / Is guilt for dreaming«. Dabei forderte er seine Zuhörer immer wieder dazu auf, sich ihre Zeit zu nehmen, das hieß, Klarheit darüber zu haben, dass dieses kostbare Gut begrenzt ist und deshalb möglichst sinnvoll genutzt werden muss: »Take your time«. Die zeitlosen Ideale wurden so mit der Zeit als ein Ultimatum, das auf den Tod hinausläuft, kontrastiert. Die Aufforderung »Take your time« impliziert, dass es viele Menschen gibt, die glauben, über ein Kontinuum von endloser Zeit zu verfügen. Für Borderliner bedeutet Zeit konkret immer wieder Trennung und fortwährende Veränderung. Die Zeit steht so in Opposition zur Fixierung, die Zeitlosigkeit (Ewigkeit) suggeriert. Ein existenzieller und sehr dramatischer Augenblick war der, als Bowie in *Time* auf den momentanen Zeitpunkt hinwies: »Oh well I look at my watch / It says 9:25 and I think / Oh God, I'm still alive«. Hier wurde der herausgehobene Augenblick dramatisch gegen die Auffasung der Kontinuität ausgespielt. In *All The Young Dudes* (1969) hatte er gesungen: »Don't want to stay alive when you're twenty five«, und in *The Motel* (1995) hieß es viele Jahre später: »We're living from hour to hour down here«. Der gnadenlose Ablauf der Zeit bedeutet, wenn man nur den momentanen Augenblick sieht, immer wieder Trennungen

4. Das Verdikt der vergehenden Zeit

von Menschen, die natürlich dann ihre stärkste traumatische Wirkung entfalten, wenn sie wie im Fall seines Vaters durch den Tod tatsächlich etwas Endgültiges haben.

1973 äußerte Bowie sich zu seinem häufigen Insistieren auf den gegenwärtigen Augenblick: »Things have to hit for the moment«. Dabei erklärte er, dass er, um einen solchen spontanen Ausdruck einzufangen, das Video als Jetzt-Zeit-Medium sehr gerne verwenden würde (Copetas 1974). Seine Konzerte entwickelten ihre Intensität immer dadurch, dass er spontan, sprunghaft und energetisch mit voller Kraft den gegenwärtigen Moment in einer sehr dramatischen Form zum wichtigsten erklärte. Die Liveauftritte sind in seiner Karriere der extremste Ausdruck seiner Kunst und hatten einen besonders hohen Stellenwert. In *Sweet Thing* (1974) nahm er die konkrete Anrede mit »boy« aus *Time* wieder auf und verwendete sie nun im Plural. Die Zeit sollte jetzt professionell gestohlen werden und dieser Job war ein Fluch: »And I'll steal every moment / If this trade is a curse«. Bowies auffallende Bühnenpräsenz, die passend zu der Musik jeden Augenblick seiner Show zu einem intensiven Gegenwartserlebnis machte, wurde mit dieser Bemerkung gleichzeitig genau kommentiert. Seine Band Tin Machine war dann vor allem der Versuch, eine Liveband herzustellen. Die Zeit auf der Bühne durch Beschleunigung und dramatische wie lyrische Verdichtung zu intensivieren, war für Bowie ein wesentliches Mittel, das er stets perfekt eingesetzt hat. Sein erstes Logo, der Blitz am Set von Ziggy Stardust, war der Ausdruck für das extrem kurzweilige und sehr kraftvolle, aufgeladene, dramatische Ereignis. Der Popstar trug auf dem Cover von *Aladin Sane* (1973) den Blitz im Gesicht, und bei *Diamond Dogs* (1974) wurde sein Name mit ihm unterstrichen. Das ganze »Ziggy Stardust«-Album war unmittelbar im Anschluss an *Hunky Dory* extrem schnell aufgenommen worden (Pegg 2009, S. 294). Bowie nahm seine Songs oft mit großer Geschwindigkeit auf (Sandford 2003, S. 194). Nur zwei Monate dauerten beispielsweise die Aufnahmen zu »*Heroes*« (1977). Eno, Visconti und vor allem er selbst entschieden sich dabei oft gleich für den ersten Take (Rüther 2008, S. 153). Sein Gitarrist Adrian Below berichtete, dass er ihm am Anfang 30 oder 40 Songs in einer Woche beigebracht hätte, bevor er sie live auf der Bühne spielen sollte. »Er arbeitet schnell« (Sandford 2003, S. 209). 1986, bei *Absolute Beginners*, bemerkten die Musiker, mit denen zusammen er im Studio

Time (1973)

den Song aufnahm: »Bowie arbeitet mit Lichtgeschwindigkeit. Er wollte immer Augenblicke festhalten und nicht irgendwelche Ideen« (Sandford 2003, S. 276). Den vitalen Augenblick kann man nur einfangen, wenn man sich die Zeit zur Reflektion erst gar nicht nimmt. Realzeit spielte eine große Rolle in dem ästhetischen und mentalen Konzept des Popstars und hing oft mit seinen manischen Phasen zusammen, die keine Zweifel zulassen wollten.

In einem Interview von 1983 mit Susan Sarandon, die durch ihre Rolle der frisch verheirateten Janet Weiss in *The Rocky Horror Show* (1975) bekannt wurde, betonte Bowie, dass er in früheren Jahren viel stärker für den Moment, ohne einen Blick auf die Zukunft gelebt habe. In dem Song *It's No Game (Part 1)* (1980) bemerkte er genau das Gegenteil, dass er ausgeschlossen sei von den gegenwärtigen Ereignissen: »I am barred from the event / I really don't understand the situation«. In *Golden Years* (1976) beschrieb er eine ewig lange Zeit in Zusammenhang mit dem Wunsch nach einer festen Bindung: »I'll stick with you baby for a thousand years / Nothing gonna touch you in these golden years«. In *Beat Of Your Drum* (1987) verging zwar die Zeit, aber ein Zeichen blieb übrig: »Seasons may change, weather blows, but / you still leave a mark on me«.

Einen starken Kontrast zwischen zwei verschiedenen Zeiten gab es in »*Heroes*« (1977). Bowies Jetztzeitbegriff als Frist wurde dabei in dem Satz deutlich: »Oh we beat them just for one day«. Und gleichzeitig gab es gerade in diesem Song eine zweite Zeit, die mit der ersten in einem Widerspruch stand. Denn einige Zeilen später sang er: »Oh we can beat them for ever and ever«. Dasselbe Paradox wiederholte sich in den Zeilen: »We can be heroes just for one day« und »We can be heroes for ever and ever«. Der Anspruch darauf, für immer ein Held zu sein, wurde mit der raschen Vergänglichkeit von nur einem einzigen Tag kontrastiert. Die Verknüpfung zwischen beiden Zeiten könnte der Satz liefern: »And I, I'll drink all the time«, der ebenfalls doppeldeutig war. Einerseits könnte damit gemeint sein, dass er ununterbrochen Alkohol trank (vgl. Pegg, S. 95), auf der anderen Seite könnte es aber auch metaphorisch gemeint sein und bedeuten, dass er die gesamte Zeit (auf-)trinken, also die Zeit selbst schlucken würde. Die zweite Lesart wird unterstützt durch den Satz: »We could steal time just for a day«, in dem es ebenfalls darum ging, die Zeit zu tilgen, aber dies wiederum nur für einen Tag. Es gibt demnach neben der intensiven Präsenz in der Gegenwart auch genau das Gegenteil: eine fixierte Zeit, in der immer alles gültig ist und für ewig bleibt. Wie Klein erwähnte, hat W. C. M. Scott darauf hingewiesen, dass die Brüche in der Kontinuität des Erlebens weniger räumliche als vielmehr zeitliche Spaltungen darstellen (Klein 2000, S. 14). Sie schrieb, dass durch die alltäglichen Verzerrungen in der Zeitwahrnehmung die Zukunft von jungen Menschen und die Vergangenheit von alten Menschen oft idealisiert wird, um jeweils der Gegenwart auszuweichen (ebd., S. 490). In *Slip Away* (2002) schilderte Bowie später einen Raum aus seinen TV-Erinnerungen, in dem die Zeit förmlich stehen geblieben war: »Some of us will always stay behind / Down in space it's always 1982«. Solche fiktiven Verschmelzungen innerhalb der Zeiten können über reale Trennungen und Abschiede hinwegtäuschen oder zumindest tröstend sein.

In ähnlichen Paradoxien hat der Popstar einige Male das Verhältnis zu Tod und Geburt dargestellt. In *The Man Who Sold The World* (1971) hieß es: »We must have died alone, a long long time ago«, womit die Endgültigkeit des Todes zu einem illusionären Zustand wurde, weil die Lebenden ihn bereits erfahren hatten. Solche Vorwegnahmen setzten sich ebenso über die Bedeutung des eigentlichen Verlaufs hinweg und übergingen dabei die Grenze zwischen Leben und Tod. In *We Are The Dead* (1974) hieß es: »Because of all we've seen, because of all we have said / We are the dead«, womit in wörtlicher Anlehnung an Orwells Roman *1984*, »Wir sind Tote« (Orwell 1988, S. 222), dasselbe Paradox geäußert wurde. Beide Textstellen lassen sich aber auch anders verstehen, nämlich so, dass die Lebenden sich bereits so verhalten, als wären sie bereits tot. Diese depressivere Lesart kehrte in dem Titel des Songs *Dead Man Walking* (1997) wieder, der sich nur insofern auf den gleichnamigen Film bezog, als er die Situation eines Mannes, der noch lebte, aber bereits zum Tode verurteilt war, psychisch nachvollzog. Auf der anderen Seite, dem Anfang wurde die Zeit auch durch die Fantasie, dass gar keine Geburt und damit Trennung von der Mutter stattgefunden hatte, nivelliert. In *Buddha Of Suburbia* (1993) sang der Popstar: »Never born, so I'll never get old«. Bowies erster Manager schrieb die Anekdote auf, dass Bowies Mutter bei der Geburt ihres Sohnes anhand seines wissenden Blicks

Time (1973)

behauptet haben soll, er wäre schon einmal auf der Welt gewesen (Pitt 1985, S. 7). Die buddhistische Vorstellung von der Wiedergeburt, die der abendländische Mensch meist als Fiktion begreift, enthält ebenfalls eine skurrile, poetisch gesehen aber auch sehr interessante Vermischung zwischen Leben und Tod – durch den Gedanken einer möglichen Rückkehr, die im Übrigen in dieser religiösen Auffassung gerade durch das Subjekt verhindert werden soll. Bowie berief sich selbst auf die Idee einer vorgeburtlichen Aktivität, als er bei einem Konzert im Oktober 1996 (The Bridge School Concerts) humorvoll äußerte, dass er *The Man Who Sold The World* bereits vor seiner Geburt geschrieben habe, was auch immer das genau heißen sollte!

Zu diesen Fiktionen, die die absolute Grenze zwischen Leben und Tod leugnen, stand Bowies pulsierende Lebensbejahung, die er vor allem von Nietzsche und den Beatniks hatte, in einem völligen Gegensatz. Kaum ein anderer Künstler hat immer wieder das Leiden und die Traurigkeit über das menschliche Verhängnis des Vergehens so dramatisch ausgedrückt wie er. Sehr eindrucksvoll wurde dieses Grundmotiv seiner Musik in einer frühen Coverversion von *My Death* (1972) in Szene gesetzt. Dieser Song war ursprünglich ein relativ unbekanntes Chanson von Jaques Brel und hieß *La Mort* (1959). Es hatte auch einen etwas anderen musikalischen Charakter, der mehr an einen Marsch erinnerte. Bowie orientierte sich in seiner Version weniger am Original, als vielmehr an der Version von Scott Walker (1967). Er nahm denselben englischen Text von der Übersetzung von Mort Shuman und Eric Blau, die das Chanson 1966 für ein Broadway-Musical übersetzt hatten. Die Broadway-Version war schon um einiges verspielter und weicher als das patriarchale Original und wurde von einer Frau gesungen. Für Walker, für Bowie ein Idol, hatte sich die Auffassung von Musik durch Brels existenzielle Art entschieden geändert (Dokumentation Kijak 2006). Bei Bowie war das ähnlich und *My Death* führte ihn zu einer anderen Art von Inhalten. Der Song handelte davon, dass eine geliebte Frau vor der Tür stand, die in das Reich des eigenes Todes führte: »But whatever lies behind the door / There is nothing much to do / angel or devil, I don't care / for in front of that door / there is you«. Dieselbe Frau würde ihm dann auch die Augen schließen: »Your cool fingers will close my eyes / let's think of that / and the passing time«. 2003 gab Bowie zu, dass dieser Song, den er für seine

»Outside«-Tournee (1995–1996) recycelte, für ihn sehr wichtig gewesen sei (Pegg 2009, S. 157). Seine Intension bestand in einer romantischen Verdichtung zwischen Tod und Liebe. In *Reality* (2003) sang er: »Now my death is more than just a sad song«, und auf demselben Album gab es im letzten Song, dem acht Minuten langen *Bring Me The Disco King* (2003), einen sehr ernsten und langen Dialog mit einer verschwommenen Gestalt des Todes: »Don't let me know you're opening the door / Stab me in the dark let me disappear«, war Bowies Wunsch. Die einfache Order des Todes hingegen lautete: »Bring me the Disco King«.

Oscar Wilde hat in seinem berühmten Roman *The Picture of Dorian Gray* (1891), einer geschickten Weiterverarbeitung von Edgar Allan Poes Kurzgeschichte *The Oval Portrait* (1842), den Wunsch einer Umkehrung der realen Verhältnisse geschildert. Nicht mehr der lebendige Mensch soll altern, sondern das Bildnis von ihm. Hinter dem Wunsch, aus ästhetischen Gründen immer in der Blüte der Jugend zu stehen, findet sich bei Wilde letztendlich der perverse Wunsch danach, immer der Gleiche zu bleiben (Wilde 2010, S. 306f.) und sich so niemals vom Leben und der eigenen Schönheit trennen zu müssen. Wenn Bowie sich in dem Song *Sweet Thing* (1974) fragte, ob er seine eigenen Schmerzen möglicherweise in einen Fremden hineinprojiziert hatte (»And isn't it me / Putting pain in a stranger?«), so wurde dieser Fremde im nächsten Satz als ein Bild aus Fleisch (»Like a portrait in flesh«) beschrieben. Demnach war für ihn Wildes fantastische Vertauschung von totem Bild und lebendigem Original nicht ein Doppelgängerproblem, das auf einer äußeren Ähnlichkeit basierte, sondern vielmehr eine projektive Identifikation, in der die inneren Ängste einer Person in ein Gemälde ausgelagert wurden, das dadurch lebendig wurde. Gray fühlt im Roman, als er das gemalte Bild von sich selbst zum ersten Mal sieht, dass es ein Teil von ihm ist (ebd., S. 45). Bowies erste Rolle in dem Kurzfilm *The Image* (1967) war die eines gemalten Bildes, das lebendig geworden war und dann von seinem Maler ermordet wurde. Er stellte das Motiv einer solchen Verschmelzung eines gemalten Selbstportraits mit dem eigenen Gesicht in dem Videoclip zu *Look Back In Anger* (1979) dar. Hier übertrug sich aber umgekehrt die Farbe des Bildes auf das eigene Gesicht, das so verunstaltet wurde.

Ganz ähnlich wie bei Wilde resultiert auch bei Marcel Proust seine spezielle Philosophie über die Zeit und die Vergänglichkeit aus einer

Time (1973)

Fixierung an die Mutter. Beide unternehmen deshalb einen Versuch, in ihren Fiktionen dem grausamen Fortschreiten ihrer Vergänglichkeit durch literarische Fantasien zu entgehen. Im Unterschied zu Wilde, der viel dynamischer war und die eigene Fixierung eher reflektiert hat, ist dieses Interesse bei Proust programmatischer und grundsätzlicher. In seinem Roman *A la recherche du temps perdu* wird ständig eine unwirkliche Identität zwischen Vergangenheit und Gegenwart hergestellt (Proust 1984, S. 263). Das Ziel des Autors war es, mit der Ersetzung der Gegenwart durch eine möglichst verdichtete Vergangenheit der Trennung von seiner verstorbenen Mutter imaginär zu entkommen.

An seinem 50. Geburtstag sagte Robert Smith von The Cure über Bowie: »He doesn't seem fifty. He seems about 15 and 100 at the same time« (Pegg 2009, S. 515). In dem Horrorfilm *The Hunger* (1983) spielte Bowie die Rolle eines Vampirs, der die ewige Jugend zu besitzen schien und schließlich einen um so traumatischeren raschen Verfall seines Körpers erleben muss. Er alterte in dem Film in nur wenigen Stunden um Jahrhunderte. In dem Video zu *Thursdays Child* (1999) war ein ähnlicher Wunsch nach Verjüngung zu sehen. Darin stand der Popstar lange Zeit im Schlafzimmer vor seinem eigenen Spiegelbild, bis er selbst darin schließlich als ein jüngerer Mann auftauchte. Seine Partnerin, die neben ihm stand und ihre Kontaktlinsen säuberte, verjüngte sich dann plötzlich ebenfalls. Und nun stand neben ihm nicht mehr eine Frau im mittleren Alter, sondern ein 20-jähriges Mädchen, das er schließlich küsste. Daraufhin sah ihn seine Frau ernst an. In dem Song ging es um die Idee, möglicherweise zur falschen Zeit geboren worden zu sein und so eine Spaltung erfahren zu haben: »Maybe I'm born right out of my time / Breaking my life into«.

Auf *'hours...* (1999) war das Alter, die fortgeschrittene Zeit, wie der Titel des Albums bereits sagt, ein wesentliches Thema. In dem Song *Never Get Old* von *Reality* (2003) bildete Bowie ein Paradox zwischen einem ewigen Leben in den Medien und dem baldigen Ende seiner Auftritte: »I'm screaming that I'm gonna be living on till end of time / Forever«, hieß es zunächst, aber es folgte die Beschreibung von einem Riss im Himmel und der Blick fiel auf einen Totenschädel, erneut das Vanitas-Motiv der Vergänglichkeit: »The sky splits open to a dull red skull / My had hangs low 'cause it's all over now.« Für Bowie bestand ein reales Paradox darin, dass er, obwohl er immer älter wurde, durch seinen infantilen Charakter zugleich immer auch ein Kind blieb. 2003 thematisierte er sein eigenes Lebensgefühl häufiger und stellte fest, dass er sich nicht wirklich von der Mentalität eines 20-Jährigen unterscheide. Doch das war sicherlich so nicht ganz richtig, weil er aufgrund seiner Erfahrungen natürlich doch älter war, als es ihm zuweilen vorkommen wollte.

Eine andere Möglichkeit, eine spezifische Form von Zeitlosigkeit zu erreichen, nutzte der englische Popstar, indem er durch möglichst viele Rückbezüge innerhalb seiner Texte eine Konsistenz in seinem Werk herstellte. Die Anwendung dieses Mittels hing nicht zuletzt damit zusammen, dass sein Publikum seine alten Songs immer wieder hören wollte und er deshalb versuchte, sie mit seinen neuen Songs zu verknüpfen, einfach um deren Attraktivität zu steigern oder auch um an einstige Erfolge anschließen zu können. Er sagte beispielsweise über sein Album *Heathen* (2002), dass es mit dem Album *Low* (1977) verwandt sei: »Die zwei Arten von Alben fühlen sich wie Cousins miteinander. Sie haben eine bestimmte akustische Ähnlichkeit« (Pegg 2009, S. 526). Infolgedessen spielt er bei der »Heathen«-Tournee (2002) anfangs beide Alben vollständig ohne Unterbrechungen durch. *Heathen* hatte auf seinen besten Tracks eine ähnlich kontemplative und traurige Grundstimmung wie Jahrzehnte zuvor die zweite LP-Seite von *Low*. Beiden Alben handeln in einer ruhigen, gelassenen Weise von Verlust und Untergang. Bei *Low* waren jedoch die Grundlage für das Drama noch die Konflikte mit dem weiblichen Geschlecht gewesen, während es bei *Heathen* die Einsicht in das fortgeschrittene Alter und das schmerzhafte Gefühl des Nachlassens der eigenen Kräfte waren. *Heathen* besaß auch keine Spuren mehr von jenem verzweifelten Zynismus, der auf *Low* so deutlich spürbar war. Als Bowie am 8. Januar 1987 40 Jahre alt wurde, sagte er in einem Interview, dass sein Lebensgefühl unterdessen mehr das von 1967 als jenes von 1977 sein würde. Er sei optimistisch und nicht mehr so deprimiert und nihilistisch wie in den 70er Jahren (Sandford 2003, S. 298). Diese zeitlichen Vor- und Rückbezüge kamen bei ihm immer wieder vor. Durch die zahlreichen inhaltlichen Rückverweise in seinen Songs, die explizit ab *Scary Monsters* (1980) zu seinem Stil gehörten, konnte er die verschiedenen Perioden miteinander verknüpfen. Das hinterließ insgesamt mehr den Eindruck einer kreisenden Bewegung als den einer linearen Entwicklung. Vor allem das

Time (1973)

immer wiederkehrende Motiv einer ausweglosen Niedergeschlagenheit verband viele seiner Songs untereinander. In seinen Konzerten spielte er Songs aus den verschiedensten Perioden auch meistens durcheinander. Auch für viele Hörer, die sich Bowie anhörten, weil sie ihn in ihrer Jugend schon gehört hatten, war der Effekt ein ganz ähnlicher. Im Wunsch, eine bestimmte CD aus alten Zeiten zu hören, kann ja auch der Wunsch liegen, der gegenwärtigen Zeit zu entfliehen beziehungsweise die Wiederholung von etwas immer Gleichem zu vollziehen, das sich gegen Veränderungen als konsistent erweist.

In Bowies Songs fand die Bewegung eines Kreises beispielsweise in dem Instrumentalsong *Speed Of Live*, dem Opener auf *Low* (1977), sogar statt. Darin bewegte sich das Leben scheinbar euphorisch voran. Der Song zeigte aber letztendlich keine Progression, sondern trug mit viel Ironie einen kreisförmigen Leerlauf vor, der nur Fortschritt suggerierte, aber dort endete, wo er anfing. Aus diesem musikalischen Hamsterrad schien es fatalerweise kein Entrinnen zu geben. Genau dieselbe Bewegung mit einer ganz ähnlichen Melodie gab es auf demselben Album in dem Song *Sound And Vision*, wo einerseits ein starker Enthusiasmus entwickelt und zugleich die Haltung von jemandem erzählt wird, der nichts unternahm, außer darauf zu warten, dass er wieder eine kreative Phase haben würde, in der er mit den Gaben von Sound und Vision würde arbeiten können. Der Track danach hieß dann auch *Always Crashing In The Same Car*. Hier wurde die Fixierung und die Folgen ihrer Wiederholung ebenfalls zynisch vorgetragen.

In gewisser Hinsicht zeigten sich die Inhalte von Bowies Musik auf einer substanziellen Ebene insgesamt oft erstaunlich resistent gegenüber allen Zeiten und Veränderungen. Dieses Motiv ist wesentlich für den Versuch, die utopischen und irrealen Zufluchtsorte zu lokalisieren, in denen sich Borderline-Patienten einzurichten versuchen (Weiß 2009, S. 37). Seine Betrachtungen über Metaphysik waren Zeichen ihrer konkreten Zeit und gingen doch zugleich weit darüber hinaus. In dem Titelsong *Reality* beschrieb er 2003 seine gesamte Karriere nicht als eine Entwicklung, sondern ebenfalls als einen Kreislauf: »Now I'm back where I'm started from«. Dieser Aspekt betraf auch seine Retromusik, die er damals komponierte und die sich auf seine Anfänge aus den 60ern bezog.

Der restlose Stillstand in einer metaphysisch für immer gültigen, aus-

4. Das Verdikt der vergehenden Zeit

weglosen Ewigkeit und sein Pendant einer sehr pulsierenden, manischen, dramatischen Jetztzeit, die in Höchstgeschwindigkeit zum Leben auffordert, bildeten ein Paradox, das durch Bowies Borderline-Persönlichkeit zustande kam. Nach Weiß taucht im Übergang zur depressiven Position die Erfahrung der Zeit überhaupt erst auf und wird, wenn diese Position durchgearbeitet wurde, auch erlebt (ebd., S. 14 u. 120). »Das Denken in der paranoid-schizoiden Position hingegen ist konkretistisch und relativ zeitlos« (ebd., S. 24). In ihr ist die Vergangenheit allgegenwärtig und die Zukunft wird als Ende aller Zeiten erlebt (ebd., S. 118). Bowies Songs spielten häufig in einem paranoiden Endzeitszenario in der Form des bald bevorstehenden Weltuntergangs, der Katastrophe oder, wie auf seinem Album *Diamond Dogs* (1974), sogar einer postapokalyptischen Gesellschaft. Die schizoiden Mechanismen spalteten das Zeitkontinuum in der eigenen Geschichte auf. Da die Getrenntheit nicht toleriert wurde, kam es zu Spaltungen in der Zeit. Eine idealisierte Vergangenheit, eine quälende Gegenwart und eine bedrohliche oder ersehnte Zukunft bilden voneinander getrennte Welten, zwischen denen die emotionalen Verbindungen fehlen (ebd., S. 123). Der Stillstand in der Zeit war zugleich häufig mit Metaphysik verbunden und Bowie träumte sich in eine irreale Symbiose mit der Mutter als einen völlig fixierbaren Zustand.

Die Jetztzeit hingegen war genau umgekehrt enorm dramatisch aufgeladen, weil sie nicht wirklich verbunden war mit einer realen Zukunft oder ihrer tatsächlichen Vergangenheit. Außerdem stand sie im Gegensatz zu jener zweiten Auffassung, in der Bowie außerhalb aller Zeiten und für immer in der schwebenden Symbiose mit dem mütterlichen Universum war. In *The Hearts Filthy Lesson* (1995) wurde dieser Zustand von fehlender Getrenntheit so thematisiert: »Oh Ramona – if there was only something between us«. Bowies traumartige Lyrics verwiesen immer auf einen zweiten, surrealen, zeitlosen Raum, während sie andererseits den Bezug zur Gegenwart unverhältnismäßig stark mit dem baldigen Tod konfrontierten und so dramatisierten. Der Fixierung im Vakuum der Ewigkeit als einem schönen Kontinuum stand immer der Sprung in den reißenden Strom einer punktartig aufgefassten, bedrohlichen Gegenwart gegenüber.

Bei Freud hat das Es nur das Bestreben, den Triebbedürfnissen unter Einhaltung des Lustprinzips Befriedigung zu verschaffen. Daher gibt es darin keine Zeitvorstellung. »Wunschregungen, die das Es nicht überschritten haben, aber auch Eindrücke, die durch Verdrängung ins Es versenkt worden sind, sind virtuell unsterblich« (Freud 2000, Bd. I, S. 511). Diese Zeitlosigkeit, die sonst im rein unbewussten Teil der Persönlichkeit regiert, wird bei Borderlinern zu einem Teil ihrer bewussten Weltauffassung, die sie gegen den tatsächlichen Realitätsbezug immunisiert. Die Auffassung von Zeitlosigkeit, die Weiß bei ihnen häufig diagnostiziert hat, befindet sich im Bewusstsein und dabei vor allem im Ich, das dadurch eine Struktur annimmt, die realitätsfern ist und direkt aus dem Es stammt. Das Ich ist schon bei Freud die Instanz, welcher die Herkunft der Zeitvorstellung zugrunde liegt (ebd., S. 513), die es aus der Realität nimmt. Die Illusion der Zeitlosigkeit ist demnach auch ein Akt, in dem das Lustprinzip sich über das Realitätsprinzip stellt, was durch Drogenkonsum enorm verstärkt werden kann. Nietzsches berühmter Ausspruch, »alle Lust will Ewigkeit« (Nietzsche 1993, Bd. 4, S. 286), drückt diesen Sachverhalt genau aus, denn die pure Lust will nichts wissen von einem Ende oder Tod. Sie möchte den lustvollen Augenblick für immer festhalten. Es legt sich eine Imago von ewiger Gültigkeit über den reißenden und Angst erzeugenden Strom der realen Ereignisse. Beruhigende Stagnation und Wiederkehr verleugnen die als Katastrophe empfundene Vergänglichkeit, den Verlust, die Trennung und den Tod. »Vergangenheit, Gegenwart und Zukunft sind gleichsam aufgehoben« (Weiß 2009, S. 88).

Der Stillstand der Zeit erlöst von der traumatischen Trennung. Anstatt die Veränderung zuzulassen, wird die Vergangenheit wie in Déjà-vu-Erlebnissen in die Gegenwart eingelassen und überlagert die neuen Situationen. Im Augenblick der Trennung wird die Zeit angehalten, um in einem zeitlosen Schlaf zu versinken (Weiß 2009, S. 153). Der ungetrennte Zustand des sich darin befindenden Subjekts kann ähnlich wie unter dem Einfluss von Betäubungsmitteln etwas von einer Art schlaftrunkenen Benommenheit haben (ebd., S. 168). Umgekehrt wird in der depressiven Position durch den Abzug von Projektionen eine Anerkennung räumlicher Getrenntheit überhaupt erst ermöglicht und so kommt es auch erst zu einem echten Verständnis von kontinuierlicher Zeit. Der Borderliner erlebt seine Vergangenheit nicht als reine Erinnerung, sondern in sehr konkreter Weise innerhalb der Gegenwart (vgl. ebd., S. 91). Sie ist extrem emotional aufgeladen und wird im Empfinden durch Projektionen reproduziert. Dieser Moment, in dem die Reproduktion einer Erinnerung eine Intensität erhält, so als würde sie gerade stattfinden, kann durch die enorme *Power* der Popmusik bei Liveauftritten natürlich extrem unterstützt werden. Bowies Lyrics evozierten genau diese Ebene.

Die Erinnerungen können dabei über ihre bloße Präsenz hinaus kaum in einen bedeutsamen, symbolischen Kontext eingearbeitet werden. Sie repräsentieren und reproduzieren eine fixierte Geschichte. Wie Weiß berichtet, sind auch die Träume von Borderline-Patienten oft wie Videos, die den Analytiker dazu einladen, in eine virtuelle Welt einzutauchen und damit bestimmte innere Szenarien durchzuspielen (ebd., S. 13). Die Zeitmomente existieren dabei nebeneinander, weil die Projektion ihre Gleichzeitigkeit suggeriert (ebd., S. 126). Es wird eine Kette von Intensitäten durchlaufen, deren eigentliche Sinngehalte nicht offenliegen, sondern sich nur in visuellen und akustischen Wiederholungen äußern. Durch die projektive Identifizierung wird der innere Raum in den äußeren projiziert. Die äußere Realität wird dabei aber nicht nivelliert, wie in der Psychose, sondern überlagert. So können alle Arten von emotionalen Situationen wie im Kino endlos mit der immer gleichen, starken Affinität wiederholt werden. Eine Auflösung oder Verarbeitung gibt es dabei erst einmal nicht. Die projektive Identifikation lässt aus der Vergangenheit eine simulierte Gegenwart mit vollem Affektbezug werden.

Symbole, die schließlich Abwesenheiten bezeichnen, ohne dass sie erlebt werden, kommen erst ins Spiel, wenn das Subjekt in der Zeit ist. Freuds berühmtes Fort-da-Spiel, in dem das Kind die Trennung von seiner Mutter durch Symbole verarbeitet, kann erst stattfinden, wenn das Erleben eine zeitliche Abfolge hat und die Trennung wirklich akzeptiert wird (Freud 2000, Bd. III, S. 224ff.). Die Intensität, mit der Bowie seine Texte häufig sang, zeigte, dass er dabei einen Zustand erreichte, in dem er ihre Inhalte zum Teil auch tatsächlich erlebte. Er konnte eine starke Bühnenpräsenz nur entwickeln, weil er die Funktion des Symbols vor den Augen seiner Zuschauer auflöste. Nicht mehr die Aufführung einer geschriebenen Spur aus Buchstaben, sondern das Sich-im-Singen-Vernehmen, der Wunsch nach einer rein phonetischen Präsenz als volle Präsenz einer vergangenen Situation kam bei ihm zum Ausdruck. Bowie gelang es, die Reproduktion seiner Texte und der Musik so intensiv emotional

Time (1973)

zu empfinden, als würde er sie in dem Moment erleben und nicht nur repräsentieren. Seine Bühnenrealität war darauf angelegt, zu einem Augenblick zu gelangen, in dem der gesungene Text ohne alle Einbindungen in die zeitlichen Verzögerungen eines Schriftsystems unmittelbar in einer für sich allein stehenden vollständigen Präsenz aufgeht (vgl. Derrida 1992, S. 19). Genau in dieser Fähigkeit zur Unmittelbarkeit, durch die er beispielsweise den eigenen Tod ganz genau vor Augen hatte, wenn er darüber sang, bestand seine Überzeugungskraft. Bowies traumartige Lyrics erinnerten nicht an traumatische Situationen, sondern diese wurden von ihm reprojiziert. Seine Lyrics waren so offen, dass er diese Projektionen mit seinem Publikum teilen konnte. Diese theatrale Ästhetik und gleichzeitige Lebensart, in der die Wörter in bestimmten Augenblicken wieder zu magischen Zeichen und zu einem reinen Ausdruck des Körpers werden, verschließt den Aufschub und die Differenz (vgl. Derrida 1976, S. 297). Die Verräumlichung und Verzeitlichung verschwindet, um einen Augenblick völliger Verschmelzung zu erreichen. Für den Zuschauer lag das Beeindruckende dabei darin, dass der Sänger ganz in dem, was er sang, aufzugehen schien. »Here are we one magical moment / Such ist he stuff from where the dreams are woven«, hieß es am Anfang von *Station To Station* (1976).

Eine geschickte Metapher für diese intensive Auffassung von Sprache war es, seine Texte durch einen Telefonhörer zu singen. Die Konzerte der »Glass Spider«-Tour (1987) begannen damit, dass er auf einem Sitz von oben langsam aus der riesigen Spinne aus Glas heruntergelassen wurde und seinen Text dabei in den Hörer eines Telefons sang. Auf der Rückseite des Covers von *Ziggy Stardust* (1972) stand er in einer Telefonzelle und schon während der »Diamond Dogs«-Tour (1974) hatte er *Space Oddity* (1969) in einen Hörer gesungen. Seiner ersten Ehefrau soll er tatsächlich zweimal Songs, die ihr gewidmet waren, per Telefon vorgesungen haben. Das Telefon suggeriert völlige Nähe, während es gleichzeitig oft sehr große lokale Distanz überwindet. Es stellt einen engen, medialen Kontakt her, indem es seinen Benutzer die tatsächliche, räumliche Distanz für eine Weile vergessen lässt. Ganz ähnlich sollten sich Bowies Live-Performances oft in Bezug auf das Vergessen der vergangenen Zeit verhalten und so immer wieder in ein äußerst intensives Erleben des gegenwärtigen Augenblicks umschlagen können.

5. DER KINEMATOGRAFISCHE BLICK – *Moonage Daydream* (1972)

»*Dreaming my life away*«
(*I'm Dreaming My Life* 1999)

In dem Song *The Prettiest Star* (1970), den der Popstar seiner Gemahlin Angela Bowie im Dezember 1969 erstmals über das Telefon vorsang (Pegg 2009, S. 175), beschrieb er sie als »cold fire«. Ihr kaltes Feuer bildete so den Gegensatz zu den flammenden Burns, dem Geburtsnamen seiner Mutter, den schließlich auch sein Bruder trug. Im gleichen Song verglich er seine Frau mit einem Kinostar aus der Vergangenheit: »Staying back in your memory / Are the movies in the past / How you moved is all it takes / To sing a song when I loved / The Prettiest Star«. Sie wirkte darin so, als wäre sie eine cineastische Figur.

1962 hatte David Bowie, der damals noch Jones hieß, bei einer Schlägerei wegen eines Mädchens, um das er und sein Freund George Underwood rivalisierten, einen Schlag auf sein linkes Auge bekommen. Die Folge war, dass dieses Sehorgan gelähmt blieb und die Iris sich verfärbte, sodass das Augenpaar seitdem auffällig uneinheitlich wirkt (Sandford 2003, S. 32 u. 38). Damit bekam sein Blick etwas Befremdendes, was oft thematisiert worden ist. Sein unterschiedliches Augenpaar wurde zu seinem optischen Markenzeichen und zugleich veränderte dieses traumatische Erlebnis den Blick des sensiblen Jungen auf die Welt. Er konnte danach mit dem verletzten Auge nur noch verschwommen sehen und alle Farben veränderten sich bei mittlerer Distanz zu einem einheitlichen Braun (Tremlett 1995,

S. 19). Die psychische Wirkung der Verletzung war deshalb besonders stark, weil der Konflikt, der sie verursacht hatte, genau in dem ödipalen Koordinatensystem stattfand, in das sich der zukünftige Popstar ohnehin nur schwer integrieren ließ. Sein damaliger Rivale Underwood gehört bis heute zu seinen engsten Freunden und malte Illustrationen zu zweien von seinen LPs. Er gründete die Schülerband George and the Dragons, in der Bowie zwar nicht mitspielte (Pitt 1995, S.15), die ihn aber beeinflusste. In dem märchenhaften Liebessong *When I Live My Dream* (1967) gab es eine Anspielung auf den Namen dieser Band: »Baby, I'll slay a dragon for you«, sang Bowie darin. Das könnte eine versteckte Antwort auf den Schlag auf sein Auge gewesen sein. Andererseits spielten Underwood und David Jones aber auch in drei Bands zusammen: The Konrad, The Hooker Brothers und Davie Jones And The King Bees.

Bowie fand während seiner langen Karriere immer wieder neue Metaphern für sein beschädigtes Auge in seinen Texten. Am Anfang seiner »Station To Station«-Tour (1976) zeigte er die Anfangssequenz des berühmten surrealistischen Films *Un Chien Andalou* (1922), in dem der spanische Regisseur Luis Bunuel einer Frau die Augen mit einem Rasiermesser aufschneidet (Pegg 2009, S. 481). Diese bis heute erschreckende und grausame Szene sollte dem Zuschauer zeigen, dass das anschließende Konzert ihn in eine Welt des Unbewussten blicken lassen würde, die mit bloßem Auge nicht ohne Weiteres erkennbar war. Der Song *Station To Station* selbst (1976) begann mit der Zeile: »The return of the thin white duke throwing darts in lovers' eyes«. Es gab ein Werbefoto zu dem Album *1.Outside* (1995), auf dem sich der Popstar ein kleines Messer direkt vor sein linkes Auge hielt. Das war zugleich eine Anspielung auf das amerikanische Bowie-Messer. In dem Film *The Man Who Fall To Earth* (1976) nahm er sich als Außerirdischer mit einer Pinzette zwei Häutchen heraus, die über seine Augen gelegt waren, und zeigte nun seine »echten« Augen, die gelb waren. Auf dem Cover von *Heathen* (2002) ließ er seine Augen durch surreale Fischaugen austauschen (Pegg 2009, S. 384). Bei der Promotion im Piratenoutfit für *Rebel Rebel* (1974) und nochmals in den 90ern in dem Video zu *Little Wonder* (1997) trug er eine schwarze Augenklappe, um seine Verletzung zu betonen. Als Ziggy Stardust formte er mit seinen Händen eine Brille, durch die er schaute, um seinen besonderen Blick zu thematisieren. Auch malte er sich in dieser Periode zuweilen ein drittes, spirituelles Auge auf seine Stirn und wirkte so wie ein religiöser Seher. In den Song *Thru' These Architects Eyes* (1995) beschrieb er die visionären Kräfte eines Architekten so: »All the concrete dreams in my minds eye / All the joy I see«.

In der Tradition der abendländischen Philosophie ist das Auge jenes Organ, mit dem primär die Erkenntnis vollzogen wird. Die meisten Modelle dafür, wie der Mensch zur Weisheit kommt, sind in optischen Paradigmen beschrieben worden. Dabei wird seit Platons Höhlengleichnis häufig zwischen Sein und Schein unterschieden, wobei das unmittelbare Sehen oft als Bild für den täuschenden Schein gilt. Bowies Thematisierung des Sehens verknüpfte nun seine Sehstörung in der einfachen, sinnlichen Unmittelbarkeit mit einer geistigen Ebene und nivellierte so gleichzeitig diesen tradierten Gegensatz. Das Visuelle wurde bei ihm nicht als Täuschung betrachtet, sondern zu einer traumhaften Zwischenrealität, die die unbewusste Wahrheit zeigen konnte. Schon für Hegel ist das Auge der Teil des Körpers, in dem die Seele des Menschen nach außen tritt. Die Seele sieht nicht nur durch die Augen, sie wird auch in dem Blick gesehen (Hegel 1986, S. 203). Dieses Organ kann wie kein anderes als körperlicher Ausdruck des unsichtbaren Geistes dienen.

In dem Song *Wild Eyed Boy From Freecloud* (1969) brachte Bowie den Irrsinn mit dem Blick zusammen: »Oh ›It's the madness in his eyes‹/ As he breaks the night to cry«. Terry hatte in seinem Wahn Dinge gesehen, die nach der Ansicht seine Bruders noch kein Mensch vor ihm gesehen hatte. In *Neighborhood Treat* (1985), das Bowie später zusammen mit Iggy Pop schrieb, hieß es: »Look at his eyes / Did you see his crazy eyes«. In *Absolute Beginners* (1986) ging es um einen neuen offenen Blick, den die Liebe ermöglichte: »With eyes completely open«. In *As The World Falls Down* (1986) lag die Liebe in den Augen der Frau: »There's such a sad love / Deep in your eyes a kind of pale jewel / Open and closed within your eyes / I'll place the sky within your eyes«. In *Quicksand* (1971) tauchte Bowies verdrehter Name in dem Blick einer Stumm-Filmdiva auf: »I'm the twister name on Garbo's Eyes«. Greta Garbos leerer Blick überstieg in ihren Filmrollen den konkreten Raum und richtete sich auf eine unbestimmte Sehnsucht nach einem metaphysischen Ort.

Der weibliche Blick tauchte in einigen weiteren Bowie-Songs auf. Beispielsweise brachte der Blick eines Mädchen auf die Stadt in *Let Me*

5. Der kinematografische Blick

Sleep Beside You (1967) ihre Augen wie Kohlen zum Brennen: »For now the streets and city sounds will burn your eyes as coals«. In *Unwashed and Somewhat Slightly Dazed* (1969) hieß es: »Spy, spy pretty girl / I see you see through your window«, und der Popstar hatte in diesem Song selbst Augen auf dem Rücken, die wie elektrische Tomaten aussahen. In dem Song *Moonage Daydream* (1972), der, wie Bowie bemerkte, von Ziggy Stardust geschrieben wurde (Pegg 2009, S. 153), wollte er das optische Objekt einer weiblichen außerirdischen Besucherin werden, die Augen wie eine Filmkamera besaß: »Keep your 'lectric eye on me babe / Put your ray gun to my head«. Er riet seinen Zuschauern, ihm in diesen utopischen Tagtraum zu folgen, in dem die außerirdische Frau schließlich ihr Gesicht an das seine presste: »Press your space face close to mine, love / Freak out in a moonage daydream oh! yeah!« Der Song spielte sich insgesamt genau auf jener virtuellen Ebene eines Tagtraums ab, auf der sich Realität und Fiktion in Bezug auf die Zukunft besser vermischen konnten als im Nachttraum. So hat es Ernst Bloch, der Philosoph für Tagträume, ausgedrückt: »Der Inhalt des Nachtraums ist versteckt und verstellt, der Inhalt der Tagphantasie ist oft ausfabelnd, antizipierend, und sein Latentes liegt vorn« (Bloch 1974, S. 48). *Moonage Daydream* folgte dem typischen Schema des Science-Fiktion-Genres und Ziggy Stardust fand im Weltall genau jene Kontakte, die er auf der Erde so schmerzhaft vermisste. Bowie beschrieb diese Handlung nicht umsonst wie einen Tagtraum, denn sein Inhalt stammte aus dem Kino. Zugleich handelte es sich um eine Fortsetzung seines frühen, naiven, romantischen Liebessongs *When I Live My Dream* (1967).

In *Watch That Man* (1973) enthielt schon der Titel des Songs eine Aufforderung zum weiblichen Voyeurismus, wie sich dann im weiteren Text bestätigte. Und in *Always Crashing In The Same Car* (1977) sang Bowie: »Jasmine, I saw you peeping / As I put my foot down to the floor«. Seine erste Ehefrau hatte große Augen und ihr Blick war sehr auffällig. Der weibliche Blick auf Bowie war auch fast der einzige, der später in dem Konzertfilm *Ziggy Stardust – The Motion Picture* (1973/1983) zu sehen war. Der Regisseur D. A. Pennebaker hatte fast nur junge Mädchen aufnehmen lassen, die bei seinem Auftritt anfingen zu weinen und bei seinem Anblick in Hysterie und Ekstase gerieten. Sein eigener Blick wiederum war der eines Mannes, der verführen wollte. In *China Girl*

(1976/1983) sang er: »It's in the whites of my eyes«, und drückte damit eine Form von einer männlich übergreifenden Kraft aus, die in seinem energischen Blick lag. Privat war es angeblich sein direkter Blick in die Augen seines Gegenübers, mit dem er versuchte, zu verführen (Bowie 1993, S. 39).

In seinen Songs gab es extrem häufig Anspielungen auf Video, TV und Film. Dass seine Musik filmische Züge besaß, war einigen Technikern schon bei seinem ersten Album aufgefallen (Pegg 2009, S. 270). Grundsätzlich war der Popstar der Ansicht, dass seine Songs einen visuellen Ausdruck brauchten. »Ich wollte es dreidimensional machen. Songwriting als Kunst ist unterdessen ein bisschen archaisch«, erklärte er, »es muss sie nicht nur als ein Song beeinflussen, sondern als ein Lebenstil« (Copetas 1974). Weil sein spezieller Lebensstil nicht nur akustisch, sondern auch visuell vermittelt werden sollte, war das eigentliche Ereignis nicht bloss das nächste neue Album, sondern – mehr noch – seine theatrale Umsetzung auf der Bühne.

Bowie hatte schon die Geschichte von Ziggy Stardust als ein Science-Fiction-Märchen auf einer Bühne in Szene setzen und auch in einer Fernsehproduktion verfilmen wollen. Doch dies war ihm nicht gelungen. Bei der »Diamond Dogs«-Tour, die nur in den USA stattfand, wurden im Juni und Juli 1974 sehr aufwendige Bauten verwendet. Für diese Tour plante er, etwas größenwahnsinnig, dass sie zum größten Bühnenereignis in der Geschichte des Rock'n'Roll werden sollte (Tremlett 1995, S. 212). Heute gibt es von ihr nicht einmal einen offiziellen Videomitschnitt. Doch das Unternehmen hatte gigantische Ausmaße und es definierte das, was ein Popkonzert sein konnte, tatsächlich neu. Die Choreografie und das Bühnenbild waren hervorragend (Bowie 1993, S. 249). Es handelte sich um ein groß angelegtes Rock'n'Roll-Theater, das eine Mischung aus Kafka, Genet, Burroughs, Orwell, Huxley, Dalí und Bowie selbst war. Es handelte von der Vision einer überindustrialisierten Gesellschaft, die kurz vor ihrem Niedergang stand. Die Stadt Hunger City wurde dabei wie eine Art *Metropolis* (1927) als Bühnenaufbau errichtet. Das Ganze war ein Glamour-Musical, bei dem die Musiker nicht mehr zu sehen waren und nur noch Sänger und Tänzer, die die Diamond Dogs darstellten, auf der Bühne agierten. Wie alle Bowie-Konzerte und auch seine Konzeptalben hatte diese Show keine geschlossene Handlung, sondern setzte sich aus vielen verschiedenen Elementen fragmentarisch zusammen. Die Unkosten des Unternehmens deckten jedoch keineswegs die Einnahmen, sodass er sich entschloss, im zweiten Teil der Tour von September bis Dezember 1974 auf den komplexen Bühnenaufbau und einen Teil des Beleuchtungssystems zu verzichten (Tremlett 1995, S. 218 u. 227). Der Popstar sagte im März 1978 darüber: »If ever I have the audacity to do a ›Diamond Dogs‹ tour again, I think I know how I would do it« (Miles 1980, S. 49). Seine »Serious Moonlight«-Tour (1983) und auch die »Glass Spider«-Tour (1987) sollten später die aufwendigen Fortsetzungen dieses Spektakels werden. Bowie war einer der Ersten, der Popmusik auf einem solch hohen Niveau und mit derartigen Ansprüchen inszenierte.

Über die TV-Verwertung seiner Songs sagte er 1980, nachdem er das Instrumentalstück *Crystal Japan* für einen japanischen Werbespot komponiert hatte, dass er es für sehr effektiv halte, dass sein Track 20-mal am Tag im Fernsehen läuft: »Ich glaube, daß meine Musik nicht für das Radio geschaffen ist« (Sandford 2003, S. 220). Im Frühjahr 1973 bezeichnete er sich selbst metaphorisch als einen Farbfernseher: »I'm the last person to pretend I'm a radio. I'd rather go out and be a colour television set« (Pegg 2009, S. 463). Die visuelle Ebene tauchte in Titeln wie *Sound And Vision* (1977) neben dem Sound völlig gleichberechtigt auf. Er schrieb häufig Filmmusik oder benannte seine Songs nach Filmtiteln, sowohl dann, wenn sie als Soundtrack geschrieben wurden, wie bei *This Is Not America* (1985) oder *Buddha Of Suburbia* (1993), als auch dann, wenn sie nur wenig mit dem Film zu tun hatten, wie bei *Seven Years In Tibet* (1997) oder *Dead Man Walking* (1997). Mit Figuren aus den Medien sind seine Lyrics überschwemmt. In *Slow Burn* (2003) beispielsweise gab es eine geschickte Anspielung auf den Film *Dancer In The Dark* (2000): »But we'll dance in their dark«.

Der Bezug zum Film war ihm etwas näher als der zum Theater, weil sich in diesem Medium die traumhafte Zwischenrealität besser herstellen liess. Die geisterhafte Form der Filmbilder abstrahiert mehr von der konkreten, materiellen Repräsentation, wie sie das Theater erst einmal zu bieten scheint. Doch gibt es auch hier von ihm genug Versuche diese Materialität unsichtbar werden zu lassen. Die Inszenierung von Ziggy Stardust sollte etwas so Irreales haben, dass sie wie ein elektrischer Traum aussah, in welchen der Zuschauer Teile von sich hinein projizieren konnte:

Moonage Daydream (1972)

»Layin' on lectric dreams«, hieß es in *Hang On To Yourself* (1972). Im Film ermöglicht die Montage es dem Betrachter, in kurzer Zeit verschiedene optische Standpunkte einzunehmen, die einer schizoiden Erfahrung mit ihren projektiven Identifizierungen nahekommen. Bowie versuchte zugleich, auf der verbalen Ebene etwas Ähnliches zu leisten, indem er in seinen Lyrics häufig mehrere, wechselnde Standpunkte artikulierte und generell immer wieder neue Angebote von Selbstdefinitionen durch projektive Identifikationen machte. *Moonage Daydream* (1972) begann mit nicht weniger als fünf verschiedenen Identifikationen hintereinander: »I'm an alligator, I'm mama-papa comin' for you / I'm an space invader, I'll be a rock 'n' rollin bitch for you«. In *Young Americans* (1975) wurden zwei Identifikationsmuster negiert: »You ain't a pimp and you ain't a hustler«. In *The Pretty Things Are Going To Hell* (1999) gab es ein abstrakteres Angebot: »I'm a drug / I'm a dragon / I'm the best jazz you've ever seen«. Und Bowie wechselte schließlich rein optisch seine Identität mit jedem neuen Album, das er auf den Markt brachte.

Die traditionellen Filmgenres für psychotische Vorstellungen liegen meiner Ansicht nach im Bereich des fantastischen Films, der sowohl Horror- als auch Science-Fiction-Filme umfasst. In diesen beiden Genres werden vor allem paranoide und schizoide Vorstellungen visualisiert. Bowie spielte zunächst die Hauptrolle als Außerirdischer in *The Man Who Fall To Earth* (1976) und war dabei so überzeugend, dass er noch viele solche Rollenangebote für andere Filme dieser Art bekam (Seabrook 2008, S. 199). Seine nächste große Filmrolle war die eines Vampirs in dem Horrorfilm *The Hunger* (1983; »Begierde«). Erst in seiner dritten bekannten Rolle im Kino, in *Merry Christmas, Mr. Lawrence* (1983), spielte er eine realistisch angelegte Figur, den englischen Major Jack Celliers, der in einem japanischen Gefangenenlager während des zweiten Weltkriegs interniert war. Vom übermenschlichen Außerirdischen, der in dem Zeitabschnitt der Filmhandlung von ungefähr 40 Jahren überhaupt nicht alterte, zum sadistischen und abhängigen Blutsauger, der den normalen Prozess der Alterung in zwei Tagen nachholte, schließlich zu einem englischen Militaristen, der die Schuld, die er an seinem jüngeren Bruder begangen hat, durch ein Opfer als einen Akt er Wiedergutmachung in einem Gefangenenlager sühnte. Sein Image als Popstar ging in den 70er Jahren einen ähnlichen Weg, wenn er vom morbiden, bisexuellen Glamrocker zum künstlichen, amerikanischen Soulsänger und schließlich zum europäischen Avantgardekünstler mit elektronischer Musik wechselte.

Schon als Zwölfjähriger soll er davon fantasiert haben, dass Außerirdische ihn besuchen würden, und 1969 schrieb er regelmäßig für ein UFO-Magazin in London (Sandford 2003, S. 89). 1970 war er unter dem Einfluss von Drogen davon überzeugt, von Marsmenschen verfolgt zu werden, die ihn beobachten würden, erinnerte sich Mick Ronson (ebd.). 1971 fragte er sich in *Live On Mars?*, ob es ein Leben auf diesem Planeten geben würde. Mit dem Bild vom Außerirdischen, ob es nun ein Selbstbild oder der Wunsch einer Begegnung mit völlig anderen Lebewesen war, hingen Ängste vor dem anderen Geschlecht zusammen. Denn schon in frühen Songs ging vom Weiblichen eine Bedrohung aus. In *She Shook Me Cold* (1971) saugte ihm eine Frau seinen Willen aus und die *Lady Grinning Soul* (1971) kam und ging anscheinend nicht nur dann, wann sie wollte, sondern symbolisierte in einem erotischen Sinne auch sein lebendiges Ende. Die paranoid-schizoide Position kam bei dem Popstar gegenüber dem anderen Geschlecht viel intensiver zum Tragen als gegenüber dem eigenen, wo die Abgrenzung schärfer markiert war. Der höchste Grad an einer traumhaften Vermischung zwischen Realität und Fiktion kam immer dann zustande, wenn es um Frauen ging, die den engen Bezug zur Mutter herstellten, weil sich dann aufgrund der Verschmelzungswünsche die Trennlinie zwischen Realität und Fiktion am wenigsten deutlich darstellte. Vor allem die Dialektik von An- und Abwesenheit nahm hier aufgrund der mangelnden Trennung eine existenziellere Form an.

Der Anfang von *Because You're Young* (1980) schilderte ein typisches Bowie-Szenario im Zusammentreffen der Geschlechter:

> »Psychodelicate Girl – come out to play
> Little metal faced boy – don't stay away
> He's so war torn and resigned – she can't take anymore
> What are they trying to prove – what are the hoping to find«.

In seinen Songs wurde das Geschlechterverhältnis aber nicht nur oft als ausweglos und kompliziert beschrieben, sondern es hatte oft irreale Züge, als handele es sich um eine Filmsequenz. Entweder wurden die Frau, er oder sogar beide dabei durch mediale Figuren ersetzt, anstatt sich real zu begegnen, oder es erschienen umgekehrt mediale Figuren auf einmal sehr real. Schon in *Life on Mars?* berichtete der Text zunächst ganz einfach von einem jungen Mädchen, das von ihrem Freund verlassen und von ihren Eltern fortgeschickt wurde, und auf einmal sang Bowie, dass er ihre Story schon mehrfach im Kino gesehen habe: »And she hooked to the silver screen / But the film is a saddening bore / For she's lived it ten times or more«. Noch enger wurde der Zusammenhang in *TVC15* (1976) fantasiert. Der Song handelte von einem »dämonischen« dreidimensionalen Fernseher mit quadrophonem Sound, in den die Freundin hineingekrochen war und so zu einer medialen Figur wurde. Vor allem der Schluss mit seinem Verschmelzen zwischen *Transition* (»Übergang«) und *Transmission* (»Übertragung«) zeigen Bowies beachtliche Fähigkeit, zwischen medialer Übertragung und projektiver Identifikation einen engen Zusammenhang zu sehen. Für Borderliner ist diese fehlende Grenze typisch, die ihnen durch ihre projektiven Identifikationen immer wieder ein Gefühl gibt, als ob die Wirklichkeit um sie herum ein Videofilm wäre. Die Traumebene gegenüber den Frauen wurde in dem Refrain von *If I'm Dreaming My Life* (1999) so beschrieben: »Was she ever? / Was she ever here? / If I'm dreaming all my life / If I'm dreaming all my life away«. Über die An- oder Abwesenheit der Frau bestand hier keine richtige Gewissheit mehr. Zu richtig verstörenden Objekten, die einen psychotischen Charakter bekommen können, kann es immer dann kommen, wenn es um endgültige Trennungen oder einen Abschluss geht (Weiß 2009, S. 150).

In seinem Song über *Andy Warhol* (1971) erklärte Bowie das Problem etwas eingehender. Er beschrieb Warhol als jemanden, der keinen Unterschied zwischen sich und einer Filmleinwand machen würde: »Andy Warhol, Silver Screen / Can't tell them apart at all«. Warhol reagierte sehr verärgert auf diese »ironische Hommage« (Pegg 2009, S. 25), in der sich der englische Sänger häufiger an seiner Stelle positioniert hatte. So begann er mit den Zeilen: »I like to be a gallery / Put you all inside my show«. Tatsächlich war der gesamte Song mehr eine Selbstbeschreibung. Bowie spielte ihn dem Pop-Art-Künstler dennoch persönlich in seiner *Factory* vom Band vor, woraufhin Warhol schweigend den Raum verließ. »He absolutely hated it«, sagte Bowie 1997 (Pegg 2009, S. 25). Warhol soll danach mit dem englischen Sänger nur noch über dessen seltene Schuhe gesprochen haben, die er mit seiner Polaroidkamera von allen

5. Der kinematografische Blick

Seiten fotografierte (ebd.). Er hatte mit Bowies verschwommener Grenze zwischen Fiktion und Realität wenig gemeinsam und sagte später lobend über den Popstar: »David probiert immer Kombinationen aus, von denen kein anderer träumen würde« (Pegg 2009, S. 25). Damit beschrieb er die oftmals evozierte, surreale Traumebene des englischen Popstars, die aber nicht zu seiner eigenen Kunst gehörte.

Warhol hatte seine Karriere als Damenschuhillustrator begonnen und er war ein Schuhfetischist (Tremlett 1995, S. 158). Der ehemalige Werbegrafiker verwendete, was er gelernt hatte, und dabei stand die Form im Vordergrund. Warhol war wie Bowie ein schüchterner Mann mit einer sehr engen Mutterbindung. Er hatte außerdem das erste Album von Velvet Underground (1967) produziert, und diese Band von Lou Reed hatte auf Bowie einen sehr großen Einfluss. Der englische Sänger lernte von dem amerikanischen Künstler, wie man die Ebene des Films und des Starkults stärker in die eigene Kunst einfügen konnte und welche ästhetischen Möglichkeiten im bildlichen Bereich für visuelle Verdopplungen bestanden. Er lieh sich von Warhol dessen persönliches Marilyn-Monroe-Double Cyrinda Fox aus (Rock 2002, S. 144) und trat mit ihr zusammen in dem Videoclip zu *The Jean Genie* (1973) auf. Es gab bei den Dreharbeiten einen Versuch, das berühmte Gemälde von Edward Hopper, *Nighthawks* (1942), nachzustellen, der aber nicht in der endgültigen Version des Clips landete (Rock 2002, S. 154).

Warhols Interesse an der Ikonografie der Hollywoodstars, deren Grundelement für ihn in ihrer technischen Reproduktion bestand, interessierte Bowie, der ebenfalls mit Vervielfältigungen auf dieser Ebene in seinen optischen Darstellungen arbeitete, sehr. 1978 sagte er über seine erste in den Staaten aufgenommene Platte: »I wanted to get into that Warholism of Polaroiding things ... *Young Americans* was my photograph of American music at the time« (Pegg 2009, S. 316). Ein Polaroidbild war damals eine der schnellsten Formen, eine technische Abbildung von der Realität herzustellen und sie sich so anzueignen. Viel aufwendiger, aber ähnlich war Warhols bekannteste Technik, der Siebdruck, mit dem er zum Beispiel die berühmten Bilder von Marilyn Monroe und auch die mehr als 100 fast identischen Suppendosen von Chambell druckte. Warhol reproduzierte im Gegensatz zu Bowie aber bloß die Bilder und veränderte sie dabei zu Grafiken. Bowies Kopien hingegen basierten auf dem Wunsch, mit dem Original eins zu werden. In seinen Fusionen wurde er zu einem Teil des Originals und umgekehrt, das Original ein Teil von ihm. Warhol hingegen arbeitete auf einem ganz anderen, viel neurotischeren Niveau, in dem es um die Verarbeitung des Originals zu einer künstlerischen Repräsentation und ihrer Vervielfältigung ging. Dahinter verbarg sich konträr zu Walter Benjamins Interpretation der Reproduktionstechnik nicht der Verlust der Aura, sondern eine narzisstische Widerspiegelung der eigenen Persönlichkeit durch den Star.

Wie in einer Szene in Rainer Werner Fassbinders wenig bekanntem Film *Despair – Eine Reise ins Licht* (1978), wo der psychotische Herman fast irrsinnig wird, nachdem er eine Weile die maschinelle Produktion von identischen Schokoladenfiguren am Fließband betrachtet hat, kam es bei Bowie zu einer schizoiden Verwechselung innerhalb seiner eigenen Verdopplungen. Und genau diesen Aspekt projizierte er in Warhol hinein. Warhol reproduzierte aber nur das Foto von jemandem und nicht die Person. In Interviews benutzte der Pop-Art-Künstler manchmal dieselbe Technik, indem er die Frage eines Reporters in der Form einer Feststellung wiederholte, sodass seine Antwort nur noch ein Echo war, aber keinerlei eigenen Informationen mehr enthielt. Eine andere Form, Fragen zu beantworten, mit fast demselben Resultat war, einfach nur mit Ja oder Nein zu antworten. Es ging Warhol in seiner Kritik an den Medien um ihre Spiegelung und nicht um eine Metamorphose. Seine Kopie verschmolz nie mit ihrem Original, sondern blieb immer ganz bewusst ein Duplikat.

Für Warhol konnte deshalb auch jeder Mensch für 15 Minuten so berühmt sein wie ein richtiger Star. Bowie griff diese Idee auf, als er in *I Can't Read* (1989) sang: »Andy where's my fifteen minutes«, so, als wäre er selbst gar nicht berühmt gewesen. 1976 hatte Warhol einen Siebdruck von einem Totenkopf gemacht, der sechsmal in verschiedenen Farben abgebildet war. In dieser Arbeit, die er *Skull* nannte, wurde somit nun auch das barocke Vanitas-Motiv seinem künstlerischen Gesetz von Serie, Reproduzierbarkeit und Fetischismus unterworfen. Diese Vervielfältigung sollte selbst aus dem Tod, den Warhol stets nivelliert hat, ein Pop-Art-Ereignis machen. In *Goodbye Mr. Ed* (1991) sang Bowie darüber: »Andy's skull enshrined in a shopping mail near Queens / Someone sees it all«. Er war es selbst, der das Bild verehrte und zugleich in Korrespondenz zu einer übergeordneten, unbekannten, metaphysischen Autorität stellte. Der englische Popstar beschrieb die trashige Gesellschaft, mit der Warhol sich umgab, später als einen äußert bissigen und lebensmüden Haufen von Tunten (Rock 2002, S. 144). Die Interessen der beiden sensiblen Männer waren aber in wichtigen Punkten dieselben gewesen, und Bowie hat bei seiner eigenen künstlerischen Ausarbeitung des Hollywoodkultes einige Motive teilweise einfach von Warhol übernommen. Beide verknüpften Homosexualität, Popkultur und narzisstischen Personenkult miteinander. Warhols Auffassung von Amerika, die in einigen Punkten der der Beatniks stark ähnelte, lag zwischen Drogen-Trash und Glamour-Starkult. Sie war es, die Bowie stark beeinflusst hatte.

Bei Ziggy Stardust hatte der englische Popstar gezielt auf eine öffentliche Verschmelzung zwischen einigen bisherigen Stars und ihm selbst hingearbeitet. Schon bei einem frühen Stardust-Konzert ließ er drei Leinwände aufbauen, auf die die bisherigen Ikonen der Rockgeschichte projiziert wurden, um die starre Grenze zwischen sich und ihnen aufzulösen und so »dem Ziggy-Thema Kontinuität zu verleihen« (Rock 2002, S. 76). Das Stardust-Thema war die bewusste Antizipation eines Stars, eine Selbstinszenierung zum Star, die zu einem Zeitpunkt stattfand, als er noch gar keiner war. Dieses Thema durchzog die Lyrics auf dem Album und dieser selbstreferenzielle Wunsch-Bezug, der dann Realität wurde, ermöglichte es, die Verwandlung in einen Star genauer zu beschreiben: »I could play the wild mutation as a rock & roll star«, sang er in *Star* (1972). Durch die immer stärker werdende projektive Identifikation mit Ziggy Stardust wurde die erfundene Zwischenrealität, in der nicht er selbst, sondern eine andere, weit mutigere, da weniger schüchterne Person für ihn berühmt wurde, immer wesentlicher. Und Bowie mochte die Doppeldeutigkeit, die es unmöglich machte, die echte Person von der Kunstfigur zu trennen. »I like the ambiguity of not able to separate the personas. It's the ominous enigma of the split personality, and wich side is wich ...« (Pegg 2009, S. 466). »Do you remember we another person«, hieß es auf *Red Sails* (1979).

In *China Girl* (1983) sang er: »I feel a-tragic like I'm Marlon Brando«, wobei dies eine Anspielung auf Brandos Rolle in *Sayonara* (1957), einem Hollywoodfilm über einen Amerikaner in Asien, war. An das chinesische Mädchen richtete er die Sätze: »I'll give you television / I'll give you eyes so blue / I'll give you a man who wants to rule the world«, im Stil eines totalitären, europäischen Kolonialherren. Die Identität der Gefühle zwischen ihm und einem berühmten Hollywoodschauspieler tauchte dann in dem Videoclip zu *China Girl* nochmals verstärkt auf. Darin wurde eine berühmte Liebesszene aus *From Here to Eternity* (1953; *»Verdammt in alle Ewigkeit«*) mit Frank Sinatra nachgestellt. Bowie lag mit einer Chinesin (Geeling Ng) nackt am Strand und das Meerwasser rauschte über sie hinweg. Vor allem durch seine hellblond gefärbten und gelockten Haare gab er jedoch auch diesem Videoclip eine seltsam androgyne Ausstrahlung, die mit Sinatras viel männlicherer Ausstrahlung nur wenig gemeinsam hatte. 1974 wollte er die Titelrolle in einem Film über Sinatras Leben spielen. Er versuchte den Entertainer deshalb in Las Vegas zu treffen. Der lehnte dies jedoch mit der Begründung ab, dass ihn niemals ein englischer Homosexueller auf der Leinwand verkörpern würde (Sandford 2003, S. 151). Sinatras altmodischer, amerikanischer Männerkult hatte ähnlich wie Brandos rebellische, ödipale Haltung mit Bowies viel postmodernerer »Changes- Mentalität« kaum etwas gemeinsam. Es gibt ein Kinderfoto mit ihm, auf dem er seinen Kopf in dem Körper einer Puppe hat, die einen Soldaten darstellt und einen Säbel in der Hand trägt (Pitt 1985, S. 14). Genauso aufgesetzt waren auch diese projektiven Identifikationen mit viel zu männlichen Vorbildern, die aber in seiner Karriere immer wieder auftauchen. 1979 trat er im Fernsehen in dem Körper einer dadaistischen Stehpuppe auf, wodurch er wie eine Marionette mit einem menschlichen Kopf wirkte (Pegg 2009, S. 489), und so ähnlich kam er sich in den männlichen Verkleidungen auch vor. Er sang dazu *Boy's Keep Swinging* (1979), einen äußerst ironischen Song über die Verhaltensweisen und Interessen »echter Kerle«. »And now you are a puppet dancer«, sang er in *D.J.* (1979) in derselben Phase. Die Verkörperung von massiver Männlichkeit war eine Maskerade, die aber auch auf Idealen basierte, von denen Bowie ein Teil sein wollte. Dabei ging es stets darum, männlicher zu sein, als er tatsächlich war. Darüber hieß es kritisch in *Dancing With The Big Boys* (1985): »Your family is a football team«. Der Wunsch, einfach größer zu sein, tauchte noch in *Afraid* (2002) auf: »I wish I was taller«. Schon in *Five Years* hieß es in dem Moment, als der Sänger sich in ein Mädchen verliebt hatte: »And it was cold and it rained so I felt like an actor / And I thought of Ma and

5. Der kinematografische Blick

I wanted to get back there«. In *Absolute Beginners* (1986) besang er die Liebe als ein Hochgefühl, das alle Lebensprobleme wie in Kinofilmen auflöste: »Could fly over mountains / Could sail over heartaches / Just like the films«. Eine weit desillusionierendere, aber genauere Feststellung machte er in *Up The Hill Backwards* (1980): »More idols than realities«. Und in *Dead Man Walking* (1997) hieß es nüchtern: »Now I'm older than movies«, und: »Now I'm wiser than dreams«. Die eindrucksvolle Beschreibung einer Trennungssequenz gab es in dem Song *Within You*, den Bowie für den Film *Labyrinth* (1986) geschrieben hatte. Er handelte von der Unmöglichkeit, in einer anderen Person zu leben. »Live without the sunlight / Live without your heartbeat / I, I can't live within you«. Der Song wurde im Finale eingesetzt und von ihm selbst in seiner Rolle als König der Kobolde gesungen. Mit diesem Song verschwand in der Filmhandlung seine fantastische, magische Macht über ein junges Mädchen.

Durch die projektiven Identifikationen gab es oft einen verworrenen, diffusen Bezug zur Realität. Durch die Realitätsprüfung konnte Bowie, wenn er keine Drogen nahm, den eigentlichen Bezug aber stets wiederherstellen. Doch nicht umsonst hieß sein bisher letztes Album *Reality* (2003). Im Titelsong hieß es: »Hey boy welcome to reality / Ha ha ha ha«, als wäre er nun in der Wirklichkeit angekommen. Aber es folgten die Sätze: »Never looked over reality's shoulder / Ha ha ha ha«. Das Cover des Albums zeigte ihn nur als eine Comicfigur im japanischen Mangastil auf einer virtuellen Ebene, wie in einem Computerspiel. Wie weit der Bezug zur Realität ging, blieb somit fragwürdig. Titel und Cover des Albums bildeten einen von Bowies typischen Gegensätzen. In *New Killer Star* sang er auf demselben Album: »See my life in a comic / Like the way they did the Bible«.

1975 hatte er sich in dem damals unveröffentlichten Song *Who Can I Be Now*, der eigentlich auf *Young Americans* herauskommen sollte, gefragt: »Can I be real?« In dem Song *D.J.* (1979) hieß es: »I'm home, lost my job / And incurably ill«. Dann folgte die Aufforderung: »You think this is easy realism«. Hier wurde ein starker Realitätsbezug einfach durch die soziale Situation hergestellt. Ein Outtake von *1.Outside* hieß *Get Real* (1995), und in *Never Get Old* (2003) verwendete er das Bild vom Kino ein letztes Mal, um seinen ersten Erfolg zu beschreiben: »I breathe so deep when the movie gets real«, und bildete dabei zugleich

Moonage Daydream (1972)

einen Kontrast zwischen einem ewigen Leben in den Medien und dem baldigen Ende seiner Auftritte: »I'm screaming that I'm gonna be living on till end of time / Forever / The sky splits open to a dull red skull / My had hangs low 'cause it's all over now.« Der nach unten geneigte Kopf spielte nochmals auf das »bow« in seinen Namen und wörtlich auf das Album *Low* (1977) an. Die Figur, mit der sich Bowie am stärksten in die Geschichte des imgaginären Universums der Stars eingeschrieben hatte, blieb aber immer Ziggy Stardust.

6. Die bisexuelle Revolution der Geschlechter –
Ziggy Stardust (1972)

»*You've got a mother in the whirl
She's not sure if you're a boy or a girl*«
(Rebel Rebel 1974)

Bowie gelang es immer wieder, seine eigene Musik als Darsteller sehr originell zu illustrieren. Über Ziggy Stardust sagte er 20 Jahre später: »Ich wollte, daß die Musik so aussah, wie sie sich anhörte« (Sandford 2003, S. 106). Auf allen seinen Plattencovern waren Portraits des Künstlers abgebildet, die den Stil der jeweiligen Musik und die Atmosphäre widerspiegelten. Obwohl ein Standardelement des Schauspiels ganz traditionell in der Vermischung der Geschlechterrollen besteht, wäre es falsch zu sagen, dass er diese Tradition einfach im klassischen Sinn verwendet hat. Vielmehr verband sich für ihn mit einem androgynen Ausdruck eine viel ernsthaftere bisexuelle Einstellung, die über den Rahmen einer gewöhnlichen theatralen Repräsentation hinausging. Denn Bowies Darstellung von Bisexualität hatte einen sehr narzisstischen Charakter und war so stark verbunden mit Entfremdung, dass sie zugleich als erotisch oder als asexuell wahrgenommen werden konnte.

Seine modischen Kreationen fanden ihren bizarrsten Ausdruck in Ziggy Stardust, einer erfundenen Figur für das Album *The Rise And Fall Of Ziggy Stardust And the Spiders From Mars* (1972). Er wechselte dafür von seinem zeitgemäßen Hippieoutfit von *Hunky Dory* (1971) zu einer Figur, die mit ihrer Stachelfrisur, den offenen Baumwollanzügen und den zunehmenden japanischen Einflüssen in Schminke und Kleidung etwas sehr Unwirkliches, Befremdendes und zugleich Anziehendes und Lüsternes hatte. Als er gegen Ende der 70er Jahre immer mehr auf jede Art von Verkleidung verzichtete, resümierte er im Nachhinein: »Ziggy hat das Bizarre unserer Zeit gezeigt. Nun zeigt Bowie die Traurigkeit« (Tremlett 1995, S. 251). Dem schizoiden Rollenspiel wich eine Form von depressiver Authentizität. Doch vor allem in seinen Gesten blieb er bei einer deutlichen Vermischung von männlichem und weiblichem Ausdruck. 1978 bei der »Stage«-Tournee zeigte er ganz ähnliche Gesten der Verführung wie 1974. Die extreme, theatral aufgeladene Darstellung von Männlichkeit gehörte durchgehend zu seinem festen Reportoire. Hinter ihr versteckte sich zeitweilig seine weibliche, typisch englische Zärtlichkeit. Demnach wurden beide Seiten nicht immer gleichmäßig stark dargestellt. Bowie kam aus einer femininen Haltung und inszenierte mit zunehmendem Interesse seine männliche Seite. Als er 1978 mit hüftbetonten Pumphosen auftrat, lag auch in seinem betont männlichen Gebaren eine deutliche homoerotische Ausstrahlung, die er in einer äußerst provokanten und intensiven Form für sich nutzte. Ziggy Stardust hingegen war mehr eine Dragqueen gewesen.

Schon 1963 hatte er begonnen, sich für Mode zu interessieren (Sandford 2003, S. 41). Seine damalige Band, die Manish Boys, wurden von ihm wie zuvor schon The Kon-rads gründlich verändert. Im Herbst 1964 trugen alle ihre Mitglieder lange Haare und ausgefallene Kleidung, sie experimentieren mit Make-up und einem amerikanischen Akzent (Sandford 2003, S. 42). Mit ihnen trat er als Siebzehnjähriger im BBC in der Tonight-Show auf und erklärte, dass lange Haare bei Männern unterdessen viel mehr toleriert werden würden als noch vor zwei Jahren, als man dafür mit »Darling« oder »Kann ich deine Handtasche tragen?« angesprochen worden sei (Dokumentation Davies 2006). Kurz darauf erklärte er aus Protest in der Zeitung Daily Mirror, er würde sich nicht einmal für den englischen Premierminister die Haare abschneiden lassen (Tremlett 1995, S. 34). Die Revolution der Hippies kultivierte dann Femininität bei Männern in größerem Umfang.

1966 verkleidete sich Bowie als Judy Garland (Sandford 2003, S. 50), und eine seiner Shows im Marquee-Club in London endete am 17. April mit *You'll Never Walk Alone*, einem Song aus dem Musical *Carousel*

(1945), der durch die Interpretation von Garland 1960 zum Klassiker geworden war. Sein erster Manager Kenneth Pitt wurde so auf ihn aufmerksam (Tremlett 1995, S. 47). Pitt hatte sich nicht nur Anfang der 50er Jahre mit James Dean in Hollywood eine Wohnung geteilt, er vertrat auch später Garland als Agent in London (Tremlett 1995, S. 41 u. 49). Bowie wohnte eine Weile bei ihm und die beiden schliefen wohl auch miteinander (Sandford 2003, S. 52; Bowie 1993, S. 39). Pitt war ein kultivierter Mann und zugleich ein »abgrundtiefer Frauenhasser«. Dabei verehrte er wie viele Homosexuelle seine Mutter. Bowie trennte sich von ihm, weil Pitt die Zukunft des jungen Musikers im Kabarett sah und er die Hippiebewegung und die Möglichkeiten, die sich für Bowie daraus ergaben, nicht verstanden hatte (Bowie 1993, S. 87). Pitt sah in Bowie auch später keinen echten Rockmusiker, sondern jemanden, der diese Musikrichtung nur für seine theatrale Performance wie ein Schauspieler benutzte (Pitt 1985, S. 223), was nicht völlig falsch war. Er unterschätze damals Bowies Interesse an eigenen Kompostionen und an der Folkmusik. Die beiden Männer blieben gute Freunde und Pitt beriet Bowie, als es zum Bruch mit seinem zweiten Manager DeFries kam (Pegg 2009, S. 315). Er produzierte Bowies erstes Album *David Bowie* (1967). Nachdem es auf dem Markt war, wurden rasch Stimmen laut, die den jungen Sänger als Homosexuellen verachteten (Sandford 2003, S. 53).

Auf *David Bowie* gab es aber nur zwei Songtexte, die schon direkt auf sein zukünftiges Konzept von »gender-bending« und »cross-dressing« hinwiesen (Pegg 2009, S. 201), und sie bezogen sich beide auf lesbische Frauen. *She's got medals* (1966) handelte von einer Frau, die einen männlichen Lebensstil wählte und sogar zur Armee ging, um sich dort eine Medaille zu holen: »Her mother called her Mary, but she changed her name to Tommy«. Der zweite Song, das hörspielartige *Please Mr. Gravedigger* (1966), das a cappella gesungen wurde, berichtete von einem Mann, der jeden Tag zu dem Grab eines jungen lesbischen Mädchens ging, das er zuvor ermordet hatte. Bowies Sprechgesang im Regen auf dem Friedhof erinnerte dabei sehr an die Stimmung düsterer, viktorianischer Gedichte: »Mary-Ann was only ten, full of life and oh so gay / And I was the wicked man who took her life away«. Das nächste Opfer würde der Totengräber sein. Ihm unterstellte der Mörder, er habe ein goldenes Medaillon entwendet, das Haare des Mädchens enthielt. Es handelte sich um ein sehr obskures, kurzes Hörspiel. Bowie sollte später auf *1.Outside* (1995) dieses Motiv eingehend wiederholen. Und auch dort überwog die absurde Seite gegenüber dem Thrill – nur wurde das Thema nicht mehr in jener zurückhaltenden, romantischen, traurigen Form erzählt wie in seiner ersten Fassung. Der Mord an dem Mädchen war letztendlich eine Art Selbstmord. Für eine Abbildung im Booklet von *1.Outside* verkleidete sich der Popstar selbst als das Teenagermädchen Baby Grace und ließ sich so fotografieren und durch Computerverarbeitung animieren. Auf dem Album sprach er in einer Sequenz die Stimme von ihr und sagte: »Ramona put me on these interesting drugs, so I'm thinking very, too, bit too fast, like a brain patch«. Er selbst fand diese Aufnahme entzückend (Pegg 2009, S. 196), er betrieb dabei eine starke Identifikation mit dem Opfer, die in *Please Mr. Gravedigger* (1966) noch nicht so deutlich herausgestellt worden war. Aber auch hier hatte der Hörer bereits das Gefühl bekommen, dass das junge lesbische Mädchen etwas mit ihrem Mörder, der von seiner Trauer über ihren Tod sang, gemeinsam hatte. Diese doppelte geschlechtliche Struktur von weiblichem Opfer und männlichem Täter tauchte in vielen Bowie-Songs wieder auf.

Zwei Jahre später sang er in *Unwashed and Somewhat Slightly Dazed* (1969): »I'm a phallus in pigtails«. Für das Plattencover von *The Man Who Sold The World* (1971) ließ er sich in zwei verschiedenen Frauenkleidern auf dem Sofa liegend fotografieren. Diese Fotos wurden damals von seinem Label Mercury Records verboten und erst viel später wieder eingesetzt, als das Originalcover wiederhergestellt wurde (Bowie 1993, S. 124). 1976 sagte Bowie, dass diese Bilder eine Parodie auf Gabriel Rossetti gewesen sein sollen (Miles 1980, S. 39), der oft Menschen gezeichnet hatte, die sehr androgyne Züge trugen. Er bestand in späteren Interviews darauf, dass das Kleid, das er trug, extra für ihn angefertigt worden war und nicht die übliche Ausbuchtung für die weiblichen Brüste besessen habe. Mit seinen langen gelockten Haaren sah er darauf dennoch wie eine junge Frau aus.

Der Sänger und Komponist von T-Rex, Marc Bolan, war der erste bekannte Rockstar, mit dem Bowie seit 1964 persönlich befreundet war (Pegg 2009, S. 175). Der Weg zum Glamrock, zu dessen Urhebern Bolan zählt, wurde ihm durch diesen Einfluss geebnet. Bowie spielte sogar noch bei der »Reality«-Tour kurz einige Töne aus Bolans bekanntestem Hit,

Ziggy Stardust (1972)

Get It On (1971), als er seine Coverversion von *Cactus* (1988) vortrug. Für ihn war Bolan kein Konkurrent, sondern ein Freund gewesen, von dem er so viel wie möglich übernommen hatte. Bolan arbeitete jedoch nicht mit einem Genderkonzept, welches erst durch Bowie in den Glamrock eingeführt wurde. Der von Ringo Starr gedrehte Film *Born To Boogie* (1972) zeigte Bolan mit einem Zylinder aus braunem Leder ganz in jener surrealen Märchenwelt, in der auch der misslungene Beatlesfilm *Magical Mystery Tour* (1967) gespielt hatte.

Bowie hingegen feilte daran, seinem Ausdruck mehr Züge einer sehr exklusiven homoerotischen Verführung zu geben. Nach Ziggy Stardust sollte Aladin Sane noch verruchter und der Halloween Jack aus den »Diamond Dogs«-Shows extrem darauf aus sein, mit Gestik und Mimik in einem lasziven Stil sein Publikum erotisch zu provozieren. Der Halloween Jack wurde in dem Song *Diamond Dogs* (1974) als »a real cool cat« bezeichnet und mochte in einer zynischen Form einfach alles: »You like me and I like it all«, hieß es in *Rebel Rebel* (1974).

Für das extreme Outfit von Ziggy Stardust waren viele Menschen verantwortlich. Vor allem seine erste Ehefrau Angela Bowie unterstützte den aufstrebenden Popstar nicht nur im Bereich von Schminke und Kostüm, sondern die beiden teilten sich auch einige Kleidungstücke. Bowie trug anfangs auch ihre Kleider und ihren Lippenstift. Sie gehörte damit zu den Personen, die er als Ziggy Stardust offensichtlich imitierte. Angelas aufregender Stil eignete sich gut für projektive Identifikationen. Um die Kostüme für ihn zu entwerfen, wurde aber schließlich der Modedesigner Freddie Burrett bemüht. Bowie zog sich schon bei seiner ersten UK-Tournee im Winter 1971/1972 dreimal pro Show um (Bowie 1993, S. 157). Später bekam er einige Kostüme, die zwischen Kabuki- und Samurai-Look lagen, von Kansai Yamamoto geschenkt (Rock 2002, S. 14f. u. 192). Er trug besonders gern rote, lange Stiefel, Kleider, die nach unten wie kurze Röcke abschlossen, und Gewänder aus Seide. Bei dem Auftragen der Schminke hatte er sich ebenfalls kundig gemacht, wie er einen Kabuki-Stil herstellen konnte, und sich zunächst an einigen Vorgaben von Lindsay Kemp orientiert (Rock 2002, S. 248). Das Asiatische an Ziggy Stardust gehörte sicherlich zu dem Teil, der die größte Befremdung auslöste, denn in Europa ist die Tradition des Kabuki-Theaters bis heute etwas sehr Exotisches und Unbekanntes.

6. Die bisexuelle Revolution der Geschlechter

Durch den homosexuellen Pantomimen und Lehrer Lindsay Kemp hatte Bowie das absurde Theater, Jean Cocteau, Jean Genet und einige Elemente des japanischen Theaters kennengelernt. Er nahm nicht nur einen Kurs in Tanz und Bewegung bei ihm, sondern ging mit Kemp 1967–1968 sporadisch auf Tournee (Rock 2002, S. 72). Der englische Pantomime wurde dann umgekehrt direkt hinzugezogen, um eines von Bowies Konzerten 1972 im Rainbow-Theater in Szene zu setzen (Pegg 2009, S. 573). Die Folge war, dass in Bowies Bühnenauftritten im völligen Gegensatz zur gängigen Praxis von Rockkonzerten pantomimische Elemente und ein avantgardistischer Theaterstil auftauchten. Vor allem die perfekte Beherrschung seines Körpers war beeindruckend. »Ziggy *was* the stage show« (Pegg 2009, S. 459). Eine typische Haltung von Bowie war es, vor dem Mikrofon ein Bein nach hinten zu stellen (Rock 2002, S.11). Daraus ergab sich eine sprunghafte Dynamik nach vorne. Die Figur wurde fortwährend weiterentwickelt. Ein bedeutsamer Einschnitt war, als der Popstar sich im November 1972 nachts in Florida die Augenbrauen abrasierte, um so noch befremdender auszusehen. Er ließ es zuerst seine Ehefrau vormachen, um zu sehen, wie es bei ihr aussah (Pegg 2009, S. 461). Kemp hatte Bowie damit vertraut gemacht, die Dinge gegen die Erwartungshaltung des Publikums zu inszenieren (Tremlett 1995, S. 278), und von genau diesem Konzept machte der Popstar regen Gebrauch.

Er war ein Vorläufer für die Figur des berühmten transsexuellen Vampirs (Tim Curry) aus *The Rocky Horror Show* (1975), der den Aspekt einer bisexuellen erotischen Provokation dann noch viel massentauglicher Revue passieren ließ. Hier verbanden sich Glamrock und das Coming-out der Homosexuellen in einer Ästhetik, die bis heute populär geblieben ist. Die Travestieshow von Bowie als Ziggy Stardust hingegen war zwar ähnlich provokativ gewesen, aber viel komplexer und nicht ganz so einfach zu verstehen. Er zeigte zwar damals ebenfalls viel von seinem Körper, doch war sein Ausdruck viel stärker mit einer großen, sublimen Zärtlichkeit und einer tragischen Todessehnsucht verbunden. Er brachte den erotischen Aspekt, der in der Popmusik lag, auf diese Weise auf einem viel sublimeren Niveau in einer bisexuellen Form auf die Bühne. Sein Stil ging zudem mit einer graziösen, asiatischen Eleganz einher und wurde deshalb von vielen Menschen sogar als asexuell empfunden: »I'm regar-

Ziggy Stardust (1972)

ded quite asexually by a lot of people«, sagte Bowie 1973 selbst darüber (Copetas 1974). Feminität drückte sich bei Bowie in echter Zärtlichkeit aus und nicht nur in einer aufregenden Maskerade.

Über die gezielte Selbstinszenierung von Ziggy Stardust als eine Rock'n'Roll-Prostituierte erklärte er später: »If you're going to work in a whorehouse, you better be the best whore in it« (Pegg 2009, S. 292). Der englische *Daily Express* schrieb 1973 über ihn: »26-year old Bowie behaves more like a Soho Stripper than a pop star« (Pegg 2009, S. 465). Es waren ausgefallene, sehr mutige Posen – wie die, als er sich vornüber auf einen Mikroständer legte, um Analverkehr anzudeuten –, welche für Furore und Aufmerksamkeit sorgten. Und Bowie dachte sicher ganz ähnlich, wie es der paranoide Senatspräsident Schreber geträumt hatte, daran, wie schön es sein müsse, »ein Weib zu sein, das dem Beischlaf unterliege« (Freud 2000, Bd. VII, S. 142). Er musste seine homosexuelle Neigung aber nicht mehr wie Schreber im Bewusstsein von sich weisen, sondern lebte sie einfach aus. Wenn Freud diagnostiziert hat, dass in allen Fällen von paranoider Erkrankung »die Abwehr des homosexuellen Wunsches im Mittelpunkt des Krankheitskonfliktes zu erkennen war« und dass in allen Fällen die Erkrankten »an der Bewältigung ihrer unbewußt verstärkten Homosexualität gescheitert waren« (ebd., S. 183), so hatte der Popstar damit eine gute Möglichkeit gefunden, seine eigenen paranoiden Ängste abzuwehren.

In dem Song *Buddha Of Suburbia* (1993) erinnerte er sich später an die Zeit in London Anfang der 70er Jahre: »Sometimes I fear that the whole world is queer / Sometimes but always in vain«. In der Homosexualität lag für ihn keine Bedrohung, sondern eine Hoffnung. Das Problem bestand darin, dass er selbst gar nicht nur homosexuell war. Dennoch erklärte er in einem Interview am 22. Januar 1972 dem Journalisten Michal Watts im *Melody Maker*: »Ich bin schwul *[gay]* und bin es immer gewesen, selbst als ich noch David Jones war« (Bowie 1993, S. 153). Diese Behauptung war zwar halb gelogen, wendete sich aber umso massiver gegen die damals vorherrschende Homophobie. Sie löste einen Skandal aus. Bowie war zu diesem Zeitpunkt verheiratet und hatte einen Sohn. Von dem Interview kam er nervlich angeschlagen nach Hause zurück. Er hatte nicht vorgehabt, ein solches Statement abzugeben, es war ihm während des Interviews überhaupt erst klar geworden, was er sagen würde (Bowie 1993, S. 154). Er begann, sich Sorgen zu machen, ob sein Manager DeFries ihm dieses Interview verübeln würde. Gleichzeitig wusste er aber, dass dieses Geständnis gut war für seine Popularität. Es löste eine massive Welle von Reaktionen aus und wurde ein wichtiger Bestandteil von seinem Image. 1976 sagte er, dass es sich nur um eine PR-Lüge gehandelt habe (Tremlett 1995, S. 246), was aufgrund der Einseitigkeit der Aussage ebenfalls stimmte.

Er verleugnete jedoch nie seine Bisexualität und sah den Vorteil, den er daraus gezogen hatte, zu ihr zu stehen. In den 70ern äußerte er sich enthusiastisch dazu: »Ich glaube es ist das beste, was mir überhaupt passieren konnte. Und es macht immer noch Spaß« (Herman 1984, S. 155). Seine Wendung vom Glam-Rock zur schwarzen Soulmusik hing erneut mit der homosexuellen Bewegung zusammen, denn Soulmusik wurde vor allem in Diskotheken gehört. Nach dem Aufstand in der Stonewall-Bar im Juni 1969 konnten in den USA gleichgeschlechtliche Paare endlich auch öffentlich zusammen auftreten. Transvestiten und Dragqueens bildeten das erste Discopublikum, eine Richtung, die schließlich 1975 zu einem eigenständigen Musikgenre wurde. Bowies starke Affinität zum Rythm and Blues, der seine ganze Karriere bestimmte, hing ebenfalls mit dem femineneren, weichen Auftreten der schwarzen Sänger in dieser Musikrichtung zusammen, die allerdings selten homosexuell waren. Deshalb war er einer der ersten, die diesen Sound ganz gezielt nicht in rein heterosexuellen Konnotationen öffentlich verwendeten.

Mit zynischen Songs wie *Boy's Keep Swinging* und *Repetition* 1979 parodierte er später ein rein männliches Verhalten. Während seiner Zeit in Berlin ab 1977 war er eng befreundet mit der transsexuellen Niederländerin Romy Haag, in deren Nachtclub er häufig ging (Rüther 2008, S. 116). Am Ende des Videos zu *China Girl* (1983) sagte die Chinesin (Geeling Ng) zu ihm den Satz: »Oh baby just shout your mouse«, aber er war ihr nur in den Mund gelegt worden und es war seine Stimme zu hören, die den Satz sang. Bei der »Serious Moonlight«-Tour (1983) umarmte er sich selbst, während er *China Girl* vortrug, und simulierte so in einer pantomimischen Performance ein Paar, das aber erneut in narzisstischer Art und Weise nur aus ihm selbst bestand. Er stellte auch hier wieder den männlichen und zugleich den weiblichen Part dar. In dem Clip zu *Boys Keep Swinging* (1979) verkleidete er sich als drei verschiedene Frauen, die am Ende mit der Hand ihren Lippenstift verschmierten und ihre Perücke abnahmen. Das war eine typische Geste, die am Ende einer Travestieshow vorkam. Die Chinesin vollzog in dem Clip von *China Girl* genau dieselbe Geste, wenn sie sich am Ende des Clips mit dem Handrücken über den Mund fuhr und ihren Lippenstift verschmierte. In dem Kinderfilm *Labyrinth* (1986) trug Bowie in seiner Rolle als König der Kobolde eine ähnliche Frisur wie Tina Turner, mit der er 1984 zusammen den Song *Tonight* aufgenommen hatte. Und für die Promotion von *1.Outside* verkleidete er sich aus Spaß als ein Spice Girl und sagte in einem kurzen Clip: »I'm a Spice Boy«, in Anspielung auf seinen Song *Hallo Space Boy* (1995). Mit Queen und ihrem homosexuellen Sänger Freddy Mercury sang und komponierte Bowie 1981 *Under Pressure*, einen Song, der zum Nummer-eins-Hit in England wurde. Er nahm diesen Song dann nach dem frühen Tod von Mercury als festen Bestandteil in sein Liverepertoire auf.

Die starke dramatische Spannung in seinen Songs und bei seinen Auftritten bekam ihre Intensität neben dem ultimativen zeitlichen Moment vor allem durch seine bisexuelle Doppeldeutigkeit. Weibliche narzisstische Eitelkeit und männlicher Eroberungswille wechselten sich dabei ab. Er bot so seinem Publikum ein Spektrum von Identifikationsmöglichkeiten und alle zielten auf eine Verschmelzung ab, in der er sich als ein Teil von ihnen begriff, oder sie umgekehrt ein Teil von ihm wurden. In *As The World Falls Down* (1986) beschrieb er poetisch, dass der Beginn der Verschmelzung von zwei Liebenden einem Weltuntergang gleichkäme: »As the world falls down / Falling / Falling / Falling in love«. »Can you feel me inside?«, fragte er später in *Can You Hear Me* (1975), und in *Fascination* (1975) hieß es »Takes a part of me« und »Raging inside of me«. Ebenfalls in *Can You Hear Me* war von einer Nähe zwischen Mann und Frau die Rede, die für Außenstehende kaum mehr nachvollziehbar war: »Once we were lovers, can't they understand? / Closer than others I was your – I was your man«. Er kam den Frauen näher, weil er sich in sie hineinversetzen konnte. Seine exzentrische Darstellung von Bisexualität eröffnete gleichzeitig zwei Ebenen: Er konnte ein Partner gegenüber und ein Teil des Publikums zugleich sein, und dieses Angebot war tatsächlich ernst gemeint. Deshalb appellierte er in *Moonage Daydream* (1972) an das weibliche Publikum: »Don't fake it baby, lay the real thing on me«.

Für ihn selbst stillten die Verschmelzungen seine orale Sehnsucht nach der Mutterimago. Durch die optische Präsentation einer befremdenden Figur, die beide Geschlechter zugleich darstellte, wurde Ziggy Stardust so sehr überdeterminiert, dass auf der geschlechtlichen Ebene keine Trennlinie, keine Barriere mehr empfunden wurde. Der Popstar sollte nach Ziggy Stardust nie wieder zu einer so ausgeprägten Fusion gelangen, die vielleicht aber auch ein Privileg der noch unerfahrenen Jugend ist.

Den stärksten Ausdruck einer Liebe zwischen zwei Männern, die zwar nicht eindeutig homosexuell, dafür aber sehr heroisch war, wurde in dem Film *Merry Christmas, Mr. Lawrence* (1983) gezeigt. In der eindrucksvollen Schlüsselsequenz küsste Major Jack Celliers (David Bowie) seinen Gegenspieler, den Oberbefehlshaber des Gefangenenlagers Captain Yonoi (Ryuichi Sakamoto) in Zeitlupe. Dieser Kuss sollte verhindern, dass ein anderer englischer Soldat geköpft wurde. Der Japaner war über diesen Akt unter Männern so schockiert, dass er, als er sein Schwert gegen Celliers richtete, in Ohnmacht fiel. Der Film destruierte auf diese Weise heftig das einfache ödipale Rivalitätsschema, auf dem Kriegshandlungen oft genug basieren.

Melanie Klein fand heraus, dass unbewusste homosexuelle Tendenzen oft unter Jugendlichen vorkommen. Ihre starken sexuellen Gefühle wirken sich störend aus und verhindern tiefere Freundschaften, wie sie sie zuvor hatten (Klein 1996, S. 141). Lacan sah in der platonischen und zugleich homosexuellen Theorie über die Liebe eine erste Ausarbeitung, die für alle Menschen gleichermaßen gelten würde (Lacan 1986, S. 92). Freud insistierte schon 1905 auf dem bisexuellen Anfang aller Menschen in Bezug auf ihre Geschlechtsidentität. Er weigerte sich außerdem entschieden, die Homosexuellen »als eine besonders geartete Gruppe von den anderen Menschen abzutrennen« (Freud 2000, Bd. V, S. 56). Zudem handelte es sich seiner Ansicht nach keineswegs um Fälle, die sich erfolgreich psychoanalytisch behandeln lassen (Freud 2000, Bd. VII, S. 260f.). Er sah den Vorrang einer sexuellen Orientierung meist als unveränderbare Konstante, die aus der ursprünglichen Bisexualität hervorgegangen war. Insofern war die Interpretation der Gendertheoretikerin Judith Butler nicht ganz richtig, als sie behauptete, Freud hätte unter Bisexualität nur »die Koinzidenz zweier heterosexueller Begehren in einer einzigen Psyche« verstanden (Butler 1991, S. 98). Der Ödipuskomplex lässt sich aber auch nicht einfach gegen die vorhergehende Phase der Bisexualität ausspielen (Schmitz 1996, S. 125), weil der *vollständige* Komplex ein zweifacher – ein positiver und ein negativer – ist, sodass immer eine heterosexuelle und eine homosexuelle Einstellung in Bezug auf die jeweiligen Teile des Elternpaares vorhanden bleiben (Gooß 1995, S. 54). Der Komplex kanalisiert also die ursprüngliche Bisexualität, indem sich dabei ein stärkeres, favorisiertes Objekt herauskristallisiert, während die andere Richtung vernachlässigt oder sogar ganz unterdrückt wird.

Auch Bowies heterosexuelle Beziehungen trugen in sich ganz offensichtlich einen homosexuellen Anteil. In seinen Ehen übernahmen beide Ehefrauen einen sehr dominanten Part ein, was mit seiner engen oralen Bindung an die Mutter zusammenhing. Als er Angela Barnett 1969 kennenlernte, war es seine Art, eine Menge zu jammern, sich bei praktischen Dingen zu sträuben und die Verantwortung für seine Situation nicht zu übernehmen. Außerdem wollte er nicht mit Leuten reden. So war es ihre stärkere Persönlichkeit, die für ihn oft »die heißen Kohlen aus dem Feuer« holte. Bowie hatte damals beispielsweise die schlechte Angewohnheit, nur alle drei oder vier Tage zu baden, was sich änderte, nachdem seine Ehefrau ihm jeden Morgen ein Bad einließ (Bowie 1993, S. 92f. u. 117). Über ihr erotisches Verhältnis sagte er später: »Angie biss mich und ich flippte aus« (Sandford 2003, S. 221). Seine zweite Ehefrau trug den männlichen afrikanischen Namen Iman und bezeichnete sich selbst als maskulin (Iman 2001, S. 15). Sie wurde hysterisch, als sie zum ersten Mal ihre Menstruation bekam (ebd., S. 17). Den Song *I Would Be Your Slave* (2002) schrieb Bowie meiner Ansicht nach für sie. Darin sang er: »Give me peace of mind at last / Show me all you are / Open up your heart to me / And I would be your slave«. Schon in *Never Let Me Down* (1987) hatte er gesungen: »When I needed soul revival / I called your name«. Während der »Glass Spider«-Tour sang er dieses Stück kniend auf dem Boden und beugte sich immer wieder nach vorne herüber. Dann kam ein Tänzerin (Melissa Hurley), die eine Sauerstoffflasche auf ihrem Rücken trug, drückte eine Maske an seinen Mund und richtete ihn durch die Zufuhr des Sauerstoffs wieder auf. In *Win* (1975) hatte Bowie seine teilweise devote Haltung gegenüber Frauen in einem einzigen Satz zusammengefasst: »All you've got to do is win«.

Nach der Eheschließung mit Iman erklärte er am Anfang der 90er

Jahre, dass er niemals ernsthaft homosexuell gewesen sei: »Es war fast, als hätte ich mich testen wollen. Es war jedenfalls überhaupt nichts, womit ich mich wohl gefühlt hätte. Aber es mußte wohl sein« (Sandford 2003, S. 336). Ebenso sagte er aber in dieser Phase mit viel Ironie: »Ich bin jetzt ein zwanghafter Hetero« (ebd., S. 345). Es gelangt ihm nach eigenen Angaben von einer extremen Promiskuität in den 70ern über einen Wertewandel in den 80ern schließlich zu einer harmonischen, monogamen Ehe in den 90ern zu gelangen (ebd., S. 328). Aufgrund seiner projektiven Identifizierungen war sein Spiel mit weiblichen Identitäten aber nicht abschließbar. Und diese Ebene drückte sich nicht unbedingt nur in sexuellen Aktivitäten aus.

Nach der Ansicht von Bowies erster Ehefrau war ihr Mann am Anfang der 70er Jahre »eher hetero mit ein bisschen homo nebenbei« (Bowie 1993, S. 88). Die meisten bisherigen Biografen, nämlich Sandford, Tremlett und Buckley, entschieden sich dafür, den Popstar vor allem als heterosexuell zu beschreiben. Pegg bildet darin eine der wenigen bemerkenswerten Ausnahmen. Doch Bowies spätere Vorspiegelung einer heterosexuellen Identität war viel zu dramatisch, um als authentisch gelten zu können. In seinen projektiven Identifizierungen waren Frauen sogar besonders beliebt, und diesen Charakterzug stellte er nicht ab. Für seine Inszenierungen war seine Bisexualität tatsächlich eine großartige Fundgrube. Denn seine Ausdrucksformen bestanden immer darin, weibliche und männliche Formen miteinander zu verbinden, auch wenn sich die Mischverhältnisse veränderten. Als er beispielsweise die Zeile »Talking 'bout Monroe« aus *The Jean Genie* (1973) bei der »Earthling«-Tournee 1997 in London sang, tat er dies nicht, ohne danach eine von Monroes Gesten zu imitieren, eine Hand auf seinen Nacken zu legen und den Kopf wie sie nach vorne zu werfen und zur Seite zu drehen. Auch wedelte er bei diesem Konzert mit seinem langen Hemd häufiger herum, als handele es sich um ein Kleid.

Nicht die Androgynität, sondern die Prostitutionsfantasie von Ziggy Stardust war problematisch. Teile des Videoclips zu *Day-In Day-Out* (1987) lassen sich als negativen Kommentar dazu lesen. Darin setzt sich eine junge Mutter eine rote Perücke auf, die an die Stachelfrisur von Ziggy erinnert. Sie will damit auf den Strich gehen, um Geld für ihre Familie zu verdienen. Der erste Kunde zerrt sie in sein Fahrzeug. Halbnackt kann

Ziggy Stardust (1972)

sie aus dem Auto flüchten und sinkt schließlich vor einem gemalten Bild, auf dem einige Hollywoodstars, unter ihnen Marilyn Monroe, dargestellt sind, auf dem Boden zusammen. Und Bowie sang den Song ganz gezielt als Kritik an dem fehlenden sozialen Netz in den USA. »Talking 'bout Monroe and walking on Snow White / New York's a go-go and everything tastes nice / Poor little Greenie«, hatte er schon kritisch in *The Jean Genie* (1973) gesungen. 1991, in *Stateside* von Tin Machine, tauchte Monroe als ein Teil des amerikanischen Traums nochmals auf:

>»Marilyn inflatables home on the range
>Where the livin' is easy on a horse with no name
>Kennedy convertibles home on the range
>Where the sufferin' come easy on a blond with no brain
>I'm goin' stateside«.

Die eigentliche Angriffsfläche war hier aber nicht die Bisexualität, sondern Monroes angebliche Dummheit und mehr noch ihre – und damit auch Bowies eigene – Promiskuität.

Der Überblick über seine gesamte bisherige Karriere zeigt, dass er in der Zeit von *Tin Machine* (1989), wo er einen Vollbart trug, in seiner männlichsten Phase war, während Ziggy Stardust wohl als die weiblichste Periode betrachtet werden kann. Bei dem ersten Auftritt von Tin Machine 1989 sollen einige Fans am Anfang sogar geflüstert haben: »That's David Bowie! No, it can't be David Bowie, he's got a beard« (Pegg 2009, S. 502). Beide Phasen waren für ihn gleichermaßen wichtig. Mithilfe von Ziggy Stardust wurde er bekannt und mit Tin Machine gelangte er zu der Fähigkeit, eine tiefe Bindung, eine Ehe einzugehen. Für die homosexuellen Bowie-Fans war die Band zwar etwas abstoßend, aber er versuchte, durch seine Texte auch sie zu begeistern. In *Heaven's In Here* (1989), dem Opener ihres ersten Albums, sang er: »Telling you loud but selling it small«. Mit dieser Band wollte er nicht das große Geld verdienen, sondern vor allem einen anderen Teil von sich selbst finden. Das Cover von *Tin Machine II* (1991) zeigt die vier Mitglieder der Band als nackte griechische Statuen, und so wurde der homosexuelle Aspekt zwar erneut betont, die Band konnte diese Ebene aber nicht wirklich darstellen. Das Cover wurde in den USA sogar zensiert, indem die Genitale der Statuen mit einem Feigenblatt abgedeckt wurden. Tin Machine fehlte es dann vor allem an Bowies ausgeprägten melancholischen Melodien, die hier von einem lauten, männlich aggressiven Gitarrensound übertönt wurden. Songs wie das erst 2008 posthum veröffentlichte *It's Tough* (1989) mit dem Refrain »It's tough but it's okay« waren das Motto dieser bodenständigen und etwas trivialen Herrenband.

Die höchste Stimmlage erreichte der englische Sänger, als er 1974/1975, während er sich intensiv mit schwarzer Soulmusik beschäftigte, auch diese Art zu singen imitierte. Die Höhen gingen über seine Baritonstimme allerdings etwas hinaus. Sie führten zu einer hörbaren Heiserkeit. Er sagte später, er habe niemals höher gesungen als auf seinem Album *Young Americans* (1975) (Pegg 2009, S. 313). »Just you and your idol singing falsetto«, sang er in dem Titeltrack. Seine Falsettstimme wurde aber schon hier durch Basstöne geschickt kontrastiert. *Fame*, der letzte Song von *Young Americans*, endete noch 2003 auf der »Reality«-Tour mit einer extrem hohen Fistelstimme, die jedoch künstlich am Computer hergestellt worden war und dann langsam immer tiefer wurde. Sie wiederholte nur immer wieder »Fame, Fame Fame«, in den verschiedensten Tonhöhen. Auf dem vorherigen Album *Diamond Dogs* (1974) hatte er in *Sweet Thing* und *Big Brother* erstmals jene männlicheren tiefen Basstöne von sich gegeben, die spätestens ab den 80er Jahren zu seiner wesentlichen Richtung beim Gesang werden sollten. Sein breites Spektrum an unterschiedlichen Tonlagen, das er insgesamt oft einsetzte, entsprach ebenfalls der übergreifenden Darstellung beider Geschlechter. Er flankierte seine tiefer werdende Stimme später schließlich häufig mit höheren Backgroundsängerinnen und wechselte in seinen Songs oft nur noch im Refrain die Stimmlage. Bowies Schwankungen in seiner Stimme hingen anfangs mit einer echten Unsicherheit in Bezug auf seine geschlechtlichen Interessen zusammen. Beides bekam mit den Jahren immer mehr Stabilität, jedoch ohne die andere, die homosexuelle Seite bei sich und anderen Männern grundsätzlich auszuschließen oder abzulehnen.

7. PROMISKUITÄT, BLACK MUSIC, NEID UND NEGATIVE SELBSTBILDER –
Young Americans (1975)

»*Le'ts spend the night together*
Now I need you more than ever
Let's spend the night together now«
Let's Spend The Night Together (1967/1973)

Am 20. März 1970 hatte Bowie seine erste Frau Angela Barnett auf dem Standesamt in Bromley, dem Vorort von London, in dem er aufgewachsen war, geheiratet. Ihre Ehe besaß von Anfang an eine so offene Struktur, dass er noch in der Nacht davor mit Angela und einer anderen Frau geschlafen hatte. Und Bowie soll seiner ersten Ehefrau schon lange zuvor erklärt haben, dass er nicht in sie verliebt sei (Bowie 1993, S. 59f. u. 74). Da die beiden Ehepartner ihre Bisexualität hemmungslos auslebten, war Promiskuität nur eine natürliche Folge ihrer sexuellen Auffassung. Eine Zeit lang war donnerstags bei den Bowies immer »Schwulennacht«. Er ging an diesem Tag in einen Club für männliche Homosexuelle, seine Frau in eine Lesbenbar, und beide brachten die Leute mit nach Hause, die sie dort kennengelernt hatten. Zuweilen teilten sie sich auch eine Partnerin (Sandford 2003, S. 80f.).

1973, so berichtete Angela Bowie später der Presse, hatte sie Bowie an einem Morgen zusammen mit Mick Jagger nackt im Bett gefunden. Sie schloss daraus, dass die beiden Männer in der Nacht wohl miteinander Sexualverkehr gehabt hatten, suchte in dem Zimmer aber nicht nach einer Dose mit Vaseline (Bowie 1993, S. 229f.). Bei dem damaligen

Lebenswandel ihres Mannes wäre es aber auch seltsam gewesen, wenn Angela sich geirrt hätte. Die beiden Popstars dementierten jedoch ihre These, die sie auch erst in 80er Jahren nach der Scheidung von Bowie publik werden ließ. 1973 begann aber in jedem Fall eine sehr intensive Freundschaft zwischen Bowie und Jagger, die die nächsten Jahrzehnte überdauern sollte. Ihren öffentlichen Höhepunkt fand sie 1985, als die beiden Popstars in dem Video zu *Dancing In The Street* (1985) zusammen auftraten. Aus Spaß stellten sie darin einen Wettstreit dar, die größere Gunst beim Publikum zu erlangen, wie zwei Diven, die um die meiste Aufmerksamkeit kämpften. Bowie ließ sich einige Jahre später mit seiner zweiten Ehefrau Iman im Wohnzimmer in genau derselben Pose wie mit Jagger, schreiend und Kopf an Kopf, fotografieren. Das deutet darauf hin, dass sein Verhältnis zu dem Kopf der Rolling Stones tatsächlich intimer gewesen war.

Angie Bowie hatte nach ihren Angaben ebenfalls eine Affäre mit Jagger und die Stones komponierten den Song *Angie* (1973) für sie (Bowie 1993, S. 232). Offiziell behauptet die Band zwar bis heute, der Song wäre der kleinen Tochter von Keith Richards gewidmet (Sandford 2003, S. 138), da es sich aber um einen schmachtenden Liebessong handelte, ist es nur schwer vorstellbar, dass er für einen einjährigen Säugling geschrieben worden ist. Bowie hingegen bekam schließlich jedes Mal, wenn er mit seiner Ehefrau schlief, einen Ausschlag – ein deutliches Zeichen seiner inneren Ablehnung (Bowie 1993, S. 73, 77, 136f.). Ihre liberale Ehe zeugte auch nur an der Oberfläche von sexueller Freiheit, die dem Zeitgeist der Hippiebewegung entsprach (Bowie 1993, S. 75), denn eigentlich war sie Ausdruck einer Unfähigkeit beider Ehepartner, eine wirklich stabile, engere Bindung einzugehen. Wie Monroe, die er damals in *The Jean Genie* (1973) erwähnt hatte, litt er unter den Folgen seiner Promiskuität. Die amerikanische Schauspielerin hat sich am Ende wegen ihrer Unfähigkeit zu einer länger währenden, tiefen Bindung, die durch zahlreiche erotische Kontakte ersetzt wurde, wahrscheinlich selbst umgebracht (Jacke 2005, S. 182f.).

Das Selbstverständnis von Angela Bowie wies auf große Ängste vor Nähe hin: »Baby, lass niemanden jemals wissen, wovor du dich fürchtest« (ebd., S. 76), war der Leitspruch, den ihr Vater ihr mitgegeben hatte. Ihr Vater kam aus einer angloamerikanischen Familie, ihre Mutter war polnischer Herkunft (Sandford 2003, S. 75). Der Vater war Colonel in der US-Army gewesen und hatte im Zweiten Weltkrieg eine Guerillatruppe gegen die Japaner angeführt. Sie wuchs in Zypern am Mittelmeer und in einem Schweizer Internat auf, und verstand sich als jemand, der durch den mediterranen Raum sehr geprägt war (Bowie 1993, S. 207). Sie war einst Schulsprecherin gewesen und hatte glänzende Noten bekommen (Tremlett 1995, S. 101f.). Angela Bowie wirkt aber weniger wie eine Intellektuelle, sondern sehr naiv und auf eine unangenehme Art und Weise dominant und provokativ. Während und auch nach ihrer Ehe mit Bowie stellte sie ihre Bisexualität auf vulgäre Weise zur Schau und versuchte die Gesellschaft vor allem damit zu schockieren. Sie wirkt schamlos und dümmlich, muss aber ursprünglich einmal ganz anders gewesen sein. Ihre Eltern waren praktizierende Katholiken (ebd., S. 44f.) und sie wehrte sich innerlich wohl viel massiver als ihr Mann gegen moralische Konventionen und Anstandsregeln, die sie jedoch kaum reflektiert hatte. Dabei waren Sie und Bowie, als sie sich kennenlernten, so schüchtern gewesen, dass sie Codewörter verwendet hatten, um sich in der Öffentlichkeit ihre gegenseitige Liebe zu gestehen (Bowie 1993, S. 47). Sexualität blieb für den englischen Popstar ein Thema, auf das er, wenn er nicht gerade Drogen genommen hatte, mit viel Unsicherheit reagierte, obwohl er mit vielen Frauen und Männern ins Bett gegangen war und Sex liebte (Tremlett 1995, S. 105). In seinen Erinnerungen hatte seine Frau eine hohe piepsige Stimme wie Minni Maus (Sandford 2003, S. 74), was er sehr mochte. Angela Bowie hatte tatsächlich etwas von einer Comicfigur, und die beiden passten deshalb auch nicht wirklich gut zusammen. Er heiratete sie nach eigenen Angaben, um ihr als Amerikanerin den Aufenthalt in England zu ermöglichen (Tremlett 1995, S. 114). Andere behaupten, er habe sie wegen der Green Card und der 3000 Pfund Aussteuer von ihren Eltern und vor allem deshalb geheiratet, weil sie ein Arbeitstier war und alles tun würde, was er nicht selbst tun wollte (Sandford 2003, S. 84). Angela Bowie unterstützte ihren Mann am Anfang sehr, fiel ihm später aber eher zur Last und brachte seinen emotionalen Haushalt durcheinander.

Ich denke, dass er sie aufgrund seiner engen Bindung an Personen, die ihn an seine Mutter erinnerten, sehr geliebt hat. Er brauchte auch sehr lange, um endgültig von ihr loszukommen. Sie war ein Teil von ihm geworden. Er kopierte zum Teil ihr Verhalten und trug ihre Kleider.

7. Promiskuität, Black Music, Neid und negative Selbstbilder

Ihre bisexuellen Provokationen übernahm er ebenfalls. Die konkrete Beziehung wurde aber schon sehr bald zum Fiasko. Er erklärte später, dass sie vor allem sehr kurz gewesen sei, da sie im Grunde 1974 schon vorbei gewesen sei und man sich danach nur noch sporadisch gesehen habe (Sandford 2003, S. 330). Wenn er 1977 oder 1978, während seiner Zeit in Berlin, viel getrunken hatte, wurde er weinerlich und sprach darüber, dass er sie immer noch liebte, aber nicht mehr mit ihr zusammen leben konnte (ebd., S. 207). 1979 sang er in dem Song *Move On* davon, dass er eine neue Partnerin in Zypern, also auf der Insel, auf der Angela geboren und aufgewachsen war, finden würde: »Cyprus is my island / When the going's rough / I would love to find you / Somewhere in a place like that«. Ferner gab es die durchaus berechtigte Vermutung, dass sich sein Song *Something In the Air* (1999) unter anderem auf seine erste Ehefrau bezog, weil er den gleich Namen trug wie ein Nummer-eins-Hit der britischen Band Thunderclap Newman von 1969 (Pegg 2009, S. 208). Zumindest handelte es sich um einen Abschiedssong von einem Partner, der schon viel zu lange bei ihm gewesen war. Bowie sagte, *Something In the Air* handele von »jemandem, der wirklich nicht in der Beziehung bleiben kann, in der er sich befindet, sodass er seinen Partner rauswirft« (Pegg 2009, S. 208). In den Lyrics war die Rede von einem großen Fehler in der Vergangenheit: »We can't avoid the clash, the big mistake / Now we're going to pay and pay«. Was sich konkret dahinter verbarg, lässt sich allerdings kaum beantworten.

1974 zog Bowie mit dem Gitarristen Keith Christmas durch die Clubs für Homosexuelle und interessierte sich für beide Geschlechter gleichermaßen. Christmas erklärte: »Er orientierte sich zu beiden Seiten«, die Männer wollte er scharf machen mit den Frauen wollte er schlafen (Sandford 2003, S. 142). Zugleich erinnerte sich Christmas aber auch daran, dass Bowie in New York die ganze Zeit darüber sprach, von Feinden verfolgt zu werden und dass sein Telefon abgehört werden würde (ebd., S. 162). Homosexualität und Paranoia wechselten sich demnach ab und beides stieg zusammen mit seinem Erfolg an. Wie auch bei anderen Popstars gab es immer viele Groupies, die bereit waren, mit ihrem Idol um jeden Preis eine Nacht zu verbringen. Als sein zweites Glamrockalbum *Aladin Sane* (1973) erschien, hielt die Bowie-Mania Einzug (Bowie 1993, S. 179). Er reagierte darauf mit einer einzigen Orgie aus Sex und Drogen.

Young Americans (1975)

Laut Ronson soll er auf der Tournee durch Amerika, Japan und England viele erotische Abenteuer mit Frauen gehabt haben (Sandford 2003, S. 122 u. 124). In *The Jean Genie* (1973) sang er über die Kurzlebigkeit dieser Verhältnisse: »She loves him, she loves him / But just for a short while«. Während einer Reise mit der transsibirischen Eisenbahn soll er fast wahllos mit seinen Fans geschlafen haben (Tremlett 1995, S. 192). Bowie beschrieb die tragischen Folgen seiner ständig wechselnden Partner in *It's Gonna Be Me* (1975), einem Outtake von *Young Americans*: »I left a woman in that morning day / Been on that trip so many times / Good-God! was really yesterday / I've tried so many, many many, many, many ways«. Die Promiskuität stärkte sein Omnipotenzgefühl, seine Leidenschaft andere Menschen zu beherrschen, was er nur konnte, solange er sich nicht auf sie einließ. Bisexuell in beide Richtungen offen zu sein, potenzierte nochmals die Möglichkeiten, und umgekehrt verbarg sich dahinter das ständige Gefühl einer tiefen Ohnmacht.

Er gab später zu, dass es ihm lange Zeit fast gleichgültig war, mit welchem Geschlecht er im Bett landete. Viel wichtiger war es ihm, den sexuellen Thrill und die körperliche Nähe und Intimität zu spüren. In *The Jean Genie* (1973) fasste er auch die Ursache für sein Problem, einer echten Liebesbindung durch fortwährende promiskuitive Erotik immer nur hinterherzulaufen, in einem Satz zusammen: »Loves to be loved«. Kernberg diagnostizierte eine »Pansexualität« bei Borderlinern, in der die genitale Sexualität überhaupt nicht dominiert, sondern polymorph perverse Partialtriebe das Subjekt beherrschen (Kernberg 1983, S. 66). Ein typischer Mechanismus innerhalb der Borderline-Organisation ist der Versuch, Trennungsängste durch perverse Beziehungen umzuwandeln. So kann das Gefühl des Ausgeschlossenseins in etwas Erregendes und die Trennung in einer perversen Umkehrung in eine Wunscherfüllung verwandelt werden (Weiß 2009, S. 137 u. 146f.). Wenn wahllos immer wieder neue sexuelle Affären eingegangen werden und das auch noch mit beiden Geschlechtern, wirkt es so, als wäre der Partner völlig austauschbar. Damit werden Verlustängste nivelliert und alle Formen von Abhängigkeit, die Bestandteil jeder echten Beziehung sind, einfach verleugnet. Bowies häufige Wechsel von Umgebung und Mitarbeitern hing nicht zuletzt mit der Angst zusammen, ansonsten extrem abhängig von anderen zu werden. Seine Promiskuität war keine sexuelle Freiheit, sondern verhinderte systematisch, dass es überhaupt zu einer tieferen Bindung kommen konnte. Und er wollte tiefe Bindungen nicht eingehen, weil er erlebt hatte, wie sie ihn beeinflussten und existenzielle Formen für ihn annahmen. Der Perversion lag hingegen die Illusion zugrunde, seine Freiheit zu bewahren. Durch Kokain konnte er die emotionale Coolness, die die Rückseite seiner starken Verschmelzungsfantasien war, stabilisieren.

Der Popstar begann ungefähr ab Juli 1973, regelmäßig Kokain zu konsumieren. Er benutzte es zunächst dafür, länger arbeiten zu können. »Ich verwendete es nicht wirklich für hedonistische Zwecke«, erklärte er 25 Jahre später (Seabrook 2008, S. 25). »Ich hasse Schlaf. Ich bevorzuge es, aufzubleiben und die ganze Zeit zu arbeiten«, sagte er im Februar 1976 (Miles 1980, S. 49). Er arbeitete unter Drogen sehr diszipliniert und verausgabte sich dabei derart, dass seine gesamte Lebensweise langsam anfing, sich zu verändern. Wie seine engste Mitarbeiterin Schwab sagte, wurde für ihn die Droge zum Ersatz für Essen und Schlafen (Sandford 2003, S. 162). Er lebte weitgehend nachts und in Gesellschaft anderer Kokainsüchtiger (Bowie 1993, S.184 u. 213).

Der Song *Diamond Dogs* (1974) begann mit einer Beschreibung seiner damaligen Lebenseinstellung: »As they pulled you out of the oxygen tent / You asked for the latest party«. In *Sweet Thing* (1974) hieß es: I'm having so much fun / With the / Poisonous People / Spreading rumours and lies and stories / they made up«. Aber in Wirklichkeit herrschte um ihn herum die eisige Kälte, die Kokain verbreitet, das wie alle Drogen den Egoismus mächtig stärkt. Bowie sagte damals in einem Interview gegenüber dem Musikmagazin *Rolling Stone*, dass er ein sehr kalter Mensch sei und keine starken Gefühle empfinden würde (Sandford 2003, S. 163). Seine Frau nennt ihn in ihrem Buch häufig den Eismann und in *This Is Not Amerika* (1985) sang Bowie: »Snowman melting from the inside«. In *Sweet Thing* hatte er genau umgekehrt die betäubende Wirkung thematisiert: »It's nice in your snowstorm, / Freezing your brain? / Do you think that your face looks the same?« *Big Brother* enthielt zwei Anspielungen auf Kokain: »Oh should we powder our noses?« und »Lord I think you'd overdose If you knew what's going down«.

Auf dem Cover seines ersten Konzert-Albums, *David Live* (1974), sah er so fürchterlich abgemagert und bleich aus, dass er selbst später

Young Americans (1975)

dazu anmerkte: »Es sah so aus, als wäre ich gerade aus dem Grab gestiegen (Seabrook 2008, S. 26). Die Dosierung war während der »Diamond Dogs«-Tour (1974) immer höher geworden, sodass sich Schwab unterdessen ernsthafte Sorgen machte (Tremlett 1995, S. 223). Bei einem Auftritt in der Dick-Carvett-TV-Show am 4. Dezember 1974 war ihm sein hoher Konsum deutlich anzusehen. Er traf seinen Einsatz beim Gesang einmal nicht richtig und zog dauernd die Nase hoch. Er trug außerdem einen Spazierstock bei sich, mit dem er seltsam herumspielte, um seinen Herrschaftswillen auszudrücken. In dem Song *Young Americans* (1975) sang er ein Jahr später: »Well, well, well would you carry a razor / In the case, just in case of depression?« Kokain wird gewöhnlich mit einem Rasiermesser (»razor«) zerteilt, bevor es durch die Nase eingesaugt werden kann. Andererseits ist das Rasiermesser aber auch ein Instrument, das in einem engen assoziativen Zusammenhang mit einem Suizid steht, weil es dazu verwendet werden kann, sich die Pulsadern aufzuschneiden. In einer Pose dieser Art, mit einem Taschenmesser in der Hand, das er als »Judy Garland Handgelenk-Aufschlitzen« bezeichnete, ließ sich Bowie auch in Schottland im Mai 1973 fotografieren (Rock 2002, S. 204f.). Ab einem gewissen Zeitpunkt hatte sein Konsum eine ähnliche Bedeutung wie ein Selbstmord auf Raten.

20 Jahre später führte er in dem Song *Hallo Spaceboy* (1995) seine zweigeschlechtliche Promiskuität auf seinen Drogenkonsum zurück und erklärte sie als Verlust der Liebesfähigkeit: »Do you like girls or boys / It's confusing these days / But Moondust will cover you / Cover you / This chaos is killing me / Bye Bye love«. Mit dem Mondstaub waren zugleich die Designerdrogen der Technobewegung gemeint. Der Song enthielt aber, wie auch einige andere Stellen auf *1.Outside* (1995), eine merkwürdige Kritik an der eigenen Bisexualität. In *The Hearts Filthy Lesson* sang Bowie: »Paddy, who's been wearing Miranda's clothes?«, und diese Frage war so gestellt, als wäre sie von einem Kind aufgeworfen worden, das darüber überrascht ist, wen es da in Frauenkleidern zu sehen bekommt. Die latente Ablehnung der Bisexualität, die zu den ernsthaften Horrorthemen von *1.Outside* gehörte, konnte schließlich von den Pet Shop Boys aufgefangen werden. Sie arbeiteten mit Bowie zusammen an einem Remix von *Hallo Spaceboy*. Das homosexuelle Pärchen fügte einige Zeilen Text hinzu, indem es Bowies *Spaceboy* enger mit *Space Oddity*

(1969) verknüpfte und, so ähnlich wie in *Ashes To Ashes* (1980), den Akzent in dem Song stärker auf die Drogenodyssee von Major Tom legte (Pegg 2009, S. 89). Zu dritt trugen sie *Hallo Spaceboy* schließlich auch 1996 bei den Brit Awards und in einem Videoclip vor. Das Stück blieb dennoch Bowies aggressivster Technosong und seine härteste Absage an Drogen und promiskuitive Bisexualität.

Unter dem Einfluss von Kokain hatte sich sein Musikstil in den 70ern stark verändert. Er wechselte dabei vor allem von der weißen, englischen Rockmusik zur viel seichteren, schwarzen, amerikanischen Soulmusik. In *Rock'n'Roll With Me* (1974) sang er: »I've found a door wich lets me out«, und meinte damit seinen Abschied vom Glamrock. Er hatte schon als Jugendlicher den Engländer Lonni Donegan gehört, der Songs von schwarzen Bluessängern als Skiffle-Versionen vorgetragen und so den Rythm'n'Blues-Boom in England ausgelöst hatte (Sandford 2003, S. 409). Donegan hatte einige englische Musiker erstmals mit dem Blues vertraut gemacht, die oft gar nicht wussten, was der Hintergrund seiner Skiffle-Musik war (Dokumentation Figgis 2004). Bowie interessierte sich aber schon 1956 für Rock'n'Roll, als die Welle England erreichte. Seine zweite Band nannte er The Hooker Brothers, nach dem schwarzen Bluessänger John Lee Hooker (Pegg 2009, S. 436). Mit den King Bees spielte er Songs von Muddy Waters und mit den Manish Boys unter anderem ein James-Brown-Medley. Mit dem Song *I Dig Everything* (1966) versuchte er schon früh mit einer eigenen Komposition an der Soulmusik zu partizipieren. Der Song hatte nämlich eine Gesangsbegleitung im Stil von Sam Cooke (Pegg 2009, S. 101). 1972 gehörte zur Setlist der »Ziggy Starudust«-Tour in England *I Feel Free* (1966) von Cream, mit seinen starken Einflüssen vom Blues, und erneut ein Medley mit zwei Songs von James Brown (Pegg 2009, S. 455). Eine Coverversion von *I Feel Free* nahm Bowie 1993 zusammen mit Mick Ronson für sein Album *Black Tie, White Noise* auf. Jimi Hendrix war ein wichtiges Vorbild für das geniale und sehr exaltierte Gitarrenspiel von Mick Ronson bei den »Ziggy Stardust«-Konzerten gewesen. Ohne diese ekstatischen Salven auf der E-Gitarre wäre Stardusts Space-Metaphysik ohne einen adäquaten, musikalischen Ausdruck geblieben.

Nun begann sich der Popstar aber direkt für schwarze Soulmusik zu interessieren, nachdem er in den Staaten war:

»Und ich war wie die meisten Engländer, die zum ersten Mal nach Amerika kamen, total überrascht von der Tatsache, dass die Schwarzen in Amerika ihre eigene Kultur hatten, und es war positiv und sie waren stolz darauf« (Pegg 2009, S. 316).

Er wollte nun direkt zu einem Teil dieser zweiten amerikanischen Kultur werden, die tatsächlich eine der wichtigsten Wurzeln für die Popmusik gewesen ist, deren Geschichte immer wieder vom Blues hergeleitet wird. Dabei interessierte sich Bowie damals vor allem für den sogenannten Philly-Sound, der aus Philadelphia kam. 1972 hatten schwarze Bands wie The O'Jays mit dieser Richtung ihre ersten Erfolge. MFSB (Mother, Father, Sister, Brother) gelangten 1974 in die Charts mit ihrem Hit *The Sound Of Philadelphia*. Michael Jackson hatte als Jugendlicher mit den Jackson Five, nachdem sie 1976 Motown verlassen hatten, die nächsten beiden Alben in Philadelphia aufgenommen. Heute ist Barry White einer der bekanntesten, populären Vertreter des konventionellen Philly-Sounds, dessen Markenzeichen üppige Orchestrierungen sind. Bowie nahm sein einziges Soulalbum *Young Americans* (1975) direkt in Philadelphia auf und ein Livemitschnitt von einem Konzert seiner »Diamond Dogs«-Tour wurde ebenfalls im Tower of Philadelphia aufgenommen. Schon sein Song *1984* (1974) begann mit einer abwandelten Version des Discosoundtracks zu dem Kinofilm *Shaft* (1971) von Isaac Hayes. *Shaft* war einer der ersten amerikanischen Kinofilme mit einem schwarzen Hauptdarsteller und hatte deshalb eine große politische Bedeutung. Bowies Engagement ging so weit, dass er im November 1975 als einer der ersten Weißen in der TV-Sendung Soul Train auftrat und dort zwei seiner Songs vorstellte. Er hatte in *Young Americans* schon gesungen: »Back's got respect – white's got the soul train«, weshalb sein Auftritt dort wohl kein Zufall war. Bowie stand bei seinem Auftritt in der Sendung aber dermaßen unter Drogen, dass er kaum in der Lage war, die Fragen, die ihm aus dem ausschließlich schwarzen Publikum gestellt wurden, richtig zu beantworten. Für die »Diamond Dogs«-Tour (1974) wurden dann all seine bisherigen Songs in lockere Nummern Richtung Soulmusik abgewandelt. Die Show wirkte deshalb extrem künstlich (Sandford 2003, S. 148). Andererseits erreichten die alten Songs mit der starken Unterstützung von Bläsern, vor allem Saxophonen und Oboen,

7. Promiskuität, Black Music, Neid und negative Selbstbilder

nun teilweise auch ein anderes Niveau. Vor allem wirkten sie aber auf einmal viel amerikanischer. Dabei ging nach Bowies eigener Ansicht etwas von seinem Album *Diamond Dogs* (1974) verloren: »Sie spielen es zu gut und mit zu viel Fließvermögen«, sagte er später dazu (Pegg 2009, S. 476).

1975 erklärte er, etwas anmaßend und sehr selbstreferenziell, aufgrund seines Wechsels zum Soul die gesamte Rockmusik für tot (Buckley 2008, S. 55). Im Februar 1976 ging er noch einen Schritt weiter und bezeichnete nun den Rock als teuflische Musik: »Rock has always been the devil's music. You can't convince me that it isn't«, sagte er damals in einem Interview (Miles 1980, S. 67).

Diese Stilisierung zu einem bösen Objekt, die eine Folge seiner Dissoziation durch das Kokain war, hing auch damit zusammen, dass er sich einstweilen von dieser Art von Musik *getrennt* hatte. Er kehrte aber schon auf seinem Album *»Heros«* (1977) und später massiv mit *Scary Monsters* (1980), einem Avantgarde-Rockalbum, zur Rockmusik zurück. Außerdem war der gesamte Rock'n'Roll, vor allem aufgrund seiner eindeutig sexuellen Konnotation, in den 50er Jahren von der weißen Kultur in genau derselben Art dämonisiert worden. Deshalb war Bowies Statement vielleicht auch eine Entgegensetzung zu dem, was dem Blues und der schwarzen Musik so oft vorgeworfen worden ist. Es wäre auch nicht sehr ungewöhnlich gewesen, wenn er nicht gerade von der Rockmusik zur noch viel libidinöseren Soulmusik gewechselt hätte. So kehrte er die Stigmatisierung, die auf der schwarzen Musikkultur lastete, einfach um.

Auf der anderen Seite verwendeten aber vor allem englische Hard-Rock-Bands wie beispielsweise Deep Purple oder Black Sabbath damals ganz bewusst theologische Anspielungen auf den Teufel. Dem berühmten Song *Stairway To Heaven* (1970) von Led Zeppelin wurde sogar vorgeworfen, dass sich darin rückwärts gespielte satanische Botschaften befänden, was die Band jedoch stets dementierte. Auf einem etwas höheren Niveau hatten die Rolling Stones schon 1968 ihren berühmten Song *Sympathy For The Devil* geschrieben. Er verband politische Ereignisse mit dem Diabolischen und ließ den Teufel bei der Exekution von Jesus ebenso erscheinen wie beim deutschen Blitzkrieg, bei der Ermordung der Zarenfamilie in Moskau und beim Mord an den Kennedys. Der Teufel zeigte sich hier zugleich in einer zunächst verwirrenden Weise als ein geschmackvoller und reicher Mann, der das böse Potenzial, dass er in jedem Menschen sah, durchaus in einer sehr kultivierten Form wie eine Allegorie darstellte. Vor allem durch die Verstärkung der Rhythmus-Sektion durch sambaartige Congas und dem Backgroundchor gelang es den Stones, ihrem Song aber zugleich eine Wirkung zu geben, die vor allem auf Ekstase abzielte. Solche inhaltlich etwas unmoralischen und hedonistischen Songs, die Bowie auch teilweise zu Ziggy Stardust inspiriert hatten, meinte er vermutlich, als er nun die gesamte Rockmusik übertrieben verteufelte.

Von seinem Rockgitarristen Mick Ronson hatte er sich schon vor den Aufnahmen zu *Diamond Dogs* (1974) getrennt, was dazu führte, dass er auf dem Album Gitarrenriffs von Keith Richards kopierte und die Gitarre selbst spielen musste. Ab *Young Americans* (1975) nahm Earl Slick seinen Platz ein. Er war bei der »Serious Moonlight«-Tour sogar so ähnlich wie Jimi Hendrix gekleidet und übernahm Ronsons steile Gitarrensolos. Zu Bowies entscheidendem Gitarristen wurde von 1974 an aber Carlos Alomar. Die Bedeutung des Wechsels wird völlig klar, wenn man Alomars funkartiges Rhythmusgitarre-Riff und Earl Slicks Leadgitarre am Anfang von *Stay* (1976) in seiner ganzen Geschmeidigkeit mit Ronsons eindrucksvollen psychedelischen Rock-Gitarrensolo in einer Liveversion von *Moonage Daydream* vergleicht. Ronson hat mit Funkmusik nur wenig zu tun. *Panic In Detroit* (1973) war der Song, bei dem sein Gitarrenspiel am meisten in Richtung Blues ging (Pegg 2009, S. 171). Ronson kam aus England, Carlos Alomar aus Puerto Rico. Bowie hatte Burroughs schon 1973 erklärt, er würde gern die Musik aus Puerto Rico, die in New York im Cheetah Club gespielt würde, bekannter machen (Copetas 1974). Er lernte Alomar 1974 während der »Diamond Dogs«-Tour kennen (Pegg 2009, S. 471f.). Dieser Musiker, der ihn über drei Jahrzehnte begleitete, war auch an einigen wichtigen Kompositionen beteiligt und leitete seine Begleitband.

Bowies Verschmelzung mit der schwarzen Musik hing aber vor allem mit einer Frau zusammen. 1973 lernte er die 18-jährige, schwarze Soulsängerin Ava Cherry kennen, mit der er eine mehrjährige Affäre hatte. Er nahm im Oktober und November 1973 sogar ein Album für sie auf. Es wurde aber erst 1995 teilweise und fast ohne jede öffentliche Aufmerksamkeit veröffentlicht (Pegg 2009, S. 305). Seine Neigung zu schwarzen Frauen mündete mit Cherry in die erste längere Bindung, sie war für ihn auch auf der musikalischen Ebene eine sehr starke Inspirationsquelle.

Schon den virtuosen Song *Lady Grinning Soul* (1973) hatte Bowie für die schwarze Soulsängerin Claudia Lennear geschrieben. Sein Song *Stay* (1976) ging auf *Stay With Me* in der Version der schwarzen Soulsängerin Lorraine Ellison zurück. Sie hatte damit 1966 einen Nummer-eins-Hit in den US-Charts gehabt. *Wild Is The Wind* (1976) war eine Hommage an die schwarze Sängerin Nina Simone, in deren Stil Bowie den Song auch vortrug. 1975 traf Bowie sie in Los Angeles. »Ihre Performance des Songs machte mich wirklich betroffen«, gab er 1993 zu (Pegg 2009, S. 258). Simone war umgekehrt so beeindruckt von ihm, dass sie bei ihrem Auftritt 1976 in Montreux nachfragte, ob er im Publikum sitzen würde (Dokumentation Jaussi 1976). Bowie wohnte damals in der Schweiz und das wusste die Sängerin.

Ab der »Outside«-Tour (1995) arbeitete er mit der schwarzen Musikerin Gail Ann Dorsey zusammen, die bei ihm Bass spielte und den Gesangspart von Freddy Mercury bei *Under Pressure* (1981) übernahm. Dorsey kam direkt aus Philadelphia und ihr Lieblingsalbum von Bowie war demnach auch *Young Americans* (1975), wie sie 1998 in einem Interview erklärte (Pegg 2009, S. 259). Der Titel von seinem Song *Thursdays Child* (1999) stammte von der gleichnamigen Autobiografie der schwarzen Soulsängerin Eartha Kitt, die er schon mit 14 Jahren gelesen hatte, wie er »VH1 Storyteller«-Performance erklärte. Zugleich hatte Kitt auch einen ähnlich melancholischen Song mit dem Namen *Thursdays Child* (1956) aufgenommen (Pegg 2009, S. 232). Bei der »Reality«-Tournee (2003–2004), die trotz ihres vorzeitigen Abbruchs die längste Tour in Bowies gesamter Karriere war, hatte er in den USA zeitweilig die schwarze Sängerin Marcy Gray mit ihrer rauchigen Stimme als Vorgruppe engagiert. Er erklärte in Interviews, wie toll er sie finden würde. Bowie war für schwarze Frauen immer zu begeistern.

Für Ava Cherry schrieb er den Liebessong *Can You Hear Me* (1975), so zumindest wurde es von anderen behauptet (Pegg 2009, S. 47). Das Verhältnis zu ihr wurde aber zumindest öffentlich nie mit den Absichten einer Eheschließung verknüpft und das lag nicht daran, dass er noch verheiratet war, sondern an seiner Promiskuität. Er bezeichnete sie

Young Americans (1975)

auch als die nächste Josephine Baker (Pegg 2009, S. 470). Damit deutete er schon auf die paranoiden Zustände hin, die Cherrys freizügige und heterosexuelle Erotik vermutlich bei ihm verstärkten. Bowie liebte die junge Sängerin jedoch sehr. Sie sang zusammen mit dem damals noch unbekannten Luther Vandross auf *Young Americans* (1975) im Background. Am deutlichsten wurde ihr Verhältnis in *Right* (1975) besungen, wo Bowie in ein Wechselverhältnis mit seinem Backgroundchor trat und sie abwechselnd »Never no turn it back« sangen. Bowie bezeichnete den Song später als positives Summen, ein Mantra das oberflächlich gute Gefühle vermitteln sollte, und performte ihn trotz seiner hohen Qualität niemals live (Pegg 2009, S. 186).

Sein Verhältnis zu Cherry bestand sicherlich in einem sehr starken erotischen Interesse, wobei er sich auch gleichzeitig mit ihr identifizierte. Und diese Identifikation war sicherlich eine der verrücktesten, denen er jemals nachgegangen ist, weil sie überhaupt nicht zu ihm passte. Er hatte schon in *Soul Love* (1972) gesungen, dass, wenn die Liebe nur aus einer projektiven Identifikation besteht, keine echte Liebesbeziehung möglich sei. Darin hieß es deshalb: »All I have is my love of love – and love is not loving«. Cherry war ein wesentlicher Teil der schwarzen Musik, die Bowie imitierte, und diese Idealisierung führte schließlich zu seinem Zusammenbruch. Über sein Verhältnis zu Hermione Farthingale hatte er 1976 gesagt: »Liebe war eine schreckliche Erfahrung. Sie machte mich morsch, laugte mich aus und war eine Krankheit« (Pegg 2009, S. 210). Es ging für ihn mit einem völligen Selbstwertverlust einher, sich so an und in einer Frau zu verlieren. Mit Farthingale war er eine Weile wirklich zusammen und in einer romantischen Form tief in sie verliebt gewesen. Eine solche Form von echter Bindung wollte er jedoch nicht mehr wiederholen. Er erläuterte seine Auffassung bei einem Aufritt in der Dinah-Shore-Show (1976), einer Musikschow in den Staaten, und wies dabei darauf hin, dass »in love« zu unterscheiden sei von »loving somebody«, weil die erste Form vor allem Projektionen betreffen würde, die mit der tatsächlichen Person nur wenig tun hätten.

Seine Identifikation mit Cherry und die daraus resultierende Musik auf *Young Americans* hatten insgesamt einen so libidinösen Ausdruck, dass beides für Bowie ohne Unmengen von Kokain nicht herstellbar gewesen wäre. Und durch die Droge wurde die Differenz der Geschlechter nun auf einmal wichtiger als die diesbezüglich indifferente Symbiose. Er kam demnach auf diesem Album gar nicht mehr wirklich vor, da seine Interessen eigentlich ganz woanders lagen. Er kommentierte später in dem Song *Boys Keep Swinging* (1979) das Verhältnis von Cherry zu ihm sehr zynisch mit der Zeile: »Life is a pop of the cherry / When you're a boy«. Er war aber nun einmal kein Junge wie die anderen. Einige Tracks von *Young Americans*, vor allem der Outtake *It's Gonna Be Me* (1975), hören sich fast so an, als wären sie von Prince. Dieser Musiker ist aber trotz seiner exaltierten und femininen Haltung niemals einen Flirt mit der Homosexualität eingegangen. Der englische Popstar hingegen stellte sich später auf *Red Money* (1979) die Frage: »Oh can you feel it in the way / That a man is not a man?« Auf *Young Americans* war von solchen geschlechtlichen Identitätsproblemen auf einmal keine Rede mehr. Im Gegenteil, in *Can You Hear Me* hieß es ganz eindeutig: »I was your man«. In dem euphorischen Text von *Fascination* (1975), das Album sollte zunächst nach diesem Song benannt werden (Pegg 2009, S. 313), bekam man fast das Gefühl es handele sich um eine Hymne auf das Kokain selbst. Zumindest richtete sich der dort geäußerte Enthusiasmus auf etwas sehr Fantastisches und Virtuelles. Mit Textzeilen wie »Someone like you should not be allowed / To start any fires« in *Win* (1975) wurde weniger die reale Sicht auf eine Frau, sondern vor allem die Perspektive eines völlig berauschten Mannes beschrieben. Die mitreißende Euphorie auf diesem Album hatte keinen realen Hintergrund, sondern basierte auf einer erotischen Distanz. Der Graben der Geschlechterdifferenz trennte die Akteure von vornherein voneinander. 1996 stand in der Singleversion von *Telling Lies*, die einige Referenzen zu Songs der Band The Prodigy hatte (Pegg 2009, S. 230), die Zeile »Starting fires« aus *Win* nochmals. Sie wurde danach in der Albumversion komplett ersetzt durch »Telling Lies«. »Starting fires« und »Telling Lies« waren demnach Synonyme. Dass in diesem Zusammenhang das Feuer wieder auftauchte, war vielleicht ein Hinweis darauf, dass auch Bowies Mutter (Burn) im Gegensatz zu seiner ersten Ehefrau auf der Geschlechterdifferenz und den damit verbundenen sozialen Rollen insistiert hatte. Bowie konnte sich an diese Konventionen aber unmöglich halten. Auf *Young Americans* wurden demnach künstliche Feuer gestartet, die erst später in *Ashes To Ashes* (1980) gelöscht werden konnten. Das Album war andererseits für ihn ungewöhnlich satt und voll glücklicher Euphorie, die aber leider auf einer exzessiven, erotischen Illusion aufbaute. Er distanzierte sich später davon, mit den Worten: »I don't like it very much. It was a phase« (Pegg 2009, S. 316). Er sang schon in *Young Americans* am Ende: »Ain't there one damn song that can make me break down and cry?«, und im Januar 1978 gab er einen guten Kommentar über seinen Kokainrausch ab: »You can do good things with drugs, but then comes the long decline« (Miles 1980, S. 51).

1975 behauptete er neben vielen anderen dubiosen Dingen, dass Ava Cherry »untot« und »ein Vampir« sei (Sandford 2003, S. 161). Dieser sehr verzerrte Blick machte aus ihr nun ein dämonisches, bösartiges Objekt und hing mit seinen verstärkten Spaltungsmechanismen zusammen. Ihrer vorherigen Idealisierung folgte eine radikale Dämonisierung. Ihm war die Sackgasse, in die er sich selbst gebracht hatte, schon während der Aufnahmen zu *Young Americans* aufgefallen. Deshalb gelangten einige exzellente Songs nicht auf das Album, stattdessen wurden weitere Tracks bei einer zweiten Session eingespielt, die unter dem Einfluss von John Lennon entstanden. Der Ex-Beatle sollte seiner Musik nun wieder etwas mehr englische Bodenständigkeit verleihen. Bowie baute direkt eine Zeile aus dem Beatlessong *A Day In The Life* (1967) in seinen Song *Young Americans* (1975) ein: »I heard the news today oh boy«. Außerdem schrieb er eine alte Jazznummer aus den 30ern, *Footstompin,* um zu *Fame* (1975) und entwickelte darin zusammen mit Lennon einen Text gegen den Rausch des Ruhms, der eine Ursache für seinen pathologischen Höhenflug war. »Fame – it's not your brain, it's just the flame / That burns your change – to keep you insane«. 1987 betonte er bei der Darbietung einer verlängerten Version dieses Songs: »Fame, what is it good for? Absolutely nothing!« Er war zu diesem Zeitpunkt erneut zu einer Marionette seines Erfolgs geworden. Gus Van Sant drehte drei Jahre später den Videoclip zu *Fame 90,* einem Remix des alten Songs, zu einem Zeitpunkt, als Bowie sich mithilfe seiner Band Tin Machine von seiner kommerziellen Ausrichtung in den 80ern für immer verabschiedete. Die Komposition von *Fashion* (1980) basierte auf dem gleichen Groove wie *Fame* und führte das Thema, nur ein populärer Trendsetter zu sein, auch weiter. Lennon half Bowie, von dem falschen Zug ins kommerzielle Verderben erst einmal abzuspringen, den er gleichzeitig zum ersten Mal mit *Young Americans* äußerst erfolgreich verwendet hatte, denn mit diesem Album eroberte er sich die Staaten. *Fame* wurde zu Recht Bowies erster Nummer-eins-Hit in den USA. In Anlehnung an Lennons Plastic Ono Band bezeichnete er den Musikstil von *Young Americans* aber dann nur noch ironisch »Plastic Soul« und wies so auf die Künstlichkeit der Platte hin. Sein Album *Let's Dance* (1983), mit dem er dem er dann den direkten Anschluss an *Young Americans* suchte, der ihm kommerziell auch gelang, trug nicht zufällig den Arbeitstitel *Vampires And Human Flesh* (Pegg 2009, S. 336). *Young Americans* war demgegenüber allerdings das spannendere Album.

Bowie stimmte im Folgenden seinen großen Enthusiasmus für die amerikanische, schwarze Musik wieder besser mit seiner zärtlich-aristokratischen, englischen Persönlichkeit ab. *Low* (1977) beispielsweise war durchaus eine Mischung aus amerikanischem R&B mit europäischer, elektronischer Musik. Und er sagte zu Robert Fripp, der viele wichtige Gitarrenparts auf dem Album und in dem Song *Heroes* (1977) in extrem kurzer Zeit einspielte, er solle wie Albert King spielen, einer der wichtigsten amerikanischen, schwarzen Blues-E-Gitarristen (ebd., S. 326). Bei *Scary Monsters* (1980) beispielsweise wurde die gesamte Musik in New York, die Texte aber bis auf eine Ausnahme (*It's No Game [Part 2]*) zwei Monate später in London aufgenommen (Pegg 2009, S. 333). Den Titelsong selbst trug Bowie mit seinem reichen Cockney Wimmern vor (ebd., S. 193). Diese topografische Mischung war kein Zufall. Der Sound auf diesem Album sollte einen amerikanischen Einfluss haben, die komplexen Texte aber sehr britisch sein. Die Mischung war perfekt.

In den 80ern ließ Bowie sein kommerziell erfolgreichstes Album *Let's Dance* (1983), ebenso wie 13 Jahre später *Black Tie, White Noise* (1993), von dem schwarzen Spezialisten für Welthits Nile Rodgers produzieren. *Let's Dance* basierte auf alten Rythm'n'Blues-Songs aus den 50er Jahren. Das nächste Album, *Tonight* (1985), hatte einen starken Reggae-Einfluss. In dieser Zeit trat der Popstar zusammen mit Tina Turner bei einem ihrer Konzerte in Birmingham auf und sie sangen zusammen *Tonight* und *Let's Dance* (1983). Die zweite Strophe des Songs *Tonight* ging so: »Everyone will be alright tonight / No one moves / No one talks / No one thinks / No one walks tonight / Tonight«. Dieser simple, *chillige* Reggae-Tonfall war eine ähnliche einfache und direkte Imitation wie einige Songs auf *Young*

Young Americans (1975)

Americans. 1993, der Anlass war seine Eheschließung mit Iman, schrieb Bowie ein drittes *Young Americans*, auf dem nun die Soulmusik durch den cooleren Bebop und Cool-Jazz ersetzt wurde. Bei *Black Tie, White Noise* (1993) beinhaltete aber schon der Titel die Differenz zwischen Weißen und Schwarzen und ihre gegenseitige Ergänzung. Diese Differenz hatte Bowie in *Young Americans* versucht, zu unterlaufen. Er sagte damals, es handele sich um das unechteste Album, das er jemals gehört habe, »sung by a white limey« (ebd.). Limey ist ein sehr alter amerikanischer Ausdruck für einen Engländer. Für *Black Tie, White Noise* engagierte er dann den Trompetenspieler Lester Bowie, dessen Töne auf dem Album durchgängig den Part der Leadgitarre übernahmen. Erneut unterstützten Blasinstrumente den luftigeren Sound und ersetzten die rockigere Gitarrenmusik. Lester Bowie spielte ähnlich kühn wie Miles Davis. Der Song *Looking For Lester* (1993) war ihm gewidmet. Das Album wirkte aber bewusst sehr unterkühlt, was sicherlich mit Bowies Erinnerungen an Kokain zusammenhing. Nur war die Wirkung der Droge nun im Stil der Musik nachgebildet worden. Bowie setzte ganz allgemein immer dann direkt auf schwarze Musik, wenn er kommerzielle Erfolge haben wollte, was ihm mit diesem Album, obwohl Nils Rodgers es wie *Let's Dance* produzierte, aber nicht mehr richtig gelang. *Black Tie, White Noise* war dennoch viel ambitionierter aufgenommen worden als *Let's Dance*.

Die musikalische Ausrichtung von *Young Americans* bzw. Bowies Identifikation mit den USA hatte aber schon zuvor bei *Aladin Sane* (1973) begonnen. Dieses Album war weitgehend bei seiner ersten Amerikatour im Herbst 1972 entstanden und sollte klingen wie eines von den Rolling Stones (Pegg 2009, S. 300). Der eschatologische Science-Fiction-Song, der dem Album seinen Titel gab *(Aladin Sane)*, enthielt ein Wortspiel und hieß eigentlich: *A lad insane* (»ein kranker Junge«): »*Aladin* war wirklich Ziggy in Amerika«, erklärte Bowie im September 1974, und: »Aber ich wurde ein sehr sonderbarer Typ mit einer paranoiden Persönlichkeit, als ich *Aladin* machte« (Miles 1980, S. 84). Die Daten (1913–1938–197?) wurden an den Songtitel *Aladin Sane* angehängt, weil der Popstar der Ansicht war, dass Amerika eine Katastrophe bevorstünde, die den zwei Weltkriegen von 1914 und 1939 ähneln würde. Das dritte Datum wurde aber innerhalb der 70er Jahre nicht genauer bestimmt. Diese Katastrophenstimmung war mehr als alles andere eine Projektion seiner eigenen, ziemlich angeschlagenen Verfassung, die nun etwas größenwahninig einfach auf einen ganzen Kontinent übertragen wurde. »Ich ging nach Amerika und wurde eingeführt in echte Drogen und es ging alles völlig daneben« (Pegg 2009, S. 468).

Schon 1966, noch bevor *Waiting For My Man* von Lou Reed und Velvet Underground überhaupt im Laden war, hatte Bowie den Song durch seinen Manager Kenneth Pitt voller Begeisterung gehört. Die Folge war, dass er ihn bereits am nächsten Tag mit seiner eigenen Band für Liveauftritte probte (Pegg 2009, S. 247). *Waiting For My Man* handelte von einem Heroinsüchtigen, der auf seinen Drogendealer wartete. In einem weiteren Song von dieser Band, *White Light/White Heat* (1967), den der englische Popstar bei fast jedem seiner Konzerte in allen Perioden seiner Karriere spielte, ging es um die Einnahme von Speed, der billigeren Variante von Kokain. Und er wusste ganz genau, was der Satz »White light gonna make me feel so insane« meinte. *Aladin Sane* war demnach ein offenes Geständnis darüber, dass er nun selbst dabei war, durch die Drogen ernsthaft krank zu werden. Seine Sucht ging mit dem Verlust seiner Identität einher: »Ich wurde Ziggy Stardust. David Bowie ging total in Schall und Rauch auf. Jeder war dabei, mich davon zu überzeugen, dass ich ein Messias sei, speziell während der ersten Amerika-Tour. Ich ging hoffnungslos verloren in dieser Fantasie«, sagte er im Februar 1976 (Miles 1980, S. 30). »Es war nicht länger eine Aufführung; ich war er. Dies geschah während der zehn Shows in Amerika mit uns und man kann hören, dass wir alle ziemlich berauscht von uns selbst waren«, schrieb er 2008 in seinen Erinnerungen darüber (Pegg 2009, S. 359). Bowie glaubte nun selbst, er wäre der Prophet, den er mit Ziggy Stardust frei erfunden hatte. Gleichzeitig begann er zu Recht an seiner geistigen Gesundheit zu zweifeln (Sandford 2003, S. 125). Die ersten wagen Vorzeichen eines Zusammenbruchs gab es schon im Oktober 1972 in Kansas. Es waren kaum Karten für das Konzert verkauft worden und der Popstar kam völlig betrunken auf die Bühne (Pegg 2009, S. 461). Als dann drei Jahre später am 29. Januar 1975 der Dokumentarfilm *Cracked Actor* auf BBC lief, waren Bowies durch Drogen angegriffener Zustand und sein Identitätsproblem mit Ziggy Stardust darin das eigentliche Thema.

Dass *Aladin Sane* ein Stones-Album von Bowie werden sollte, war eine witzige Idee, die aber kaum durchführbar war. Der Mundharmonikapart in *The Jean Genie* (1973) hörte sich beispielsweise nach dem typischen Stil der Stones an, kam dem geplanten 60er-Jahre-Flair, aber letztendlich nicht besonders nahe (Miles 1980, S. 85). Die viel männlicheren Rolling Stones hatten anders als die Beatles, deren Mersey-Beat ursprünglich vom Skiffel und Rock'n'Roll kam, sehr viel direktere Bezüge zum schwarzen Blues. Bowie sagt über Jagger, dass dieser etwas sehr Mütterliches habe und seine Art, den schwarzen Blues vorzutragen, diesen Charakterzug zeige (Tremlett 1995, S. 210). Die Musik der Stones hatte aber vor allem jenen Bezug zu einer maskulinen Erotik, die den Beatles fehlte. Die Beatles hatten durch ihren homosexuellen Manager Brian Epstein immer das Image der kultivierten, braven Jungens behalten; auch wenn das am Ende gar nicht mehr stimmte, gelang es Lennon erst viel später, sich wirklich davon freizumachen. Der ungeschliffenere, erdigere Sound der freakigen und proletarischen Stones hingegen besaß nun genau das spannende Flair des Verruchten und Gefährlichen, das Bowie wollte. Daher war ihm die persönliche Anerkennung von Jagger besonders wichtig. Dass ihm die Beatles viel näher standen als die Stones, war ihm damals überhaupt nicht mehr klar, und er begab sich auch hier in eine ungewöhnliche und zugleich gefährliche Identifikation. Er coverte auf *Aladin Sane* nicht nur den Stones-Klassiker *Let's Spend The Night Together* (1967), den die Glimmer Twins (Jagger und Richards) zusammen komponiert hatten, er schrieb auch ein paar Zeilen über Jaggers Charme in seinen Song *Drive in Saturday* (1973), einen Song, den er eigentlich für die Band Mott The Hopple komponiert hatte: »And try to get it on like before / When people stared in Jagger's eyes / And scored like the video films we saw«. Er war wie die Stones und viele andere Popmusiker der Ansicht, dass die schwarze Musik seiner eigenen überlegen sei (Bowie 1993, S. 256).

Für seinen Song *Rebel Rebel* (1974) auf dem nächsten Album übernahm er den Gitarrenriff von *(I Can't Get No) Satisfaction* (1965), der von Richards stammte. Bowie arbeitete aber auch, ohne dass sein Name genannt wurde, kurz an dem Stones-Album *It's Only Rock'n'Roll* (1974) mit (Sandford 2003, S. 148), das zur gleichen Zeit wie *Diamond Dogs* (1974) im Olympic-Studio im Raum nebenan aufgenommen wurde. Er fügte deshalb zwei Jahre später auf der Tour 1976 in den Song *Diamond Dogs* die Zeile ein: »It's only rock'n'roll but I like it« (Pegg 2009, S. 65). Jagger trat am Anfang der 70er ebenfalls sehr androgyn auf, hatte aber viel weniger mit homosexuellen Akzenten gespielt. Die Stones kopierten noch in Martin Scorseses Konzertfilm *Shine a Light* (2008) einige Töne aus Bowies Song *Crack City* (1989) vom Album *Tin Machine*, als sie ihren alten Hit *Some Girls* (1978) spielten. Der gegenseitige Einfluss war um einiges enger als Richards ihn in seiner Autobiografie dargestellt hat (Richards 2010, S. 601f.).

Doch bei Bowie stieg zusammen mit dem amerikanischen Einfluss und seiner Orientierung an den heterosexuellen, maskulinen Rolling Stones die paranoide Stimmung auf seinen Alben an. Der traurige Opener *Five Years* von *Ziggy Stardust* (1972) hatte noch mit der beklemmenden Vorstellung des Weltuntergangs in fünf Jahren begonnen. Auf *Aladin Sane* (1973) gab es nun eine viel ausgeprägtere Katastrophenstimmung, die neben dem Titelsong vor allem in *Panic In Detroit* zum Ausdruck kam. Das nächste Album, *Diamond Dogs* (1974), begann mit *Futur Legend*, einem gesprochenen Song, in dem der Zustand einer postapokalyptischen Gesellschaft beschrieben wurde. Im Stil von Burroughs wilden Junkiefantasien skizzierte Bowie darin ein Szenario des Untergangs, das sich im ehemaligen Manhattan abspielte, das nun »Hunger City« hieß. Rote, mutierte Augen starrten herunter auf die Stadt. Flöhe in der Größe von Ratten saugten an Ratten, die wiederum die Größe von Katzen hatten, und eine Menschenmenge, »like packs of dogs«, stürmte einen Wolkenkratzer. Die paranoide Struktur war darin keine Episode mehr, sondern bestimmte nunmehr die gesamte Sicht auf die Gesellschaft, wenngleich auch in einer offensichtlich fantastischen Form. Unter den Einfluss der Droge wuchs sein Interesse an dem totalitären Staatsregime, das George Orwell in seinem Roman *1984* (1949) beschrieben hatte. *Diamond Dogs* war ursprünglich als Musical über diesen Roman konzipiert worden und viele Songs bezogen sich auf ihn. Das Album schwamm dabei ganz auf der Welle von paranoiden Hippieversionen vom Rechtsstaat am Anfang der 70er Jahre.

Bowies Musik erreichte mit seiner sehr eigenwilligen Vision aber dennoch eine neue Dimension und dieser Wechsel erschien zum ersten Mal unfreiwillig: »Someday they will get you now you must agree / The times they are a telling / And the changing isn't free«, sang er, durchaus auch auf sich selbst und einen totalitären Staat bezogen, in *1984* (1974). In einem Interview sagte er damals darüber: »In diesem Album ist mehr von mir als auf allem, was ich zuvor getan habe« (Pegg 2009, S. 308). Tatsächlich war *Diamond Dogs* (1974) trotz des offensichtlichen musikalischen Fortschritts wohl das dekadenteste Album in seiner Karriere. Nirgendwo sonst taten sich in seiner Musik und den Lyrics solche Abgründe auf wie hier. Nirgendwo zeigte er sich desolater und weniger gefasst als in der Katastrophenstimmung von diesem Album. *Diamond Dogs* handelte im Grunde von dem Ausnahmezustand, in dem es hergestellt worden war.

In Orwells utopischem Roman *1984*, der vor allem auf Erfahrungen des Faschismus im Zweiten Weltkrieg basiert, geht die totalitäre Partei so weit, dass sie die Sexualität mit einem umfassenden Tabu belegt und den Orgasmus ganz abschaffen will. Die Handlung besteht im Wesentlichen darin, dass Winston, ein 39-jähriger frustrierter Ehemann, ein Verhältnis zu einer 26-jährigen Frau, Julia, eingeht und mit ihr entgegen des Tabus, das die Partei verhängt hat, eine glückliche Sexualbeziehung führt. Die beiden werden jedoch erwischt und voneinander getrennt. Beide kehren in ihren öden Alltag zurück. Winston muss sich aber zuvor einer schlimmen Untersuchung durch die Gedankenpolizei unterwerfen. Julia arbeitet nicht zufällig in der Abteilung, in der pornografische Romane hergestellt werden. Sie wird auch als eine Person beschrieben, bei der sich im Endeffekt alles »um ihre eigene Sexualität« dreht (Orwell 1988, S. 134). Sie weiß, dass die sexuelle Keuschheit nur ein Mittel ist, um die Menschen orthodox an die Partei zu binden (ebd., S. 135).

Es ist nicht schwer, hinter dem Regime des berühmten »Big Brother« eine verzerrte Über-Ich-Figur zu erkennen. Sie war bei Bowie das Resultat seiner fortschreitenden libidinösen Promiskuität, welche die Vorstellung eines totalitären Gewissens hervorbrachte. Dieses forderte nun mit einem diktatorischen Habitus die völlige Abschaffung der Sexualität. Disziplin war ein Wort, das er damals sehr gern verwendete. Orwells menschenfeindliche Gericht aus *1984* wurde aber in seinem gleichnamigen Song mit einer discomäßigen Funkmusik so unterlegt, dass der Inhalt sich durch den Sound genau in sein Gegenteil verkehrte und so widerlegt wurde. Viscontis Streicherarrangement für *1984* (Pegg 2009, S. 164) unterstützte den Elan und Schwung in der Musik, der das libidinöse Es ganz bewusst mit dem Über-Ich kontrastierte. In dem nächsten Song auf dem Album wurde dieser Kontrast noch weiter ausgereizt und der *Big Brother* wurde zu einer Figur stilisiert, die gar nicht mehr so einfach abgelehnt werden konnte. Der Refrain darin ging deshalb so: »Someone to claim us – someone to follow / Someone to shame us – some brave apollo / Someone to fool us – someone like you / We want you Big Brother – Big Brother«. Der große Bruder als die Inkarnation eines zweiten Begehrens, welches das erste, sexuelle Begehren abschaffte, wurde zum eigentlich ersehnten Wunsch. Bowies Komplikationen mit einer exzessiven, heterosexuellen Ausrichtung bahnten sich einen merkwürdigen, »englischen« Weg, wodurch das Gebot der Zärtlichkeit am Ende überwog. Der große (englische) Bruder sollte beschämen, aber die Gesellschaft wollte auch beschämt werden! In *Watch That Man* (1973) gab es ein ähnlich surreales Bild von einem Pfarrer, dessen Tanz die Spiegel vor Scham zerspringen ließ: »When the Reverend Alabaster danced on his knees / Slam! so it wasn't a game / Cracking all the mirrors in shame«. Beschämung kam noch einige Male später in seinen Texten vor, doch ging es dabei stets um die gewöhnliche Befreiung von den Zwängen der Scham. In *»Heroes«* (1977) lautete eine wichtige Zeile: »And the shame feel on the other side«, und in *The Motel* (1995) sang er schließlich: »There is no shame«. Wie Oshima schrieb, war für Bowie die Scham eine Männersache und nicht, wie im Allgemeinen angenommen wird, ein Attribut, mit dem sich Frauen schmücken. Den Grund dafür sah der japanische Regisseur darin, dass den Männern in der sexuellen Beziehung die aktive Rolle zukommt (Oshima 1988, S. 77). Ihre Lust wird sichtbar. Die Scham davor, die der Blick der Frau verursacht, muss zunächst überwunden werden.

Sehr nah kam Bowie Orwell in *Rock'n'Roll With Me*, einem seiner traurigsten Songs über den Liebesakt: »I'm in tears again / When you rock'n'roll with me«. Für ihn war Rock'n'Roll auch ein Synonym für Sexualität. 1987 sagte er ganz direkt in einem Interview: »Rock'n'Roll is sex«. In *We Are The Dead* (1974) ging es erneut um das verbotene erotische Verhältnis zwischen Julia und Winston. Hier erkannten sich die beiden als lebendige Tote und ihre Schuld ging von der Gesellschaft aus: »People will hold us to blame« sagte erneut viel über die Verquickung von einem heterosexuellen Lustverbot und Schuld aus, deren Ursache schon Nietzsche in der christlichen Religion eines asexuellen Gottes lange zuvor sehr deutlich gesehen hatte.

Aber *Diamond Dogs* war genauso wenig eine aktuelle Zukunftsvision

Young Americans (1975)

von Amerika, wie es mit der tatsächlichen Gegenwart übereinstimmte. 1978 gab Bowie zu, dass er dabei eine sehr englische Sichtweise auf eine apokalyptische Form von Stadtleben beschrieben hatte (Pegg 2009, S. 308). Die Linie seiner projektiven Identifikationen mit den USA zielte letztendlich auf Hollywood ab, deshalb ließ er sich auch in Los Angeles nieder. Schon *Moonage Daydream* (1972) hatte er mit vielen amerikanischen Rock-Idiomen versehen, mit Abkürzungen wie comin', 'lectric, rock'n'rollin und Phrasen wie »busting up my brains, freak out, far out« (Pegg 2009, S. 154). Ähnliches galt für *Starman* (1972), seinen zweiten Hit, mit dem er sich selbst tatsächlich zum Star gemacht hatte. Hier wurden ebenfalls amerikanische Slangausdrücke mit einer britischen Sensibilität wiedergegeben (ebd., S. 218). Gleichzeitig war er sich aber sicher darüber bewusst, dass Orwells Roman aus Europa kam und enge Referenzen zum Holocaust hatte. Die Bühnenshow bei der »Diamond Dogs«-Tour enthielt Elemente von deutschen Konzentrationslagern. Es ging ihm um den universalen Konflikt zwischen den Extremen von Über-Ich-Totalitarismus und einer völlig vom Es bestimmten, rauschhaften, bisexuellen Promiskuität. Irgendwo dazwischen gab es auch noch so etwas wie die Sehnsucht nach echter Liebe, die mit diesem Konflikt gar nichts zu tun hatte.

Was ihm in seinen Fantasien über Orwells *1984* völlig entgegenkam, war vor allem die Vorstellung des großen Bruders als der höchsten Autorität. Es war Terry gewesen, der seine Faszination für die Staaten sehr gefördert hatte. Darüber verleugnete er aber nun die elterliche Autorität und seine Heimat. Bowie verwarf durch seine starke Identifikation mit den Staaten seine englische Herkunft und Identität. Sein primärer Bezug zu einer weiblichen, mütterlichen Autorität fiel auf diese Weise aus seinem Bewusstsein heraus; dass er einmal David Jones gewesen war, geriet immer mehr in Vergessenheit. Seine misslungene Ablösung führte zu einer Vorstellung von völliger Autonomie, deren Rückseite seine ansteigenden apokalyptischen Fantasien waren. Seine Welt wurde umso bedrohlicher, je mehr er glaubte, sie allein beherrschen zu können. Der totalitäre »Big Brother« wäre demnach zugleich eine verzerrte Version des elterlichen und insbesondere des ersten, originären, mütterlichen Über-Ichs. Bowie hingegen bekam immer mehr die Vorstellung, der »Big Brother«, das sei vor allem er selbst.

7. Promiskuität, Black Music, Neid und negative Selbstbilder

In den 80er Jahren schrieb er einige Songs, die die mütterliche Instanz anriefen. In *Cat People* (1983) waren es die kalten grünen Augen einer gebietenden, weiblichen Göttin, die ihn für immer erstarren ließen: »See these eyes so green / I can stare for thousand years / Colder than the moon / It's been so long«. Und in der Bühnenperformance zu *Time Will Crawl* (1987) ließ er sich blind von einer Frau führen und sang: »He was as blind as the moon«. Noch während der »Heathen«-Tour (2002) wurde er von seiner Bassgitarristin Dorsey wie ein Blinder von der Bühne geführt (Pegg 2009, S. 527). Der Song *Prisoner Of Love* (1989) von Tin Machine handelte von einer Gefangennahme durch die eigenen Liebesgefühle gegenüber einer Frau. Nachdem er diesen Song geschrieben hatte, sollte es nicht mehr lange dauern, bis er privat zu einer festen Bindung gelangte. Für Borderliner bedeutet das Eingehen einer konstanten Bindung stets eine Gefangennahme, der sie sich meistens zu entziehen versuchen. Und *Prisoner Of Love* berichtete auch von der Angst vor dem anderen Geschlecht: »Even the best man shiver in their beds / I'm loving you above everything I have«. Der Titel war zugleich eine Anspielung auf den gleichnamigen Titel des letzten Romans von Jean Genet, der über den Konflikt in Palästina handelte. Schon *The Jean Genie* (1973) war ein Wortspiel auf den Namen Jean Genet gewesen.

Bowies vorherige Autonomie hatte aber auch nur scheinbar bestanden, denn mit jedem Grad von triumphaler Unabhängigkeit, den er vordergründig erreichte, nahm in den 70ern seine psychische und physische Abhängigkeit von Frauen und Drogen zu. Melanie Klein beschrieb Promiskuität oder ein zwanghaftes Bedürfnis nach genitaler Sexualität als Flucht und Ablehnung des primären, guten Objekts (Klein 2000, S. 318). Je unsicherer das gute Objekt verankert ist, desto mehr verstärken sich die projektiven Identifikationen, wobei die abgespaltenen Selbstanteile in einem so hohen Maße in das Objekt projiziert werden, dass es als ein Repräsentant des eigenen Selbst erlebt wird (ebd., S. 306). Die Abhängigkeit des Säuglings von der Mutter ist dabei viel höher als in einer normalen Entwicklung. Denn ihre Abwesenheit wird nun immer auch als schmerzhafter Verlust von Selbstanteilen erlebt. Aufgrund dieser Identifizierungen kommt es zu einer Verwirrung zwischen dem Selbst und dem Objekt. Es erfolgen wahllose Identifizierungen und Idealisierungen von weiteren Objekten, die sehr instabil sind. Die Gier spielt dabei eine große Rolle, da dieses Bedürfnis sehr irreal ist und deshalb unmöglich gestillt werden kann. Es sucht sich immer neue Objekte aus, die eine höhere Qualität haben sollen, und verhält sich in Ermangelung eines konstanten, guten Objekts wie ein Dämon, der von Station zu Station fährt.

Die Regression auf die paranoid-schizoide Position beinhaltet dabei rapide Schwankungen zwischen Liebe und Hass, zwischen dem guten, idealisierten und dem extrem bösen Objekt (ebd., S. 85). Als ihn Yentob 1974 fragte, ob Ziggy Stardust ein Monster gewesen sei, stimmte Bowie sofort zu. Aber nach einer kurzen Überlegung äußerte er genau das Gegenteil: »Ich bin sehr glücklich mit Ziggy. Ich denke, er war ein sehr erfolgreicher Charakter« (Dokumentation Yentob 1975). Beide, der positive wie der negative Bezug, stimmten und wechselten sich innerhalb kurzer Zeit ab.

Der Produzent von seinem ersten Livealbum *David Live* (1974) beschrieb seine argen Stimmungswechsel unter dem Einfluss von Kokain so:

> »In einem Moment konnte er ein wundervoller, herzlicher Freund sein, jemand, mit dem es einfach war, zu reden und herumzualbern. Im nächsten Augenblick war er jemand von der Sorte, die dich mit ihren Augen verbrennen. Es war ein ganz plötzlicher Wechsel« (Pegg 2009, S. 474).

Nicht umsonst sang Bowie in seinem Alterswerk *Never Get Old* (2003): »So I'm never ever gonna get high / And I'm never ever gonna get low«, und erklärte damit, dass diese schrecklichen Schwankungen unterdessen aufgehoben waren. Ähnlich wie in dem berühmten viktorianischen Roman von Stevenson, *The Strange Case of Dr. Jekyll and Mr. Hyde* (1886), spalteten sich seine Ansichten damals in zwei Seiten auf. Die Kraft zur Synthese ging verloren. Bowies Charakter zerfiel in eine extrem konträre, schizoide Struktur. Er sang über diese extreme Aufspaltung in *Candidate* (1974): »When it's good / It's really good and when it's bad / I go to pieces«. Darin enthalten war das Moment, dass die Spaltungen nur in dem destruktiven Kontext auftauchen, während allein im positiven Bezug die Kraft zur Integration steckt. Die Ich-Stärke ist ein Ergebnis der produktiven Lebenstriebe, während der Todestrieb das Ich schwächt. Damit das Ich seine integrative Kraft entfalten kann, muss ein gutes Objekt tief verankert worden sein. Die

7. Promiskuität, Black Music, Neid und negative Selbstbilder

Ich-Integration kann die Spaltungen nur mit der Kraft des guten Objekts subsumieren. Dabei müssen die negativen wie die positiven abgespaltenen Anteile wieder introjiziert werden und verlieren dabei ihre Radikalität (Klein 2000, S. 326). Das Ich kann sich selbst mit dem guten Objekt identifizieren und gewinnt so an Stärke und Kohärenz (ebd., S. 94). Wenn das gute innere Objekt sicher verankert ist, bildet es »den Kern des heranreifenden Ichs« (ebd., S. 476). »Der Hass wird dann zu einem gewissen Grad durch die Liebe gemildert, und die depressive Position kann durchgearbeitet werden« (ebd., S. 306). Die negativen Gefühle verlieren an Intensität und werden erträglich (ebd., S. 364). Umgekehrt verstärken sich Spaltungen bei negativen Identifikationen. »When I was falling to pieces / I screamed in pain«, sang Bowie noch viele Jahre später in *Never Let Me Down* (1987). Ab 1973 verlor er die Kontrolle über sich selbst. »It's all deranged, no control / Sit tight in your corner / Don't tell God your plans«, sang er 1995 in *No Control*. Die Kontrolle zu verlieren, bestand für Bowie darin, Pläne zu schmieden, die er dem christlichen Gott besser nicht erzählte, denn gegen ihn waren sie gerichtet.

Die Identifizierung mit negativen Figuren steigerte sich parallel zu seiner Paranoia von *The Rise And Fall Of Ziggy Stardust* (1972) bis hin zu *Diamond Dogs* (1974). Sie verschwand fast ganz auf *Young Americans* (1975) und kehrte dann nochmals, aber anders ausgearbeitet, auf *Station To Station* (1976) mit dem Charakter des Thin White Duke zurück. Denn mit *Station To Station* (1976) begann Bowie seinen Entzug von Amerika, rauschhafter Egomanie und Kokain vorzubereiten, der ihn in eine lange emotionale Talfahrt führen sollte. Auf diesem Album bekam seine Sehnsucht nach dem längst verloren gegangenen guten Objekt aus dem anderen Geschlecht, erstmals wieder eine starke und sehr intensive Bedeutung.

Seine Identifikation mit dem bösen Objekt war aber immer mit der heterosexuellen Relation verknüpft, und eine Ursache für seine Destruktivität bestand ganz einfach darin, dass er auf den narzisstischen Status der Frauen, die er hofierte, besonders neidisch war. Darum identifizierte er sich nicht nur mit ihnen, sondern stellte sich ihnen auch als ein böses Objekt gegenüber. So kommentierte er 1977 in *Beauty And The Beast* sehr zynisch sein Verhältnis zu Frauen, mit dem Worten: »Someone fetch a prist/ You can't say no to the beauty and the beast / Darling«. Doch in einem Zwischenpart desselben Songs sang er genau das Gegenteil: »I wanted to believe me / I wanted to be good / I wanted no destructions / Like every good boy should«. Zur Eheschließung sollte Bowie in *The Wedding Song* (1993) darauf zurückkommen: »I'm gonna be so good, just like a good boy should«. In *Breaking Glass* (1977) drückte er seine Destruktivität gegenüber den Frauen sehr direkt aus. Der gesamte Text des Songs war folgendermaßen:

> »Baby I've been breaking glass in your room again
> Listen don't look at the carpet
> I drew something awful on it
> See you're such an wonderful person
> But you got problems oh – oh – oh – oh
> I'll never touch you«.

Die Mischung aus Gewalt (»breaking glass«), sexuellem Ekel vor sich selbst (»I drew something awful on it«) und ironischer Verachtung und Mitleid (»But you got problems oh – oh – oh – oh«) konnte kaum deutlicher hervortreten. Damit nicht genug – während der »Serious Moonlight«-Tour (1983) wurde am Ende von *Breaking Glass* die letzte Zeile (»I'll never touch you«) einige Male wiederholt, während der Popstar dabei in die Luft griff, so als würde er eine Frau aggressiv an sich heranziehen wollen. Diese pantomimische Darbietung wurde noch durch einen provokativen Hüftschwung im Takt des Schlagzeuges unterstützt und bekam dadurch eine sexuelle Konnotation. Es handelte sich ganz offensichtlich um einen Übergriff, der in einer sehr typischen Form als männliche Verführung dargestellt wurde. Seine bösartige Attacke wurde dabei auch noch als ein weibliches Problem beschrieben und so nach außen projiziert. Mit anderen Worten deutete er in seiner Performance an, dass sein erotischer Übergriff in der Gestalt einer aggressiven Verführung etwas darstellte, was sich die Frauen wünschten, obwohl sie es gleichzeitig fürchteten. *Breaking Glass* war in den 80ern ein Ausdruck des eigenen sadistischen Eroberungswillens und in den 70ern der Inhalt von Bowies Frauenhass gewesen, erst in den 90ern wurde der Song von ihm als seine eigene pathologische Tendenz zu einem Übergriff interpretiert. Nun trug er ihn in einer Zwangsjacke vor. So wurde der Zugriff in seiner Performance an dieser Stelle endlich gestoppt und das Motiv als ein rein männliches, sadistisches Wunschdenken entlarvt. Diese neue und wahrhaftigere Deutung hing sicher damit zusammen, dass er erneut geheiratet hatte.

Schon in *The Width Of A Circle* (1971) hatte er sich selbst als ein Monster bezeichnet. Der Song begann mit den Zeilen: »Then I ran across a monster who was sleeping / By a tree / And I looked and frowned and the monster was me«. In dem legendären letzten »Ziggy Stardust«-Konzert (1973) zeigte er an dieser Stelle auf sich selbst. In *Lady Stardust* (1972) hieß es: »And lady stardust sang his songs / Of darkness and disgrace«. In *Starman* (1972), seinem zweiten Hit, wurde deutlich, dass der Mann in den Sternen bösartig war und ein Treffen mit ihm gefährlich sein könnte: »There's a starman waiting in the sky / He'd like to come and meet us / But he thinks he'd blow our minds«. Dieser Starman war bei näherer Betrachtung aber niemand anderes als wiederum er selbst. In *Unwashed and Somewhat Slightly Dazed* (1969) hatte Bowie gesungen: »And my heads full of murders / Where only killers scream«. In *Savoir Machine* (1971) träumte er als die Erlösungsmaschine davon, den Menschen Plagen und Krieg zu bringen, »or I may kill you all«. Ziggy Stardust wurde in dem gleichnamigen Song sehr morbid als ein »leper messiah« (»Lepra Messias«) bezeichnet. Er heilte nicht die Menschen von der Lepra, wie Jesus, sondern brachte sie ihnen. Deshalb wurde diese Figur auch am Ende von ihren eigenen Fans ermordet: »When the kids had killed the man I had to break up the band«. In *Diamond Dogs* (1974) waren die Hunde todbringende Verfolger: »Hunt you to the ground they will / Mannequins with kill appeal«. Außerdem sang er darin: »Come out of the garden baby / You'll catch your death in the fog / Young girl – they call them the Diamond Dogs«. Und Bowie ließ sich selbst mit dem Genital eines Hund so direkt auf dem Cover darstellen, dass dieses Geschlechtsteil erst einmal der Zensur zum Opfer fiel. Schon hier war sein Sexappeal mit einem animalischen Gewaltakt verbunden. Bei der Bühnenperformance dieses Songs war er an zwei Leinen befestigt, mit denen ihn die Diamond Dogs, die zwei Darsteller verkörperten, gefesselt hatten. Er versuchte, ihnen zu entkommen.

Mit dem Album *Diamond Dogs* erreichte er den »spektakulären Höhepunkt seiner paranoiden Horrorthemen in den Alben der frühen

70er« (Pegg 2009, S. 309f.), die stets mit Fiktionen von extrem negativen, tödlichen Figuren verbunden waren. Die eigenen Aggressionen wurden durch die Paranoia immer wieder auch nach außen projiziert, wenn er in seiner Performance von Hunden (der Paranoia) verfolgt wurde und zur selben Zeit öffentlich erklärte, dass er ernsthaft Angst habe, auf der Bühne erschossen zu werden (Rock 2005, S. 160). Noch 1980 sang er in dem Song *It's No Game (Part 1)* davon, dass seine Ermordung ein großes Medienereignis darstellen würde: »Put a bullet in my brain / And it makes all the papers«, hieß es dort. Diese Zeile bezog sich nicht auf den Mord an John Lennon, sondern kam aus einer früheren Version von *It's No Game (Part 1)*. Der Song hatte ursprünglich *Tired Of My Life* geheißen. Bowie nahm eine Demoversion davon schon im Mai 1970 auf, also zu einem Zeitpunkt, als er noch gar nicht berühmt war (Pegg 2009, S. 236). In *Black Tie, White Noise* (1993) hieß es dann: »I look into your eyes and I know you won't kill me / You won't kill me«, womit die mörderische, paranoide Stimmung zwar negiert, aber weiterhin artikuliert wurde.

In den 80er Jahren dagegen stellte er häufig ein distanziertes, künstliches, etwas ambivalentes, aber grundsätzlich positives Selbstbild in seinen Texten in den Vordergrund. So zum Beispiel in *Shining Star* (1987): »I could be your great misfortune – / I can make you happy every day of your life / Making my love like a shining star – takin' my love just a touch too far«. Die Brüche darin sollten aber dennoch Ambivalenz auslösen. Die Distanz am Ende des Refrains, »just a touch too far«, verwiesen zudem auf den fiktiven, virtuellen Ursprung dieser Selbstdarstellung. In *New Killer Star*, dem Opener auf dem Album *Reality* (2002), war es ähnlich. Der Titel war zwar destruktiv, die Haltung in dem Song aber gleichzeitig optimistisch (Pegg 2009, S. 162). So sang Bowie darin: »I got a better way / I discovered a star«, und dann: »A new killer star«. Doch nun wirkte das Ganze eher wie eine Komödie.

Es gab bei ihm häufig eine starke Neigung dazu, die negativen Aspekte sehr drastisch auszudrücken und sie so in einer unglaubwürdigen Form völlig von den positiven Aspekten abzutrennen. »I can't tell good from bad«, sang er in *You've Been Around* (1993). Eines der auffälligsten negativen Motive in den 70ern war seine seltsame Auffassung vom Nachahmen. In dieser Zeit beschrieb er seine Gabe zur Imitation in Interviews als Raub. Er empfand diese Art von Diebstahl als sein Privileg und mochte es nicht, wenn andere Bands Elemente von ihm kopierten –»Stehlen war schließlich mein Job« (Pegg 2009, S. 463). Dieses Prinzip kam schon in *Hang On To Yourself* (1972). Darin sang er: »The bitter comes out better on a stolen guitar«. Gleichzeitig hieß es aber im Refrain: »You better hang on to yourself«. Der 22-jährige Leon Blank, ein Charakter auf *1.Outside* (1995), wurde im beigefügten Tagebuch im Booklet als ein Mann bezeichnet, der gut stehlen und plagiieren konnte, ohne die Rechte dafür zu haben. In *Scary Monsters* (1980) sang Bowie über sein Verhältnis zu einer psychisch kranken Frau: »She ask me to stay and I stole her room«.

Die projektive Identifikation basiert oft auf Neid, darauf, so sein zu wollen wie die idealisierte Person, und diese Aneignung war für den Popstar durchaus ein aggressiver Akt. Als Bowie von Jagger erfuhr, dass dieser den surrealistischen Zeichner Guy Peellaert anheuern wollte, um das Cover zu dem Stones-Album *It's Only Rock'n'Roll* (1974) zu zeichnen, rief er ihn sogleich selbst an. Peellaert entwarf nun 1974 nicht das Cover für das Stones-Album, sondern für Bowies neues Album *Diamond Dogs*. Dabei ging es dem Popstar durchaus ernsthaft darum, eine Idee von Jagger in seinen eigenen Besitz zu bringen. Jagger spottete später, dass man niemals ein neues paar Schuhe vor Bowie anziehen sollte. Er verzieh ihm nach Bowies eigenen Angaben dieses Plagiat nie (Pegg 2009, S. 308f.). »I'll never said I'm better, I'm better, I'm better than you« drückte dieses Gefühl von Rivalität viele Jahre später in *New Killer Star* (2003) sehr viel versöhnlicher aus.

Ein interessantes Beispiel für seinen Neid war sein Verhältnis zu Scott Walker. Bowie coverte in den 70er Jahren *My Death* (1972) und *Amsterdam* (1973) von Jaques Brel und orientierte sich dabei vor allem an den englischen Versionen von Walker (1967), ohne ihn zu erwähnen. Die beiden Coverversionen wurden aber damals aufgrund der Bekanntheit von Walkers Interpretationen auf keine Platte gepresst. 1993 coverte Bowie *Nite Flights* (1978) direkt von den Walker Brothers und erwähnte Walker auch, wenn er den Song ansagte. *You've Been Around* (1993), das zur selben Zeit aufgenommen wurde, war ebenfalls von dem Amerikaner mit seinen unheimlichen Texten und Klanglandschaften beeinflusst (Pegg 2009, S. 263). Zwei Jahre später, 1995, veröffentlichte Walker sein psychotisches und düsteres Meisterwerk, *Tilt*, nachdem *1.Outside* (1995) bereits aufgenommen war. *A Small Plot Of Land* (1995) von Bowie enthielt aber erneut Anspielungen auf *Nite Flights* (Pegg 2009, S. 206f.). Die eigenwilligen Lyrics und die Stimmung auf *Tilt* wurde dann zu einer Inspirationsquelle für *Heathen* (2002) und Bowie zitierte Walkers Dichtungen von *Tilt* schon in seinem Song *The Dreamers* (1999) (ebd., S. 385). Als Walker ihm bei einem Radiointerview 1997 persönlich zu seinem 50. Geburtstag gratulierte, geriet Bowie völlig aus der Fassung und antwortete schluchzend, dass ihn dieser Glückwunsch zutiefst berühre (ebd., S. 164). 2006 trat er dann als ausführender Produzent und Interviewpartner in einer Dokumentation über Walker auf. Er gab darin zu, dass er die Walker Brothers 1967 zum ersten Mal live zusammen mit einer Freundin gesehen habe, die ein großer Fan von ihnen gewesen sei. Er wäre damals total eifersüchtig gewesen (Dokumentation Kijak 2006).

Tony Visconti beschrieb ihn jedoch im Vergleich zu Marc Bolan, der mit jedem rivalisierte, als einen Typ, der gar nicht so eifersüchtig gewesen sei:

> »David ist auf der anderen Seite eine sehr gesellige, eine sehr aufgeschlossene Person, und abgesehen von der gewöhnlichen, gesunden Art von Rivalität war er nie besessen von Bolan ... David liebte Marc immer, er liebte es, bei ihm zu sein« (Pegg 2009, S. 176).

Bowies Neid hatte demnach weniger mit klassischer Eifersucht und Rivalität um Frauen, als mehr mit der Aneignung und Übernahme von Macht, Prestige und tatsächlich auch künstlerischer Inspiration zu tun. Er liebte die Menschen, die er dann neidvoll nachahmte. Er verlor sich durch seine Liebe ganz in ihnen und holte sich seine projizierten Selbstanteile anschließend wieder zurück. Dabei verhinderte schon sein offenes Zugeständnis zu seiner homosexuellen Neigung die gewöhnliche Form von ödipaler Rivalität. Bowie mochte die Menschen, solange sie für ihn da waren, und bestahl sie, wenn sie abwesend waren. Er war zwar extrem neidisch auf ihre Erfolge, erkannte darin aber zugleich auch die Qualität, die er dann versuchte, zu imitieren und zu plagiieren. Er wollte einfach so sein wie seine geliebten Idole.

Neid kommt nach Melanie Klein noch vor der ödipalen Triangulation in einer viel narzisstischeren, dualen Struktur zustande, die sich auf die Mutter richtet. Eifersucht wird deshalb als weit akzeptabler empfunden und weckt weniger Schuldgefühle als der primäre Neid, der das erste gute

7. Promiskuität, Black Music, Neid und negative Selbstbilder

Objekt zerstört (Klein 2000, S. 315). Wenn Othello in Shakespeares Drama seine Agression aus Eifersucht gegen das geliebte Objekt und nicht gegen den Rivalen richtet, so ist dieses Handeln ein viel schlimmeres Verbrechen, als wenn er den Rivalen ermorden, seine Frau aber verschonen würde, die in diesem Fall auch noch unschuldig war.

> »Ein wesentliches Merkmal dieser allerersten Objektbeziehung besteht darin, daß sie den Prototyp einer Beziehung zwischen *zwei* Personen darstellt, von der jedes weitere Objekt ausgeschlossen bleibt« (ebd., S. 85).

Das Objekt des Neides ist daher in erster Linie ein orales Objekt (ebd., S. 314). Der Neid hat die Intension, das primäre Objekt direkt zu berauben oder zu zerstören. Er richtet sich auf einen idealisierten Aspekt des Objekts (ebd., S. 307), den das Subjekt in seinen Besitz bringen oder auflösen möchte. Beide Aspekte trafen auf Bowie zu. In *Stay* (1976) sang er: »When somebody wants something you want, too«, und drückte damit einen neidischen Impuls aus, der fast wie eine gewöhnliche Form von Eifersucht aussah. Aber die tragische, verzweifelte Form, in der er diesen Satz vortrug, zeigte, dass er auch unmittelbar auf die Frau eifersüchtig war.

Neid basiert auf einem destruktiven Aspekt der projektiven Identifizierung in der paranoid-schizoiden Position (ebd., S. 290 u. 347). Wenn später Schuldgefühle wegen des destruktiven Neids auftauchen und diese nicht durchgearbeitet werden, so drohen sie, durch Projektion rasch in Verfolgungsgefühle umzuschlagen (ebd., S. 336). »Die Über-Ich-Figur, auf die intensiver Neid projiziert wurde, verwandelt sich in einen besonders quälenden Verfolger« (ebd., S. 320). Bowies Interesse an Orwells »Big Brother« kam durch einen intensiven Neid auf seinen älteren Bruder zustande. Die Idealisierung von Amerika hing genauso wie die darauffolgenden paranoiden Vorstellungen ursprünglich mit seinem Bild von Terry zusammen, und auch seine Affinität zu Katastrophenstimmungen begann schon sehr früh. 1951 wurde regelmäßig ein Krankenwagen gerufen, weil der Junge seinen Eltern erklärte, er würde sterben (Sandford 2003, S. 24). Werden Neid und Hass nicht durch die depressive Position abgemildert, bleibt auch die Möglichkeit, ein gutes inneres Objekt aufzubauen und zu bewahren, stark beeinträchtigt. Die primäre Spaltung zwischen der guten und der bösen Brust wird gefestigt, weil ein gutes Objekt nicht erfolgreich

Young Americans (1975)

aufgebaut werden konnte (Klein 2000, S. 305). Die Dauer und Intensität der sadistischen Angriffe, die der Säugling gegen die weibliche Brust unternimmt, werden so verstärkt und es wird viel schwieriger, die verlorene, gute Brust zurückzugewinnen. Die Folge ist, dass es auch zu keiner stabilen Ich-Identität kommt, weil libidinös und aggressiv bestimmte Selbstimagines getrennt bleiben. Die Fähigkeit zu einer realistischen Ambivalenztoleranz kommt nicht zustande (Kernberg 1983, S. 192).

Bowies Neid und die damit verbundene Wut drückte sich in seiner Musik meistens durch den heftigen Einsatz von rockigen E-Gitarren aus. Bowies »Glass Spider«-Konzerte (1987) begannen damit, dass Carlos Alomar allein auf die Bühne kam und sehr wild auf seiner E-Gitarre spielte. Bowies Stimme rief dann von oben: »Shut up«, um diesen verwirrenden Sound zu stoppen. Im Text des Songs zu *Scary Monsters* (1980) beschrieb er, wie ein Mädchen durch den Gitarrensound von Hendrix, der seiner Ansicht nach vor allem Schreie der Eifersucht artikulierte, in den Wahn getrieben wurde: »Jimmy's guitar sounds jealousies scream / Waiting at the lights know what I mean«. Schon Ziggy Stardust war neben vielem anderen ein Gitarrenspieler. Der Song *Ziggy Stardust* endete nicht bloß mit dem ausgedehnt vorgetragenen »Ziggy played guitar«, er enthielt auch Sätze wie »He played it left hand« und »Ziggy played for time, jiving us that we were voodoo«, eine direkte Anspielung auf den düsteren, magischen Song *Voodoo Chile* (1968) von Jimmy Hendrix, der ebenfalls ein sehr negatives Selbstbild von sich entwarf, in dem er sich als ein Voodoo-Kind bezeichnete. Ausgeprägte Gitarrenmusik war zugleich aber auch das wichtigste produktive, musikalische Energiefeld auf allen Bowie-Konzerten.

Zu einer unvorhersehbaren Wiederaufnahme von destruktiven Motiven mit starker Intensität kam es in den 90er Jahren, als der Popstar *1. Outside* (1995) und das Raveralbum *Earthling* (1997) aufnahm. Meiner Ansicht nach lag die Ursache für diese erneute intensive Beschäftigung mit dem bösen Objekt tatsächlich darin, dass er geheiratet hatte und durch diese engere Bindung an eine Frau erneut mit Fragestellungen konfrontiert wurde, die in dem Bereich der paranoid-schizoiden Position lagen. Schon auf *Black Tie, White Noise* (1993), seinem Heiratsalbum, war die erste Singleauskopplung, *Jump*, seinem schizophrenen Bruder Terry gewidmet gewesen und Bowie ließ sich auf dem Cover dazu auch gleich zweimal ablichten. Seine Musik bekam nun auf einmal wieder mehr Substanz.

7. Promiskuität, Black Music, Neid und negative Selbstbilder

Parallel zur Veröffentlichung von *1.Outside*, dessen Cover ein von ihm gemaltes Selbstportrait war, ging er auch erstmals mit seiner Malerei an die Öffentlichkeit. Der Popstar hatte während seiner Phase in Berlin 1977 angefangen, sehr viel zu zeichnen (Pegg 2009, S. 324), und diese Leidenschaft hatte auf ihn sicherlich eine kontemplative Wirkung gehabt. 1996 identifizierte er sich stark mit der Position eines bildenden Künstlers und recycelte nicht bloß seinen alten Song *Andy Warhol* (1971), sondern spielte Warhol auch selbst, in dem Film *Basquiat* (1996). Der Grund für seine Rolle war nicht nur, dass er so den amerikanischen Pop-Art-Künstler parodieren konnte, den er für zu egomanisch hielt und der sicherlich sehr egoistisch gewesen war, sondern auch, dass es sich um eine Filmbiografie über den schwarzen Künstler Jean-Michel Basquiat handelte, der in Afrika, also dem Heimatland seiner Ehefrau, wie ein landeseigener Picasso betrachtet wird (Pegg 2009, S. 594).

Mit einer zentralen Figur von *1.Outside*, dem Minotaurus, in dessen Gewand der Mörder sich kleidete, hatte sich Bowie schon längere Zeit zuvor beschäftigt: »Ich habe über den Minotaurus die vergangenen Jahre nachgedacht«, erklärte er 1995 (Pegg 2009, S. 361). Er hatte eine Mappe mit 14 Drucken angefertigt, die den Namen »We Saw the Minotaur« trug (Sandford 2003, S. 353). Diese Mischung aus halb Tier, halb Mensch ähnelte dem Cover von *Diamond Dogs*. Doch auf *1.Outside* wurde die Entstehung des bösen Objekts nicht mehr provokativ mit der männlichen Sexualität in einen direkten Kontext gestellt, vielmehr handelte das Album von der Zerstörung eines guten, weiblichen Objekts und den sich unmittelbar daraus ergebenden schwerwiegenden Folgen. Eine Nähe des Minotaurus zur Kunstfigur Ziggy Stardust, die auf dem Innencover von *Aladin Sane* (1973) wie ein griechischer Satyr abgebildet war, wurde von Bowie wohl absichtlich hergestellt. Aber diesen Zusammenhang hat er nicht publik gemacht, weil er seine frühere Figur insgesamt zu sehr diffamieren würde. Ziggy Stardust war um einiges vielfältiger als der Menschen verschlingende Minotaurus, aber er wurde mit der Zeit vielleicht zu so etwas Ähnlichem, eben einem Diamond Dog. Für Bowie konnte es nie einen künstlerischen Ausdruck geben, der bei all seinen Übertreibungen und Stilisierungen nicht trotzdem in irgendeiner Form auf sein reales Leben zurückfiel und so mit ihm verbunden war.

8. DAS ENDE EINER ILLUSION VON ALLMACHT –
Station To Station (1976)

»*We only smelt the gas*
As we lay down to sleep«
(Time Will Crawl 1987)

Nachdem Bowie im Frühjahr 1975 nach Los Angeles gezogen war, widmete er sich ein Jahr lang dem Regime von harten Drogen, Alkohol und lang andauernden Arbeitsanfällen. Er gab später zu, dass dieses gesamte Jahr in seinen späteren Erinnerungen eine einzige Lücke war, ausgelöscht durch Rauschmittel (Sandford 2003, S. 159). Er sagte über seine Verfassung in dieser Zeit: »Man hält eine künstliche Verbindung mit der Realität aufrecht, um die Dinge zu bewältigen, von denen man weiß, dass sie zum Überleben absolut notwendig sind« (Rüther 2008, S. 34). Er erklärte außerdem, dass sich sein Leben, nachdem er zuweilen eine Woche wach geblieben war, am Ende in »eine bizarre, nihilistische Fantasiewelt verwandelt« hatte (ebd.). Anfang 1976 sagte er über sich selbst: »Ich mochte David Jones. Ich mag ihn immer noch – wenn ich doch nur Kontakt zu ihm aufnehmen könnte« (Sandford 2003, S. 163).

Ab Juni 1975 spielte er seine erste Hauptrolle in einem Kinofilm, *The Man Who Fell To Earth* (1976), der das Bowie-Bild der 70er Jahre stark prägen sollte und zugleich einen großen Einfluss auf ihn selbst ausübte. Gedreht wurde drei Monate lang in New Mexiko. In welchem Zustand sich der süchtige Popstar dabei befand, lässt sich allein daraus schließen, dass er den Regisseur Nicolas Roeg zunächst versetzte. Roeg kam in Bowies Wohnung und wartete dort acht Stunden lang. Der Sänger rief einmal in der Stunde an, um sich zu entschuldigen (Tremlett 1995, S. 240). Danach dachte er, Roeg hätte seine Wohnung längst verlassen, als er endlich dort erschien (Sandford 2003, S. 167). Seine Ehefrau hatte ihn überreden müssen, das Angebot anzunehmen. Bowie vertrat zu dieser Zeit massiv die Meinung, dass alles, was er tat, seine eigene Idee sein müsse, obwohl die meisten seiner Ideen von anderen waren (Bowie 1993, S. 90). Auch während der Dreharbeiten erhöhte sich seine Ration Kokain und Roeg kam nicht wirklich an ihn heran (Tremlett 1995, S. 240f.). Aber dieses Verhalten passte genau zu seiner Rolle, sodass er sie vollkommen überzeugend darstellte. Der Regisseur wurde damals von Bowie extrem idealisiert, er hielt Roeg für ein Genie (Seabrook 2008, S. 33), obwohl der Film ganz offensichtlich viele Schwächen aufwies.

Er spielte darin einen sehr intelligenten, sensiblen und mächtigen außerirdischen Mann, der von einem anderen Planeten auf die Erde gekommen war, um von hier Wasser zu holen und damit auf seinen Planeten, zu seiner Frau und seinen Kindern, zurückzukehren. Er landete auf der Erde, meldete einige wichtige Patente an und verdiente über viele Jahre so viel Geld damit, dass er mithilfe eines eigenen Wirtschaftsimperiums eine Rakete bauen konnte, die ihn samt Wassertanks in seine Heimat zurückbringen sollte. Thomas Jerome Newtons (David Bowie) Plan wurde aber von einem Mitarbeiter seiner Firma, Professor Brice (Rip Torn), verraten. Anstatt nach Hause zu fliegen wurde er so zu einem Untersuchungsobjekt neugieriger Wissenschaftler auf der Erde. Seine Freundin Mary Lou (Candy Clark) heiratete schließlich Professor Brice, und Newton fing an zu trinken und nahm eine Platte mit dem Titel *The Visitor* auf. Alle drei Hauptfiguren des Films waren am Ende starke Alkoholiker und *The Man Who Fell To Earth* arbeitete ziemlich systematisch auf diesen Schluss hin. »Da wird eine Menge getrunken. Es dreht sich eigentlich alles um das Trinken«, gab Roeg später zu (Pegg 2009, S. 576).

Der Regisseur besetzte den Film in einer Nebenrolle mit Bowies echtem Bodyguard und Chauffeur Tony Mascia und verwendete auch ihre schwarze Limousine. All dies hatte er in der Dokumentation *Cracked Actor* (Yentob 1975) schon zuvor gesehen. Und in dieser Dokumentation wurden schließlich auch Bowies Drogenprobleme sehr offensiv verhandelt. Roeg hatte 1968 den Kultfilm *Performance* mit Mick Jagger gedreht und nahm wohl absichtlich einen Drogenabhängigen für die Rolle. Bowie hatte seinerseits vorher Erkundigungen bei Jagger über Roeg eingeholt (Tremlett 1995, S. 239). Bowies einzige Erinnerung an die Dreharbeiten war 1993, dass er seine Rolle gar nicht zu spielen brauchte (Pegg 2009, S. 575). Er war einfach Newton. Er wich demnach auch allen Lobpreisungen über seine schauspielerischen Fähigkeiten aus: »Ich bin kein guter Schauspieler, zu viel von einem Schmierenkomödianten«, sagte er im Dezember 1975 (Miles 1980, S. 108), und im Februar 1978: »Ich hasse es, über Schauspielerei zu sprechen. Ich weiß nicht genug darüber« (ebd.). Ferner gab er zu: »Es war kein Film, den ich mir selbst gern angeguckt hätte« (Sandford 2003, S. 168). *The Man Who Fell To Earth* hatte jedoch einige mitreißende Sequenzen. Es gab am Anfang eine Parallelmontage, in der Professor Brice mit jungen Studentinnen seinen heftigen Sexabenteuern nachging, während Newton in einem asiatischen Restaurant saß und einen Kampf zwischen Mann und Frau betrachtete, der von einem japanischen Kabuki-Theatergruppe aufgeführt wurde. Der Kontrast zwischen Newtons Unschuld und Brices Perversion in Bezug auf die Geschlechterdifferenz war ein wichtiges Thema in der Handlung. Die Inszenierung war darin aber schon zu schematisch, denn sie verlief zwischen den zwei sehr extremen Optionen von rauschhafter 1968er Obsession (Brice) oder völliger Prüderie und Asexualität (Newton). Dass Roeg selbst Alkoholiker war, erklärt sehr die Stimmung des Films, der aber zweifellos vor allem von dem Popstar sehr eindrucksvolle Bilder lieferte, die aber vor allem erheblich zu seiner weiteren Mythologisierung beitrugen.

The Man Who Fell To Earth musste schließlich um 20 Minuten gekürzt werden, was ihm nach Bowies Ansicht nicht gut getan hat (Seabrook 2008, S. 66). Der Regisseur schnitt dabei vor allem einige Szenen heraus, die zeigten, dass das Verhältnis zwischen Professor Brice und Mary Lou schon viel früher als in der jetzigen Version begonnen hatte. Ein Gespräch zwischen Brice und Newton in der Wüste, dem nun dieser Hintergrund fehlte, wurde dadurch flach und uninteressant (Miles 1980, S. 113). Die Rivalität zwischen Newton und Brice, die gar keine war, weil Newton gar nicht die Absicht hatte, mit Mary Lou zusammenzubleiben, war demnach ursprünglich noch direkter in Szene gesetzt worden. Brices Perversion errang den Sieg über Newtons Frigidität so noch viel weitreichender. Der wirkliche Held des Films war der Mann, der nie mehr nach Hause zurückkam, der Außerirdische, dessen Verhalten teilweise Ähnlichkeit mit einer psychotischen und desorganisierten Persönlichkeit hatte, die der Popstar zu diesem Zeitpunkt tatsächlich war.

Bedenklich war vor allem, dass Bowie tatsächlich noch Monate nach dem Abschluss der Dreharbeiten die Kleider und die Frisur der von ihm dargestellten Figur trug. Er verwendete sie, um seine neue Bühnenfigur, den Thin White Duke zu erschaffen (Pegg 2009, S. 576). Er fühlte sich nach eigenen Angaben noch ein halbes Jahr nach den Dreharbeiten wie Newton (Miles 1980, S. 108). »Mitte der 70er Jahre gab es diese Grenze wirklich nicht für mich, ich konnte zwischen der Bühnenpersönlichkeit und mir selbst keinen Unterschied sehen« (Sandford 2003, S. 173). Die projektive Identifikation ließ die eigene Identität vollständig in eine andere übergehen. Der kontrollierte Mr. Newton war eine Rolle, die Bowie gut für seine eigenen Projekte übernehmen konnte. Die Plattencover seiner nächsten Alben *Station to Station* (1976) und *Low* (1977) trugen ein Foto aus *The Man Who Fell To Earth*. Auf *Station to Station* war der Innenraum der Rakete abgebildet, mit der Newton niemals nach Hause fliegen sollte. Bei *Low* war es sein Blick auf einen See. Dieser Hintergrund war auf dem Plattencover aber durch einen schrillen, orangen Hintergrund ersetzt worden.

Der Popstar komponierte schon ab Ende 1974 Musik, die er als Soundtrack für Filmprojekte einsetzen wollte, für Filme, die er noch gar nicht kannte. Dass Roeg letztlich den von ihm geplanten und teilweise bereits komponierten Soundtrack nicht annahm, war für den Künstler eine Widrigkeit, die dazu führte, dass er seinen neuen Manager feuerte (Bowie 1993, S. 305). *Subterraneans* (1977) von dem Album *Low* war von der Idee her eigentlich als Teil dieses Soundtrack konzipiert worden. Bowie schickte daher das gesamte Album später an Roeg mit der Bemerkung: »This is what I wanted to do for the soundtrack« (Seabrook 2008, S. 56). Der Film hätte zweifellos damit eine andere Dimension erreichen können. Bowie war später sehr froh, als seine Musik wenigstens als Basis für den gelungenen deutschen Film *Christiane F. – Wir Kinder vom Bahnhof Zoo* (1981) verwendet wurde. Dieser sehr realistische Film handelte von Heroinabhängigkeit unter Berliner Jugendlichen und spielte in einem einfachen sozialen Milieu. Die Komplexität von *The Man Who Fell To Earth* und vor allem der Zusammenhang zwischen Drogenkosum und Psychose kamen darin jedoch nicht vor. Dieser Kontext wurde nur noch durch Bowies Musik ganz versteckt in die Atmosphäre des Films implantiert.

Der Popstar erklärte später, dass er sich bei den Aufnahmen von *Station To Station* (1976), die im Herbst 1975 im Anschluss an die Dreharbeiten von Roegs Film stattfanden, nicht einmal mehr an das Studio hätte erinnern können. »Ich weiß, dass es in L. A. war, weil ich es gelesen habe« (Pegg 2009, S. 318). Er sei »paranoid, manic depressive« gewesen, als Folge von der dauernden Einahme von Amphetaminen und Kokain (Seabrook 2008, S. 47). *Station To Station* sollte dennoch zu einem wichtigen Wendepunkt in seiner Karriere werden. Auf diesem Album fing er an, jene langsame, kühle, pathetische Musik zu schreiben, die auf Dauer seinen Stil bestimmten sollte. Die Initiation zu dieser Art von Musik begann mit dem Song *Station To Station*, dessen lautmalerischer Anfang einen anfahrenden Zug simulierte. Bowie erklärte im Januar 2010 der britischen Zeitung *Guardian*, dass eines seiner Lieblingsstücke der erste Satz von Steve Reichs Stück *Different Trains* (1988) sei. Auch dieses Werk basiert auf der akustischen Simulation von Zugfahrten und hat einen deutlich politischen Hintergrund. Reich lässt im zweiten Satz den Zug durch »Europe – During the War« fahren und thematisiert dabei vor allem die Züge, die zu den Konzentrationslagern fuhren. Er verwendet dabei die üblichen Effekte seiner schnell pulsierenden Minimalmusik und Stimmen, die die Fahrt und einige Orte, in denen der Zug hält, in Form von Wortwiederholungen skizzieren.

In *Station To Station* wurde von Bowie das gleichmäßige Rattern des Zuges mithilfe von Synthesizern hergestellt. Das aufpeitschende Pfeifen der Lokomotive wurde bei Liveauftritten durch extreme Rückkopplungen mit der E-Gitarre noch verstärkt. Diese Zugfahrt stellte eine kraftvolle und intensive seelische Bewegung dar und hatte kaum etwas mit einer realen Fahrt zu tun. Bowie koppelte seinen Fatalismus darin an eine spannende, pathetische und zugleich machtvolle Bewegung. Inspiriert war das lange Instrumentalvorspiel von der elektronischen Musik der nüchternen und unterkühlten deutschen Band Kraftwerk, die mit sterilen Songs wie *Autobahn* (1974) den Vorlauf zur Technomusik gelegt hatten.

8. Das Ende einer Illusion von Allmacht

Inhaltlich gab es bei Bowie das Motiv der Zugfahrt schon zehn Jahre zuvor. 1966 sang er in *Can't Help Thinking About Me* davon, dass ihm eine weite Reise bevorstehen würde: »I've got a long way to go / I hope I make it on my own«. Es folgte: »The station seems so cold the ticket in my hand«. Der Song handelte davon, dass er von zu Hause und damit vor allem von seiner Mutter wegfuhr. In *Day-In Day-Out* (1987) hieß es: »She's got a ticket to nowhere / She's gonna take a train ride«. In *5.15 The Angels Have Gone* (2002) resümierte er seine gesamte bisherige Zugfahrt: »Cold station all of my life / Forever I fear«. Genau diese Kälte wurde in dem Song *Station To Station* ganz deutlich durch die Musik ausgedrückt. Bowie wollte, dass das gesamte neue Album einen *dry mix* ohne Echo bekam, stimmte aber letztendlich einer kommerziellen Abmischung zu, was er dann wieder öffentlich bereute (Miles 1980, S. 92). *Station To Station* sollte demnach noch um einiges kälter werden, als es nun ist. Diese Coolness war Ausdruck der Trennung vom mütterlichen Universum und wurde produziert durch das Kokain. Auf *Black Tie, White Noise* (1993) wurde diese Kälte nochmals entschieden härter und wirkungsvoller musikalisch umgesetzt, ohne Drogen dafür zu nehmen.

Optisch wurde in seiner Darstellung nun das Thema Beherrschung zu seinem zentralen Motiv, das sein gesamtes weiteres Image entschieden prägen sollte. Iggy Pop beschrieb den Vorgang, mit dem Bowie damals die Intensität einer persönlichen Aura herstellte, sehr genau. Die Stimme des englischen Popstars wurde dabei langsamer und tiefer. Sein Gesicht wurde ruhiger, sein Blick festigte sich und drückte nun Misstrauen aus. Seine Gedanken bündelten sich und das Publikum fing an, ihn gespannt zu beobachten (Dokumentation Charlie Films 2006). Sein bisexueller Kleidungsstil wurde nun durch seriöse Herrenbekleidung im klassischen Stil ersetzt. Auf der Bühne gab er sich nun wie ein französischer Chansonsänger in weißem Hemd, schwarzer Weste und mit zurückgekämmten, rotblond gefärbten Haaren. Bowies Bewegungen wurden ab 1976 manierierter, sehr gezielt und vor allem zurückhaltend. Aus ihm wurde nun langsam immer mehr ein sublimer, unterkühlter und eindeutig avantgardistischer Popmusikkünstler mit aristokratischer Herkunft. Er war aber auch schon als Ziggy Stardust bewusst distanziert und sehr reflektiert aufgetreten; Befremdung wollte er immer ausstrahlen. Nun kam aber noch ein deutlich abweisendes und lethargisches Moment dazu, das später vielleicht am besten in den Liveperformances von »*Heroes*« zu sehen war, bei denen er sich langsam immer mehr in die dramatische Struktur des Songs hineinsang und ansonsten äußerst reserviert wirkte. Bowie ließ sich nur stellenweise mitreißen und in dieser Spannung lag der Anspruch auf gezielte Kontrolle. Seine neue und letzte fiktive Figur, der sogenannte Thin White Duke, mit dessen Rückkehr das Album *Station To Station* begann, war eine Persönlichkeit, in der er sich zum absoluten Herren über seine Musik inszenierte.

The Return Of The Thin White Duke war zugleich als Film geplant und so sollte auch sein neues Album zunächst heißen (Seabrook 2008, S. 39 u. 48). Bowie schrieb unter demselben Titel an einem Buch mit Kurzgeschichten, das autobiografische und fiktive Elemente enthalten sollte. Es ist nie veröffentlicht worden (Pegg 2009, S. 575). Ein durchgängiges Motiv auf *Station To Station* wurde ein verzweifeltes Gefühl über scheiternde Liebesbeziehungen. Er gab nun in seinen Texten seine Position als promiskuitiver Rockmessias auf und sehnte sich nach einer echten, tiefen Bindung, die aber nicht gelingen wollte. Wie bei Newton spielten nun sexuelle Provokationen kaum mehr eine Rolle. Er sagt später über den kaltblütigen Thin White Duke, dass dies wohl eine ziemlich unangenehme Figur gewesen sei (Sandford 2003, S. 173).

Melanie Klein beschrieb einen Fall, der das typische Verhalten für Borderliner zeigt. Eine Patientin wünschte sich, sehr umsorgt zu werden, und stieß gleichzeitig das Objekt, das ihr Befriedigung vermittelte, vehement zurück. Das brennende Bedürfnis nach Fürsorge und die misstrauische Ablehnung der Befriedigung bildeten dabei einen Gegensatz, der eine starke Ambivalenz zeigte, die ursprünglich gegenüber dem oralen Objekt eingenommen worden war (Klein 2000, S. 323f.). An die Stelle von Dankbarkeit trat nun Misstrauen gegen das Geschenk, das sie sich wünschte, weil »das Objekt durch Neid und Haß bereits beschädigt war« (ebd., S. 324). Eine ähnliche Mischung von Zuneigung und Abweisung drückte der Popstar in dieser Phase sehr extrem aus. Der fragile, arrogante Thin White Duke war zugleich betont zärtlich und sehr weich.

Damit nicht genug, leistete sich Bowie in dieser Phase die skandalöseste Identifizierung mit einem bösen Objekt, die er überhaupt finden konnte. Er identifizierte sich öffentlich mit Adolf Hitler und stellte einige äußerst provokativen Parallelen zwischen sich und dem deutschen Diktator her.

8. Das Ende einer Illusion von Allmacht

Im Februar 1976, ein Monat nach der Veröffentlichung von *Station To Station*, sagte er in einem Interview: »Adolf Hitler was one of the first rock stars« – »He staged a country«. »I dream of one day buying companies and television stations and controlling them« (Miles 1980, S. 124). Dass die Nazis ein ganzes Land in Szene gesetzt hatten, war eine Tatsache, die Bowie in seinem Größenwahn sehr faszinierte. Cameron Crowe berichtete aber 1976 im *Rolling Stone* auch davon, dass der Popstar plötzlich und nur sehr kurz einer Täuschung aufsaß, in welcher er glaubte, er hätte einen Körper gesehen, der vom Himmel fiel (Seabrook 2008, S. 35). Das war vielleicht nur ein Zitat aus *Man Who Fell To Earth*, in dem es eine packende Szene gab, in der Newtons Patentanwalt Oliver Farnsworth (Buck Henry) aus einem Wolkenkratzer geworfen wird. Es könnte sich aber auch um eine echte Wahrnehmungstäuschung gehandelt haben. Das dreiseitige Interview von 1976 wurde außerdem unmittelbar vor seiner »Station To Station«-Tournee veröffentlicht. Die Tour war danach sofort ausverkauft (Sandford 2003, S. 171).

Bowie hatte schon im Dezember 1969 davor gewarnt, dass England einen Führer suchen würde: »Dieses Land schreit nach einem Führer. Gott weiß, wonach es sucht, aber wenn es nicht vorsichtig ist, könnte es mit einem Hitler enden« (Pegg 2009, S. 59) – eine interessante, aber nicht besonders realistische Interpretation der Lage in England. In *We Are The Dead* (1974) hatte er gesungen: »But now we're today's scrambled creatures / Looked in tomorrows double feature«, womit er Nietzsches Gedanken aussprach – dass der Mensch sich noch nicht zu Ende entwickelt habe. Aber diese Beschreibungen waren nicht mit der Euphorie des deutschen Philosophen, sondern mit düsteren Zukunftsvorstellungen verbunden gewesen. Nun, als er Februar 1976 nochmals sein Interesse an Nietzsches Philosophie bestätigte – »Ich wollte ein Übermensch sein, ich schätze, ich realisierte sehr früh, dass der Mensch kein besonders kluger Mechanismus ist. Ich wollte mich selbst besser machen« (Miles 1980, S. 26) –, war dies viel problematischer. Er versuchte, seine paranoiden Verfolger abzuschütteln, indem er sich selbst zu einer Art totalitärem Herrscher stilisierte. Er kündigte an: »I'm the Führerling« (Pegg 2009, S. 48). In der ursprünglichen Fassung von *Candidate* (1974) hatte er noch genau das Gegenteil behauptet: »Do I have given your money back / When I am the Führerling«. In der Phase, als er anfing, sich öffentlich für

Station To Station (1976)

Faschismus zu begeistern, erzählte er aber auch, er habe UFOs gesehen (Seabrook 2008, S. 27). Bowies Äußerungen wurden auch zum Großteil in der Öffentlichkeit einfach nicht ernst genommen, weil der Irrsinn, der in ihnen steckte, so offensichtlich war.

Im Grunde harmlose Songs wie *Somebody Up There Like Me* (1975), die von seinem üblichen Idolkult handelten, bekamen nun einen völlig destruktiven Charakter. Er warnte vor dem Song: »Achtung, Partner, Hitler kehrt zurück (Pegg 2009, S. 208). *Somebody Up There Like Me* handelte zwar von einer charismatischen Persönlichkeit, die auf jeder Mauer zu sehen war, aber kein Satz verriet, dass es sich dabei um einen Massenmörder handelte. Vielmehr war es eine der vielen Selbstbeschreibungen, in denen sich Bowie völlig übertrieben in einem überhöhten Starkult zeigte. In *Star* (1972) wurde die Unterscheidung zwischen Politik und Rock'n'Roll noch klar ausgedrückt: »Bevan tried to change the nation / Sonny wants to turn the world, well he can tell you that you tried / I could make a transformation as a rock & roll star«. Der Popstar war inzwischen aber zweifellos ganz bewusst zu einer leitenden Figur in seiner Branche geworden. Und das wusste er auch. 1976 sagte er, dass Dylan die Führungsposition nicht hatte haben wollen und er deshalb 1971 gedacht habe: »Okay, wenn Du es nicht tun möchtest, ich will. Ich sah die Führungslücke« (Pegg 2009, S. 209). Bowie bezog sich in seinen Texten immer wieder direkt auf andere Musiker, deren Stil er kopierte. Und damit stellte er sich zugleich auch über sie. Seine Identifikation mit Hitler war aber am Ende genauso lächerlich, wie es die von Ziggy Stardust mit einem Lepra Messias gewesen war. Allein seine subtile Musik und sein zärtlicher Gesang stellten eine dermaßen harmonische Verbindung her, dass sie allen diesen Vorstellungen von einem bösen Objekt, die er damals von sich selbst immer wieder entwickelte, deutlich widersprach. Bowie wurde überhaupt nie so negativ wahrgenommen, wie er sich zum Teil selbst sah.

Am 2. Mai 1976 begrüßte er seine Fans im Londoner Victoria Station mit einem Hitlergruss. Im Oktober 1977 dementierte er in dem Musikmagazin *Melody Maker*, dass er einen solchen Nazigruß jemals gemacht habe: »I died when I saw that photo«. Er erklärte sofort, er sei kein Faschist, sondern apolitisch. »Ich stelle mich nicht in einen offenen Wagen und winke, weil ich mich für Hitler halte« (Tremlett 1995, S. 251).

8. Das Ende einer Illusion von Allmacht

1993 sagte er darüber: »Sie erwarteten von mir, dass ich so etwas machen würde wie einen Nazigruß, und ein Winken tat es dann für sie«. Es gab im Bahnhof aber viele Presseleute, welche Zeugen dieser seltsamen Vorführung wurden, die ihnen der Popstar aus einem schwarzen, deutschen Mercedes bot. Im Grunde ist es aber egal, ob er diese Geste tatsächlich ausgeführt hatte, denn allein schon durch seine verbalen politischen Statements bekam er ein neues, sehr fragwürdiges Image und erreichte so in den nächsten Monaten endgültig einen mythologischen Status (Sandford 2003, S. 177). Dahinter verbarg sich leider keine pure Provokation, sondern die »Transformation vom Psychischen auf die soziologische Ebene eines Staates«, wie sie von Rosenfeld 1985 in Bezug auf die analogen Motivstrukturen von Faschismus und psychotisch-narzisstischer Pathologie erklärt worden sind (vgl. Beland 2007, S. 57f.). Bowies Interesse am Faschismus entsprach seinem desolaten psychischen Zustand. Seine Faszination nahm bizarre Formen an, als er den Bühnenaufbau bei der »Stage«-Tour, die von März bis September 1978 stattfand, mit seinen vielen weißen Neonlichtern so ausstattete, als wäre sie der Architektur von Albert Speer entlehnt (Sandford 2003, S. 209).

Nietzsche, Faschismus, Okkultismus und die jüdische Kabbala mit ihrer Zahlenmystik waren die Themen gewesen, für die er sich in der Zeit in L. A. am meisten interessiert hatte. Er lebte dort an der Grenze zu einem psychotischen Zustand. Diese Themen tauchten nun auf dem Album wieder auf. So war im Text von *Station To Station* von dem Baum der jüddischen Kabbala (»One magical movement from Kether to Malkuth«) und von einem Dämon die Rede (»There are you / You drive like a demon from station to station«). Doch Bowie verwendete diese Ausdrücke assoziativ, in einem freien, künstlerischen Sinn, mehr als *Alchimie* seiner eigenen Emotionen und nicht als ernsthafte, spirituelle Kommentare.

Zugleich hatten sich aber alle seine Interessen auf Vorstellungen gerichtet, die mit der infantilen Illusion von Allmacht zusammenhingen. Er sagte 1999 darüber in seiner Ansage zu *Word On A Wing* (1976) in der »VH1 Storyteller«-Performance ironisch, dass er die Zeit damals mit Fragen verbracht habe, ob er den Kanal an seinem Fernseher auch umschalten könne, ohne die Fernbedienung zu benutzen. Telepathie gehört zu den typischen Vorstellungen von infantiler Selbstüberschätzung, bei denen die Grenze zwischen innen und außen verloren gegangen ist. Er erklärte, dass die Erinnerung an diese düsterste Phase seines Lebens fast unmöglich und sehr schmerzhaft sei. Ähnliches drückte die Zeile »Memories that flutters like bats out of hell« in *Bring Me The Disco King* (2003) aus, die ebenfalls eine okkulte Ebene beschrieb.

Im März 1976 wurde er wegen mutmaßlichen Besitzes von Haschisch verhaftet und schließlich gegen eine Kaution wieder entlassen. Noch in derselben Woche gab er ein Interview, in dem er sagte: »[I]ch möchte der Premieminister von England sein« (Sandford 2003, S. 162). Er erklärte damals gegenüber der Presse weiterhin seine politischen Ansichten:

> »Ich glaube sehr stark an den Faschismus. Die einzige Möglichkeit, dem Liberalismus Beine zu machen, der momentan die Luft verpestet, ist die Beschleunigung einer rechten, absolut diktatorischen Tyrannei, und zwar so schnell wie möglich. Die Menschen haben unter einer stark reglementierten Führung immer mit größerer Effizienz reagiert« (ebd., S. 176).

Sein Anspruch auf den Posten des englischen Premierministers, den er in Zusammenhang mit diesem Statement artikulierte, war dabei vor allem größenwahnsinnig. Sein gesamter politischer Kommentar war aber rechtsradikal und gefährlich. Dahinter verbarg sich eine Person, die die Kontrolle über sich selbst verloren hatte und sie nun durch verrückte Fantasien von totalitärer Weltbeherrschung wiedererlangen wollte.

Allmächtig ist in den Vorstellungen des Säuglings ursprünglich die Mutter (Lacan 2007, S. 198), die ihn durch ihre An- und Abwesenheit frustriert und ihm so seinen Mangel erkennen lässt. Das Objekt ist dabei nach Lacan nicht die Mutter selbst, sondern ihre An- und Abwesenheit, die er in seiner Theorie als die wesentliche Erfahrung in Kleins depressiver Position bezeichnet hat (ebd., S. 76). In der Omnipotenz geht es nun darum, die Mutter zu entthronen. Bowie war damals extrem schlank, er lehnte Nahrung weitgehend ab und ernährte sich stattdessen von annähernd *nichts*, womit er die psychische, orale Abhängigkeit von der Mutter in ihr Gegenteil verkehrt hatte. »Dank dieses Nichts« macht der Säugling seine Mutter »von sich abhängig« (ebd., S. 218). Durch die symbolische Annullierung des Objekts »lässt das Kind seine Abhängigkeit zusammenbrechen« (ebd., S. 221). Dieser Vorgang kann aber die tatsächliche

8. Das Ende einer Illusion von Allmacht

Abhängigkeit nicht nivellieren, weil das Kind im Grunde abhängig von der Versorgung durch Nahrung bleibt.

Schon in *Quicksand* (1971), einem depressiven Song, den der Popstar unmittelbar nach seiner ersten Reise in die Staaten geschrieben hatte (Pegg 2009, S.180), gab es eine bemerkenswerte Äußerung über Heinrich Himmler, den Reichsführer der SS: »I'm living in a silent film / Portraying Himmler's sacred realm / Of dream reality«. Darin wurde Himmlers heiliges Reich zu einem von Bowie gemalten, persönlichen Albtraum, in dem der Popstar lebte wie in einem Stummfilm. In *Quicksand* sang er auch, dass er ein Übermensch sei und daher immer weiterleben würde. Derselbe Zusammenhang tauchte in *Sons Of The Silent Age* (1977) wieder auf, der sich im Titel auf die Söhne des Stummfilms bezog. Diese Söhne wurden ebenfalls als unsterblich bezeichnet: »Don't walk just glide in and out life / They never die just go to sleep one day«. Der wichtigste Satz in diesem Song stand aber im Refrain: »Baby I'll never let you go / All I see is all I know / Let's find another way down«. Bowies Allmachtsfantasie widerstrebte vor allem die Trennung von der Frau. *Sons Of The Silent Age* wurde während der »Glas Spider«-Tour (1987) live gespielt. Während Peter Frampton sang: »Baby I'll never let you go«, stand der Popstar auf der Bühne wie ein Zauberer, der mit seinen Handbewegungen die Bewegungen einer Tänzerin magisch steuern konnte. Genau auf solchen Vorstellungen vom magischen Animismus als Instrument der Herrschaft basierten auch seine Aussagen über den Faschismus.

Die Vorstellungen von infantiler Allmacht beinhalten immer eine magische Ebene. Wie Freud feststellte, gibt es im christlichen Gebet die Vorstellung, durch das Wort allmächtige Kräfte zu beschwören (Freud 2000, Bd. I, S. 591). Diese Wortmagie wird im Alten Testament auch von Gott selbst verwendet. So zum Beispiel in der Schöpfungsgeschichte: Er sprach, »es werde Licht, und es ward Licht« (ebd., S. 592). Dieser Wortzauber, der in unserer Kultur eigentlich zum Aberglauben gehört, taucht innerhalb des Christentums vor allem dann wieder auf, wenn es um die Bannung der bösen Geister geht. Sie gehören aber zu älteren religiösen Vorstellungen. »Doch hat sich als Überbleibsel der Vorzeit der böse Geist eine Stelle im System der Religionen bewahrt« (ebd., S. 593). Okkulte Betrachtungen finden im Christentum immer dann statt, wenn es um die negative, böse Seite, den Teufel geht. Darin wird nicht nur deutlich, dass sich die destruktive Seite asymmetrisch zur produktiven Seite verhält, sondern auch, weshalb die psychotische Dissoziation nach Klein stets auf einem bösen Objekt basiert.

Für Klein neigt ein schwaches Ich – und das ist eines, das vor allem aus negativen Selbsteinschätzungen besteht – mehr dazu, die typischen Abwehrmechanismen von Verleugnung, Spaltung und Omnipotenz zu mobilisieren (Klein 2000, S. 359). Umgekehrt führt die Freude und das Gute in anderen Menschen und im eigenen Selbst anzuerkennen dazu, Dankbarkeit zu empfinden (ebd., S. 299f.). Daraus wiederum resultiert Großzügigkeit und der Wunsch, nun auch Freude schenken zu wollen (ebd., S. 301).»Die Fähigkeit, die erste Beziehung zur Brust ohne Einschränkung zu genießen, bildet die Grundlage der Fähigkeit, Lust aus den verschiedenartigen Quellen zu empfinden« (ebd., S. 300).

Der Triumph über alle anderen hingegen ist das Ergebnis der ursprünglichen Vorstellungen von Omnipotenz, die durch Drogen gesteigert werden kann. Dem liegt der Neid zugrunde, der fordert, die Situation umzukehren, die Eltern und ihre Nachfolger hilflos und infantil zu sehen und eine sadistische Lust an dieser Umkehr der Rollen zu empfinden (Klein 2000, S. 446). Das Subjekt ist dabei in seiner Fantasie mächtiger als seine Eltern und fühlt sich ihnen weit überlegen (ebd., S. 352). Die so entwerteten Objekte müssen nicht länger beneidet werden (ebd., S. 342). Kernberg erklärt in diesem Zusammenhang, dass die Entwertung bedeutsamer Primärobjekte aus der Vergangenheit sich besonders schädlich auswirkt und so die Funktion des Über-Ichs stark beeinträchtigt wird (Kernberg 1983, S. 55). Fur Klein bildet die Internalisierung der positiven Aspekte der Mutter die Grundlage der Charakterstärke (Klein 2000, S. 428). Dabei wird auch ein Teil des zukünftigen Über-Ichs gebildet, das später durch eine Abspaltung vom Ich und durch Introjektion realer Personen entsteht (ebd., S. 493). Das Über-Ich kann auf der Basis des guten Objekts eine anleitende und ermutigende Instanz sein (ebd., S. 445) oder, wenn der negative Aspekt überwiegt, einen umbarmherzigen Charakter haben, der Verfolgungsängste auslöst (ebd., S. 455).

Omnipotenz gehört zur paranoid-schizoiden Position (ebd., S. 84). Sie dient nicht zuletzt der eingebildeten, völligen Kontrolle über die Objekte. Durch das Omnipotenzgefühl erscheinen aber auch Hass und Liebe überwältigend (ebd., S. 434). Das sehr kleine Kind hält beispielsweise seine sadistischen Fantasien für so einflussreich, dass sie Folgen in der Realität haben würden (ebd., S. 255). Solche Anmaßungen und Überschätzungen finden in der depressiven Position ihr Ende. »Wenn die reflektierende spiegelbildliche Struktur des Spiegelstadiums ins Spiel kommt, wird die mütterliche Allmacht nunmehr in rein depressiver Position reflektiert, und das ist eben das Ohnmachtsgefühl des Kindes« (Lacan 2007, S. 220).

In einer guten Beziehung zum inneren und äußeren Objekt ist der Wunsch, das Objekt zu erhalten und zu schonen, ein entscheidender Impuls (Klein 2000, S. 300f.). Im negativen Fall tritt eine unersättliche Gier, die über das Bedürfnis und über das, was das Objekt geben kann, hinausgeht, rasch an die Stelle einer wirklichen Befriedigung. Eine destruktive Introjektion, das Ziel, die Brust zu erschöpfen, wie ein Vampir vollständig auszusaugen und zu verschlingen (ebd., S. 460), beherrscht den Säugling, der aufgrund seiner Projektionen keine Befriedigung zu erlangen vermag (ebd., S. 290). Als Bowie 1975 in den Pausen zu den Dreharbeiten von *Man Who Fell To Earth* in Carlsbad Cavern das nächtliche Ausschwärmen der Fledermäuse betrachtete, äußerte er die Fantasie, ein Konzert zu geben, bei dem die Tiere wie Vampire auf die Köpfe seines Publikums heruntersausen würden (Pegg 2009, S. 575). Der unbewusste Hintergrund dieser Fantasie bestand darin, innerhalb einer projektiven Identifikation mit den Fledermäusen sein Publikum leer zu saugen.

Seine Pose als Faschist knüpfte an solche subversiven Fantasien gegenüber seinen Zuschauern an. Der Säugling mit seinen sadistischen Fantasien hat »das Gefühl, das Objekt zu kontrollieren, es auszuhöhlen und ihm auf diese Weise Schaden zuzufügen« (ebd., S. 300). Weil dabei der Zweifel an der Qualität des entwerteten Objekts sehr groß ist, wird desto gieriger alles andere aufgenommen, was als positiv empfunden wird (ebd., S.298).

Bowies beschrieb selbst seine Identifikation mit Hitler aber auch als gemeinsame Pathologie: »Ich glaube, ich hätte einen verdammt guten Hitler abgegeben. Ich wäre ein hervorragender Diktator. Sehr exzentrisch und ziemlich verrückt« (Rüther 2008, S. 42). Obwohl es in allen seinen Äußerungen zugleich Kritik und Einsicht am Wahnsystem des deutschen Faschismus gab, fand doch zugleich eine ernsthafte und verrückte Identifikation statt. Sein Gitarrist Carlos Alomar erklärte später: »Er ist, was er liest, und in dieser Zeit in seinem Leben las er so viel Mist« (Seabrook 2008, S. 69f.). Bowie war das, was ihn interessierte. An der Grenze zwischen Russland und Finnland wurde er im April 1976 gründlich durchsucht. Als die Beamten im Gepäck Bücher über Goebbels und andere Nazigrößen fanden, wurden diese beschlagnahmt. Der Popstar protestierte. Er sagte er brauche die Bücher, weil er ein Musical über das Leben von Joseph Goebbels schreiben wolle (Tremlett 1995, S. 247).

Ein Grund für sein plakatives Interesse an Hitler war seine Affinität zu Nietzsche. So sagt er: »Die Leute sind nicht sehr gescheit, weißt du. Sie sagen, sie wollen Freiheit, aber als sie die Chance hatten, haben sie sich Nietzsche entgehen lassen und Hitler gewählt« (Miles 1980, S. 124). Nietzsche hatte Bowies Interesse an negativen Selbstbildern enorm unterstützt. Der Holocaust und der Rassismus der Faschisten wurde aber von dem Popstar in seinen politischen Statements nicht einmal erwähnt. Ihm war die Dimension, sich mit einem der größten Verbrecher des 20. Jahrhunderts zu vergleichen, scheinbar nicht richtig bewusst. Schließlich hatte er selbst auch gar keine rassistischen Tendenzen und war im Gegenteil gerade in seiner Adaption von internationalen Musikstilen immer sehr aufgeschlossen gegenüber den verschiedensten Kulturen und besonders gegenüber Minderheiten gewesen. Sein zeitgleiches Interesse am deutschen Expressionismus, den die Nazis als entartete Kunst diffamiert hatten, passte beispielsweise gar nicht zu seinen provokanten politischen Äußerungen.

In dem Film *Just A Gigolo* (1979), bei dem der Schauspieler David Hemmings Regie führte, trat Bowie später in der Hauptrolle als der junge preußische Offizier Paul von Przygodski auf. Przygodski kehrte nach dem ersten Weltkrieg heim nach Berlin und wurde von einer faschistischen Gruppe angeworben, und obwohl er sich von dieser Gruppe schon sehr bald wieder lossagte, wurde er am Ende als ein Nazi beerdigt. Die Gruppe nutzte seine Ermordung, um ihn als ein heimtückisches Opfer der Kommunisten darzustellen. Der Film spielte einige Zeit vor Hitlers Machtübernahme. Bowie war finanziell sogar an dem Projekt beteiligt (Rüther 2008, S. 191). *Just A Gigolo* war insgesamt eine schlechte Nachahmung von *Cabaret* (1972) und funktionierte vor allem deshalb nicht, weil der Inhalt sich selbst zu wenig ernst nahm. Der Film wurde zweimal gekürzt und die letzte Fassung enthielt eine Stunde weniger als die ursprünglich in Cannes gezeigte (Seabrook 2008, S. 204). Als ein Nazi hingestellt zu werden, obwohl man gar keiner ist, war sicher ein Grund dafür, dass Bowie darin mitgespielt hat. Eine andere Ursache war, dass Marlene Dietrich sich für diesen Film ein letztes Mal vor eine Filmkamera wagte, was an der schlechten Qualität von *Just A Gigolo* (1979) aber auch nichts zu ändern vermochte.

Bowies eigenwilliges Verhältnis zum deutschen Faschismus kam wohl auch vor dem Hintergrund seines damals destruktiven Verhältnisses zu seinem Heimatland zustande. Er flirtete zunächst in einer paranoiden Form mit den Staaten und kooperierte dann auch noch mit dem ehemaligen Staatsfeind, der in England während des Zweiten Weltkrieges so viel Zerstörung angerichtet hatte. Und Bowie wusste sicherlich sehr genau, wie empört man im Empire auf solche Provokationen reagierte. Schon in seinem Song *Quicksand* (1971) hatte er von Churchills Lügen gesprochen, was auch immer er damit gemeint hatte. Seine Loyalität gegenüber England war jedenfalls damals sehr begrenzt und wurde erst später wieder stärker.

Seine Lyrics waren von dem Thema aber nicht direkt infiziert, sondern kündigten schon die Auflösung der Motive an. Die Texte auf dem Album *Station To Station* (1976) drückten keinerlei Sympathien mit faschistischen Ideologien aus, sie vollzogen vielmehr einen Diskurs, in dem der politische Nazimus nur noch psychologisch als ein pathologischer Narzissmus auftauchte und dann als ein Projekt beschrieben wurde, das endgültig missglückt und vorbei war. Direkte Äußerungen zum Faschismus gab es überhaupt keine. Der Song *Station To Station* endete damit, dass es für allen Heroismus mehr als zu spät sei: »It's too late to be grateful / It's too late to be late again / It's too late to be hateful / The European canon is here«. Es war zu spät für alle größenwahnsinnigen Fantasien. Der Song kündigte zudem Bowies Rückkehr aus den Staaten nach Europa an.

Station To Station war insgesamt ein langer Abgesang auf die traurige Unmöglichkeit, sich außerhalb des gesellschaftlichen (europäischen) Kanons stellen zu können und wie Nietzsche schizoide Fantasien über die Umwertung aller Werte zu kreieren, die menschenfremd waren. Die Möglichkeit, eine herausgehobene Persönlichkeit zu sein, war damit vorbei: »I must be only one in a million«. Der Song handelte vom Ende der überheblichen Fantasien von Omnipotenz. Und Bowie kehrte zu einem Gottesbild mit einer eigenwilligen Tönung zurück: »Drink to the men who protect you and I / Drink drink drain your glass high / Raise your glass high«, hieß es im zweiten Teil des Songs. In *Word On A Wing* (1976) auf demselben Album lieferte er dann jenes seltsame, religiöse Bekenntnis, in dem er sich zur christlich europäischen Tradition bekannte, aber nur in der aufgeklärten Fassung, die von der völligen Eigenverantwortung des Individuums ausging.

Der zweite Teil von *Station To Station* begann mit der Beschreibung einer früheren, glücklicheren Zeit, die nun für immer verloren war: »Once there were mountains on mountains / And once there were sunbirds to soar with / And once I could never be down«. Die Berge waren die eines Einsiedlers, der alleine glücklich gewesen war und die narzisstische Höhenluft genossen hatte. Wie bei Nietzsche waren die Berge ein Bild für eine Position über den Menschen. Sie kamen schon im zweiten Teil von *Wild Eyed Boy From Freecloud* (1969) vor. Bowie sagte dazu: »Er liebt den Berg und der Berg liebt ihn« (Pitt 1985, S. 179). 2003 erklärte er gegenüber der *New York Post*: »Ich liebe Berge« (Pegg 2009, S. 387). Auch in *The Supermen* (1971) wurden am Anfang Berge beschrieben, die magisch und schwer über der Landschaft hingen. 1972 verwendete Bowie dasselbe Bild für seinen Aufstieg zum Popstar: »Es war wie einen Berg hinaufzuklettern und zu versuchen, die Kinder mit sich hochzuschleppen« (Miles 1980, S. 63), und in *Seven Years In Tibet* (1997) sang er: »Turn to question the mountain«, in Anspielung auf das Himalaja-Gebirge, in dem Tibet liegt. Der Glaube an die Möglichkeit, auf den einsamen Höhen der Berge zu leben, ging aber verloren. So hieß es in *Station To Station* nach der Beschreibung der Berge und des glücklichen Zustandes: »Got to keep searching and searching / And oh what will I believing and who will / connect me with love?«

Selbstliebe schlug um in die verzweifelte Suche nach echter Liebe, die nur andere Menschen geben können. Und diese Suche begann genau da, wo die betäubende Wirkung der Drogen aufhörte: »It's not the side effects of the cocaine / I'm thinking it must be love«.

Station To Station mit seiner ungewöhnlichen Dauer von 10:11 Minuten war der längste Song, den Bowie jemals geschrieben hat. Er eröffnete das Album und dominierte es, aber auch alle fünf weiteren Songs waren exzellent. Sie ergaben ein lückenloses und perfektes Album, das insgesamt nur 38 Minuten lang war.

Er sagte später über seine politischen Äußerungen: »Was ich mache ist Theater, und nur Theater« (Rüther 2008, S. 48). Er band so die seltsamen Aussagen über die Nazis in ein performatives Konzept zurück. Schließlich gab er zu, dass seine faschistoide Heldenverehrung okkulte Züge gehabt habe. Die Nazis seien auf der Suche nach dem heiligen Gral gewesen und genau dies habe ihn interessiert (ebd., S. 44). Die magische Ebene des Faschismus war es, die ihn interessierte: »Ich war total durchgedreht, total verrückt. Was mich hauptsächlich antrieb, war Mythologie ... der ganze Kram über Hitler und rechte Politik ... ich hatte König Artus entdeckt ... diese ganze Rassistengeschichte« (Sandford 2003, S. 178).

Die deutschen Faschisten hatten Esoterik und Mythologie zwar einerseits ganz bewusst als Inszenierungsstrategien ihrer Politik verwendet, um ihr Publikum zu bannen, andererseits waren sie sich des Zusammenhangs zwischen Destruktivität, Omnipotenz und Magie keineswegs so bewusst, wie es oft dargestellt wurde. Denn ihre Rassenideologie, die schließlich das eigentliche Motiv ihrer Handlungen war, basierte schließlich auf einem Wahnsystem, das einen religiösen, spirituellen Hintergrund hatte. Deshalb stellten Adorno und Horkheimer in ihrer Analyse von 1944 das Thema, wie Aufklärung in Mythologie umschlagen kann, so deutlich heraus. Die konkrete religiöse Ursache für den Antisemitismus liegt ihrer Ansicht nach schon in dem Grundirrtum des Christentums selbst, das seit jeher davon ausging, dass ein Gott in einer magischen Praxis zu einem Menschen werden könne: »Christus, der fleischgewordene Geist, ist der vergottete Magier«, schrieben sie in ihrem Kapitel »Elemente des Antisemitismus« (Adorno 1993, S. 186). Der Umschlagpunkt von göttlicher Transzendenz in magische Immanenz wäre demnach die Existenz des christlichen Messias selbst, der ein Paradebeispiel für die Vergöttlichung eines Menschen liefert. »Um soviel wie das Absolute dem Endlichen genähert wird, wird das Endliche verabsolutiert«, lautet die Konsequenz für die soziologischen Philosophen der Frankfurter Schule (ebd.). Solche Verbindungen gehören aber zum Inhalt jeder Religion, wenn es auch eine Besonderheit des Christentums war, eine Narration zu erfinden, in der es schließlich zu einer Identität zwischen einem Mensch und seinem Gott kam. Dennoch erreichte Jesus als Sohn auch keine völlige Identität mit seinem Vater, auch wenn gerade die Trinitätslehre (Dreifaltigkeit) eine solche herstellen wollte. Sie lehrte, dass Vater, Sohn und heiliger Geist ein und dasselbe seien. So sollte die Integrität des Monotheismus bewahrt und vor allem die Möglichkeit zu einer gnostischen Auslegung verhindert werden.

Der mythologische Kern des Faschismus ist deshalb ein heikler Punkt, weil er ähnlich wie die Gnosis eine beachtliche Schnittmenge mit dem Gedankengut des Christentums besitzt. Ein wesentlicher Unterschied zwischen der Philosophie der christlichen Religion und den Faschisten bestand jedoch darin, an die Stelle des guten Objekts (christliche Liebe) das böse Objekt (Krieg und Vernichtung) zu setzen. Es ging den Nazis aber keineswegs nur darum, rational und taktisch die theatrale Repräsentation einer politischen, germanischen Traditionslinie fortzuführen. Himmlers engster Berater Karl Maria Wiligut hatte ernsthafte okkulte Interessen, ebenso wie Hitler sich Bausteine für seine rassistische Weltanschauung aus okkulten Texten genommen hatte (Sawicki 2003, S. 46 u. 78). Himmler unterstützte außerdem die Forschungen von Otto Rahn, der in Südfrankreich bei den Katharern den Gral des Königs Artus zu finden versuchte (Dokumentation Sünner 1998). Die Karharer waren eine gnostische Glaubensgemeinschaft gewesen, die von der katholischen Kirche mithilfe eines Kreuzzugs und der Inquisition im Mittelalter nahezu völlig ausgelöscht worden war. Der Holocaust ahmte dann sogar die Mittel und Methoden der mittelalterlichen katholischen Inquisition nach, die mit ihren Hexenprozessen wie eine Epidemie über Europa gehaust hatte.

In der Nähe von Paderborn, in der Wewelsburg, die zum Hauptsitz der SS ausgebaut werden sollte, wurde im sogenannten Gruppenführersaal ein Symbol angebracht, welches später von der rechten Szene als schwarze Sonne bezeichnet wurde. Drumherum wurden zwölf Säulen angeordnet. Im Keller wurde analog dazu eine Krypta eingelassen, in der um eine Vertiefung im Boden herum zwölf Podeste gebaut wurden. Es handelte sich wohl in beiden Fällen um eine Verknüpfung mit der Tafelrunde des König Artus, die ebenfalls aus zwölf Rittern bestand, wie der ehemalige SS-Obergruppenführer Karl Wolff erklärte (Dokumentation Polar Film 1999). Der Okkultismus des Faschismus war insofern eine wichtige Triebfeder, als er die Vorstellung einer möglichen Unsterblichkeit seiner Teilnehmer enthielt.

8. Das Ende einer Illusion von Allmacht

Bowie interessierte sich genau für diesen verrückten, esoterischen Kontext und hatte sich über seine Lektüre auch tief in ihn eingearbeitet. Der Popstar erklärte später, dass er damals einfach total gesponnen habe und unzurechnungsfähig gewesen sei (Bowie 1993, S. 308). Im September 1977 log er sogar zur Entschuldigung: »Außerdem bin ich halb jüdisch« (Miles 1980, S. 126). In Wirklichkeit war nicht er, sondern sein Freund Lou Reed jüdisch. Im Januar 1981 stand in einem Interview mit Angus McKinnon in der Zeitung *Sounds*: »Ich war eingenebelt von Mythologie [...]. Die Vorstellung, von einem ästhetischen Wertesystem kontrolliert zu werden, kehrt bei mir immer wieder.« Mit Orwells *1984* hatten Bowies Visionen begonnen, die nun mit Hitler endeten. Seine paranoide Staatsauffassung betraf aber von Anfang an nicht nur England, sondern vor allem die USA und auch die deutsche Vergangenheit.

Wie verwirrt er in den 70er Jahren eigentlich war, lässt sich sehr deutlich an seinen irrationalen Flugängsten nachweisen (Rock 2002, S. 186). Er entwickelte diese Ängste aufgrund eines unangenehmen Fluges von Zypern nach London, der in Verbindung mit seinen Schwiegereltern und seiner Frau stand. Als er im November 1969 mit seinem ersten Manager von Zürich nach London flog, behauptete er, ein Triebwerk würde brennen, was nicht der Fall war (Sandford 2003, S. 90). In *All The Madmen* (1971) beschrieb er in einer sehr geläufigen Metaphorik für Wahnsinn, dass er fliegen könne: »I can fly. I will scream. I will break my arm«. Dieselbe Fantasie tauchte in *Fly*, einem Bonustrack von *Reality* (2003), wieder auf: »I'll be fine / I'm only screaming in my head / I can fly«. Fliegende Objekte wie Flugzeuge, Engel oder Raketen waren, ebenso wie der Himmel selbst, Motive, die relativ häufig vorkamen. Die Idee zu *Five Years* (1972) sollte nach seinen Angaben auf einem Traum basieren, in dem sein toter Vater ihm erschienen war, ihn gewarnt hatte, er solle nie fliegen, und hinzufügte, er habe nur noch fünf Jahre zu leben (Pegg 2009, S. 81). Bowies erste US-Tournee 1972 (September–Dezember) wurde aufgrund seiner Angst vorm Fliegen mit dem Bus absolviert, die Überfahrt in die Staaten fand per Schiff statt (Tremlett 1995, S. 177ff.). Für die »Diamond Dogs«-Tour gelang es ihm zumindest, seine Höhenangst zu überwinden und beispielsweise auf einem hydraulischen Balken hoch über dem Publikum *Space Oddity* (1969) zu singen (Sandford 2003, S. 145). Bowie betrat aber jahrelang kein Flugzeug mehr. Tremlett bezog diese

Flugangst auf seine Ehe (Tremlett 1995, S. 274). Ich denke, sie hing vor allem mit seinem Drogenkonsum zusammen. Denn als er damit aufhörte, flog er auch wieder. Im März 1977 fand er das Fliegen eine ausgesprochen angenehme Form zu reisen (Seabrook 2008, S. 143). Für die »Serious Moonlight«-Tour (1983) wurde dann sogar eine Boing 707 gemietet, mit der die gesamte Truppe rund um die Welt fliegen konnte, um ihre Gigs zu absolvieren. Bowie verfügte darin über ein sepparates Apartment, ein geräumiges Schlafzimmer, eine Reisebibliothek und eine Videosammlung mit den neusten Filmen (Tremlett 1995, S. 295). Zwei Jahre später sang er in *African Night Flight* (1979): »Seemed like another day I can fly / Into the eye of God on high«. Damit stellte er seine Flugangst in einen metaphysischen Kontext, der paranoide Züge trug, denn es folgte: »His burning eye will see me through«. Das brennende göttliche Auge enthielt die Missachtung der mütterlichen Über-Ich-Instanz, die den Kern seiner paranoiden Ängste betraf und das böse Objekt herstellte. 1993 coverte er den Song *Nite Flights* (1978) von Scott Walker, der einige Motive mit *African Night Flight* gemeinsam hatte. Bowie übernahm den Originaltext und sang: »Be my love, we will be gods on night flights«. Der Song endete mit: »On nite flights / Only one way to fall«, und thematisierte ebenfalls zuerst das göttliche Abheben und dann die Ängste beim Herunterkommen (Fallen). Walker hatte in seinem Song den realen Flug nur als Metapher für eine düstere, psychische Beschreibung genommen. In Bowies unterkühlter Coverversion wurde der Satz »It's so cold« nun fast physisch spürbar. Der Höhenflug des Ikarus war der unbewusste Prototyp für Bowies Flugängste, die mit seinen *ups* und *downs*, *highs* und *lows* zusammenhingen.

Seine Äußerungen zum Faschismus wurden ab 1980 gründlich revidiert. Auf *Scary Monsters* (1980) hat er in dem Introstück *It's No Game (Part 1)* das Scheitern der Revolution und die brutale Gewalt der Faschisten besungen und bei *Fashion* (1980) parodierte er den Kommandoton seiner, eigenen militanten politischen Auffassung mit Befehlen wie: »Turn to the left« und »Turn to the right!« Seine frühere Ausage, dass er selbst ein hervorragender Diktator gewesen wäre (Sandford 2003, S. 200), löst sich so in eine selbstironische Performance auf, welche das frühere Unterfangen als eine gefährliche Haltung kommentierte. Derselbe Tonfall fand sich aber schon auf *China Girl*, das er zusammen mit

8. Das Ende einer Illusion von Allmacht

Iggy Pop schon 1976 geschrieben hatte und das auf dessen Album *The Idiot* (1976) mit demselben Text wie in der späteren Version erschienen war. Dort hieß es: »I stumble into town just like a sacred cow / Visions of swastikas in my head / Plans for everyone.« Wie eine heilige Kuh in den Ort zu stolpern und faschistische Pläne für die Organisation der Gesellschaft zu haben, war ja genau das, was Bowie 1976 öffentlich getan hatte. Und dieser Text wirkt schon wie eine sehr ironische Selbstkritik an einem solchen Verhalten.

Sein Größenwahn war ihm zumindest ein Stück weit immer als Irrsinn bewusst geblieben, den er paradoxerweise dennoch vertrat. Denn auf der anderen Seite zog Bowie vor allem deshalb nach Berlin, weil er fasziniert davon war, in der Stadt zu leben, in der die Nazigeschichte stattgefunden hatte (Eduard Meyer, zit. n. Rüther 2008, S. 96). Seine erste Ehefrau schrieb dasselbe, es ging »um den mystischen Unterbau der Herrenrasse-Kultur« (Bowie 1993, S. 307). Und Bowie ließ sich in Berlin von dem Fotograf Andy Kent ablichten, wie er ehrfürchtig eine Hitlerbüste betrachtete (Sandford 2003, S. 176). Er wurde aufgrund seiner faschistischen Bemerkungen noch 1981 als Futurist bezeichnet. Seine spätere eindeutige Hinwendung zur politischen Linken wurde dabei jedoch übersehen (Sandford 2003, S. 240f.). 1989 brachte er sein durchgängiges starkes Engagement für die schwarze amerikanische Kultur in dem Anti-Skinhead-Song *Under The God* endlich mit der rassistischen Ideologie des Faschismus in den USA in einen vernünftigen Zusammenhang: »Skin heads getting back to school / Beating on Blacks with a baseball bat / Racism back in rule«, hieß es darin. Der Song räumte absichtlich offensiv und sehr direkt mit allen seinen verrückten Sympathien gegenüber der Nazikultur und dem Neofaschismus auf. Aus einer Ästhetisierung des Poltischen war aber schon viel länger wieder eine Politisierung des Ästhetischen geworden (vgl. Benjamin 1974, S. 469).

9. Die Zerstörung und Rückkehr der mütterlichen Autorität – *Warszawa* (1977)

»*Nothing will corrupt us*
Nothing will complete
Thank God heaven left us
Standing on our feet«
(Beauty And The Beast 1977)

Freud leitet seinen Ödipuskomplex aus dem berühmten Drama *König Ödipus* (429–425 v.Chr.) von Sophokles ab. Melanie Klein stellt in ihrem »Orest-Komplex« einen ähnlichen Bezug zur *Orestie* (458 v.Chr.) des Aischylos her. Ein wesentlicher Unterschied bestand schon darin, dass das Drama des Aischylos früher geschrieben wurde und eine archaischere Struktur hatte. Analog dazu hatten Kleins Beschreibung mithilfe des Mythos den vorödipalen Zeitraum im Auge, als sie die Orestie als bildhaftes Beispiel für Ihre Forschungen verwendete und so den Ödipuskomplex ergänzte.

Orest hat sich aus Bewunderung mit seinem Vater Agamemnon identifiziert. Agamemnon, der den Krieg in Troja gewonnen hat, wird von seinem Sohn im Gegensatz zu seiner Mutter Klytaimestra deshalb idealisiert. Als seine Mutter seinen Vater ermordet, ist daher die Position des Sohns vorhersehbar. Klytaimestra erschlug ihren Gatten wie ein Tier mit einer Doppelaxt. Orest glaubt nun aufgrund seiner Identifizierung mit dem Vater, diesen Mord umgehend rächen zu müssen (Klein 2000, S. 454). Seine Mutter ist zudem längst mit einem anderen Mann zusammen und wird von Orest völlig entwertet, genauso wie der tote Vater idealisiert wird. Agamemnon hatte sich aber selbst der Überheblichkeit schuldig gemacht und nicht nur seine Tochter Iphigenie geopfert, um den Krieg zu gewinnen, sondern auch noch seine Kriegsbeute und Konkubine Kassandra mit nach Hause gebracht. Und das waren durchaus wesentliche Motive dafür, dass seine Frau ihn erschlug. Orest und seine Schwester Elektra, die noch mehr als der Sohn auf Rache schwört, sehen aber nur die Schuld ihrer Mutter, der Tod der Schwester wird von ihnen übergangen.

Der folgende Mord des Orest an seiner Mutter Klytaimestra ist bei Aischylos, anders als bei Ödipus, keine Tat, die vom Schicksal bestimmt ist. Ödipus tötet seinen Vater nicht bewusst und er heiratet auch seine Mutter, ohne es zu wissen. Orest hingegen plant den grauenhaften Mord in vollem Bewusstsein. Der Chorführer sagt zu ihm, nachdem er zusammen mit Elektra den Tod des Vaters beklagt hat: »Vollende und erprobe deines Daimons Macht« (Aischylos 2006, S. 83). Im Auftrag eines Dämons, hier in seiner griechischen Funktion als göttlicher Botschafter des Apollo, tötet er in einem Racheakt seine eigene Mutter und wird so zu ihrem Monster (vgl. ebd., S. 84f.). Die besungenen Morde von Bowie in *Please Mr. Gravedigger* (1966) und dem Album *1. Outside* (1995) wurden ebenfalls an Frauen begangen, wenngleich es sich dabei beide Male um junge Mädchen handelte. Bowies Hass richtete sich aber vor allem gegen das weibliche Geschlecht, während das männliche wie bei Orest in der Familie stets idealisiert wurde.

Das besondere an der Tat des Orest sind seine folgenden Schuldgefühle, die ihn in Gestalt von Furien *jahrelang* verfolgen. Diese Furien, Erinnyen genannt, erzeugen »Chaos« und mahnen ihn als rasende Verfolgerinnen lange daran, dass er das schlimmste Verbrechen begangen hat, das er begehen konnte, (Klein 2000, S. 459). Orest nennt sie »der Mutter Rachehunde [...] in ihrem Grimm« (Aischylos 2006, S. 104). Das erinnert an die »hounds of paranoia« in Bowies Song *Crack City* (1989), und auch auf *Diamond Dogs* (1974) wurde der Popstar von Hunden verfolgt, die ein Teil von ihm darstellten.

Erst nachdem ein Gericht über Orest einberufen worden ist und die Göttin Athene diese Furien hat besänftigen können, verwandeln sie sich in die freundlichen Eumeniden. Athene versöhnt auf diese Weise Orest wieder mit seiner toten, rachsüchtigen, introjizierten Mutter und an die Stelle des verfolgenden, ermordeten, inneren Objekts tritt die relativ stabile Internalisierung eines guten Objekts (ebd., S. 455). Athene selbst ist das positive Pendant zur negativen Klytaimestra (ebd., S. 469). Also nicht mit seiner Mutter selbst – denn diese ist tot – kann sich Orest versöhnen, sondern er kann sich lediglich über eine andere Frau wieder mit seiner Mutterimago versöhnen. Klytaimestra war demnach keine gute Person. Athene hingegen wird zu seiner psychischen Rettung. Ihre anleitende, aber nicht beherrschende Haltung ist charakteristisch für das reife, auf dem guten Objekt aufbauende Über-Ich (ebd., S. 470).

Bowie schrieb 1993 den Song *Pallas Athena* über die Stadtgöttin Athene, also in der Zeit, als er Iman heiratete. Der Text bestand nur aus einem einzigen Satz, der oft wiederholt wurde: »God is on top of it – that's all!« Der Inhalt des Satzes bestand darin, eine Instanz über sich vehement anzuerkennen. Er wurde wie ein Mantra ständig wiederholt, sodass seine phonetische Resonanz die inhaltliche stützen konnte. Orest hatte das Problem, dass er durch den Mord an seiner Mutter keiner höheren Instanz mehr unterstellt war, und genau dasselbe Problem hatte Bowie, der dazu neigte, sich immer wieder selbst über alle Autoritäten zu stellen. 1972 hatte er dazu gesagt: »We'll all go to hell, 'cause we set ourselves up as gods« (Rock 2005, S. 126). Dass es in *Pallas Athena* eigentlich hätte heißen müssen: »Godess is on top of it«, zeigt deutlich die schwerwiegenden Reste seines Problems. Denn sogar hier war die väterliche Vorherrschaft zu spüren, die er ganz im Sinne der abendländischen Tradition artikulierte. Er wollte zumindest öffentlich nicht so richtig zugeben, dass seine Ehefrau die Göttin war, der er sich unterstellte.

Durch die Unterwerfung unter Athene sühnt Orest zugleich den Mord an Klytaimestra. Es handelt sich um einen Akt der Wiedergutmachung, wie Klein sagen würde. Aischylos zeigt in seinem Drama die menschliche Entwicklung von ihren Anfängen bis zu einem fortgeschritteneren Stadium (Klein 2000, S. 471), denn die Erinnyen stammen noch aus der alten Zeit der Titanen. Sie sind nach Klein mit dem frühesten Ausdruck des Über-Ichs verbunden und bestehen demnach aus einer Projektion der eigenen destruktiven Fantasien nach außen (ebd., S. 462). Sie verkörpern den unbarmherzigen und strengen Teil des Über-Ichs, der ungemildert geblieben ist (ebd., S. 466). Orest bekennt sich nicht zu seinen Schuldgefühlen, weil er den Mord im Auftrag von Apollo, seiner Schwester Elektra und im Namen des toten Vaters begangen hat (ebd., S. 464). Dass er dennoch tiefe Schuld empfindet, ist seine Rettung. Nur projiziert er diese Schuld nach außen und sie wird zu einer Verfolgungsangst durch die Erinnyen. Klein deutet Orest deshalb als einen manisch-depressiven Charakter, der sich genau an dem Übergang zwischen der paranoid-schizoiden und der depressiven Position befindet, weil in dieser Phase Schuldgefühle vor allem als Verfolgung erlebt werden (ebd., S. 454). Kernberg würde von einem Borderliner sprechen. Der Vorteil des Orest ist sein konsequentes Verlangen, sich doch noch von seiner Schuld zu reinigen. Dieses starkes Interesse zeigt, dass er die depressive Position durcharbeiten kann (ebd., S. 454).

Bowies Name war von 1972 bis 1976 in den Zeitungen gleichbedeutend mit Dekadenz (Sandford 2003, S. 182). Die Gründe dafür lagen in seiner Promiskuität, seinem bisexuellen Lebensstil, seinem Drogenkonsums und schließlich der Selbststilisierung zu einem bösen Objekt. Dieses Image sollte sich durch die folgenden drei Alben *Low* (1977), »*Heroes*« (1977) und *Lodger* (1979) ändern. Auf ihnen regierte nicht mehr die schizoide Struktur und katastrophenartige Paranoia, sondern vielmehr das Gefühl von Trauer, lethargischer Erstarrung und schließlich purer Ironie und Verzweiflung. 1978 sagte er vor der »Stage«-Tour: »Ich gehe aus als ich selbst« (Pegg 2009, S. 486). Bowie gab den drei Alben schließlich den Namen »Berliner Triptychon«, wegen des starken Leidensweges, der auf ihnen zurückgelegt worden war. Tatsächlich wurde nur »*Heroes*« vollständig in Berlin aufgenommen. *Low* war bis auf eine Ausnahme *(Weeping Wall)* in Frankreich aufgenommen worden und wurde in der Mauerstadt abgemischt. Als Bowie *Lodger* aufnahm, wohnte er schon nicht mehr in Berlin, das Album wurde komplett in der Schweiz eingespielt und in New York gemixt. Weniger theologisch bezeichnete er diese drei Alben dann auch als »seine DNA«. Er hatte sie alle mithilfe des Klangkünstlers Brian Eno und seines Produzenten Tony Visconti aufgenommen:

> »It is some of the best work that the three of us have ever done. Nothing else sounded like those albums. Nothing else came close. If I never made another album it really wouldn't matter now, my complete being is within those three. They are my DNA« (Pegg 2009, S. 326).

Die Reduktion auf das Wesentliche war ein entscheidendes Stilmittel, mit dem Bowie auf diesen Alben zu einem sehr befremdenden, substanziellen und einzigartigen Ausdruck vordrang.

Brian Eno war an der musikalischen Ausarbeitung maßgeblich beteiligt. Eno war vorher ein Gründungsmitglied von Roxy Music gewesen und produzierte später neben vielem anderen den neurotischen Sound der New Yorker Band Talking Heads. Der Engländer war ein Spezialist für synthetische Klänge mit organischen Elementen, die eine Form von akustischen Wohnräumen bildete, die »Ambient-Music« genannt wird. Weniger auf seinem Soloalbum *Discreet Music* (1975) als vielmehr auf *Another Green World* (1975) war sein Ansatz bereits zu hören, der so vor allem auf *Low* eingesetzt wurde. Enos Ambient-Music war aber im Gegensatz zu Bowies dramatischem Ansatz für sich genommen viel introvertierter. Er hatte auch keinen Einfluss auf die Abmischung der Alben und war bei der *Low*-Session erst im Studio, nachdem Bowie die meisten Songs der ersten Plattenseite schon aufgenommen hatte. Er verließ das Studio wieder, bevor der Popstar den Großteil des Gesangs einspielte (Seabrook 2008, S. 101). Dennoch hatten die beiden *Low* zusammen konzipiert und eine längere Zeit zusammen mit einem Brainstorming verbracht, bevor die Aufnahmen begannen (ebd., S. 105). Mit Enos Hilfe gelang es dem Popstar, eine abstraktere Form von musikalischer Kommunikation zu finden.

Low wurde aufgenommen, als Bowie versuchte, sich vom Kokain zu befreien. Er litt dabei unter langen Phasen von Depression (Tremlett 1995, S. 255f.). Als seine erste Ehefrau Angela Bowie ihren neuen Freund Roy Martin in das Aufnahmestudio in Frankreich schickte, um den niedergeschlagenen Popstar aufzuheitern, kam es zwischen den beiden Männern zu einer Schlägerei. Visconti musste sie voneinander trennen (Tremlett 1995, S. 256). Visconti sagte über Bowies damalige Paranoia: »Er fing sogar an mir zu misstrauen« (ebd.). »*Low* [...] war meine Entzugsplatte«, erklärte Bowie 1989 Adrian Deevoy in einem Interview im *Musik Express*. *Some Are* (1977–1991), ein Outtake von dem Album, war wie ein leiser Hilferuf, in dem erneut die Metapher von Schnee die kühle Wirkung von Kokain darstellte: »Sailors in snow / Send a callout raising hands / Some are bound to fail / Some are winter sun, ah«. Seeleute waren zugleich das klassische Bild für Homosexualität, das Bowie schon

9. Die Zerstörung und Rückkehr der mütterlichen Autorität

in *Life On Mars?* (1971) verwendet hatte und vor allem von Jean Genet kannte. In einer Nebenbemerkung über den großen Mast des Schiffes als Phallussymbol in *Red Sails* (1979) tauchte dieser Bezug später in einer erotischen Konnotation wieder auf. Die Seemänner in *Some Are* waren aber in den Schnee geraten und drohten nun zu erfrieren.

David Bowie, Auftritt in Berlin, 01.01.1978, Foto: Erika Rabau. © ullstein bild 2010

Zu der Zeit, als Bowie in Berlin *Low* abmischte, hatte er seinen Humor fast völlig verloren und pflegte bei der Kommunikation zu Boden zu sehen und mit einem Stift zu spielen (Sandford 2003, S. 185). Seine Mitarbeiterin Schwab fauchte er wütend an, als sie seine Faszination für den ehemaligen Sitz von Görings Luftwaffenkommando kritisierte. Er fuchtelte mit seinen Fingern vor ihrem Gesicht herum und brüllte: »Fuck you! Ich habe die Welt verändert! Du kannst mich mal am Arsch lecken!« Daraufhin »brach er in Tränen aus und schlich davon« (ebd.). Die Schuldgefühle, wenn er Frauen verletzte, holten ihn wie Orest immer wieder ein.

Warszawa (1977)

Bowie hat sich damals zwei Wohnungen gemietet, die einen sehr unterschiedlichen Charakter hatten. Das sehr seriöse, aber konservative neue Haus in der Schweiz am Genfer See gefiel ihm am Anfang gar nicht (Bowie 1993, S. 305). Er zog demgegenüber die billige Absteige in Berlin Schöneberg vor, die im westlichen Teil der Stadt in einem Bezirk lag, in dem es schon damals eine große homosexuelle Szene gab. Ein paar Türen von seiner Berliner Wohnung entfernt lag das Schwulen- und Lesbencafé Nemesis. Es bestand nur aus einem Zimmer, welches mit vielen Postern von James Dean dekoriert war (ebd., S. 183). Bowie mochte Dean, weil er im Kino seinen Eltern widersprochen hatte und anders leben wollte als sie. Ebenfalls nicht weit war die Bar »Anderes Ufer«, ebenfalls ein Treffpunkt für Homosexuelle, wo bis heute oft tolle Veranstaltungen in Erinnerung an den Popstar stattfinden. Aber auch seine Aufenthalte in der Schweiz, die mit der Zeit häufiger wurden, prägten ihn. Denn zu seinen Nachbarn am Nordufer des Genfer Sees gehörten der Maler Balthus und die Chaplins. Mit beiden trat der Popstar in den nächsten Jahren in Kontakt. Mit Oona Chaplin, der Ehefrau des berühmten Schauspielers, verband ihn eine Freundschaft und 1993 interviewte er Balthus (Sandford 2003, S. 181 u. 333). In dem Videoclip zu *Miracle Goodnight* (1993) trat er als Buster Keaton in einer Reminiszenz an die alten Tage des amerikanischen Stummfilms und an Chaplin auf.

1977 bis 1979 lebte Bowie in Berlin Schöneberg in der Hauptstaße 155 zunächst mit Iggy Pop in derselben Wohnung und dann schließlich nur noch im selben Haus, weil das Chaos in ihrer Männer-WG zu groß geworden war. Während seiner Arbeit an den »DNA-Alben« komponierte er auch eng mit Pop an zwei von dessen Alben. Sie hatten 1976 in Frankreich und München die Songs für Pops Album *The Idiot* (1977) zusammen eingespielt (Pegg 2009, S. 406). *Lust For Life* (1977) wurde dann in Berlin aufgenommen. Vor Bowie hatte Lou Reed das Album *Berlin* (1973) über die Mauerstadt geschrieben, ohne aber jemals länger in ihr gelebt zu haben. Sein Album war in London aufgenommen und New York gemixt worden. Es handelte sich um eine traurige Rockoper, die die Geschichte von einem drogenabhängigen Pärchen erzählte. Es hatte also im Grunde ein wenig Bowies und Pops Probleme in Berlin vorweggenommen.

Bowies Entfernung vom weiblichen Geschlecht ging niemals so weit wie in Berlin und die Folgen davon grenzten an Verwahrlosung. Das

9. Die Zerstörung und Rückkehr der mütterlichen Autorität

Chaos in seiner Wohnung war einmal so groß, dass sein Produzent Visconti ihn aufforderte, vorerst bei ihm zu wohnen (Sandford 2003, S. 186). Ein Kellner aus einem seiner damaligen Stammlokale konnte sich daran erinnern, wie sich der Popstar nach ein paar Litern König Pilsener in einer Hofeinfahrt erbrach. Er trank regelmäßig zu viel und musste sich deshalb häufig übergeben (ebd., S. 184 u. 186). Einmal ließ sich Bowie wegen zu viel Alkohol sogar in Berlin in ein englisches Militärkrankenhaus bringen (Seabrook 2008, S. 118 u. 171). Während eines Besuchs seiner Ehefrau glaubte er, dass er einen Herzanfall habe (Bowie 1993, S. 309). Der Popstar war auch jedes Mal, wenn Angela Bowie ihn in Berlin traf, bereits betrunken oder auf dem Weg dazu. Einmal musste sie ihn stützen, als er sich übergeben musste (Bowie 1993, S. 309 u. 311).

Als Bowie ein paar Jahre später in dem BBC Film *Baal* (1982) die Hauptrolle spielte, kannte er also die Gepflogenheiten des stets trunkenen Bänkelsängers aufgrund seiner eigenen Erfahrungen ziemlich gut. Der Film wurde am 2. Februar 1982 im englischen Fernsehen ausgestrahlt und ist seitdem nie mehr in England gesendet worden. Die Rolle dieser derben, heruntergekommenen männlichen Figur passte dennoch nicht zu Bowie und zeigte nur, was hätte passieren können, wenn er Alkoholiker geblieben wäre. Sein androgynes Wesen wäre vielleicht vollkommen im Nebel dieses Betäubungsmittels verschwunden. Baals Songs, die in der typischen Form von Brecht und Weil einen sehr barschen und direkten Ton anschlugen, wurden von Bowie in Berlin nochmals aufgenommen und 1982 auch als EP veröffentlicht. Diese melancholischen Songs waren die letzte Einspielung, die Tony Visconti mit Bowie bis 1998 aufnahm. Die zwei besten Tracks darin waren *Remembering Marie A.* und *The Drowned Girl*. Sie handelten von Frauen, die der selbstsüchtige und immer betäubte Baal als Opfer zurückgelassen hatte. Es gelang Bowie in beiden Songs, trotz des rauen und bitteren Tonfalls auch die Trauer, die das selbstsüchtige Handeln bei Baal hinterlassen hatte, gesanglich hörbar werden zu lassen. Die Versionen auf der EP waren ausgereifter als die in dem Fernsehfilm.

Zu einer anderen Interpretation eines Brecht-Songs gelangte er schon bei der »Stage«-Tour (1978) mit einer Version des berühmten *Alabama Song* (1927) aus *Mahagonny*. Dieser Song resümierte seinen Berlin-Aufenthalt in einer sehr direkten Art. Als er ihn bei einem Konzert in Berlin 2002 ankündigte, sagte er ironisch, dass er den *Alabama Song* in Berlin jeden Morgen zum Frühstück gesungen habe. Der Song handelte von der verzweifelten Suche nach Geld, Mädchen und Alkohol. Bowie baute anders als The Doors, die den Song 1967 gecovert hatten, keine lustige gleichmäßige Tingeltangel-Melodie darunter, sondern arbeitete an einer scharfen, dramatischen Differenz zwischen den Strophen und dem Refrain. In den einzelnen Strophen beschrieb er hektisch die gehetzte, immer intensiver werdende Suche nach einem Ersatzobjekt (»whisky«, »little girls«, »dollars«) für den Mutterverlust, die sich letztendlich bis zur Todesangst steigerte. Im Refrain hingegen sang er triumphierend und berauscht aus voller Kehle vom Ort eines lusttrunkenen, glückseligen Paradieses aus. Der *Alabama Song* kam im Frühjahr 1980 als Single auf den Markt, weil Bowie es unbedingt so wollte, wurde aber kein Hit. Seine gesamte Beschäftigung mit Brecht brachte ihm keinen größeren Gewinn ein, weder die Baal-EP noch die Rolle beim BBC, für die er das Standardgehalt von nur 1.000 Pfund erhalten hatte. Was ihn daran interessierte, war die Intension einer mörderischen, asozialen Abtrennung aus der weiblichen, bürgerlichen, kultivierteren Welt, die bei Brecht und Weil durch ihr Ideal vom einfachen Arbeiter zum Ausdruck kam. Eine Verfilmung der *Dreigroschenoper* (1928) durch Rainer Werner Fassbinder mit Bowie kam nicht zustande. Bowie fand den deutschen Regisseur, der ebenfalls Kokain und Alkoholprobleme hatte, »sehr eigenartig« (Miles 1980, S. 119). Fassbinder, der von sich selbst gesagt hat, er wäre lieber manisch als depressiv, um so sein ungeheures Arbeitsvolumen zu rechtfertigen, stand in einem großen Konflikt mit seiner Mutter. Die beiden Künstler hatten zu dieser Zeit also einiges gemeinsam. Der deutsche Regisseur war aber, anders als der englische Popstar, nicht in der Lage, seine Probleme zu lösen. Fassbinders Filmprojekt wurde dann nicht nur nicht mit Bowie, sondern gar nicht realisiert.

Berlin kam dem Popstar in einigen Punkten sehr entgegen: Die Teilung der Stadt entsprach seinen schizoiden Motiven. Außerdem war die Mauerstadt aufgrund ihrer Lage in der DDR und der Nazivergangenheit in zweifacher Hinsicht mit einem totalitären Hintergrund belastet. Hitlers Größenwahn und die Folgen durch die Zerstörung im Zweiten Weltkrieg hatten hier ebenso deutliche Spuren hinterlassen wie die komplette Einkesselung durch den Ostblock. Die Mauer war zugleich eine äußere, architektonische Manifestation von Trennung und Spaltung.

Bowie erlebte in dieser Zeit nicht nur einen Drogenentzug, sondern zum ersten Mal auch das Gefühl von Getrenntheit von seiner Mutterimago, die durch die Betäubungsmittel in seiner Psyche überdeckt worden war. Das negative Selbstbild und die Identifikation mit einem negativen Objekt wichen der Trauer um den Verlust des Objekts. Berlin war dafür der geeignete Ort, weil hier die Mauer allerorts das Leben bestimmte. Diese topografische Teilung brauchte der Popstar in gewisser Hinsicht nur aufzugreifen, um sich selbst zu finden. Die bodenständige Art der Berliner und das kritische Verhältnis der Deutschen zum Pathos aufgrund ihrer Erfahrungen mit dem Naziregime verhalfen ihm zudem zu einer realistischeren, aber auch nüchternen und kargen Weltsicht. Die Leere wurde nun zu einem musikalischen Inhalt in seinem Werk.

Die Alben *Low* und auch »*Heroes*« teilten sich ursprünglich in zwei Plattenseiten auf. Wobei die zweite Seite jeweils fast ohne jeden Text rein instrumental war. Bowie hatte die strikte Zweiteilung von *Low* vorher geplant (Rüther 2008, S. 92). Während die erste Seite noch zynisch von seinen Problemen mit dem anderen Geschlecht berichtete, waren auf der zweiten Seite die Ergebnisse einer starken Resignation und Trauerarbeit zu hören, die eine sehr ungewöhnliche düstere und zugleich hoffnungsvolle Stimmung hervorbrachten. Bowie sagte dazu: »Ich bekomme ein Gefühl von echtem Optimismus durch die Schleier von Verzweiflung von *Low*. Ich kann mich selbst hören, wie ich wirklich kämpfe, um gesund zu werden« (Pegg 2009, S. 324). Die erste Plattenseite endete mit dem instrumentalen *A New Career In A New Town*, das mit Mundharmonika und einem anfangs auffallend punktartigen, elektronischen Schlagzeug zur anspruchsvolleren, avantgardistischeren Musik auf der zweiten Plattenseite führte. Das punktartige Schlagzeug war ein Zitat aus dem Song *Radio-Aktivität* (1975) von Kraftwerk, der so ähnlich anfing (Pegg 2009, S. 161). Einer der wichtigsten Effekte auf *Low* war ein gedämpfter, echter Schlagzeugsound, den einige Bands kopieren wollten. Es gelang ihnen aber nicht, weil Tony Visconti nie angegeben hatte, wie er hergestellt worden war (Seabrook 2008, S. 248). Den Anfang der zweiten Seite machte *Warszawa*, das stärkste Instrumentalstück auf *Low*. Es handelte sich mit seiner Anlehnung an gregorianische Gesänge um eine spirituelle Verarbeitung der im Zweiten Weltkrieg zerstörten Hauptstadt Polens, in der sich das größte jüdische Getto der deutschen Faschisten befunden hatte.

Warszawa (1977)

Warszawa (der polnische Name für Warschau) war Bowies *Polnisches Requiem* und zeigte die depressive, authentischere Seite seiner Identifikation mit dem faschistischen Größenwahn. Er war in Warschau und Russland gewesen und hatte die spezielle Atmosphäre im Osten gespürt. *Warszawa* war elegisch, depressiv und sehr langsam – eine äußerst sensible musikalische Landschaft, die eine tiefe Verzweiflung ausdrückte. Seine gesungenen Laute »So-lavie di-le-jo / He-li-venco de-ho / Malio«, die nichts Konkretes und damit alles Mögliche bedeuten konnten, drückten vor allem einen stark empfundenen psychischen Schmerz aus.

Die Inhalte der nächsten drei Songtitel lassen sich folgendermaßen deuten: *Art Decade* handelte von der Last der ästhetischen Verschlossenheit, die bisher die Voraussetzung für Bowies Inszenierungen gewesen war. *Weeping Wall* bezog sich nur oberflächlich auf die Berliner Mauer, viel eher auf eine depressive Integration, die das Muster der schizoiden Spaltungen zu einem Ende brachte. Eine weinende Mauer wird durchlässig. Auf diesem Track spielte Bowie zudem alle Instrumente selbst. Vor allem die schnellen Tonfolgen des Xylophons drückten die Tränen der Mauer aus. Den Abschluss bildete *Subterraneans*, dessen Basslinie noch von dem Soundtrack von *The Man Who Fall To Earth* (1976) stammte (Seabrook 2008, S. 110f.). Bowie hatte ihn 1975 in L. A. aufgenommen (ebd., S. 131). *Subterraneans* ging fast noch mehr unter die Haut als *Warszawa* und legte eine völlig ausweglose, niederdrückende Struktur offen, die bisher nur eine unterirdische Belastung gewesen war. Es handelte sich um den dunkelsten und traurigsten Track des gesamten Albums. Die musikalischen Fundamente von *Wazawa* und *Art Decade* wurden von Brian Eno allein hergestellt, *Weeping Wall* und *Subterraneans* nahm Bowie jedoch ohne ihn auf. Alle vier Songs hatten starke cineastische Qualitäten und gehörten zu den gelungensten Versuchen des Popstars, sich ohne konkrete Worte musikalisch auszudrücken.

Das Album war so ungewöhnlich, dass RCA Records (New York) es zunächst gar nicht herausbringen wollte. Der Popstar wies die Plattenfirma darauf hin, dass sie sich vertraglich dazu verpflichtet hatten, alle seine Alben zu veröffentlichen. *Low* erschien aber, anders als geplant, nicht zu Weihnachten 1976, sondern erst im Januar 1977, eine Woche nach dem 30. Geburtstag des Popstars (Sandford 2003, S. 187). Die Rezensionen waren extrem geteilt. Verriss und Lob standen direkt nebeneinander im

9. Die Zerstörung und Rückkehr der mütterlichen Autorität

Musical Express. Das Album verkaufte sich, obwohl es zu einer solchen extremen Polarisierung führte, ganz gut (Rüther 2008, S. 129). *Sound And Vision* von der ersten Plattenseite kletterte sogar auf den dritten Platz der englischen Charts und wurde ein Hit (Tremlett 1995, S. 259f.). Für *Low* gab es keine Werbung und auch keine Tour.

Bowie nahm im Sommer 1977 einfach gleich das nächste Album »*Heroes*« auf. Bei den Aufnahmen im Berliner Hansa-Studio gegenüber der Mauer nahmen er und Brian Eno aus Spaß die Identitäten von dem Komikerpaar Peter Cook und Dudley Moore an, die in den 60er Jahren im britischen Fernsehen aufgetreten waren. »Ich denke nicht, dass ich jemals soviel gelacht habe, während ich eine Schallplatte gemacht habe«, sagte Eno später darüber (Pegg 2009, S. 327). Bei »*Heroes*« arbeiteten die beiden an allen Instrumentalstücken die ganze Zeit zusammen (Seabrook 2008, S. 168), bei *Low* hatten sie nur getrennt daran gearbeitet. Ihr zweites gemeinsames Album verriet aber schon durch seinen etwas roheren Tonfall, dass Bowie während seines Kokainentzugs nun häufiger dem Alkohol zusprach. Es erreichte zwar insgesamt nicht mehr die Qualität seines Vorgängers, einzelne Songs waren aber zugleich weitreichender. Bowie erklärte im September 1977: »›*Heroes*‹ war sehr stark eine Erweiterung von *Low*« (Miles 1980, S. 98). Mit *Low* wurde der Entzug eingeleitet, mit »*Heroes*« nahm er konkrete Formen an. Bowie stellte zu Recht fest, dass das Album »viel psychotischer« war als sein Vorgänger (Pegg 2009, S. 328). Die letzte Version der Texte wurde laut Visconti teilweise, wie bei Iggy Pop, erst am Mikrofon in eine endgültige Form gebracht (Tremlett 1995, S. 262). Es ging um spontane Eindrücke und das Album wurde persönlicher als sein Vorgänger (Seabrook 2008, S. 171).

Bowie versteckte sich nun in Berlin zeitweilig hinter der Maske eines Proletariers vor der Öffentlichkeit. Er trug einen kurzen Schnauzbart und blaue Arbeiteroveralls, um nicht erkannt zu werden (Tremlett 1995, S. 258). »Berlin war meine Klinik. Ich habe hier wieder unter die Menschen gefunden«, sagte er später. »Zwei Jahre hat es gedauert, bis mein Kreislauf wieder clean war« (Rüther 2008, S. 202). 1983 erklärte er über diese Zeit: »Ich hatte Tage, wo sich Dinge im Raum bewegt haben« (Pegg 2009, S. 327). In dem Text zu *Blackout* (1977) beschrieb er seine Situation: »Me I'm Robin Hood and I puff on my cigarette / Panters are steaming, stalking, screaming«. Wenn er Berlin als einen Ort für traurige und desillusionierte

Menschen beschrieb, die sich betranken, war dies erneut eine Projektion seiner Erfahrungen auf die ganze Stadt (Miles 1980, S. 101).

Während auf *Low* die vier Instrumentalstücke eine Einheit bildeten, wurde der instrumentale Teil auf »*Heroes*« viel brüchiger. Der Titeltrack war lange Zeit ebenfalls ohne Text geplant und wurde erst sehr spät mit Lyrics ausgestattet (Seabrook 2008, S. 112 u. 178). Die zweite Plattenseite begann mit *V-2 Schneider*. Dieser Titel war ein Wortspiel zwischen Hitlers letzter Wunderwaffe, der V-2-Rakete, und Floran Schneider, einem der Gründungsmitglieder von Kraftwerk. Er spielte erneut auf den Song *Radio-Aktivität* von Kraftwerk an, der ebenso wie der Name der Band die Gefahren durch die Atomspaltung thematisiert hatte. Bowie sang später einige Zeilen aus *Radio-Aktivität* während der »Tin Machine«-Tour 1991/1992 (Pegg 2009, S. 181) und hatte den Song schon 1976 im Vorprogramm seiner der »Station To Station«-Tour laufen lassen (Pegg 2009, S. 481). Der sterile, teilnahmslose, aber stets freundliche Gesang, mit dem die avantgardistische deutsche Band ihre ausgefeilte elektronische Musik dekorierte, hatte aber mit seiner eigenen Musik nicht viel gemeinsam. Es war vor allem die unterkühlte, emotionslose Form und das hohe technische Niveau, das ihn damals daran faszinierte. Der englische Popstar war jedoch musikalisch viel stärker von der deutschen Gruppe Neu! beeinflusst, einem Seitenarm von Kraftwerk aus Düsseldorf (Seabrook 2008, S. 85), der viel wärmere und popmäßigere Sounds produzierte.

V-2 Schneider mit seinem Militärschlagzeug wiederholte das Motiv vom Beginn von *Station To Station* (1976). Es war eine rasante Bewegung, die nun aber nicht einen Zug, sondern mehr den Flugsound einer Düsenrakete imitierte. Dieser musikalische Flug hatte einen lakonischen und dennoch beschwingten Charakter. Vor allem durch Bowies Saxophon bekam der Song etwas Enthusiastisches. Zugleich bestand aber kaum ein Zweifel daran, dass diese Fahrt in einen düsteren Abgrund führen würde. Bowies damalige Wohnung in Schöneberg lag in der Flugschneise von Tempelhof, dem unterdessen geschlossenen Flughafen, den noch die Nazis gebaut hatten. Eine V-2-Rakete war außerdem im Zweiten Weltkrieg nah beim Haus seiner Großeltern in Southborough eingeschlagen (Rüther 2008, S. 158). Beide Motive spielten bei der Komposition vermutlich eine Rolle. Vor allem waren es aber Terrys Dienst in der Luftwaffe und Bowies eigene Flugängste, die darin auftauchten.

Dann folgte *Sense Of Doubt*, das ähnlich wie *Warszawa*, nur weniger elegisch, sondern viel kontrastreicher, mit tiefen Klaviertönen und hellem Synthesizersound angelegt war. »Es war ein organisches Sound-Set gegen einen synthetischen Hörnerteil, eine Trompetenfanfare«, sagte Bowie 1978 (Pegg 2009, S. 197). Dieses Stück hörte sich an wie eine infernalische Gerichtsverhandlung nach der Apokalypse. Verschüttete Welten aus dem Inneren wurden dabei wieder nach oben gespült und traten in der Form einer scharfen Anklage zutage. Der Angeklagte war der Komponist selbst, der hier seine schweren Selbstvorwürfe und seinen Zweifel an der Möglichkeit der Wiedergutmachung akustisch auszudrücken versuchte. Leise konnte der Hörer die Töne eines schmerzhaften Stöhnens über die schwere seiner Schuld hören. *Sense Of Doubt* war ein Song, der wie kaum ein anderer den realen Schrecken depressiver Stimmungen im Zweifel an dem Bewahren eines guten Objekts ausdrückte (Klein 1984, S. 67f.). Der Mord an der mütterlichen Autorität, der sich bei Bowie spätestens auf *Hunky Dory* (1971) abzeichnete und die düsteren Seiten der Gestalt von Ziggy Stardust prägte, geriet nun nach dem Drogenentzug endlich vor Gericht. Seine Identifikation mit negativen Objekten hatte ihn bis zur Identifikation mit Hitler geführt. Nun ging es darum, diesen Größenwahn als ein böses Objekt endlich aufzugeben.

Mit dem nächsten Stück trat auf der Platte dann ein erheblicher Bruch ein. Man hörte erneut einige Düsenjäger, die am Himmel vorbeizogen, während sich die Stimmung nun langsam wandelte. In dem nächsten Stück *Moss Garden* ließen Bowie und Eno die Ruhe und Abgeschiedenheit einer fernöstlichen Meditation mit ihrem Motiv der inneren Sammlung erklingen. Aus der Angst vor der Leere wird dadurch ein Ort der Ruhe. Der Popstar spielte darauf selbst die japanische Koto (eine Art Zither). Der Ausdruck dieses behaglichen, optimistischen Gartens war sein Eindruck von einer integrativen, weichen, femininen, asiatischen Kultur, in der Besonnenheit einen weit höheren Wert darstellt als im Abendland. Bowie hatte schon 1973, bei seiner ersten Tour in Japan, einen Moosgarten besucht (Pegg 2009, S. 464) und versuchte nun, diese Atmosphäre akustisch nachzuahmen. Es handelte sich zugleich um das erste Zeichen einer multikulturellen Auflösung der Schuldthematik. Diese friedliche Oase, die durchaus auch kleine, schräge Abgründe besaß, kippte in dem sehr düsteren und extrem depressiven Stück *Neuköln* jedoch nochmals um. Hier dominierte nun sein Saxophonspiel, das mit seinen arabischen Anklängen auf den Berliner Stadtteil Neukölln und seine türkischen Bewohner anspielte. Letztendlich waren es aber erneut Schreie von depressiver Verzweiflung, die hier zum Klingen kamen. Es endete mit den langen, schreienden Tönen eines einzelnen Saxophons, die in der Stille allein und für immer stehen blieben. Mit *Neuköln* brach Bowie das Motiv von einem direkten Ausdruck der Depression ab. Er löste es nicht auf, sondern ließ es einfach im Raum stehen. Spätere Versuche, wie beispielsweise die Instrumentalstücke auf *Buddha Of Suburbia* (1993), erreichten diese Intensität nicht annähernd.

Es folgte der fröhliche und sehr orientalisch klingende Song *The Secret Life Of Arabia*, der auch wieder einen richtigen Text besaß. Der Song war sehr konventionell und spielte offensichtlich auf den Film *Lawrence of Arabia* (1962) von David Lean an. Er kündigte Bowies nächsten Schritt in Richtung ethnomusikalischer Zusammenhänge an und funktionierte im völligen Kontrast zu dem, was zuvor passiert war. Hier erklärte der Popstar fast schon ironisch und sehr deutlich, was die Ursache seiner enormen Depressionen gewesen war: »You must see the movie the sand in my eyes / I walk through a desert song when the heroine dies«. Mit diesem humorvollen Geheimnis aus Arabien endete das Album.

Gesundheitlich ging es mit ihm währenddessen endlich wieder bergauf. Als die Singel »*Heroes*« im September 1977 veröffentlicht wurde, hatte Bowie wieder sein Normalgewicht von 70 Kilo erreicht und sah entschieden gesünder aus als zuvor (Tremlett 1995, S. 265). Wenn er arbeitete, aß er nicht, fiel Eno damals auf (Rüther 2008, S. 90). 1978 war der Popstar, was das Essen anbetraf, jedoch völlig genesen und er hatte wieder einen normalen Appetit. Michael Watts von dem Musikmagazin *Melody Maker* beobachtete ihn, wie er ein Steak mit Kartoffeln und Eiern zum Mittagessen verspeiste (Seabrook 2008, S. 202). Als ein Taschendieb in Paris versuchte, ihm die Geldbörse zu stehlen, verpasste er ihm einen so harten Schlag, dass er sich den Daumen brach (Tremlett 1995, S. 265). Mit der Abnahme der Drogenprobleme stieg nun sein Wutpotenzial.

Bei dem dritten Album mit Brian Eno, *Lodger*, verzichtete er auf eine instrumentale Ambient-Seite als Ausdruck von Trauer und Depression, und es kam zwischen den beiden nun zum Konflikt. Bowie wollte nun anstatt weiterer avantgardistischer Klangexperimente wieder progressive Popmusik komponieren. Die beiden sollen sich bei er Aufnahme des Albums in

Montreux in der Schweiz viel gestritten haben (Rüther 2008, S. 198). Laut Eno sollte *Lodger* ein sehr revolutionäres Album werden, aber es wurde seiner Ansicht nach keines (Seabrook 2008, S. 227). Das wirklich revolutionäre Album nahmen sie dann in den 90er Jahren zusammen auf. Für diese erneute Kooperation auf *1.Outside* (1995) war Enos Album *Fractal Zoom* (1992) mit seinem schnell pulsierenden Technosound ein wesentlicher Ausgangspunkt. Eno lieferte nun für Bowie wieder ungewöhnliche Klangskulpturen mit räumlichen Dimensionen, die sich in Songtiteln wie *The Motel* oder *A Small Plot Of Land* auch verbal ausdrückten. Mit *1.Outside* endete schließlich ihre Zusammenarbeit. Dieses Album war das ungewöhnlichste, das Bowie in den 90er Jahren herausbrachte.

Lodger (»Untermieter«) hingegen handelte inhaltlich in erster Linie von den Problemen des Popstars, der traditionellen Rolle des Mannes nicht entsprechen zu können. Gleichzeitig wurde eine musikalische Ebene eröffnet, in der die verschiedensten Kulturen miteinander zu einem intelligenten Crossover fusioniert wurden. Das Album vollzog eine kulturelle Integration, indem es eine musikalische Fusion durchführte. Bowie verband mit diesem Thema seinen speziellen Status als ein sehr femininer Mann, der ebenfalls nicht in die gewöhnlichen kulturellen Raster passte. Sein Versuch, die Sympathie für andere Kulturen mit dem eigenen Gefühl von Fremdheit zu verbinden, sollte ihn noch lange beschäftigen. In den Videoclips zu *Let's Dance* (1983) und *Loving The Aliens* (1985) kam dieses Thema wieder vor. Im ersten Fall handelte es sich um die Ureinwohner Australiens, im zweiten um die christlichen Kreuzzüge gegen den islamischen Orient, und in beiden Fällen reflektierte und kritisierte er stark die Rolle des westlichen Imperialismus.

Das Video zu *China Girl* bildete dabei schließlich den Höhepunkt. Er selbst nahm darin aber die Rolle des konventionellen Engländers ein, der mit seinem abendländischen Hintergrund alle diese Kulturen okkupiert hatte. Bowies Eroberungswillen bekam so in den 80er Jahren eine andere Dimension, weil er ihn nun viel deutlicher als während seiner Phase faschistoider Faszination auch sehr kritisch als englischen Imperialismus darstellte.

Lodger handelte vom Reisen durch die ganze Welt, aber Bowie machte schon mit dem Titel des Openers *Fantastic Voyage* deutlich, dass diese Fahrten möglicherweise nur in der Fantasie stattfanden: »I'm just a

Warszawa (1977)

traveling man / Maybe it's just a trick of the mind«, hieß es darin. Auf dem Album spielte Simon House eine elektrische Violine, ein Instrument, das der englische Popstar bereits bei der »Stage«-Tournee (1978) erfolgreich eingesetzt hatte, um die Stücke von *Low* und *»Heroes«* live vorzutragen. John Cale hatte die elektrische Geige schon in den 60ern bei einigen Stücken von Velvet Underground verwendet. Die Stimmung auf *Lodger* war nicht mehr depressiv, sondern frustrierend, aggressiv und vor allem zynisch. Der Wechsel von Schuld und Trauer zu einer ironischen Form männlicher Wut wirkte jedoch wie eine Flucht, die sich in dem Reisegedanken auch ausdrückte. Zugleich wurde damit aber der Grundstein für Bowies Karriere in den 80ern gelegt. Was hier noch ironischen Kommentaren ausgesetzt war, wurde vier Jahre später mit *Lets Dance* (1983) von ihm als eleganten und eindeutig heterosexuellen Gentlemen massentauglich umgesetzt. Sein Konflikt mit der männlichen Identität und sein homosexuelles Potenzial wurden auf *Lodger* nochmals in einer sehr dramatischen Form durchgespielt. Dieses Thema sollte nach seinem nächsten Album dann deutlich in den Hintergrund treten. 1979 drehte er mit dem Regisseur David Mallet drei Videoclips für die Promotion von *Lodger*. In *D.J.* war er in der Kleidung einer Hausfrau und in *Boy's Keep Swinging* (1979) als Transvestit verkleidet. Gleichzeitig zeigte er sich wütend über seinen eigenen femininen Ausdruck. In dem ersten Videoclip warf er ständig Platten durch die Gegend und trug am Ende eine Gasmaske, im zweiten verschmierte er seinen Lippenstift und riss sich die Frauenperücken vom Kopf. Diese Videos gaben die aggressive und verzweifelte Stimmung von *Lodger* exakt wieder. Er schien unter seiner femininen Art nunmehr tatsächlich zu leiden.

Doch erst mit seinem nächsten Album *Scary Monsters* (1980) konnte Bowie die großen Themen der 70er Jahre wirklich beenden. Auf dem Rückencover von *Scary Monsters* befanden sich kleine Abbildungen von *Low*, *»Heroes«* und *Lodger*, die er später als »seine DNA-Alben« bezeichnete. Viele Musikkritiker sahen in *Scary Monsters* das letzte große Meisterwerk, an dem sich, vielleicht abgesehen von *Heathen* (2002), kein späteres Album insgesamt mehr messen konnte. Als Bowies Bisexualität in den Hintergrund trat, verschwand auch etwas von seinem künstlerischen Anspruch. Beides kehrte erst mit *1.Outside* massiv aus der Versenkung zurück.

253

Epilog: Eine Frage der sozialen Integration –
Scream Like A Baby (1980)

»*What have you been doing to yourself? (3x)*
It's the last thing you should do ooh ooh ooh ooh
Nobody laughs any more (3x)
It's the worst thing you can do ooh ooh ooh ooh«
(The Last Thing You Should Do 1997)

Der Popstar verwandelte sich am Ende der 70er Jahre mit abnehmendem Drogenkonsum in einen kultivierten, höflichen, englischen Gentlemen. Seine irrationalen Wutanfälle gehörten von nun an der Vergangenheit an (Sandford 2003, S. 240f.). 1980 erklärte er, dass er in den letzten dreieinhalb Jahren immer glücklicher geworden sei (Sandford 2003, S. 230). Das Motiv von sozialer Integration tauchte auf dem Album *Scary Monsters (And Supercreeps)* (1980) an einigen Stellen direkt auf. In dem Titelsong beschrieb er eine verrückte Frau, der dies nicht mehr gelingen konnte: »Now she's stupid in the streets and she can't socialise«. In *Scream Like A Baby* sang er resigniert: »But now I lay me down to sleep / But now I close my eyes / And I'm learning to be a part of society«, wobei ihm das Wort society im Hals stecken blieb, er zweimal ansetzte und stotterte und es nicht ganz herausbekam. In einer früheren Version mit einem anderen Text war dieser Satz bereits so ähnlich vorgekommen. Darin hieß es: »I'm learning to be an integrated part of society«, und Bowie hatte ihn gesungen, ohne zu stottern (Pegg 2009, S. 194). Bei dem Konzertmitschnitt während der »Serious Moonlight«-

Tour (1983) in Vancouver schloss er sich am Ende des Songs *Station To Station* selbst die Augen und deutete damit an, dass schon mit diesem Song seine Rückkehr in die Gesellschaft begonnen hatte.

Psychische Integration ist in der Theorie von Melanie Klein ein zentraler Begriff. Sie findet genau erstmals im Übergang von der paranoid-schizoiden Position zur depressiven Position statt. Psychische Integration kann später Hand in Hand gehen mit einer Integration in die Gesellschaft. Beide Ebenen verhalten sich demnach zueinander parallel, weil die ständig wechselnden und zudem immer sehr radikalen und einseitigen Ansichten von Borderlinern über Personen, die ihnen nahestehen, für andere Menschen zunächst zwar verblüffend sind, auf Dauer den sozialen Kontakt jedoch ganz erheblich erschweren. Für Bowie bedeutete eine soziale Integration nach der Aufgabe seines Größenwahns vor allem die bessere Verarbeitung des Neids und das Errichten eines stabilen, dominierenden positiven inneren Objekts.

Dem Ich fällt die Aufgabe zu, die destruktiven Strebungen zu integrieren, die so einen wertvollen Beitrag zur Persönlichkeit leisten können (Klein 2000, S. 385f.). »Wenn das Ich an Stärke gewinnt und seine Integrations- und Synthesefähigkeit wächst, ist die Phase der depressiven Position erreicht« (ebd., S. 380). Aufgrund der sich nun entwickelnden Schuldgefühle und der sich daraus ergebenden Wünsche nach Wiedergutmachung wird sich das Subjekt seiner psychischen Realität bewusst. Es wird ihm deutlich, dass es selbst es war, welches das Objekt durch seine eigenen Zerstörungsimpulse zunichte machte (ebd., S. 381). Die Außenwelt kann in der Innenwelt besser repräsentiert werden, wenn Objekte nicht mehr als gespalten wahrgenommen werden. Die Aggression wird durch die Libido gemildert (ebd., S. 151) und die Lebens- und Todestriebe vermischen sich.

Durch die Wiedergutmachungsneigung kommt es zur Sublimation. Lacan hat die Wiedergutmachung in Kleins Konzept selbst als einen Akt von Sublimierung gedeutet. Durch sie wird ursprünglich eine symbolische Entschädigung geleistet für die imaginären Beschädigungen, die dem fundamentalen Bild des mütterlichen Körpers zugefügt wurden (Lacan 1996a, S. 132). Freud hatte die Leistung der Sublimierung etwas allgemeiner als Klein als eine Umarbeitung von der selbstbezogen Ichlibido zur kulturell anerkannteren Objektlibido verstanden (Freud 2000 Bd.

IX, S. 18ff.). Es liegt dabei ein Genuss in der Beherrschung und Zähmung der libidinösen Interessen des Ichs (Lacan 1996, S. 118). Klein betont vor allem die Desexualisierung, die damit verbunden ist (Klein 1996, S. 116). Sie beschreibt den Unterschied und Vorteil der Sublimierung gegenüber der Verdrängung (ebd.). Ihrer Ansicht nach beginnt der folgende Ödipuskomplex unter der Herrschaft des Sadismus (ebd., S. 397). Erst mit ihm bekommt die Sublimierung eine konsistente Form, die konkret mit der Anbindung an eine Autoritätsperson zusammenhängt. So weit geht die Integrationsmöglichkeit bei Borderline-Persönlichkeiten aber meist gar nicht.

Durch den Song *Ashes To Ashes* auf *Scary Monsters* (1980) gelangte Bowie nicht nur zu einer verbalen Aufarbeitung seiner Drogenprobleme, das Album enthielt auch eine neue Positionierung gegenüber seinen Fans, die er in dem Song *Teenage Wildlife* vortrug. Hier kam es zu einer deutlichen Negation seines Images, ein Prophet zu sein, der anderen raten könne, was sie tun sollen. Seine jugendlichen Fans lauerten ihm in dem Song an einer Straßenecke auf und er erklärte ihnen nicht nur, dass er kein Teil von ihrer Welt sei (»I'm not some piece of teenage wildlife«), sondern auch, dass er ihre Frage, wie sie leben sollen, gar nicht beanworten könne: »But they move in numbers and they've got me in a corner / I feel like a group of one / They can't do this to me«. Er hatte keine Antwort.

Im gleichen Song hieß es auch: »Same old thing in brand new drag / Comes sweeping into view«. Bowie repetierte von nun an oft alte Motive in einer neuen Form und bezog sich bei seiner Kostümierung als weißer Clown auf dem Plattencover und in dem prämierten Videoclip von *Ashes To Ashes* ausdrücklich auf seine Ausbildung bei Lindsay Kemp am Ende der 60er Jahre. Auf *Scary Monsters* versuchte er mit seiner Vergangenheit aufzuräumen, indem er sie nun konstruktiv aufgriff und nicht mehr länger vor ihr floh (Pegg 2009, S. 334).

In einem weiteren Song, *Because You're Young* (1980), war im Refrain die Rede von »These pieces are broken«. Das Motiv kehrte nochmals in *It's No Game (Part II)* wieder: »Throw the rock upon the road and it breaks into pieces«. Das Bild, in Stücke zu zerspringen, war eine Metapher für seine Spaltung in verschiedene Teile. *It's No Game (Part II)* hatte er schon mit 16 Jahren geschrieben. Die damalige Version unterschied sich zwar sehr von der späteren, der Satz über den zerspringenden Felsen war dort aber bereits enthalten (ebd., S. 236). Integration und Teilung tauchten so nebeneinander auf. Am deutlichsten war seine Kritik an einer Anpassung in dem Videoclip zu *Fashion* (1980) zu sehen, in dem er sich deutlich über die Modetrends und die Werbung lustig machte. Andererseits wollte er aber nicht mehr der isolierte *Drogenclown* sein, der sich stets im Betäubungszustand befand.

Schon lange wuchs sein privates Verantwortungsgefühl. Angela Bowie hatte in ihrem Ehemann, bevor ihr Sohn auf die Welt kam, einen guten Vater gesehen. Bowies kindliche Verspieltheit kam gegenüber Kindern immer sehr zum Tragen und er nahm eine warmherzige, entspannte, freundliche Haltung ein (Bowie 1993, S. 132). Die Geburt ihres Sohnes Duncan Zowie Haywood Jones am 30. Mai 1971 wurde für die junge Mutter zu einer schlimmen Erfahrung. Angela hatte 30 Stunden lang Wehen, und als ihr Kind geboren wurde, brach sie sich dabei das Becken. Es folgten Schuldgefühle, das Ganze nicht besser hinbekommen zu haben, und eine »chronische Wochenbett-Depression« (ebd., S. 139). Sie empfand dann vor allem Klaustrophobie, weil ihr wildes Leben auf ein derartig enges Verhältnis mit einem Baby gar nicht eingestellt war. Als sie schließlich fünf oder sechs Tage floh, um sich zu erholen, nahm ihr Mann ihr das sehr übel und sah in seiner Ehefrau eine ähnliche Rabenmutter, wie es seine eigene Mutter gegenüber Terry gewesen war (ebd., S. 141). Terry war schließlich nach der Geburt zu den Großeltern abgeschoben worden.

Duncan Jones wuchs dennoch in den ersten Jahren vor allem bei seiner Mutter auf, weil Bowie in dieser Zeit mit dem Aufbau seiner Karriere beschäftigt war. Die ersten sechs Jahre fehlten ihnen deshalb später. In dem letzten Song des Albums *Diamond Dogs* (1974), in dem er die Effekte beschrieb, die Orwells Big Brother hinterlassen hatte, wurde im Grunde auch seine eigene Auflösung aller familiären Verbindungen thematisiert. Das Fazit des Big Brothers hieß *Chant Of The Ever Circling Skeletal Family* (1974), was der letzte Song des Albums war. Hier wurde nicht viel mehr als »bro bro bro – brother« gesungen und am Ende wiederholte sich wie im Echo nur noch: »pride pride pride«. Die soziale Struktur war aber in Wirklichkeit an Bowies Egokult zerbrochen, der durch Drogen kultiviert worden war. Die narzisstischen Themen prägten seinen Lebensstil damals vollkommen.

Scream Like A Baby (1980)

Dass er im Frühjahr 1976 therapeutische Hilfe in Anspruch nahm, hing zugleich auch mit seiner zerrütteten Ehe zusammen. Er bekam in Gegenwart seiner Frau nunmehr Depressionen (Tremlett 1995, S. 253). Corinne Schwab trieb einen Therapeuten auf, von dem er sich während seiner Zeit in Berlin behandeln ließ (Bowie 1993, S. 309). 1980, als er sich von seiner ersten Ehefrau scheiden ließ, war Bowie laut deren Angaben ebenfalls in einer Therapie (ebd., S. 46). In einem Wutanfall bei einem Streit zwischen ihr und Schwab ging er sogar auf seine Ehefrau los und würgte sie heftig. Schwab riss ihn daraufhin von ihr weg (Tremlett 1995, S. 253f.). Im November 1976 klagte der Popstar in Berlin bei einem Besuch von Angela Bowie über Schmerzen in der Brust. Er kam in ein britisches Militärkrankenhaus, die Ärzte konnten jedoch nichts finden. Seine Frau sagte 1982, dass seine Beschwerden damals auf eine »Angstattacke« zurückgeführt worden seien (Tremlett 1995, S. 259). Um Weihnachten 1977, als er endgültig die Trennung von ihr verlangte, versuchte sie, sich das Leben zu nehmen (Rüther 2008, S. 127). Ihr Selbstmordversuch am 2. Januar 1978 kam dadurch zustande, dass er und ihr gemeinsamer Sohn ohne vorherige Ankündigung aus der Schweiz einfach nach Berlin abgereist waren (Seabrook 2008, S. 198). Drei Monate später versuchte sie nochmals in New York, sich umzubringen, wobei es sie ihr damals fast gelungen wäre (Bowie 1993, S. 314). Angela Bowie war schon länger heroinsüchtig (ebd., S. 307) und nicht in der Lage, sich um ihren Sohn weiter zu kümmern. Die beiden Ehepartner waren sich gegenseitg kaum ein Hilfe. Einige schwerwiegende Probleme des labilen Mannes hingen sicherlich mit seiner Frau zusammen und auch umgekehrt war es sicher nicht viel besser. Bowies Ehefrau war aber tatsächlich zuweilen sehr verletzend und aufdringlich (Tremlett 1995, S. 106) und sie mochte große, dramatische Abgänge (Bowie 1993, S. 281). Obwohl die Ehe seit 1974 nicht mehr wirklich bestanden hatte, kam es erst 1980 zur Scheidung. Als Bowie sich nun ganz offiziell von ihr trennte, war klar, dass er seinen Sohn mitnehmen würde (ebd., S. 310). Duncan Jones war schon 1977 in Berlin auf eine englische Schule gegangen und so in der Nähe seines Vaters gewesen. Als Angela Bowie nicht einwilligte, Bowie das Sorgerecht für das Kind zu überlassen, legte ihr Mann Fotos beim Gericht vor, die der Freund seiner Frau, Roy Martin, geschossen hatte. Die Bilder zeigten sie beim lesbischen Sex mit einer Heroindealerin (Tremlett 1995, S. 269 u.

271). Eine härtere Absage an ihren weiterhin promiskuitiven, bisexuellen Lebensstil konnte er ihr kaum geben. Als die Scheidung vollzogen wurde, bekam er schließlich das Sorgerecht zugesprochen.

Im Dezember 1977 hatte er eine Langspielplatte von *Peter And The Wolf* (1978) als Erzähler eingespielt. Die Aufnahme war aus privater Perspektive tatsächlich als Weihnachtsgeschenk für Duncan gedacht (Seabrook 2008, S. 197). Er sagte im selben Jahr in einem Interview: »Der einzige Mensch, den ich wirklich liebe, ist mein Sohn. Er ist sechs Jahre alt und ziemlich oft mit mir zusammen« (Tremlett 1995, S. 269). Bowie wurde zu einem fürsorglichen Vater. Für ihn hatten sein Sohn und später auch seine Tochter eine große Bedeutung. Sie teilten schließlich seine infantile Sehnsucht nach Verschmelzung; ein Bedürfnis, das die meisten erwachsenen Menschen in dieser intensiven Form nicht mehr haben. Das Gefühl, der Vater eines eigenen Kindes zu sein, wirkte außerdem dem frühen Neid auf die Weiblichkeit der Mutter entgegen (Klein 2000, S. 319). Bowie übernahm nun immer mehr die Verantwortung für die Erziehung seines Sohnes und war allein schon dadurch gezwungen, ein Teil der Gesellschaft zu werden. Er erklärte einem Freund in Berlin, er habe das Gefühl, nun endlich »erwachsen geworden« zu sein (Sandford 2003, S. 212f.). Ronson sagte darüber, dass Bowie in Berlin »um 20 Jahre gealtert sei« (Sandford 2003, S. 215). Im Januar 2009, als Duncan Jones seinen ersten Kinofilm *Moon* veröffentlichte, unterstützte ihn sein Vater und sagte: »Ich bin so froh seinetwegen und stolz wie Oskar« (Pegg 2009, S. 544). Das Ungewöhnliche an *Moon* war, dass eine Person (Sam Rockwell) mehrere Hauptrollen darin ganz allein spielte, weil er in der Handlung geklont worden war und dadurch vor allem auf sich selbst traf. Der Film handelte von Einsamkeit und narzisstischen Verdopplungen, ähnlich wie sie Bowie in *Space Oddity* (1969) besungen hatte. Duncan Jones drehte zudem seinen Science-Fiction-Film im Stil der 70er Jahre, und wie für seinen Vater war dafür *2001: A Space Odyssey* von Kubrick ein wichtiges Vorbild.

1978 begann der Popstar, sich nun endlich wieder ein wenig mit seiner Mutter zu versöhnen. Er hatte zuvor jahrelang kaum mit ihr geredet und sogar seine Zahlung eines monatlichen Unterhalts erst wieder aufgenommen, nachdem sie sich bei der Presse über ihn beschwert hatte. Daraufhin zahlte er ihren Unterhalt wieder, erkaufte sich damit aber auch ihr Schweigen gegenüber den Medien (Sandford 2003, S. 164). Im September 1980 flog sie in die USA, als ihr Sohn am Broadway in dem Theaterstück *The Elephant Man* die Hauptrolle spielte (Pegg 2009, S. 579). Ab 1982 traf sie sich wohl wieder regelmäßig mit ihm (Tremlett 1995, S. 291). Sie unternahm in den nächsten Jahren häufiger mit ihm und ihrem Enkel Reisen (Sandford 2003, S. 271). Die Übernahme der Vaterschaft und die Versöhnung mit seiner Mutter waren zwei Akte der Wiedergutmachung, mit denen der Popstar seine weiterhin bestehenden depressiven Gefühle lindern konnte (Klein 2000, S. 128).

Bowies Rolle als John Merrick in *The Elephant Man*, die er vom Sommer 1980 bis Anfang Januar 1981 spielte, stellte für ihn eine besondere Herausforderung dar. Merrick war eine reale Person gewesen, die aufgrund ihrer starken körperlichen Missbildung geächtet und im viktorianischen England des 19. Jahrhunderts auf Jahrmärkten ausgestellt worden war. Der Popstar hatte eine Identifikation mit einer solchen Figur schon in dem Song *Diamond Dogs* (1974) geschildert: »Dressed like a priest you was / Todd Browning's freak you was«. Es ging in Brownings berühmtem Film *Freaks* (1932) darum, Sympathie und Empathie mit äußerlich abweichenden Menschen zu entwickeln. Das »Monster« Merrick wurde in dem Theaterstück wie im realen Leben von dem Arzt Dr. Treves gerettet, der sich seiner annahm und ihm so einen würdigen Lebensstil in der bürgerlichen Welt ermöglichte. Es wurde ein Fond errichtet, der sein Leben in einem Londoner Hospital finanzierte. Die Story dieses Mannes wurde im selben Jahr, in dem Bowie sie spielte, von David Lynch auch verfilmt. In der Theaterinszenierung wurde jedoch ganz anders als im Film darauf verzichtet, die sehr auffälligen körperlichen Entstellungen zu zeigen. Vielmehr wurde dieser wesentliche Aspekt rein schauspielerisch durch Mimik und Gestik dargestellt. Bowie stotterte, vollführte eigenwillige körperliche Bewegungen und konnte nur mit einem Stock sehr langsam über die Bühne humpeln. Die Tragödie dieses hochintelligenten Menschen, der aufgrund seiner Physiognomie zu einem »Freak« wurde, kam zu einem glücklichen Ende. Denn die Gesellschaft konnte ihre Abscheu vor seiner offensichtlichen Andersartigkeit überwinden und es kam sogar zu echten Freundschaften. Merrick war das Monster, hinter dem sich in Wirklichkeit ein sehr feinfühliger, intelligenter Mensch versteckte, der nur etwas gefördert werden musste, um seine ganze Liebe und große Zuneigung zeigen zu können. Der Mann hatte sogar eine romantische Ader und eine enge, zärtliche Bindung an seine Mutter, und er liebte es, sich vornehm und höflich auszudrücken. Ein Satz, den Bowie in seiner Rolle sagte, war: »Sometimes I think my head is so big because it is full of dreams« (Pegg 2009, S. 579). Die Darstellung dieses kultivierten Außenseiters, der trotz seiner Andersartigkeit zu einem Teil der Gesellschaft wurde, passte zu den Inhalten auf *Scary Monsters*. Die Antwort auf die Frage »Is there an life on Mars?« (*Life On Mars?* 1971) lautete für Bowie schon drei Jahre später etwas flapsig: »When I'm feeling disconnected / Well I sure know what to do / Shake it baby« (*Shake It* 1983).

1982 spielte er als Major Jack Celliers in *Merry Christmas, Mr. Lawrence* (1983) eine der stärksten Rollen in seiner gesamten Karriere, und nicht zufällig wurde dieser Film nicht von einem europäischen, sondern einem japanischen Regisseur auf der Südseeinsel Raratonga und in Neuseeland gedreht (Tremlett 1995, S. 293). *Merry Christmas, Mr. Lawrence* (1983) war ein geschicktes Remake von *The Bridge on the River Kwai* (1957; »*Die Brücke am Kwai*«) von David Lean, dem nun eine homosexuelle Pointe beigefügt worden war. Der Regisseur Nagasija Oshima stand für das neue japanische Kino und vor allem für provokative Filme in Bezug auf die Grenzen der Freiheit, die es in der Ausübung der Erotik gab. In seinem Filmstil trafen sich die »europäische Moderne und die japanische Tradition zeichenhafter Anordnung und Verknappung« (Koch 1988, S. 10). Der Kriegsfilm ist sehr zügig gedreht worden. Oshima konnte schon aus Kostengründen selten mehr als nur zwei Takes aufnehmen. Das kam Bowies spontanem Stil aber nur entgegen. Er mochte diesen spontanen Arbeitsstil (Sandford 2003, S. 351), der seinen Bühnenerfahrungen sehr viel näher kam als viele Wiederholungen. Da es um die Herausarbeitung der Homosexualität als ein unterdrücktes Motiv militärischer Handlungen ging, spielte konsequenterweise keine einzige Frau mit. Anne Rice lobte später den androgynen Zug in Bowies Schauspielkunst und schrieb einen Aufsatz über das Ende der Geschlechter (Sandford 2003, S. 238). Bei seiner Premiere in Cannes wurde *Merry Christmas, Mr. Lawrence* von Kritikern sehr gelobt.

Der Film spielte während des Zweiten Weltkriegs in einem japanischen Gefangenenlager für englische Soldaten. Ein wesentliches Motiv darin war der »Clash of Zivilisation« zwischen der englischen und der japanischen Kultur. Bowie stand, was sein Verhalten angeht, als einziger Engländer den Japanern näher als seinen eigenen Leuten. Er verstand als Major Jack Celliers den sadistischen, disziplinierten japanischen Ehrenkodex, der sich so deutlich von dem christlichen Denken (in dem Film verkörpert durch den Humanisten Lawrence) unterscheidet, sehr genau. Schon als die Japaner anfangs so tun, als würden sie ihn exekutieren, lacht Celliers anschließend über ihren Versuch, der ihm aber zunächst einen gehörigen Schrecken eingejagt hatte. Sein starkes Selbstbewusstsein wird jedoch von Anfang an von Captain Yonoi (Ryuichi Sakamoto) bewundert. Zugleich hält der japanische Captain Celliers aufgrund seiner Unberechenbarkeit für einen bösen, dämonischen Geist und Lawrence erklärt ihm in einer Szene, dass dieser Mann einfach ein Mensch sei. Der Film zeigt ganz im Gegensatz zu Leans abendländischer Version die asiatische Seite sehr viel genauer und spannender. Ihre faschistoide Seite wird dabei aus der Tradition heraus erklärt.

Aber auch Major Celliers hatte in seiner Vergangenheit eine schlimme Tat begangen und seinem jüngeren Bruder bei dem Einstieg in die Schule nicht geholfen, sondern ihn an die Mitschüler verraten, die ein typisches sadistisches Initiationsritual mit dem sensiblen blonden Jungen durchführten. Sein Bruder, der eine besonders schöne Stimme hatte, war dabei zum Singen gezwungen worden und hatte danach nie wieder gesungen. Celliers fühlte sich schuldig für dieses Vergehen, das er im Film nachts Lawrence berichtet. Er findet dann aber eine Gelegenheit, seine Schuld zu sühnen, indem er sich für den englischen Kommandanten (Jack Thompson) opfert. Der Kommandant soll geköpft werden, weil er sich starrsinnig weigert, mit den Japanern zu kooperieren und die Waffenexperten unter seinen Leuten preiszugeben. Er hält die Japaner im Gegensatz zu Celliers und Lawrence tatsächlich für dumm. Celliers Opfer besteht darin, den japanischen Captain Yonoi, der den Kommandanten gerade persönlich köpfen will, auf beide Wangen zu küssen und dafür selbst anschließend hingerichtet zu werden. Diese zentrale Szene erinnert daran, wie Judas Jesus verraten hat, und legt doch nur das versteckte homosexuelle Verhältnis zwischen den beiden Männern offen. Der Ehrverlust für Yonoi ist sehr groß, er verliert so seinen Posten als Lagerkommandant. Die Szene, in der ihn Bowie küsst, ist wohl eine der wichtigsten Liebesszenen in der gesamten Filmgeschichte. Sie ist von einer so eigentümlichen Intensität, weil sie zeigt, dass sich hinter dem ganzen kriegerischen Sadismus der Männer tatsächlich eine tiefe Zuneigung verbirgt. Zuvor wurden Celliers und Lawrence schon einmal freigeprochen, weil Weihnachten war, obwohl dieses Fest für die Japaner nicht nicht geringste Bedeutung hatte. Der Film arbeitet mit dem Kontrast zwischen einer primitiven, sadistischen Kampfkultur und der in diesem Bereich viel fortgeschritteneren, englischen Kultur, welche die Zuneigung zwischen Männern nicht militant unterdrücken muss.

Bowie sagte über diese Figur:

> »Ich fand in Celliers allzu viele Bereiche von Schuld und Mängeln, die ein Teil von mir sind. Ich fühle mich schrecklich schuldig, weil ich so abgesondert von meiner Familie lebe. Ich sehe meine Mutter nur noch sehr selten und ich habe einen Stiefbruder, den ich überhaupt nicht mehr sehe. Es war mein Fehler, dass wir uns so auseinanderlebten, und es ist schmerzhaft – aber irgendwie gibt es keinen Weg zurück« (Pegg 2009, S. 586).

Diese Schuldgefühle gegenüber seiner Familie drücken aus, wo er 1982 stand. Zugleich konnte er aber nicht mehr zurückkehren. Dennoch bekam seine Vergangenheit nun eine andere Bedeutung und wurde viel mehr als zuvor ein Bestandteil seines Selbstbildes. Nach Klein verlieren die omnipotenten Vorstellungen an Intensität, wenn die Fähigkeit zur Wiedergutmachung wächst, und in der depressiven Phase wächst mit jedem Schub von Depression das Verantwortungsgefühl (Klein 2000, S. 353). Die Angst vor dem Tod der Mutter aufgrund ihrer Abwesenheit und gleichzeitig auch die Angst vor dem eigenen Tod bekommen in der depressiven Position die größte Intensität (ebd., S. 481). Um dieser Angst zu entgehen, werden häufig die omnipotenten Methoden von Verleugnung, Idealisierung, Spaltung und Kontrolle verwendet und erst mit fortschreitender Integration und Synthese abgeschwächt (ebd., S. 126). Klein beobachtete, dass kleine Kinder ihr Omnipotenzgefühl verstärken, wenn sie sich fürchten (ebd., S. 435).

Bowie Allmachtsfantasien verschwanden zwar in ihrer pathologischen Form, gleichzeitig kam es aber zu einer Stabilisierung in einer stärker manisch geprägten Persönlichkeit, in der die Omnipotenz sich nun in überwältigenden gesellschaftlichen Erfolgen realisieren konnte. Dass dieser Weg eine Sackgasse war, hatte er schon gleich am Anfang in *Modern Love* (1983) gesungen: »I catch a paper boy. But things don't really change«. Der Zeitungsjunge war aus *Five Years* (1972), wo er weinend die Nachricht verkündete, dass in fünf Jahren die Welt untergehen würde. Diese Fantasien waren nicht vorüber, sondern wurden nun durch die Manie stark überdeckt. Ziggy Stardust hatte aus ihm einen eigenwilligen Kultstar gemacht – *Let's Dance* (1983) machte ihn zu einem weltweit anerkannten Superstar, den alle mochten, aber kaum jemand mehr wirklich verstand. Aus dem blassen Künstler wurde auf einmal ein gestylter Businessman im perfekten Managerdesign. Und Bowies neuer Reiz lag in einer übertrieben Betonung eines übergreifenden männlichen Verhaltens, mit dem er scheinbar alles beherrschen konnte. Bei *Let's Dance* zeigte er sich oft als ein Mann, der genau wusste, was er wollte. Diese Fassade spiegelte sich in der viel kommerzielleren Musik und ebenso in den selbstbewussten Interviews wieder.

Dennoch bestand sein vorgetragenes Repertoire 1983 während der »Serious Moonlight«-Tour zu einem Großteil aus seinen alten Hits aus den 70ern. Nur drei Singleauskopplungen von dem neuen Album wurden überhaupt gespielt. Er nutzte also seine Popularität, um einem großen Publikum sein gesamtes Werk vorzustellen. Dennoch wussten viele seiner neuen Fans überhaupt nichts von seiner Vergangenheit. Er selbst sprach seiner kommerziellen Phase später jedes authentische Interesse an der eigenen Musik ab und es war damals durchaus so, dass er mit jeder neuen Single Tausende seiner alten Fans verlor (ebd., S. 292), dafür aber entschieden mehr neue hinzugewann. 18 Monate nach *Let's Dance* (1983) gelang es ihm, an den enormen Erfolg mit dem Album *Tonight* (1985) anzuknüpfen. Die Single *Tonight* erreichte den ersten Platz in den englischen und den sechsten Platz in den amerikanischen Charts. Auch die folgende Auskopplung *Blue Jean* wurde ein Hit (Tremlett 1995, S. 299), dennoch fiel schon dieses Album auch bei seinem konventionellen Publikum merklich ab.

Bowies dritter Anlauf auf die Charts mit *Never Let Me Down* (1987) geriet dann zu einem persönlichen Fiasko. Das Album wurde aufgrund zahlreicher Anspielungen in den Texten von Insidern sogar als Drogenalbum betrachtet. Sein Drogenkonsum dauerte zwar bis weit in die 80er Jahre hinein an, die eigentlichen Exzesse waren aber lange vorbei

(Pegg 2009, S. 327). *Never Let Me Down* war ein Versuch, wieder mehr eigenständige Musik zu produzieren, und dies gelang ihm nun nicht mehr mit der notwendigen Überzeugung. In dem Song *Zeroes* (1987) kündigte sich Bowies künstlerische Krise schon liebevoll an: »Doesn't matter what you try to do / Doesn't matter where you try to go / Doesn't matter who we really are«. Es ist aber nicht egal, wo man hingeht oder was man tut. Die Single *Never Let Me Down* kam dennoch auf den sechsten Platz der britischen Charts und die anschließende Welttournee war durchaus gut besucht. Die Aufzeichnung von einem Konzert der »Glass Spider«-Tour von November 1987 in Sydney zeigt allerdings die Schwächen, denen Bowie durch seine kommerzielle Ausrichtung unterdessen erlag. Er stellte bei dieser Tour das heterosexuelle Paar ganz in den Vordergrund, indem er eine Tänzerin engagierte, mit der er in wichtigen Sequenzen zusammen auftrat, ähnlich wie in den damaligen Darbietungen von Prince oder Madonna. Die Show bot dadurch einfach mehr erotische Oberfläche, als zu ihm passte, und hatte dementsprechend weniger Tiefgang. *Zeroes* (1987) verwendete sogar musikalisch einige Elemente aus *Purple Rain* (1984) von Prince (ebd., S. 300). An vielen Stellen überwog das Spektakel. Bowie wirkte ähnlich wie andere große Popstars nur noch wie ein amerikanischer Entertainer. Seine Musik konnte zwar dennoch überzeugen, ihre Visualisierung war aber trotz des großen Aufwands misslungen. Seine typischen apokalyptischen Entwürfe wie beispielsweise in *Time Will Crawl* oder *Shining Star*, worin die nukleare Katastrophe in Tschernobyl thematisiert wird, kamen nicht wirklich zum Tragen. Das gesamte Album *Never Let Me Down* (1987) war so schlecht arrangiert, dass er es später am liebsten komplett neu eingespielt hätte (Pegg 2009, S. 235). Bei den Dreharbeiten zu einem Pepsi-Werbespot in dieser Phase hatte er auch ganz unverblümt gesagt, weshalb er darin mitspielen würde: »Money is the only reason anyone would want to do a commercial, don't you think so?« Geld hatte er aber unterdessen genug. Seine Krise kam daher, dass er sich zu dieser Zeit für seine eigenen musikalischen Projekte nicht mehr wirklich interessierte. Als er 2003 in einem Werbeclip für Vittel auftrat, verhielt er sich dazu ganz anders. Er stand völlig hinter dem Clip, in dem er in nur 30 Sekunden auf alle seine früheren Identitäten traf und für Wasser Werbung machte.

Wirklich gelungen war, dass die gesamte »Glass Spider«-Tour unter einer riesigen Spinne aus Glas stattfand. Sie erinnerte an den Bandnamen von Ziggy Stardusts Begleitband, die »Spiders«, und wirkte nicht wie in Jack Arnolds berühmtem Horrorfilm *Tarantula* (1955), sondern wie ein liebevoller, mütterlicher Körper. Diese Idee war sehr interessant und visualisierte seinen Song *Glass Spider*, der gleich am Anfang vorgetragen wurde. Nach dem Abschluss der Tour wurde die gläserne Spinne auf freiem Feld verbrannt, was Bowie allerdings aufgrund der Niveaulosigkeit der gesamten Schow in Interviews als sehr befreiend beschrieben hat.

Schon nach seinem Auftritt in dem Muppet-Kinderfilm *Labyrinth* (1986) hatte er erklärt, dass mittlerweile alles, was er tun würde, »reine Unterhaltung« sei (Tremlett 1995, S. 301). Obwohl seine Songtexte immer noch über das Niveau des gewöhnlichen Entertainments hinausgingen, hatte sich der Popstar von der Unterhaltungsindustrie vereinnahmen lassen. Seine Hitsingle *Absolute Beginners* war ein typisches Beispiel für beide Züge: ein cleverer Abgesang auf seine früheren, depressiven Songs und zugleich eine märchenhafte Musik, die sich wie ein Teppich über die eigentlichen Abgründe legte. Vor allem die Verwendung des Superlativs, die Bowie in den Lyrics dieses Songs und auch in seinen Interviews in den 80ern häufig verwendete, waren reine Idealisierungen. Nun wurde das gute Objekt genauso extrem gefeiert, wie zuvor das böse Objekt gefürchtet worden war. Aber natürlich war das erst einmal viel angenehmer.

In seiner Coverversion von *Don't Look Down* auf *Tonight* (1985), einem Song, den Iggy Pop und James Williamson (1979) geschrieben hatten, wurde die Funktion der idealistischen Übertönung der eigentlichen Inhalte im Text genauer erzählt. Der Song handelte davon, nicht nach unten zu sehen, denn dort gäbe es verrückte Klänge zu hören: »When I hear that crazy sound / I don't look down«. Es folgte die Bemerkung: »There's always something else«. Das gesenkte Haupt, das in »bow« steckte, wurde nun durch einen steilen Blick nach oben ersetzt, und so präsentierte sich Bowie auch auf dem Frontcover des Albums. Dieser Optimismus war aber nicht ganz ohne seine typischen Brüche und Widersprüche. Nur verstanden viele seiner Hörer sie nicht oder interessierten sich gar nicht dafür, wenn er beispielsweise in *Time Will Crawl* (1987) sang: »I got a bad migraine / The last three long years / And the pills that I took / made my fingers disappear«.

Epilog: Eine Frage der sozialen Integration

Finanziell wurde er ab 1983 zu einem der reichsten Popstars der Welt. Seine Managementprobleme in den 70er Jahren, die ihn viel zu wenig verdienen ließen, gehörten nun der Vergangenheit an. Seine Karriere wurde ab 1970 von seinem zweiten Manager Tony DeFries bestimmt, der damals 26 Jahre alt war. DeFries war noch waghalsiger als er selbst. Da Unnachgiebigkeit die große Stärke des Popstars war (Sandford 2003, S. 306), hatte er damit jemanden gefunden, der ihn riskant und rücksichtslos unterstützte. Der Vertrag mit RCA Records, den DeFries am Anfang der 70er Jahre für ihn abschloss, sicherte Bowie die völlige Kontrolle über die Cover- und Textgestaltung (Tremlett 1995, S. 155). Die internen Verträge hingegen, die zwischen ihm und DeFries abgeschlossen wurden, banden die beiden nicht nur auf ewig aneinander (ebd., S. 145), sondern enthielten sehr schlechte Konditionen für den aufkommenden Popstar und noch viel schlechtere für seine Band. Auf der anderen Seite lautete DeFries Devise: Nur wer sich wie ein Star aufführt, wird auch einer. So bekam Bowie einen Bodyguard zu einem Zeitpunkt, als er noch gar keinen brauchte, ebenso einen persönlichen Pressemanager (ebd., S. 155 u. 161). Es wurden sehr hohe Summen für alle Beteiligten ausgegeben, um das Flair eines Stars zu etablieren. Sein Image wurde dabei zunächst durch Täuschungsmanöver etabliert. Der Bluff, mit dem die Gesellschaft belogen wurde, war eine der Ursachen für Bowies negatives Selbstbild. Aufgrund dieser Erfahrungen erfand er Ziggy Stardust. Doch ohne DeFries wäre er vermutlich nicht so bekannt geworden, und dafür bekam sein Manager nun einen Löwenanteil seiner Einkünfte und sprach in seinen Machtfantasien schon davon, dass seine Firma MainMan demnächst die gigantische Plattenfirma RCA aufkaufen würde (ebd., S. 200). Die Seifenblase platzte, als Bowie verstand, dass er viel zu wenig von seinen Gewinnen abbekam. Er sagte später, dass er betrogen worden sei (Sandford 2003, S. 102). Die Trennung von DeFries schockierte ihn umso mehr, als er nun erfuhr, dass seinem Manager die Hälfte des Umsatzes aller von ihm produzierten Alben gerichtlich zugesprochen wurde. Bowie brach schon zuvor am Konferenztisch zusammen und begann zu weinen (Sandford 2003, S. 156). Weiterhin würde DeFries 16 Prozent des Umsatzes aller weiteren Alben bis zum September 1982 bekommen (Seabrook 2008, S. 32). Der Einfluss ging soweit, dass der Ex-Manager versuchte, RCA daran zu hindern, das Avantgardealbum *Low* herauszubringen, weil er finanziell darin zu wenig Gewinn sah (Sandford 2003, S. 189). Die beiden Männer sprachen nie wieder miteinander. Eine Folge war, dass Bowie den Hit *Under Pressure* (1981), der zusammen mit Queen entstanden war, von deren Label EMI allein herausbringen ließ (Pegg 2009, S. 241). Erst als die Verträge mit DeFries und RCA ausgelaufen waren, veröffentlichte er sein erstes absolut kommerzielles Album *Let's Dance* (1983). Er wechselte dafür im Januar 1983 selbst zu EMI. Das neue Label bezahlte ihm als Vorschuss für die nächsten fünf Alben 20 Millionen Dollar (Sandford 2003, S. 243). Durch *Let's Dance* und die anschließende Welttournee baute er sich ein hohes Grundkapital auf (Tremlett 1995, S. 294). 1997 ging Bowie dann auch noch als erster großer Künstler an die Börse und verkaufte sich selbst als Aktie. Er gewann damit auf einen Schlag weitere 55 Millionen Dollar. Im selben Jahr unterschrieb er einen neuen 30-Millionen-Dollar-Vertrag mit EMI (Sandford 2003, S. 419f.). Das Wirtschaftsmagazin *Business Age* erklärte, dass er mittlerweile der reichste Rockstar der Welt sei, dessen Vermögen inzwischen auf 520 Millionen Dollar angestiegen war (Sandford 2003, S. 392 und 396).

Angesichts dieses enormen Kapitals fiel es ihm sicher leicht, seinen Ruhm für soziale Projekte zu verwenden. Am 13. Juli 1985 war Bowie wie viele andere Popstars bei dem weltweit übertragenen Live-Aid-Konzert umsonst aufgetreten. Kurz darauf im August brachte er *Dancing In The Street* heraus, wo er und Mick Jagger um die Wette sangen. Der Erlös dieser Single, die es auf Anhieb auf Platz Eins in den englischen Charts schaffte, ging ebenfalls an die Dritte Welt. Tin *Machine* und dann auch *1.Outside* waren keine Projekte mehr, die in erster Linie auf Kommerz abzielten. Bowie hatte schon 1990 bei der »Sound and Vision«-Tour erklärt, dass dies das letzte Mal sei, dass er seine großen Hits überhaupt spielen würde. Auf der »Outside«-Tour (1995–1996) waren dann viele Menschen enttäuscht, weil er nicht seine Hits spielte, sondern vor allem die Songs seines neuen Albums vorstellte, was aufgrund des destruktiven Themas alles andere als angenehm war. Dazu sagte er: »Ich weiß was passiert, wenn ich die Klassiker spiele. Ich kenne das Resultat. Also warum sollte ich das erneut tun wollen? Es gäbe nur die finanzielle Belohnung, welche ich offen gesagt nicht brauche« (Pegg 2009, S. 512).

Hatte er bei der »Serious Moonlight«-Tour (1983) noch eine riesige

Epilog: Eine Frage der sozialen Integration

Weltkugel als Zeichen von omnipotenter Weltbeherrschung durch sein Publikum wandern lassen, so waren es nunmehr riesige Bälle, die Augäpfel darstellten. Bowie war zu den ernsteren, psychedelischen Themen der 70er Jahre zurückgekehrt

Die wichtigste Devise für ihn hieß ab 1988, dass er als Künstler nicht für die Interessen eines Massenpublikums arbeiten könne; sein Anspruch kehrte immer mehr zur Kunst zurück. Er wollte eine neue Form innovativer Musik herstellen und nicht einfach sein Publikum bedienen. Kaum ein anderer Popstar hatte in seiner Karriere eine solche Dynamik besessen und er wollte diese völlig zu Recht und mit allen Risiken, die sie beinhaltet, fortsetzen. Die Schnittmenge zwischen ihm und der Mehrheit war niemals so groß gewesen wie während der 80er Jahre, und zugleich war nie weniger von ihm selbst zu sehen gewesen. Er hatte es nicht mehr nötig, diesen Preis für Popularität noch länger zu bezahlen, außerdem wusste er, dass auch eine solche Konvention ganz und gar keine Garantie für einen dauerhaften Erfolg sein würde. Der Satzteil »just stay square« in *Prisoner Of Love* (1989) und der Name der zweiten »Tin Machine«-Tournee (»It's My Life«) artikulierten nun seine neue Haltung.

Seine Zusammenarbeit mit Tin Machine, der einzigen Band in seinem Leben, die er nicht geleitetet hat, sondern in der er nur ein Teilnehmer war (Pegg 2009, S. 352), ermöglichte es ihm, nicht nur den Mainstream zu verlassen, sondern auch eine neue, andere Form von sozialer Kompetenz zu erreichen. Die Band war wie eine selbst verordnete Gruppentheraphie. Dieses enge Männerbündnis beendete erst einmal seinen Status als Solokünstler. »Ich habe mein Ego verloren«, erklärte er einem Freund (Sandford 2003, S. 314), und mit diesem Verlust ging ein besserer menschlicher Umgang einher (ebd.). Tin Machine war ein Experiment, in dem Bowie versuchte, sich eine neue menschliche wie künstlerische Qualität zu erkämpfen. Die Aufmachung der Band orientierte sich anfangs an den frühen 60er Jahren. Die aus insgesamt vier Musikern bestehende Gruppe trat zunächst in schwarzen Anzügen mit Krawatten und weißen Hemden auf. Ihr ungeschliffener Sound hatte den Charme der Direktheit, was zuweilen zu ungewöhnlichen Einspielungen führte. Die Lyrics vertraten Bodenständigkeit: »There's more than money moving here«, sang Bowie in dem schwachen Song *Tin Machine* (1989). Die Konzerte wurden in sehr kleinen Sälen durchgeführt, die Musik war nicht massentauglich.

Scream Like A Baby (1980)

Bowies Lyrics handelten nun häufiger direkt von männlicher Aggression und wurde auch in dieser Form vorgetragen. Sein Gesang war teilweise etwas rauer und das Spiel der Gitarren übertönte ihn zuweilen wild und chaotisch. Nach dem anfänglichen großen Interesse schrumpften die Artikel der Kritiker auf wenige Fußnoten, man hatte erkannt, dass von Tin Machine nichts Wesentliches zu erwarten war. Ihre Singles waren Flops und kamen über das College- und Kleinstadtniveau nicht hinaus (Sandford 2003, S. 316). EMI weigerte sich sogar, ihr zweites Album zu veröffentlichen, die Lizenz wurde an ein Londoner Label vergeben (Tremlett 1995, S. 311). Für Bowie zählt *Tin Machine II* (1991) zu seinen persönlichen Favoriten (Sandford 2003, S. 330). Das hing damit zusammen, dass er sich mit dieser Band eine neue Plattform für die 90er Jahre erarbeitete und menschlich entschieden weiter kam. So sang er in *Prisoner Of Love* (1989) über seine Paranoia: »I was a victim of my own self-persecution«. Zwischen den beiden »Tin Machine«-Alben kehrte er dann allerdings, um sein Ego zu stärken, als Solist zurück, der seine vergangenen Songs aber nun nach einer vom Publikum beeinflussbaren Wunschliste in der »Sound and Vision«-Tournee (1990) vortrug.

Schon 1987 hatte er sich in die amerikanische Balletttänzerin Melissa Hurley verliebt. Die junge Frau hatte in der »Glass Spider«-Tour seine tanzende Partnerin dargestellt. Die Affäre mit der bildhübschen New Yorkerin, die auffallende Latinlocken besaß, hatte nach seinen Angaben erst nach der Tour bei einem Urlaub in Australien begonnen (Pegg 2009, S. 501). Der Altersunterschied war beachtlich, denn sie war 23, er damals 40 Jahre alt. Er liebte, wie so viele älter Männer, einfach ihre jugendliche Naivität (ebd., S. 178). Bowie verlobte sich zwar mit Hurley, schreckte vor einer Ehe dann aber glücklicherweise doch zurück. Sie begleitete ihn noch bei der ersten »Tin Machine«-Tour und der anschließenden »Sound and Vision«-Tournee. 1989 schrieb er für *Tin Machine* den sehr engagierten Song *Shopping For Girls*, der Sextourismus mit Minderjährigen im Nahen Osten auf das Schärfste verurteilte. Sein Verhältnis zu Hurley hatte, obwohl sie schon über 20 Jahre alt war, etwas von dem typischen Lolita-Schema, und das war wohl der Grund, weshalb er es schließlich aufgab – nach drei Jahren trennte er sich von ihr. Er erklärte, dass sie ihm später dafür einmal dankbar sein würde (Tremlett 1995, S. 303f.). Die junge Tänzerin war weder seinem geistigen Niveau noch den Machtansprüchen und seinem skurillen Humor gewachsen gewesen. Das sollte sich mit seiner nächsten Frau ändern.

Am 14. Oktober 1990, unmittelbar nach der »Sound and Vision«-Tour, lernte er seine 34 Jahre alte zukünftige zweite Ehefrau Iman Abul Majid kennen. Genau ein Jahr später machte er ihr einen Heiratsantrag. Er hatte sich gleich am ersten Abend in sie verliebt (Tremlett 1995, S. 312). »Ich habe jemanden, der mich um meinetwillen liebt«, erklärte er glücklich einem Journalisten und sagte später, dass er es heldenhaft finde, sich auf eine Beziehung einzulassen, von der man glaubt, dass sie bis ans Lebensende geht (Sandford 2003, S. 341 u. 361). Der Instrumentalsong *Abulmajid* war bei den *»Heroes«*-Sessions unter einem anderen Titel aufgenommen worden. Bowie stellte den Track 1991 fertig und widmete ihn Iman, die er im nächsten Jahr heiratete.

Iman hatte ein Studium in Wirtschafts- und Politikwissenschaften absolviert und dann eine Karriere als Model mit internationaler Reichweite gemacht. »Sie war eine lebende Skulptur« (Iman 2001, S. 32). Ihr Vater war Diplomat und früherer Botschafter von Somalia, ihre Mutter eine Gynäkologin. Als ihre Karriere als Fotomodel langsam endete, versuchte sie, in L. A. beim Film unterzukommen, was ihr mit kleinen, respektablen Rollen auch gelang.

In dem Musikvideo zu Michael Jacksons Song *Remember The Time* (1991) trat Iman neben Eddie Murphy als ägyptischem König als eine sehr herrschaftliche Nofretete auf. Der Inhalt des Videos bestand darin, dass sie mit dem Sänger als junge Frau ein Verhältnis gehabt hatte und er nun versucht, durch seinen Gesang ihre Erinnerung daran heraufzubeschwören. Der Song wurde im Januar 1992 als Single ausgekoppelt und das Video lief damals häufig im Fernsehen. Iman in der Rolle als eine ägyptische Herrscherin, die in einer besonderen Dynastie und, historisch gesehen, mit einem sehr femininen, männlichen Pharao regiert hatte, passte gut zu Bowie. Der Popstar hatte sich schon 1971 in den Posen einer ägyptischen Sphinx fotografieren lassen. Er und seine afrikanische Frau hatten beide einen androgynen Ausdruck. 1997 ließ sich seine zweite Ehefrau von Thierry Le Goues in einem Kostüm fotografieren, in dem zwei Hände vor ihren Brüsten angebracht waren (Iman 2001, S. 164). Ein ähnliches Kostüm hatte Bowie bei seinem letzten offiziellen Auftritt als Ziggy Stardust in *The 1980 Floor Show* im Oktober 1973 getragen. Am

6. Juni 1992 fand ihre kirchliche Trauung in Florenz in einem prachtvollen Renaissance-Ambiente statt. Ihr Mann hatte für diesen Anlass eine Hochzeitssuite komponiert (Tremlett 1995, S. 314). Daraus wurde das instrumentale Intro *The Wedding* auf seinem nächsten Album *White Tie, Black Noise* (1993). Bowie nahm seine zweite Ehe sehr ernst und war nun völlig monogam. Die Zeit der Affären und Promiskuität lag schon länger hinter ihm.

Im Rahmen dieser festen Bindung wiederholte er mit *Black Tie, White Noise* (1993) nochmals in einer neuen Form seine enthusiastische schwarze Soulphase aus den 70ern und gelangte mit *Outside* (1995) zu dem Ausdruck eines ähnlichen schizoid-paranoiden Weltbildes wie auf *Diamond Dogs* (1974). Endgültig schloss er mit der düsteren Seite seiner Vergangenheit erst mit dem Song *Dead Man Walking* (1997) ab, für den er nochmals das Riff von *The Supermen* (1971) verwendete – ein Stück, mit dem er ganz deutlich seinen Ausstieg aus der Gesellschaft formuliert hatte (Pegg 2009, S. 226).

Mit *'hours...* (1999) kehrte er schließlich zu *Hunky Dory* (1971) und seiner Zeit vor Ziggy Stardust zurück. In *Kooks* (1971), einem Song, den er damals für seinen Sohn geschrieben hatte, beschrieb er sich und seine erste Ehefrau als sehr exzentrische und verrückte Personen: »Soon you'll grow so take a chance / With a couple of Kooks / Hung up on romancing«. Nun sang er in *Thursday's Child*, dem Opener von *'hours...*, erwartungsvoll von der Geburt eines Kindes: »Monday, Tuesday, Wednesday born – I was Thursdays child«. Da Bowie an einem Mittwoch geboren worden war, handelte es sich dabei weniger um ihn selbst. Im Oktober 1999 kam *'hours...* auf den Markt. Die gemeinsame Tochter von Bowie und Iman, Alexandria Zahra Jones, wurde ein Jahr später, am 15. August 2000, geboren. Zahra war der Name, den ihre Eltern Iman ursprünglich gegeben hatten (Iman 2001, S. 15). Er war dann ausgetauscht worden durch ihren Rufnamen Iman, der eigentlich für Jungen bestimmt ist. Bowie war tatsächlich überwältigt davon, nochmals Vater zu werden, und widmete nun sehr viel Zeit seiner Tochter. Er plante Gigs so, dass er zwischendurch nach Hause fliegen konnte, um bei ihr zu sein, und er schrieb nun eines seiner besten und traurigsten Alben: *Heathen* (2002).

Eine Quelle dieses Albums waren die *Vier letzten Lieder* (1948) von Richard Strauss, die für ihn den Schmerz über eine langsam schwindende

Lebenskraft ausdrückten (Pegg 2009, S. 381). Sein Song *Slip Away* (2002) drückte dieses Gefühl schon im Titel aus. Zugleich spiegelte sich darin die Sorge um seine Tochter: »Don't forget to keep your head warm / Twinkel twinkel Uncle Floyd / Watching all the world and war torn / How I wonder where you are«.

Auf der folgenden »Heathen«-Tour (2002) gab Bowie besondere Konzerte an den Orten in der Welt, die in seiner Karriere von größerer Bedeutung gewesen waren: im Hammersmith Odeon in London, wo er sein legendäres, letztes Konzert als Ziggy Stardust gegeben hatte, im Tower of Philadelphia, wo sein »Diamond Dogs«-Konzert (1974) aufgezeichnet wurde, in Berlin, wo *»Heroes«* (1977) aufgenommen wurde und schließlich in New York, wo er gleich fünf kleine Konzerte in verschiedenen Locations gab.

Unerwartet wurde er mit *Heathen* (2002) nochmals sehr populär. Das Album stand in einer Koinzidenz mit der apokalyptischen Stimmung in New York vom 11. September 2001. Der Opener *Sunday* wirkte so, als würde sich der Text unmittelbar auf dieses Ereignis beziehen, obwohl das Album zum Zeitpunkt der Katastrophe bereits komplett eingespielt war. Schon der Titel von *Heathen* (»Heide«) passte zum religiösen Kontext des terroristischen Anschlags, obwohl Bowie eine weit kompliziertere Vorstellung damit verband und seine Ehefrau eine Muslimin ist. Seine Borderline-Persönlichkeit korrespondierte dieses Mal sehr positiv mit den politischen Geschehnissen, indem er die Paranoia, die dadurch weltweit auslöst wurden, durch seinen Ausdruck von Trauer ein wenig auffangen konnte. Zudem blieb sein Liveauftritt am 20. Oktober 2001, bei dem er das Konzert für New York City im Madison Square Garden eröffnete, sicherlich vielen Amerikanern im Gedächtnis. Wer hätte wohl besser mit dem Transfer von panikartiger Paranoia in heilsame Depression umgehen können als dieser Mann?

Auf *Heathen* ging es neben Trauer und Angst zugleich um die Hoffnung auf eine bessere Zukunft. Direkt für seine Tochter sang er in *A Better Future* (2002): »Give my children sunny smiles / Give them warm and cloudless skies / I demand a better future«. Dazu erklärte er: »Ich verlange eine bessere Zukunft oder ich werde dich nicht mehr mögen. Das ist eine Drohung an Gott« (Pegg 2009, S. 35). Damit stellte er sich erneut mit Gott auf eine Ebene und – durch seine Kritik – einmal mehr die Existenz einer solchen metaphysischen Ebene überhaupt in Frage. In *Everyone Says »Hi«* (2002) gab er einen noch deutlicheren Rat für die Zukunft: »Don't stay in a sad place«.

Im Juni 2004 musste Bowie seine bisher letzte Konzertreihe, die »Reality«-Tour, abbrechen, weil er nach einem Gig in Deutschland einen Herzinfarkt erlitten hatte. Er wurde damals in Hamburg im St.-Georg-Krankenhaus operiert (ebd., S. 539). Seitdem gab er nur noch kleinere Auftritte, bei denen er höchstens drei Songs sang. Er wird vielleicht nie mehr ein Album produzieren und ziemlich sicher keine langen Auftritte mehr geben.

Mit folgenden Zeilen aus *Station To Station* (1976) hatte seine lange und schwierige Rückkehr mit dem Ziel, wieder zu einem Teil der Gesellschaft zu werden, begonnen: »I must be only one in a million / I won't let the day pass without her / It's too late to be grateful / It's too late to be late again / It's too late to be hateful«. Nun führt er seit vielen Jahren eine sehr glückliche Ehe und kümmert sich mehr um seine heranwachsende Tochter als um seine Musik. David Bowie lebt mit seiner Familie bis heute in New York. Im Moment arbeitet er an einem Buch, das unter dem Titel *Bowie: Objekt* demnächst erscheinen soll. Für einige Dinge im Leben ist es immer zu spät – für andere nie.

Literatur

Alle Zitate aus den Songtexten wurden, sofern es möglich war, den Booklets der jeweiligen Alben entnommen. Abweichungen in der Groß- und Kleinschreibung innerhalb einzelner Texte, wie sie beispielsweise bei »Heroes« (1977) oder auch 'hours... (1999) auftraten, habe ich zugunsten einer Vereinheitlichung der rasch wechselnden Zitate nicht übernommen, um unnötige Irritationen zu vermeiden.

Abraham, Karl (1969): Psychoanalytische Studien. Frankfurt am Main.
Adorno, Theordor W. & Horkheimer, Max (1993): Die Dialektik der Aufklärung. Frankfurt am Main.
Aischylos (2006): Die Orestie. Stuttgart.
Benjamin, Walter (1974): Gesammelte Schriften Bd. I.2. Frankfurt am Main.
Bowie, Angela & Carr, Patrick (1993): Einmal und immer wieder. München.
Buckley, Dave (2008): David Bowie. Story und Songs kompakt. Berlin.
Butler, Judith (1991): Das Unbehagen der Geschlechter. Frankfurt am Main.
Burroughs, William S. (1978): Junkie, Auf der Suche nach Yage, Nacked Lunch, Nova Express. Frankfurt am Main.
Beland, Hermann (2007): Aneignen, Integrieren, Forschen – Stufen von Verbesserung der eigenen analytischen Arbeit. In: Hermanns, Ludger M.: Psychoanalyse in Selbstdarstellungen, Bd. VI. Frankfurt am Main.
Bloch, Ernst (1974): Ästhetik des Vor-Scheins 2. Frankfurt am Main.
Copetas, Craig (1974): »Beat Godfather Meets Glitter Mainman«. Rolling Stone 28. Februar 1975. New York.
Derrida, Jaques (1976): Die Schrift und die Differenz. Frankfurt am Main.
Derrida, Jaques (1988): Asche und Feuer. München/Berlin.
Derrida, Jaques (1992): Grammatologie. Frankfurt am Main.

Literatur

Derrida, Jaques (1998a): Vergessen wir nicht – die Psychoanalyse! Frankfurt am Main.
Derrida, Jaques (1998b): Aporien. Sterben – Auf die Grenze der Wahrheit gefaßt sein. München.
Derrida, Jaques (2005): Chora. Wien.
Derrida, Jaques (2005a): Leben ist Überleben. Wien.
Derrida, Jaques (2006): Glas. München.
Dreisholtkamp, Uwe (1999): Jacques Derrida. München.
Freud, Sigmund (2000): Studienausgabe. Frankfurt am Main.
Fischer-Lichte, Erika (2010): Verwandlung als ästhetische Kategorie. In: Fischer-Lichte, Erika; Kreuder, Friedmann & Pflug, Isabel: Theater seit den 60er Jahren. Stuttgart.
Gooß, Ulrich (1995): Sexualwissenschaftliche Konzepte der Bisexualität von Männern. Stuttgart.
Hegel, Georg Wilhelm Friedrich (1986): Vorlesungen über die Ästhetik I. Frankfurt am Main.
Herman, Gary (1984): Rock'n' Roll Babylon. München.
Iman (2001): I am Iman. Zürich.
Jacke, Andreas (2005): Marilyn Monroe und die Psychoanalyse. Gießen.
Jacke, Andreas (2009): Stanley Kubrick. Eine Deutung der Konzepte seiner Filme. Gießen.
Jacke, Andreas (2010): Roman Polanski – Traumatische Seelenlandschaften. Gießen.
Jones, Ernest (1970): Der Alptraum in seiner Beziehung zu gewissen Formen des mittelalterlichen Aberglaubens. Nendeln/Liechtenstein.
Keown, Damien (2001): Der Buddhismus. Eine kurze Einführung. Stuttgart.
Kostelanetz, Richard (1991): John Cage im Gespräch. Köln.
Klein, Melanie (1984): Das Seelenleben des Kleinkindes und andere Beiträge zur Psychoanalyse. Stuttgart.
Klein, Melanie (1995): Gesammelte Schriften Bd. I, Teil 1. Schriften 1920–1945. Stuttgart/Bad Cannstatt.
Klein, Melanie (1996): Gesammelte Schriften Bd. I, Teil 2. Schriften 1920–1945. Stuttgart/Bad Cannstatt.
Klein, Melanie (2000): Gesammelte Schriften Bd. III. Schriften 1946–1963. Stuttgart/Bad Cannstatt.
Kerouac, Jack (1989): Unterwegs. Reinbek bei Hamburg.
Kernberg, Otto F. (1983): Borderline-Störungen und pathologischer Narzissmus. Frankfurt am Main.
Koch, Gertrud (1988): Vorwort. In: Oshima, Nagisa: Die Ahnung der Freiheit. Schriften. Frankfurt am Main.
Lacan, Jaques (1978): Freuds technische Schriften. Olten.
Lacan, Jaques (1980): Das Ich in der Theorie Freuds und in der Technik der Psychoanalyse. Olten.
Lacan, Jaques (1991): Schriften I. Weinheim/Berlin
Lacan, Jaques (1986): Encore. Weinheim/Berlin
Lacan, Jaques (1994): Schriften III. Weinheim/Berlin.
Lacan, Jaques (1996): Die vier Grundbegriffe der Psychoanalyse. Weinheim/Berlin.
Lacan, Jaques (1996a): Die Ethik der Psychoanalyse. Weinheim/Berlin.

Lacan, Jaques (1997): Die Psychosen. Weinheim/Berlin.
Lacan, Jaques (2005): Namen-des-Vaters. Wien.
Lacan, Jaques (2007): Die Objektbeziehung. Wien.
Lacan, Jaques (2008): Die Übertragung. Wien.
Lacan, Jaques (2010): Die Angst. Wien.
Langlitz, Nicolas (2005): Die Zeit der Psychoanalyse. Frankfurt am Main.
Miles, Barry (1980): Bowie In His Own Word. Illustriert von Perry Neville London.
Nietzsche, Friedrich (1988): Kritische Studienausgabe, Bd. 3, 5 und 6. München/Berlin/New York.
Nietzsche, Friedrich (1993): Kritische Studienausgabe, Bd. 4. München/Berlin/New York.
Orwell, George (1988): 1984. Frankfurt am Main/Berlin.
Oshima, Nagisa (1988): Die Ahnung der Freiheit. Schriften. Frankfurt am Main.
Pegg, Nicolas (2009): The Complete David Bowie. Richmond.
Pitt, Kenneth (1985): Bowie. The Pitt Report. London.
Proust, Marcel (1984): Die wiedergefundene Zeit. Frankfurt am Main.
Richards, Keith & Fox, James (2010): Life. München.
Rock, Mick & Bowie, David (2002): Moonage Daydream. Berlin.
Rock, Mick (2005): Blood And Glitter. Berlin.
Roudinesco, Elisabeth (1996): Jacques Lacan. Köln.
Ruhs, August (2001): Das aufgebrochene Junktim: die »Psychoanalyse« der Psychose. In: Gondek, Hans-Dieter (Hg.): Jacques Lacan – Wege zu seinem Werk. Stuttgart.
Rüther, Tobias (2008): Helden, David Bowie und Berlin. Berlin.
Sandford, Christopher (2003): David Bowie. Höfen.
Sawicki, Diethard (2003): Magie. Frankfurt am Main.
Schneider, Angela & Daemgen, Anke (2005): Pablo. Der private Picasso. Berlin.
Schmitz, Bettina (1996): Psychische Bisexualität und Geschlechterdifferenz. Frankfurt am Main.
Seabrook, Thomas Jerome (2008): Bowie in Berlin. London.
Segal, Hanna (1990): Die Depression der schizophrenen Patienten. Bemerkungen über die Symbolbildung. In: Bott Spillius, Elisabeth (Hg.): Melanie Klein heute. München.
Segal, Hanna (1999): Ödipuskomplex und Symbolisierung. In: Weiß, Heinz (Hg.): Ödipuskomplex und Symbolbildung. Tübingen.
Seeßlen, Georg (2007): David Lynch und seine Filme. Marburg.
Sloterdijk, Peter (2007): Derrida ein Ägypter. Frankfurt am Main.
Summers, Anthony (1992): Marilyn Monroe. Die Wahrheit über ihr Leben und Sterben. Frankfurt am Main.
Taubes, Jacob (1991): Abendländische Eschatologie. München.
Taubes, Jacob (1993): Die politische Theologie des Paulus. München.
Tremlett, George (1995): David Bowie. Biografie. Köln.
Weiß, Heinz (2009): Das Labyrinth der Borderline-Kommunikation. Stuttgart.
Wilde, Oscar (2010): Das Bildnis des Dorian Gray. Augsburg.
Woolf, Virginia (1991): Die Wellen. Frankfurt am Main.

Literatur

DOKUMENTATIONEN

Bernstein, Katharina-Otto (2007): Absolute Wilson
Carruthers, Bob (2004): Inside Bowie 1969–1972
Charlie Films (2006): Iggy Retrospective
Davies, Christian (2006): David Bowie in '70s
Figgis, Mike (2004): The Blues – Red, White & Blues
Jaussi, Raymond (1976): Nina Simone – Live at Montreux
Kijak, Stephan (2006): Scott Walker: 30 Century Man
Longfellow, Mathew (2008): John Lennon / Plastic Ono Band
Polar Film + Medien GmbH (1999): Himmlers Burg: Die Wewelsburg – Das weltanschauliche Zentrum der SS
Sünner, Rüdiger (1998): Schwarze Sonne
Troyna, Gerry (1984): Ricochet
Yentob, Alan (1975): Cracked Actor

Psychosozial-Verlag

Andreas Jacke
Stanley Kubrick

Andreas Jacke
Roman Polanski – Traumatische Seelenlandschaften

2009 · 362 Seiten · Broschur
ISBN 978-3- 89806-856-7

2010 · 300 Seiten · Broschur
ISBN 978-3-8379-2037-6

Stanley Kubrick (1928-1999) gehört zweifellos zu den wichtigsten Regisseuren der zweiten Hälfte des 20. Jahrhunderts. Doch sind seine Filme voller Rätsel: Was bedeutet der Monolith in »2001: A Space Odyssey« (1968)? Warum stürzt eine Blutwelle aus der Fahrstuhltür in den Flur eines Hotels in »The Shining« (1980)? Weshalb erschlägt Alex in »A Clockwork Orange« (1971) eine Frau mit einem riesigen Plastik-Phallus? Das Buch möchte versuchen, diese Fragen zu beantworten, und beschreibt das gesamte Werk eines Mannes, dem es gelungen ist, zwischen Kunst und Kommerz, zwischen Arthaus-Kino und Hollywood über Jahrzehnte hinweg immer wieder perfekte Filme zu drehen, die einen ganz eigenen Ausdruck haben.

Roman Polanskis Filme zeigen poetische Seelenlandschaften, deren Ursprünge in persönlichen traumatischen Erfahrungen liegen: Als Kind überlebte der polnische Regisseur den Holocaust, der ihm seine Mutter nahm. Ende der 60er Jahre wurde seine hochschwangere Ehefrau Sharon Tate von der Charles-Manson-Bande ermordet und in den 70er Jahren wurde er wegen Vergewaltigung eines 13-jährigen Mädchens angeklagt, weshalb er im Herbst 2009 verhaftet worden ist. Andreas Jacke hat es sich zur Aufgabe gemacht, die wesentlichen Motive in Polanskis Werk vor dessen biografischem Hintergrund zu analysieren. Dabei nimmt er eine Unterteilung in drei Werkphasen vor: Auf eine surreale Periode folgen Filme, die vom Konflikt zwischen Ehe und erotischem Abenteuer handeln.

Psychosozial-Verlag

Wolfgang Hantel-Quitmann
Liebesaffären
Zur Psychologie
leidenschaftlicher Beziehungen

Andreas Jacke
Marilyn Monroe und die Psychoanalyse

3. Aufl. 2011 · 232 Seiten · Broschur
ISBN 978-3-89806-394-4

2. Aufl. 2011 · 200 Seiten · Broschur
ISBN 978-3-89806-398-2

Was ist Liebe? Was hat eine Affäre mit der eigenen Beziehung zu tun? Lohnt es sich zu kämpfen? Kann eine Therapie helfen? War die Beziehung nicht von Anfang an zum Scheitern verurteilt? Ist die Ehe gar der Friedhof jeder Liebe?

Wolfgang Hantel-Quitmann widmet sich diesen Fragen und kreiert daraus eine »Psychologie der Liebesaffären«, entwickelt an Beispielen aus der paartherapeutischen Praxis, großen Werken der Weltliteratur und den Liebesaffären berühmter Paare.

Für alle, die sich aus psychologischem, literarischem oder rein menschlichem Interesse mit dem Thema beschäftigen – bevor die nächste Liebesaffäre als Ende aller Liebe, moralisch verwerflich oder schicksalhaft missgedeutet werden könnte. Eine vergnügliche und erhellende Lektüre.

Marylin Monroe war die letzten acht Jahre ihres Lebens fast kontinuierlich in psychoanalytischer Behandlung. Andreas Jacke unternimmt ausgehend von den zu Lebzeiten vorgenommenen Diagnosen und mit Hilfe der Theorie des französischen Psychoanalytikers Jacques Lacan eine eingehende psychoanalytische Re-Konstruktion ihrer Persönlichkeit. Er untersucht und interpretiert dazu wichtige Stationen ihrer Kindheit und Jugend, die oft und gut dokumentiert worden sind, ebenso wie ihre langwierige psychische Problematik, die ihrem Selbstmord vorausging.

Psychosozial-Verlag

Bernd Oberhoff, Sebastian Leikert (Hg.)
Opernanalyse
Musikpsychoanalytische Beiträge

Mathias Hirsch
Die Matthäus-Passion Johann Sebastian Bachs
Ein psychoanalytischer Musikführer

2009 · 232 Seiten · Broschur
ISBN 978-3-8379-2024-6

2008 · 156 Seiten · Broschur
ISBN 978-3-89806-755-3

Oper ist Seelendrama und fordert die Psychoanalyse heraus, beim Verstehen jener vielschichtigen Vorgänge behilflich zu sein. Dieser Sammelband zeugt davon, dass das Operngeschehen eminent psychologisch ist und wie entwicklungs- und persönlichkeitspsychologische, ja, psychopathologische Phänomene in den Opern von Monteverdi bis Britten thematisiert werden. Die neuen und tiefgründigen Einsichten, die dieser Band vermittelt, machen klar, welche bislang noch unausgeschöpften Erkenntnismöglichkeiten die Musikpsychoanalyse bietet.

Bachs Matthäus-Passion wird musikwissenschaftlich, theologisch und v.a. psychoanalytisch als wundervolle musikalische Darstellung eines Dramas von Liebe, Verrat, Verlust und damit Schuld verstanden. Die Matthäus-Passion ist eine musikalische Trauerarbeit, die zur Versöhnung mit tragischen Aspekten des Menschseins führt. Die wenigen Monografien zur Matthäuspassion werden hier durch eine einzigartige Untersuchung ergänzt, die musikwissenschaftliche, theologische und psychoanalytische Aspekte vereinigt.

Psychosozial-Verlag

Irene Berkel (Hg.)
Postsexualität
Zur Transformation des Begehrens

Wolf-Detlef Rost
Eliza im Netz
Aus der Werkstatt
eines Psychotherapeuten

2009 · 195 Seiten · Broschur
ISBN 978-3-8379-2009-3

2009 · 202 Seiten · Gebunden
ISBN 978-3-8379-2031-4

Die Entbindung der Sexualität aus der Fortpflanzung verändert das Verhältnis der Geschlechter und der Generationen zueinander, die Praktiken des (sexuellen) Genießens und der Fortpflanzung. Der Wandel begegnet uns einerseits in der Sexualisierung des öffentlichen Raums und der sozialen Kommunikation, andererseits in Phänomenen der Entsexualisierung.

Der Band versammelt Beiträge aus Philosophie, Kultur-, Sexual- und Filmwissenschaft, aus Psychoanalyse und Kunst, die das Auftauchen postsexueller Erscheinungen vor dem Hintergrund der religiösen, historischen, sozioökonomischen und psychosexuellen Entwicklungen beleuchten.

»Eliza im Netz« erzählt den bizarren Fall des Rainer Somberg im Stil einer literarischen Therapiegeschichte. Somberg ist ein scheinbar gefestigter Familienvater, der seine Traumfrau erst im mittleren Alter kennengelernt hat. Als er sie auf einer pornografischen Laienwebsite entdeckt, bricht sein Weltbild wie ein Kartenhaus zusammen. Erstmals lässt er sich auf die Hilfe eines Psychoanalytikers ein. In der Auseinandersetzung mit diesem verdeutlicht Somberg sich sukzessive seine Projektionen, Idealisierungen und narzisstischen Züge, um über die Aufarbeitung bisheriger Beziehungen schließlich ein gereifteres Verhältnis zu seiner Frau zu entwickeln.

www.ingramcontent.com/pod-product-compliance
Lightning Source LLC
Chambersburg PA
CBHW022010300426
44117CB00005B/117